KB121725

무의미의 의미

무의미의 의미

The Feeling of Meaninglessness

빅터 프랭클

김미라 옮김

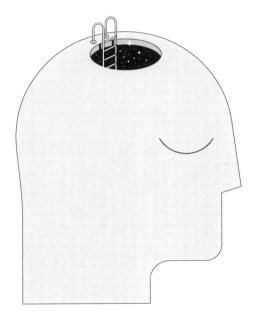

VIKTOR FRANKL

무의미의 의미

초판 3쇄 발행 2024년 10월 25일

지은이 빅터 프랭클
옮긴이 김미라
발행인 김시경
발행처 M31

ⓒ 2021, 빅터 프랭클

출판등록 제2017-000079호 (2017년 12월 11일)
주소 경기도 김포시 김포한강2로 11, 109-1502
전화 070-7695-2044
팩스 070-7655-2044
전자우편 ufo2044@gmail.com

ISBN 979-11-91095-03-6 03180

"갈증은 세상에 물이 존재한다는 가장 확실한 증거다.
세상에 물이 없다면 인간이 어떻게 갈증을 느낄 수 있겠는가?"

_프란츠 베르펠(Franz Werfel), 오스트리아 극작가

"무의미는 세상에 의미가 존재한다는 가장 확실한 증거다.
세상에 의미가 없다면 인간이 어떻게 무의미하다고 느낄 수 있겠는가?"

_빅터 프랭클(Viktor Frankl, MD., PhD.)

옮긴이 서문

1998년 캐나다 밴쿠버에서 상담심리대학원 첫 수업시간에 로고테라피를 창시한 빅터 프랭클 박사님의 제자인 정신과 의사 폴 엉거 교수님을 만나게 되었습니다. 당시 저는 상담심리학에 문외한이었고, 나 자신이 누구인지 그리고 내 삶에 정말 의미가 있다면 무엇인지에 대한 대답을 찾고자 힘겨운 여정을 이어가던 중이었습니다. 그날 폴 엉거 교수님을 통해 처음 듣게 된 '로고테라피'는 제 가슴을 울렸고, 지금까지 20여 년간 캐나다에서 한국으로 이어지는 로고테라피와의 여정은 계속되고 있습니다.

빅터 프랭클 박사님이 저술한 여러 권의 책이 한국에서 번역되었고, 많은 분들께 깊은 울림을 주고 있는 것으로 알고 있습니다. 타국의 언어로 저술된 책을 한국어로 번역한다는 것은 어쩌면 새롭게 책을 저술하는 것보다 훨씬 어려운 일일 것입니다. 원어에 능통한 것만으로는 분명 번역에 한계가 있기 때문에 번역하는 책의 내용과 저자가 근간으로 삼는 삶의 철학을 충분히 숙지해야 하고, 그것이 번역 안에 온전히 녹아날 때 저자의 뜻을 우리말로 온전히 전달할 수 있습니다.

이 책의 번역에는 폴 엉거 교수님을 만난 이후 전달받은 로고테라피와 빅터 프랭클 박사님에 대해 제가 알고 경험한 모든 것이 총동원되었습니다. 특히 로고테라피를 만난 후 20여 년간 제가 접한 로고테라피 관련 책들과 〈로고테라피 국제포럼(International Forum of Logotherapy)〉 논문집에 실린 40년치 논문을 꼼꼼히 읽고 정리한 내용들을 총망라해 번역 작업에 참고했습니다.

로고테라피를 한국에 제대로 알리려는 취지로 오역이나 잘못 번역된 로고테라피 용어들을 가능한 한 빅터 프랭클 박사님께서 원래 의도했던 뜻에 맞추어 한국말에서 찾으려고 노력했고, 번역 자체에 오해의 소지가 있는 것들에 대해서는 옮긴이의 설명을 추가로 달아놓거나 영문 그대로를 병기했습니다.

이 책은 오스트리아 국제로고테라피협회 회장인 알렉산더 바트야니 박사(Dr. Alexander Batthyany)가 '빅터 프랭클과 로고테라피의 발자취'라는 글과 함께 빅터 프랭클 박사님이 생전에 발표한 논문 중 18개의 논문들을 선별해 엮은 책입니다. 어떤 하나의 주제를 가지고 풀어낸 책이 아니라 다양한 곳에서 발췌한 논문들로 구성되어 있기 때문에 반복되는 내용도 있고 거듭 인용한 사례들도 제법 눈에 띕니다. 그러나 오히려 이러한 반복이 그동안 다소 어렵게 느껴졌던 로고테라피를 깊이 새기면서 읽게 해주는 것 같습니다. 또한 빅터 프랭클 박사님은 반복되는 개념이나 사례에서 자신의 생각을 보다 친절하게 상세히 설명해주고 있습니다.

또한 책에서는 로고테라피의 기초가 되는 철학적 배경과 관련 분야에 대한 설명들, 연구 결과들을 통해 로고테라피가 탄생한 배경과 로고테라피의 타당성이 마치 빅터 프랭클 박사님의 육성처럼 생생하고 자세하게 전달됩니다.

책을 읽으면서 그리고 번역 작업을 하면서 마치 빅터 프랭클 박사님께서 제 앞에서 찬찬히 삶의 의미에 대해 말씀해주시는 것 같았습니다. 때때로 너무 축약된 문장이라 이해가 안 되거나 한국말로 어떻게 표현해야 할지 고민이 될 때는 한참 동안 그 문장을 바라보면서 빅터 프랭클 박사님께 도움을 청했습니다. 그렇게 한동안 문장을 되새기다 보면 희한하게도 마치 빅터 프랭클 박사님께서 직접 설명이라도 해주신 듯 이해가 안 되었던 문장들이 불현듯 이해가 되었습니다. 이런 과정을 거치다 보니 어떤 문장은 한국말로 옮겨 적는 데 몇 시간이 걸리기도 했습니다. 빅터 프랭클 박사님의 뜻과 그분의 음성을 온전히 전달하려는 간절함이 없었다면 절대로 끝내지 못했을 작업이었습니다. 중간중간 번역 작업 자체를 포기하고 싶은 마음이 들기도 했지만, 빅터 프랭클 박사님의 글 하나하나가 제게 다시 이 작업을 이어갈 힘을 주었습니다.

무엇보다 이 책을 통해 빅터 프랭클 박사님이 그토록 전달하고 싶어했던 가장 핵심적인 메시지, 삶은 무조건적으로 의미가 있으며, 삶이 무의미하다고 느끼는 것은 병적인 것이 아니라 그만큼 건강하다는 징표라는 것, 그리고 나 자신이 얼마나 인간적인가 하는, 즉 무의미가 지니고 있는 진정한 의미에의 힘이 되는 확신의 말씀을 여러분께 꼭 들려드리고 싶었습니다. 1950년대부터 1980년대에 걸쳐 쓰인 본문의 글들 속에 담긴 메시지, 수십 년이 지난 지금 현시대를 살아가는 우리를 위해 예비하신 것 같은 그 강력한 메시지, '어떤 상황에 처해 있더라도 무조건적으로 삶의 고유한 의미를 가지고 있는 나는 누구와도 대체할 수 없는 고유하고 유일한 진정으로 소중한 존재'라는 빅터 프랭클 박사님의 선언을 생생하게 전달하고 싶었습니다.

논문을 번역한 것이라서 책의 내용이 다소 어렵게 느껴질 수도 있지만, 조곤조곤 우리 각자에게 들려주는 빅터 프랭클 박사님의 말씀이 여러분에게도 삶을 의미 있게 살아갈 용기가 되기를 소망합니다. 또한 이 책을 통해 그동안 오역되었거나 한국말로 잘못 표현된 로고테라피 용어들이 제자리를 잡기를 소망하며, 부족한 부분은 독자들의 열린 피드백으로 채워져갈 것으로 기대합니다. 감사합니다.

2021년 12월
김미라

차 례

제3부 존재에서 의미로의 여정

무의미의 의미

1장

무의미, 심리치료의 한계에 도전하다

오늘날 정신과 의사들은 과거 어느 때보다 무가치한 느낌이나 공허감 혹은 무의미로 고통을 호소하는 환자들을 치료해야 하는 요구에 직면하고 있다. 이 책에서는 이러한 무가치한 느낌이나 공허감, 무의미한 느낌을 실존적 공허(existential vacuum)라고 정의한다.

오늘날 실존적 공허가 점점 더 만연해지고 있으며 사회 전반에 널리 퍼지고 있다는 데는 의심의 여지가 없다. 빈에서 최근(본 논문이 쓰인 1970년대. 그때나 지금이나 사회 전반에 퍼져 있는 실존적 공허는 크게 다르지 않은 듯하다-옮긴이) 500명의 젊은이를 대상으로 연구를 진행했는데, 연구 결과 실존적 공허로 고통을 경험하는 학생들의 비율이 지난 2년 동안 30퍼센트에서 80퍼센트로 증가했다고 한다. 아프리카에서도 실존

The Feeling of Meaninglessness: A Challenge to Psychotherapy: Reprinted from The American Journal of Psychoanalysis, 32 (1): 85-9, 1972.

적 공허는 널리 퍼지고 있다. 특히 대학생들 사이에서 더욱 그러하다 (Klitzke, 1969). 마르크스주의자들뿐 아니라 정신분석 심리치료의 프로이트학자들 역시 이러한 현상이 점점 더 심화되고 있다는 것을 인식하고 있다. 최근 열린 정신분석 심리치료학회의 발표에 따르면, 삶의 의미 결핍으로 고통을 호소하는 환자들이 점점 더 많아지고 있으며, 이러한 문제가 계속 정신분석적 접근방법으로 다루어지고 있는데, 그 이유는 삶의 의미 결핍으로 고통을 겪는 환자에게 정신분석 심리치료가 유일한 치료 대안이고 심지어 '정신분석 심리치료' 자체가 자신들의 삶의 의미가 되어버려 환자들이 더욱 치료에 집착하게 되었기 때문이다.

마르크스주의자들도 실존적 공허가 사회에 널리 퍼지고 있다는 점을 인정한다. 독일 동부 라이프치히(Leipzig)에 위치한 카를마르크스대학(Karl Marx University: 현 라이프치히대학-옮긴이) 심리치료학과 학과장은 실존적 공허의 발생 빈도를 보여주는 연구 결과를 발표하기도 했다. 체코의 한 대학 정신건강의학과 학과장의 말처럼, 실존적 공허는 자본주의와 사회주의 국가들 간의 국경을 비자 없이 통과하고 있다. 자본주의든 사회주의든 이제 이데올로기를 가리지 않고 실존적 공허가 널리 퍼져나가고 있다는 것이다.

그렇다면 실존적 공허를 어떻게 설명할 수 있을까? 동물과 달리 인간은 무엇을 해야 하는가를 결정할 때 본능을 따르지 않는다. 그리고 과거와는 대조적으로 무엇을 책임지고 해야 하는가에 대해 더이상 전통이나 가치의 소리를 따르지 않는다. 이제 인간은 무엇을 해야 하는지 그리고 무엇에 책임이 있는지 알지 못하며, 때로는 기본적으로 자신이 하고 싶은 일이 무엇인지조차 잘 알지 못하는 것 같다. 대신 다른 사람들이 하는 것을 그대로 따라 하려고 하거나(conformity: 순응주의) 혹은 다른 사람들이 자신에게 요구하는 것을 하려고 한다(totalitarianism: 전체주의).

실존적 공허는 또한 신경증(neuroticism)과도 관련이 있다. 실존적 공허는 엄밀하게 정신병리적 측면에서 보면 신경증은 아니다. 실존적 공허를 굳이 신경증이라고 진단한다면 사회적 신경증(sociogenic neurosis: 사회적인 것에 병인이 있는 신경증-옮긴이)이라고 하는 것이 맞을 것이다. 그러나 실존적 공허가 결국 정신병리 증상의 신경증으로 발전하는 경우도 있다. 이렇게 실존적 공허에서 비롯된 신경증을 나는 '영적 신경증(noogenic neuroses)'이라고 명명한다. 미국의 심리학자 크럼보(Crumbaugh)는 영적 신경증과 여타의 신경증을 구분할 수 있는 진단도구를 개발했다(Crumbaugh & Maholick, 1964: Crumbaugh, 1968). 임상 심리학자 엘리자베스 루카스(Elisabeth Lukas)도 크럼보가 개발한 것과는 다른 측정도구를 사용했지만, 연구를 통해 크럼보의 연구 결과와 마찬가지로 신경증 환자들 중 약 20퍼센트가 영적 신경증에 해당한다고 보고했다(1971).

실존적 공허 자체가 하나의 신경증은 아니지만, 최근 통계조사에 참여한 유럽 학생들 중 25퍼센트가 실존적 공허의 나락을 경험하고 있는 것으로 드러났다. 같은 통계조사에 참여한 미국 학생들의 경우 실존적 공허감을 느끼는 비율이 60퍼센트였다. 실존적 공허가 유럽

보다 미국에서 더 두드러지게 나타나는 이유는 평균적으로 미국 학생들이 환원주의(reductionism: 인간을 기계에 불과한 존재로, 기계 부품처럼 단순히 세포로 세분화해 이해할 수 있는 존재로 바라보는 관점이다-옮긴이)에 따른 교육에 더 많이 노출되어 있기 때문이다.

예를 들어 한 책에서는 인간을 "복잡한 생화학적 메커니즘일 뿐"이라고 정의하고, "암호화된 정보의 보존을 위한 거대한 저장용량의 컴퓨터에 동력을 공급하는 연소 시스템에 의해 이 메커니즘이 구동된다"고 말한다. 또한 다른 예를 인용하자면, 인간을 "털 없는 원숭이(naked ape)"라고 정의하기도 한다. 이처럼 인간을 환원주의적 개념으로 정의하고 그렇게 가르침으로써 학생들의 실존적 공허는 더욱더 심화되고 있다.

실제로 오늘날 정신과 의사들은 자기 자신에 대해 지나치게 분석하고, 관찰하며, 숙고하는 강박증에 빠져 고통스러워하는 환자들을 얼마나 자주 마주하게 되는가. 미국에 만연하는 환원주의적 문화 환경은 이러한 강박증이 집단적 강박신경증으로 이어지는 위험에 일조하고 있다.

부메랑이 목표한 표적을 맞히지 못하면 던진 사람에게로 되돌아오듯, 인간은 자신의 소명을 다하지 못하고 의미를 찾는 일에 실패하면 자기 자신에게로 되돌아가 스스로를 반추하고 자기해석(self-interpretation)에 지나치게 몰두하게 된다. 이런 모습은 앞에서 언급했던 정신분석 심리치료자들이 환자를 치료하는 과정에서 겪는 경험, 즉 정신분석 심리치료가 삶의 의미를 대체해버리는 상황을 떠올리게 한다.

　한편, 자기해석 다음으로 높은 위상을 차지하는 가치가 자아실현(self-actualization)이다. 그러나 궁극적으로 인간은 자기 내면이 아니라 세상 밖에 있는 의미를 실현함으로써 자신을 온전히 실현할 수 있다. 즉 자아실현은 '자기초월(self-transcendence)'의 결과물인 것이다(Frankl, 1960). 인간존재(being human)란 자신이 아닌 어떤 것 혹은 어떤 사람과 관계하는 것이며 내가 아닌 다른 대상을 향해 있는 것이다. 미국의 심리학자 매슬로(Abraham Maslow)가 말했듯이 "자아실현은 중요한 어떤 일에 헌신함으로써 최선으로 달성될 수 있다."(1965)

　자기초월의 한 측면이기도 한 '실현할 어떤 의미를 향해 나아가는 것'이 바로 내가 명명한 '의미에의 의지(will to meaning)'와 동일한 개념이다. 크럼보와 마홀리크는 의미에의 의지라는 개념을 연구를 통해 실증적으로 입증했다(1963). 하버드대학 사회관계학과의 폰 에카르츠베르크(Von Eckartsberg) 또한 "기본적인 '의미에의 의지'는 중요한 동기적 가치"로 간주되어야 하며, 실제로 "개인은 가치를 실현하고자, 즉 의미 있는 삶을 성취하고자 열망한다"고 말했다(1969). 매슬로 역시 "나는 '인간의 1차적 관심은 의미에의 의지'라는 프랭클의 견해에 전적으로 동의한다"고 말한 바 있다(1969). 체코슬로바키아의 정신의학자 크라토크빌(Kratochvil)과 플라노바(Planova)는 의미에의 의지는 다른 어떤 욕구로 대체될 수 없는 인간만의 고유한 욕구이며, 사람에 따라 정도의 차이가 있을 수 있지만 모든 인간 안에 존재한다는 증거를 실험을 통해 제시했다. 이들은 신경증과 우울증 환자들의 사례를 들어 의미에의 의지의 좌절이 신경증이나 우울증과 관련이 있음을 밝혀냈다. 어떤 경우에는 실존적 공허가 신경증과 자살 시도의 병리적인 원인으로 중요한 역할을 했다(Frankl, 1968).

크럼보와 동료 연구자들이 의미에의 의지를 측정하기 위해 실시한 연구에서 가장 높은 점수를 획득한 집단은 동기부여가 잘 된 전문적이고 성공한 비즈니스군에 속한 사람들이었다. 이러한 결과는 의미에의 의지가 정신건강에 대한 신뢰할 만한 판단기준이라는 위스콘신 의과대학의 코첸(Kotchen)의 가설(1960)을 뒷받침한다. 반대로, 20명의 알코올 중독자들 중 18명이 자신의 존재가 무의미하다고 여긴다는 연구 결과에서 나타난 것처럼 의미와 목적의 결여는 심리적으로 건강하지 못하다는 것을 암시한다(Von Forstmeyer, 1970).

의미에의 의지가 좌절되면 그 자리를 '쾌락에 대한 의지(will to pleasure)', 즉 쾌락의 원칙과 '권력(힘)에 대한 의지(will to power)'가 차지하게 된다. 쾌락의 원칙은 정신분석 심리치료에서 인간의 행동을 설명하는 핵심 동기다. 아들러의 개인심리학에서는 신경증의 원인으로 중요한 역할을 하는 것을 우월성을 얻고자 하는 투쟁, 권력(힘)에 대한 의지라고 보았다. 프로이트와 아들러는 신경증 환자들을 치료하는 과정에서 환자들의 좌절된 의미에의 의지의 자리가 쾌락에의 동기와 권력에의 동기로 채워졌다는 것을 알지 못했고, 신경증을 일으킨 원인이 단지 채워지지 않은 쾌락이나 권력에의 동기라고 보았기 때문에 인간이 기본적으로 의미가 아니라 쾌락이나 권력에 관심을 갖는 것으로밖에 이해하지 못했던 것 같다. 이들의 입장에서 보면 이해가 되기도 한다.

그러나 연구 결과 의미에의 의지가 좌절된 자리를 쾌락에의 의지가 대체한다는 것이 분명하게 밝혀졌다. 임상심리학자 루카스의 연구에 따르면, 빈의 시립 놀이동산공원 프라터(Prater)를 자주 방문하는 사람들이 빈에 사는 일반 시민들보다 실존적으로 더 좌절감을 느끼는 것으로 나타났다(Lukas, 1971). 또한 대도시에 거주하는 시민들도 동일한 정도의 실존적 좌절을 경험하는 것으로 나타났다(Frankl, 1970).

쾌락에의 의지는 인간의 자기초월성을 부정하고 반대할 뿐 아니라 자기초월성 자체를 좌절시킨다. 우리는 행복을 추구하기 때문에 오히려 행복을 얻지 못한다. 행복 추구 자체가 행복을 방해한다. 행복은 추구할 수 없는 것이다. 따라오는 것이다. 즉 행복이란 오직 자기초월적 삶을 통해서만 얻을 수 있는 부산물이다. 삶의 의미를 실현하거나 혹은 다른 사람을 사랑하게 되면 행복은 자동으로 따라오게 되어 있다. 그러나 행복을 목표로 하면 할수록 그 목표는 더욱더 빗나가게 된다. 이는 특히 불감증이나 발기부전 같은 성적 신경증에서 두드러지게 나타난다. 성적 행위와 경험은 그 자체가 주의(관심)의 대상이 되거나(과도한 숙고) 의도하는 목적(과도한 의도)이 되는 경우 방해를 받게 된다.

과도한 숙고와 과도한 의도라는 이 두 가지는 또한 집단적 차원에서도 관찰된다. 미국에 만연한 과잉해석(hyper-interpretation)의 경향은 집단적 과잉숙고(collective hyper-reflection)의 관점에서 이해할 수 있다. 집단적 과도한 의도(collective hyper-intention)는 성공적인 성적 행위를 강조하는 데서 찾아볼 수 있다. 이렇게 성공적인 성행위를 강조하게 되면 그것에 지나치게 몰두하게 되고 불안감이 생긴다. 성공적인 성행위에 신경이 쏠리고 실패에 대한 공포감에 사로잡히게 된다. 그러나 공포는 두려워하는 바로 그것을 정확히 불러들이는 경향이 있다. 이에 따라 공포감과 증상 사이에 악순환의 고리가 형성된다. 이러한 악순환의 고리는 오늘날 정신과 의사들이 직면하는 성적 신경증 사례에서 많이 찾아볼 수 있다.

집단적 차원의 실존적 공허감은 성적 욕망(성적 리비도)을 비대하게 만들었다. 그 결과, 돈의 가치가 평가절하되어 인플레이션 현상이 발생하는 것처럼 성이 평가절하되면서 인플레이션 현상이 생겨났다. 보다 구체적으로 말하면, 성이 비인간화되어가면서 평가절하된 것이다. 인간에게 성이란 언제나 성행위 그 이상의 것이다. 성은 사랑이라는 인간적 차원의 관계가 몸을 통해 표현된 것이다. 즉 성은 개인적인 관계의 표현 수단으로서 기능한다. 인간의 성은 사랑이 신체적으로 표현된 것, 사랑이 육화된 것이다. 매슬로는 "사랑할 수 없는 사람들은 사랑할 수 있는 사람들이 느끼는 동일한 전율을 섹스에서 느끼지 못한다"(1964)고 말했다.

삶의 의미를 추구하는 데 있어 인간을 주도적으로 이끌고 안내하는 것은 무엇일까? 그 답은 바로 양심이다. 양심이란 의미를 발견하고 의미의 냄새를 감지할 수 있게 해주는 수단이라고 정의할 수 있다. 양심은 삶의 고유한 모든 상황에 내재되어 있는 각각의 고유한 의미를 발견하게 한다. 그러나 양심이 왜곡되면(양심 자체가 양심을 왜곡 시키는 것이 아니라 인간의 마음이 양심을 왜곡해서 해석할 수 있다—옮긴이) 인간은 잘못된 길로 인도될 수도 있다. 이 경우 자신의 양심이 옳고 자신에 게 다른 것을 하라고 말하는 다른 사람의 양심이 그릇된 것인지 혹은 그 반대가 맞는지 명확하게 알지 못한다. 하지만 진실이 존재하지 않는 것은 아니다. 옳은 것, 즉 진실은 반드시 존재한다. 그러나 누구도 자신이 진정으로 진실에 이르렀는지 백 퍼센트 확신할 수 없다. 따라서 오늘날처럼 무의미가 만연하는 시대에 교육의 역할을 단지 전통과 지식의 전달에만 가두어서는 안 된다. 교육은 인간의 양심을 정화시키는 것이어야 한다. 즉 인간을 안내해줄 올바른 전통과 가치의 영향이 점점 줄어들고 있을지라도 여전히 의미를 발견할 수 있는 인간만의 능력인 양심을 정화시키는 것을 교육의 가장 중요한 과제로 삼아야 한다.

많은 경우에서 확인할 수 있듯이 우리가 사는 시대는 더 이상 십계명이 무조건적으로 받아들여지는 시대가 아니다. 이 시대에 인간에 게 필요한 것은 삶에서 직면하는 수천 가지 상황 속에 숨겨진 수천 가지 요구와 계명을 듣고 이를 따를 수 있는 능력을 갖추는 것이다. 수많은 상황 속에 숨겨진 수천 가지 요구들은 양심의 각성을 통해 인간에게 전달된다. 오직 양심의 각성에 의해서만 인간은 실존적 공허의 영향, 즉 순응주의나 전체주의에 저항할 수 있다.

의미는 발견하는 것이다. 주어질 수 없다. 그리고 의미는 스스로에 의해, 즉 자신의 양심에 의해 발견되어야 한다. 의미를 준다는 것은 결국 어떤 것이 옳고 어떤 것이 잘못인지 윤리적, 도덕적으로 판단하는 것이나 마찬가지다. 그러나 만약 이미 존재하는 윤리적 기준을 가지고 무엇이 옳고 그른지 외부에서 판단해 말해준다면 인간은 자신이 하지 말아야 하는 것에 반하여 자신이 무엇을 해야 하는지, 무엇이 선하고 무엇이 악한지 더 이상 스스로 판단할 수 없게 된다. 그러나 선한 것이란(what is good) 본질적으로 존재의 의미 실현을 돕는 것이며, 악한 것이란(what is bad) 존재의 의미 실현을 방해하는 것이라고 정의할 수 있다. 윤리적, 도덕적 가치는 존재론적이어야 할 뿐 아니라 실존적이어야 한다(존재론적이라는 말은 그것이 무엇인가에 대한 정의를 말하며, 실존적이라는 것은 그것이 무엇인가를 넘어서 삶을 통해 실현되어야 하는 것을 말한다. 따라서 도덕적 가치 또한 그것이 무엇인가를 넘어서 삶을 통해 구현되어야 한다는 뜻에서 실존적이어야 한다는 것이다-옮긴이). 의사가 환자에게 의미를 줄 수 없으며 교수가 학생에게 의미를 줄 수 없다. 교수가 학생에게 줄 수 있는 것이 있다면, 진리 탐구에 헌신하는 자신의 모습일 것이다. 교수는 진리 탐구에 헌신하는 자신의 모습을 실존적 삶의 모범으로 학생에게 보여줄 수 있다. 삶의 의미가 무엇인가 하는 질문에 대한 답은 오직 온전한 자신의 존재로부터 찾을 수 있다. 자신의 삶이 바로 삶의 의미가 무엇인가에 대한 정답인 것이다.

정신과 의사가 환자에게 삶의 의미가 무엇인지 알려줄 수는 없다. 삶의 의미나 목적을 처방하듯 제공해주기란 더욱이 불가능하다(May, 1969). 그러나 의사는 환자에게 삶에는 반드시 의미가 있다는 것과 더 중요하게는 모든 인간 각자에게 삶은 고유한 의미를 지닐 뿐 아니라 그러한 의미가 어느 순간에도 결코 멈추지 않는다는 것을 명확히 보여줄 수는 있을 것이다. 이른바 삶의 3대 비극인 고통, 죄책감, 죽음 같은 부정적이고 비극적인 것들조차 긍정적이고 창의적인 것으로 바뀔 수 있다. 절망적인 상황에 무기력한 희생자가 되어 갇히고, 바꿀 수 없는 운명에 직면하더라도 인간은 여전히 그러한 어려움을 온전한 한 인간으로서 인간성취로 바꿀 수 있다. 그럼으로써 자신이 가지고 있는 잠재성을 알아차릴 수 있게 된다. 인간은 삶의 비극을 승리로 바꿀 수 있다.

2장

인간은 의미를 추구하는 존재다

오늘날 정신과 의사들은 새로운 종류의 신경증으로 고통을 호소하는 환자들을 점점 더 많이 만나고 있다. 이러한 새로운 신경증은 의학적으로 딱히 질병이라고 말하기 힘든 고통이라는 특징을 지닌다. 질병으로 특정할 수는 없지만 많은 환자를 고통스럽게 하는 것, 바로 이러한 현상이 현대 정신의학계의 기능과 역할(사명이라고 말해야 할지도 모르겠다)에 변화를 가져왔다. 정신과 의사들이 이용하는 전통적 치료 기법들이 더 이상 효과적이지 않다는 것이 입증되고 있다.

좀 더 구체적으로 말하면, 이제 정신과 의사들은 이러한 현상을 자주 다룰 수밖에 없으며 나는 이를 '실존적 공허(existential vacuum)'라고 명명했다(s. p.99). 실존적 공허란 삶을 가치 있게 만드는 인간존재

Psychiatry & Man's Quest for Meaning: Reprinted from Journal of Religion and Health, 1, 93-103.

의 궁극적 의미가 총체적으로 결핍되고 상실된 것처럼 느껴지는 경험을 말한다. 로고테라피에서는 인간은 자신의 존재의미를 모색하고, 이러한 의미를 완수함으로써 잠재적 가치들을 최대한 많이 실현하려는 노력에 의해 1차적으로 동기부여가 된다고 여긴다. 간단히 말해 인간은 의미에의 의지에 의해 동기부여가 된다.

예전에는 의미에의 의지가 좌절된 사람들이 주로 목사님이나 신부님 같은 성직자를 찾아갔다. 그러나 오늘날에는 이런 사람들이 정신과 진료실을 가득 메우고 있다. 이때 정신과 의사들은 당혹감을 느끼곤 하는데, 이제 그들은 정신병리적 증상이 아니라 전적으로 환자가 들고 온 '인간적인 문제(human problems)'에 직면하게 되었기 때문이다.

의미를 추구하고자 하는 인간의 노력은 병리적인 것이 아니다. 이러한 노력은 오히려 진정으로 인간적이라는 것을 증명해주는 가장 확실한 증거다. 비록 의미 추구에의 노력이 좌절된다 해도 그것이 어떤 질병의 징후는 될 수 없다. 의미의 좌절은 정신과적 질병이 아니라 영적 고통을 경험하고 있다는 증거인 것이다.

그렇다면 치료자들은 이러한 문제에 어떻게 대응해야 할까? 전통적으로 치료자들은 의학 용어 외에 다른 어떤 것으로 이러한 상황을 다룰 준비가 되어 있지 않다. 그러므로 어쩔 수 없이 이 문제들을 병리적인 것으로 인식할 수밖에 없다. 더욱이 치료자는 환자들이 경험하는 고통을 이들이 직면해야 하는 도전으로 여기기보다는 치료해야 할 질병으로 해석하도록 유도한다. 그렇게 함으로써 의사들은 환자에게서 영적 투쟁을 통해 얻을 수 있는 잠재적 열매를 빼앗아버리게 된다.

　의사들은 세상에 팽배한 환원주의의 유혹에 스스로 빠져들어 인간의 의미와 가치에 대한 관심을 단지 반동형성(reaction formation: 자아방어기제의 하나로서 수용하기 어려운 감정이나 욕구를 그것과 정반대되는 감정이나 욕구로 과장하여 표출하는 것. 예를 들어 속으로는 싫어하는 어떤 대상을 겉으로는 마치 사랑하는 것처럼 대하는 것-옮긴이)이나 합리화(rationalization) 같은 방어기제 쯤으로 평가절하해서는 안 된다. 인간적인 현상을 '~이외에 아무것도 아닌 것(nothing but)'으로 여기는 것은 인간의 모습을 환원주의적으로 형상화하는 가장 대표적인 모습 중 하나다. 그러나 예를 들어 철학이 단지 인간의 억압된 성적 욕구가 승화된 것이라는 프로이트 가정에 기초해 치료를 시작하는 것을 과연 현명하다고 할 수 있을 것인가?(z, p.9)

　나는 극도의 절망감으로 고통스러워하는 환자를 치료할 때 의사가 지녀야 할 가장 중요한 자산은 삶에 대한 건강한 철학이라고 생각한다. 의사들이 의미와 가치를 자신들이 주장하는 정신역동적(psychodynamic) 뿌리에 고집스럽게 끼워 맞추려고 애쓰거나 혹은 심리적 원인에 의한 것으로 추론해서는 안 된다고 생각한다. 대신 이러한 현상을 어떤 해석이나 왜곡 없이 액면 그대로의 진실된 모습으로 받아들여야 하며, 이러한 현상들이 지닌 역할과 원인에 대해 선입관을 가져서는 안 된다고 생각한다. 인간현상인 '인간성(humanness)'을 그대로 보존하고자 하는 것은 독일의 철학자 후설(Edmund Husserl)과

셸러(Max scheler)가 제안했던 것처럼 정확히 현상학적 접근이 시도해 왔던 것이었다.

분명한 것은 인간존재의 의미와 의미에 대한 인간의 의지는 둘 다 단순한 정신역동 및 심인성(심리적인 데 원인이 있다고 보는 관점-옮긴이) 데이터의 차원을 넘어서는 방법을 통해서만 접근이 가능하다는 것이다. 우리는 스스로 인간만의 고유한 차원인 존재의 영적 차원으로 들어가야 하며 다른 사람들을 이러한 영적 차원으로 이끌 수 있어야 한다. '영적(spiritual)'이라는 말이 일반적으로 영어에서 종교적이라는 말과 혼용되는 듯한데, 이러한 혼돈을 피하기 위해 나는 심리적 현상(psychic phenomena)과 대비하여 spiritual이라는 단어보다는 노에틱(noetic: '영적'이라는 뜻의 그리스어-옮긴이)이라는 단어를 이용해 영적 현상이라고, 그리고 심리적 차원(psychological dimension)과 대비하여 '누로지컬(noological: '영적'이라는 뜻의 그리스어-옮긴이)'이라는 단어를 이용해 영적 차원이라고 말하는 것을 더 선호한다. 그리고 누로지컬, 즉 영적인 차원은 인간만의 고유한 현상들이 자리하는 차원이라고 정의한다.

심리분석만 하게 되면 인간의 고유한 현상들은 영적 공간에서 심리적 차원으로 차원이 낮아진다. 이러한 과정을 심리학주의(psychologism: 모든 현상을 심리학적 견해로 설명하려는 것-옮긴이)라 한다. 인간의 고유한 현상이 영적 차원에서 심리적 차원으로 내려가게 되면 인간에 대한 총체적 차원이 상실된다. 더욱이 이는 인간으로 하여금 인간존재의 생물학적 그리고 심리적 기반을 벗어나 이를 넘어서게 하는 차원을 상실하게 한다. 이는 매우 중요한 문제인데, 왜냐하면 생리적(신체적) 차원과 심리적 차원을 초월하고 그럼으로써 자기 자신을 초월하는 것은 인간실존의 가장 핵심적인 행위이기 때문이다. 자기초월이란 실존의 핵심이라고 말할 수 있다. 즉 자기초월이란 인간만의 고유한 존재 방식이다. 이러한 인간 고유의 자기초월적 존재 방식은 심리적 준거의 틀을 넘어서기 때문에, 존재에 대한 합당한 접근 방법은 심리적인 것이 아니라 실존적이다.

이는 치료에서도 마찬가지다. 로고테라피는 인간의 의미 추구뿐 아니라 삶의 의미를 중심으로 하는 심리치료다. 로고스(logos)란 본래 '의미'라는 뜻이다. 그러나 또한 '영(spirit)'을 의미하기도 한다. 그리고 로고테라피는 영적 차원을 치료에 온전히 포함시킨다. 따라서 로고테라피에서는 인간의 영적 측면과 심리적 측면 사이의 본질적 차이를 인식하고 또한 이를 치료에 활용할 수 있다. 영적인 것과 심리적인 것, 즉 영과 마음 간의 존재론적 차이에도 불구하고, 인간의 인류학적 총체성(wholeness)과 통일성(unity)은 인간에 대한 우리의 다차원적 개념에 의해 유지될 뿐 아니라 지지되기까지 한다. 인간의 영적, 심리적, 신체적 수준(level) 혹은 층(layer)이라는 표현에는 각각의 수준과 층이 서로 분리될 수 있다는 가정이 포함되어 있다. 그러나 인간을 수준이나 층이 아니라 다차원(multi-dimensional)적 관점에서 바라보면 인간에게 내재된 총체성과 통일성은 분리될 수 없다.

로고테라피의 '차원적 존재론(Dimensional Ontology)'에는 실질적인 중요한 뜻이 담겨 있다. 나는 자기 자신을 자신에게서 분리시킬 수 있는 것을 인간이 지닌 고유한 능력이라고 생각한다. 영적 차원이 드러나면서 인간은 자신의 심리적 조건으로부터 자기 자신을 떨어뜨릴 수 있게 된다. 자신을 자신에게서 분리할 수 있는, 즉 자기와 거리를 둘 수 있는 인간의 고유한 능력은 특히 로고테라피에서 신경증 증상이나 정신증 같은 심리적 차원 안에서 발생하는 병리적 사건들에 맞서 대항할 때 그 진가를 발휘한다. 로고테라피는 반응성(responsibleness)을 인간을 인간이게 하는 본질적 특성으로 강조함에도 불구하고, 정신증적 증상, 심지어 신경증적 증상에 대한 전적인 책임을 인간에게 묻지는 않는다. 그러나 로고테라피는 이러한 증상들에 대해 인간에게 어느 정도의 책임이 있다고 여긴다(예를 들어 아프리카에서 기아로 죽어가는 사람들에 대해 나에게 책임이 있는 것은 아니지만, 그렇다고 내가 그들을 완전히 외면하거나 아무런 책임이 없다고 말할 수 없는 것처럼, 정신증이나 신경증과 같은 병에 대해 로고테라피가 전적으로 인간에게 잘못이 있다고 책임을 묻지는 않지만, 그렇다고 해서 인간에게 아무런 책임이 없는 것은 아니다–이 부분에 대한 이해를 돕기 위해 옮긴이가 폴 엉거 교수님과의 대화 내용을 요약하여 옮겼음). 정신분석 심리치료에서 인간의 실존적 문제를 신경증이나 정신증 등의 비정상적인 현상으로 해석하는 한, 인간의 영적 열망은 영적 차원이 아닌 심리적 차원에서 다루어질 뿐 아니라 병리적인 것으로 다루어질 가능성이 높다. 따라서 인간의 영적 열망을 심리학주의 차원에서 다루고자 하는 유혹이 병리학주의(pathologism: 모든 것을 병리적으로 해석하려는 것–옮긴이)라는 잘못된 신념에 의해 더욱 심화된다.

그러나 인간존재에 대한 다차원적 관점은 심리학주의를 피할 수 있도록 해줄 뿐 아니라 심리학주의와 마찬가지로 문제가 될 수 있는 영인주의(noologism: 모든 것을 영적 차원에서 바라보는 관점. 예를 들어 신경증의 경우 영인주의에서는 그 원인을 모두 영적 차원의 문제로 해석한다-옮긴이)도 피할 수 있게 해준다. 영인주의 역시 유물론과 마찬가지로 단편적인 세계관이다. 영인주의든 유물론이든 이런 일원론적(monism) 관점은 그 자체의 단편적이고 편향적인 세계관에서 벗어나지 못하며, 따라서 세상이 하나로 통합되어 있다는 것을 증명하지 못한다.

영인주의로 인해 발생할 수 있는 가장 안 좋은 예를 하나 들자면, 정신과 의사가 내인성 우울증(호르몬의 불균형으로 발생하는 생리적 우울증-옮긴이)으로 고통을 겪고 있는 환자가 죄책감을 느끼고 있을 뿐 아니라 실제로 '실존적 죄책감(existential guilty)'을 가지고 있고, 이러한 죄책감 때문에 우울 증상을 보인다고 주장하는 경우다. 나는 내인성 우울증이 영적인 문제(noogenic)에 의한 것이 아니라 신체적, 즉 생리적인 데 원인이 있다(somatogenic)고 생각한다. 내인성 우울증은 심리적 원인에 의한 것(psychogenic)도 아니다. 이처럼 생리적 문제로 인한 정신증(빅터 프랭클 박사는 내인성 우울증 같은 생리적 원인에 의한 신경증을 정신증에 포함시켰다-옮긴이)을 실존적 원인, 즉 영적인 문제로 해석할 경우 결국 정상적인 인간이라면 당연히 지니는 죄책감을 비정상적인 것으로 인식하게 된다.

이는 썰물 때 드러나는 암초에 비유할 수 있다. 썰물 때문에 암초가 나타나는 것이지 누구도 암초가 썰물을 일으킨다고 생각하지 않는다. 마찬가지로 죄책감도 내인성 우울증 같은 정신증적 우울증의

무의미의 의미

원인은 아니다. 오히려 반대로 감정적 썰물인 우울증 때문에 죄책감이라는 암초가 드러나는 것이다. 그러나 생리적 원인에 의한 정신증 증상으로 고통을 겪는 환자가 자신의 우울 증상을 '실존적 죄책감'의 측면에서 영적인 것으로 심지어는 도덕적인 것으로 해석하게 되는 경우 그런 해석이 잠재적으로 환자에게 어떤 영향을 미칠지 가히 예측할 수 있다. 이는 자책(self-accusation)하게 만드는 병리적 성향에 또 다른 형태의 병리적 요인을 추가하는 꼴이 될 것이며, 결국 환자는 자살이라는 선택을 하게 될지도 모른다.

본질적으로 실존적 공허는 병리적 현상이 아니다. 그러나 실존적 공허가 만성이 되면 결국 로고테라피에서 '영적 신경증(noogenic neuroses)'이라 칭하는 신경증으로 발전할 수 있다. 영적 신경증은 자아와 본능, 초자아 간의 본능적 갈등이나 충돌에 의해 생기는 신경증이 아니다. 영적 신경증은 영적인 문제와 실존적 좌절에 그 원인이 있다. 이때 필요한 것이 영과 의미에 초점을 맞추는 심리치료이며, 그것이 바로 로고테라피다.

심리치료 기법으로서의 로고테라피는 영적 신경증뿐 아니라 심리적 원인에 의한 심인성 신경증(psychogenic neuroses)이나 생리적 원인에 의한 신인성 신경증(somatogenic neuroses)에도 모두 적용될 수 있다. 예를 들어 갑상선 기능 항진증의 경우 환자는 소위 '예기불안(anticipatory anxiety)'이라는 반응으로 인해 생기는 불안을 경험하게 된다. 즉 불안한 상태가 다시 찾아올까 봐 두려워하고 불안이 공격할 것이라는 기대가 불안을 계속해서 촉발시키게 된다. 그러면 환자는

1차적 생리 조건(갑상선 기능 항진)과 생리 조건에 따른 2차적 심리 반응(예기불안으로 인해 불안한 상태) 사이에 형성된 피드백 메커니즘(악순환의 고리)에 점점 더 갇히게 된다.

이러한 악순환의 고리를 끊기 위해서는 그 문제를 생리적 측면에서뿐 아니라 심리적 측면에서도 다루어야 한다. 이때 심리적 반응은 로고테라피를 활용해야 한다. 보다 구체적으로 말하면 로고테라피 기법 중에서 예기불안을 잠재울 수 있는 역설적 의도(paradoxical intention)를 활용하는 것이다. 그리고 한편으로는 약을 이용해 생리적 문제를 다루어야 한다. 즉 갑상선 기능 항진은 생리적 질병이기 때문에 신경안정제를 이용해 생리적으로 근본적 원인을 제거하는 것이다. 내가 관찰한 바에 따르면, 잠복성 파상풍이 폐쇄공포증을 가져오는 것과 같이 갑상선 기능 항진증의 경우 자주 광장공포증을 일으킨다. 그리고 유럽지역에서 처음으로 도입된 신경안정제가 생리적 원인에 의한 공포증을 치료하는 데 가장 효과적인 것으로 입증되기도 했다.

그러나 밝혀진 바에 의하면 예기불안으로 인해 형성된 피드백 메커니즘(악순환의 고리)은 실존적 공허의 상태에서 더욱 강력한 힘을 발휘한다. 따라서 우선적으로 이러한 실존적 공허가 채워져야 재발을 방지할 수 있다. 즉 의미와 목적에 다시 초점을 맞추게 하고 자기 자신을 강박으로부터 떨어뜨리게 하면 이러한 증상들이 완화된다. 이때 병리의 원인은 심리적 혹은 생리적인 것일 수 있다. 그러나 치료의 자원이 되는 치료의 주체는 바로 영적인 것이다. 오스트리아 빈 출신 심리학자 에디스 조엘슨(Edith Joelson)은 "로고테라피는 특정 질병을 치료하는 심리치료 기법이 아니라 어떤 것에도 사용될 수 있는 심리 치료 기법이다. 즉 어린 시절의 고통스러운 성적 경험으로 인해 생긴 심리적 신경증도 영적 자원을 치료에 이용하는 로고테라피로 치유될 수 있다"고 말했다(1958).

그러나 우리는 로고테라피가 모든 사례에 적용될 수 있는 기법이 라고 여기지는 않는다. 이것이 바로 심인성 신경증을 다루는 데 있어 로고테라피가 기존의 심리치료를 대체하는 것이 아니라 보완하는 기 법으로서 역할을 하는 이유다. 그렇다면 한 가지 질문이 생긴다. 특 정한 신경증을 치료하는 데는 반드시 특정의 어떤 치료 기법만이 유 용할까 하는 의문이다.

행동치료 창시자 조셉 울페(Joseph Wolpe)는 최근 정신분석 이외에 다양한 심리치료를 받고 신경증 증상이 사라지거나 현저히 개선된 249명의 환자들을 대상으로 한 연구에서 단 4명만이 신경증 증상이 재발했다는 결과를 발표했다. 울페는 이러한 연구 결과는 정신분석 이 없다면 회복의 상태를 지속적으로 유지하기 어려울 것이라는 정 신분석적 관점의 예측과 상반되는 것이고, 신경증적 고통을 치료하 기 위해 반드시 정신분석을 할 필요는 없다는 것을 보여준다는 결론 을 내렸다. 다시 말해서 그는 "정신분석 이론이 회복을 지속하는 데 필요하다고 주장한 것은 사실 필요하지 않다. 이것은 정신분석 이론 이 신경증의 기초로 제안한 것이 사실은 기초가 아니라는 것을 암시 한다"라고 덧붙였다(1961).

최소한 나는 이렇게 말하고 싶다. 정신분석 심리치료는 정신분석학자들이 생각하는 것만큼 신경증에 필수적인 치료는 아니라고 말이다. 또한 이 분야의 많은 연구자들이 한 가지 동일한 사례를 어떤 특정한 하나의 이론이 아니라 여러 다양한 이론으로 해석해왔으며 이에 기반한 다양한 기법들이 동일한 치료 결과를 얻었다는 점에 주목해야 한다.

중요한 것은 어떤 특정한 심리치료 기법이 아니라 의사와 환자 사이의 인간적 관계다. 의사와 환자 간의 개인적인 만남, 혹은 재스퍼(Jasper)의 말을 인용하자면, 의사와 환자 간의 '실존적 의사소통(existential communication)'이 중요한 것이다. 미국의 심리학자 칼 로저스(Carl R. Rogers)에 따르면 "두 사람 간의 따뜻하고 개인적인 참만남이 학습 이론이나 조작적 조건화에서 나온 정교한 기법들보다 변화를 촉진하는 데 더욱 효과적"이다. 또한 로저스는 "성격의 변화는 치료자의 지식이나 이론 혹은 기법에 의해 우선적으로 이루어지는 것이 아니라 치료자의 태도에서 시작된다. 치료자의 태도에 의해 시작되는 성격의 변화는 새로운 방식의 경험이며, 이러한 경험은 의사와 환자 간의 전이관계에 대한 통찰이나 이에 대한 작업을 통해 혹은 자아개념에 대한 변화를 통해 얻는 것이 아니라 치료적 변화의 핵심이 되는 보다 수용받는 느낌을 가지고 보다 즉각적이고 자연스러운 방식으로 얻게 되는 경험이다"라고 말했다(1961b). 의사와 환자 간의 만남은 기법을 전혀 사용하지 않고도 이루어질 수 있다. 그 사례를 살펴보자.

빈에서 음악을 전공하는 한 미국 여학생이 분석을 받고자 나를 찾아왔다. 그런데 속어를 너무 많이 쓰는 탓에 나는 그녀의 말을 도저히 알아들을 수 없었다. 나는 그 여학생을 미국인 의사에게 보내서 나에게 어떤 도움을 받고 싶은지 알아봐달라고 부탁했다. 그러나 여학생은 미국인 의사에게 가지 않았다. 그러고 얼마 뒤 우연히 길거리에서 그 여학생을 만났다. 그녀는 왜 자신이 미국인 의사에게 가지 않았는지 이렇게 설명했다. "박사님께 제 문제에 대한 이야기를 꺼내는 순간 더는 아무런 도움이 필요치 않을 만큼 마음이 충분히 편안해졌거든요." 나는 지금까지도 그 여학생이 왜 나를 만나러 왔었는지 그 이유를 알지 못한다.

극단적이기는 하지만 이 이야기는 치료에 기법이 필요하지 않은 경우도 있다는 것을 보여주는 사례. 그러나 치료에 기법이 절대적으로 필요한 경우도 있다. 그 사례를 하나 소개하겠다.

1941년 어느 날 아침 게슈타포(Gestapo: 나치 독일의 비밀 경찰–옮긴이)가 나를 부르더니 본부로 가라는 명령을 내렸다. 나는 이제 곧 수용소로 이송되겠구나 생각하며 거기로 갔다. 사무실에서 나를 기다리던 게슈타포 한 명이 신문을 시작했다. 그런데 곧 그는 주제를 바꿔 나에게 "심리치료가 무엇인가?"와 같은 질문을 던졌다. 그러고는 아주 구체적인 사례 하나를 이야기하기 시작했다. 그의 친구에 대한 이야기였는데, 말을 들어보니 친구가 아닌 바로 그 자신의 문제라는 생각이 들었다. 그는 자신의 문제를 나와 상의하고 싶은 듯했다. 나는 인간적 측면이 전혀 포함되지 않은 기술적인 단기 치료 기법을 그에게 알려주었다. 즉 갑자기 불안감이 엄습할 경우 어떻게 해야 하는

지 알려주었고 그 방법을 친구에게 전해주라고 말해주었다. 이때 치료는 나와 너의 관계에 기초한 것이 아니었고 나와 그의 관계에 기초한 것이었다. 아무튼 그 게슈타포는 나와 몇 시간 이야기를 나누었고 나는 간접적으로 계속 그를 치료했다. 그때 제시한 단기 치료가 게슈타포에게 얼마나 효과가 있었는지는 모르겠다. 그러나 그 치료 덕분에 내 가족과 나는 한동안 더 목숨을 부지할 수 있었다. 나치 수용소에 이송되기 전까지 일 년 정도 빈에서 머물 수 있도록 허가해주었으니 말이다.

이 두 가지 극단적 사례와 같은 극히 예외적인 상황을 제외하고 만남과 기법은 오직 이론적으로만 어느 것이 더 중요한가라는 논쟁의 대상이 되는 것 같다. 실제 치료 현장은 두 극단 사이에 있다. 둘 중 어떤 것도 경시되거나 무시되어서는 안 된다.

우선 두 극단 중 하나의 극단을 다른 극단의 전쟁터로 만들어서는 안 된다. 즉 참만남을 기법의 전쟁터로 만들어서는 안 된다는 말이다. 기법은 본질적으로 그것을 적용하는 것이면 무엇이든 물질적 대상으로 만들려는 경향이 있다. 의사와 환자라는 치료관계에 있어서도 기법 차원에서는 인간을 다른 것들 중 어떤 하나의 대상, 즉 물질적 존재로 바라본다. 외연을 가진 실체로서의 물리적 세계(res extensa)와 사유하는 존재로서의 비물리적 정신(res cogitans)이라는 몸과 마음의 존재론적 이원론을 주창한 데카르트를 비난하기도 한다. 그러나 나는 데카르트가 물질(몸)과 정신(마음)의 존재를 명확히 구분하는 존재론적 이원론을 넘어 한 발짝 더 앞으로 나아갔어야 했다고 생각한다. 즉 인간을 물질적 속성(extensa)을 가진 존재로 바라본 것 뿐 아니라 인간 자체를 대상이나 실체(res)라고 한 것 자체를 부정했어야 한다고 생각한다.

참만남을 도외시하고 기법만 중시한다면 인간은 그저 물질적 대상으로 전락할 뿐 아니라 목적을 위한 수단이 되어버린다. 칸트의 정언명령(categorical Imperative)은 인간은 누구도 목적을 위한 수단이 되어서는 안 된다고 말한다. 인간을 제멋대로 단지 목적을 위한 수단으로 여기거나 혹은 그렇게 하는 것을 금기시하는 것 사이의 차이가 정치에서만큼 중요한 곳이 있을까 의문이 든다. 나는 정치에서 가장 중요하게 분별해야 하는 것은 목적이 수단을 정당화한다고 믿는 정치인들과 가장 신성한 목적조차 수단에 의해 그 신성함이 훼손될 수 있다는 것을 이해하는 정치인들 간의 차이라고 감히 말하고 싶다.

인간을 단지 목적을 위한 수단으로 여기는 것은 인간을 조종하는 것과 같다. 당면한 문제, 즉 참만남보다 기법을 더욱 중시함으로써 생길 수 있는 문제에 대해 우리는 루돌프 드라이커스(Rudolf Dreikurs: 아들러의 이론을 임상과 교육 현장에 적용한 대표적 개인심리학 정신의학자―옮긴이)의 경고의 목소리에 귀를 기울여야 한다. 그는 "전이가 기본적인 치료의 주체라는 가정은 치료자를 자신이 받은 훈련과 치료적 틀에 따라 환자를 조종할 수 있게 하는 우월한 자리에 올려놓는 것이다"라고 경고했다.

몬트리올 맥길대학에서 우울증을 주제로 개최된 학회에서 많은 발표자들이 충격요법(shock treatment)이나 약물치료에 내재된 위험성에 대해 지적했다. 즉 의학이 점차 기계화되어가고 있으며 이에 따라 의학이 환자를 점차 인간으로 여기지 않는다는 것이다. 나는 이러한 위험성이 충격요법이나 약물치료에만 내재된 것이 아니라 수많은 치료자들의 절대적인 기법 지향적 태도에도 깔려 있다고 생각한다. 사실 이러한 위험성은 충격요법이나 약물치료보다 심리치료 분야에서 훨씬 크다고 생각한다. 비록 참만남에서 만남의 주체가 되는 사람들의 개인적 특성이 중요하게 인식되었다 하더라도, 여기에서 나와 너의 관계(I-Thou relation)를 닫혀 있는 폐쇄적인 시스템으로 여겨서는 안 된다.

독일 출신 유대계 미국의 심리학자 카를 뷜러(Karl Bühler)는 언어 이론에서 언어의 기능을 세 가지로 대별했다. 첫째, 언어는 말하는 사람의 관점에서 표현(expression)의 기능을 지니며, 둘째, 듣는 사람의 입장에서는 알림(appeal)의 기능을 한다는 것이다. 그리고 셋째, 말하는 사람이 이야기하는 주체의 관점에서 언어는 설명(presentation)의 기능을 한다. 내가 여기에서 말하고 싶은 것은 언어의 세 번째 기능에 대한 것이다. 즉 치료적 관계의 특성이 두 주체 간 만남의 특성에 의해서만 결정되는 것이 아니라, 오히려 만남에서 한 주체가 다른 주체에게 직면시키는 목적에 의해 결정된다는 것을 잊어버리는 경우 언어의 '설명'이라는 기능이 간과되어버린다는 것이다. 치료적 관계에서 대상이란 일반적으로 환자가 인식해야 하는 사실(fact)이다. 특히, 환자가 인식해야 하는 사실은 자신이 완수해야 할 의미가 자신을 기다리고 있다는 사실이다. 그러므로 치료적 관계는 세상에 열려 있어야 한다. 여기서 세상이란 과제와 도전을 의미한다.

초월성(transcendence)이 인간실존의 핵심이라는 것은 로고테라피 원칙 중 하나다. 이 원칙이 의미하는 바는 자기 자신이 아닌 다른 어떤 것을 향할 때 인간이 진정으로 실존한다는 것이다. 인간존재가 그 자체로 존재의 의미가 될 수는 없다. 인간을 목적을 위한 수단으로 여겨서는 안 된다고들 말한다. 그렇다면 이 말이 인간 자체가 본질적으로 목적이라는 것을 의미할까? 이 말은 인간은 자기 자신을 인식하고 실현하도록 만들어졌다는 뜻일까? 나는 인간은 가치를 인식하고 실현하는 존재라고 말하고 싶다. 인간은 다른 어떤 것을 위해 혹은 누군가를 위해, 즉 어떤 대의를 위해, 자신의 동료를 위해 혹은 신을 위해 자기 자신을 잃어버릴 때만 오직 자신을 찾을 수 있다. 인간이 만약 자유롭게 자신이 선택한 의미에 자신을 헌신하지 않는다면 존재 자체의 빛을 잃게 될 것이다. 여기서 중요한 것은 바로 인간의 자유로운 선택이다.

미국의 유명 정신분석 심리학자가 러시아의 수도 모스크바를 여행하고 나서 이렇게 보고했다. 철의 장막 뒤에 있는 사람들이 덜 신경증적인데, 이들에게는 완수할 과제들이 많기 때문이라는 것이었다. 나는 폴란드 크라쿠프라는 도시의 정신과 의사들 앞에서 논문을 발표하도록 초대받은 적이 있었는데, 이때 위의 미국 정신분석 심리학자가 한 말을 인용했다. 그러나 이에 덧붙여서 비록 자유주의 국가에 살고 있는 사람들이 사회주의 국가에 사는 사람들에 비해 상대적으로 해야 할 일이 적을 수는 있지만, 자유주의 국가 시민들에게는 어떤 일을 할 것인가를 선택할 자유가 있다는 점을 강조했다. 만약

41
제1부 무의미의 의미

이 자유가 인간에게 허용되지 않는다면 인간은 수행할 기능은 가지고 있지만 선택할 기회가 없는 톱니바퀴가 된다.

인간으로 하여금 의미와 목적에 직면하도록 하는 심리치료는 환자에게 너무 많은 것을 요구한다는 비판을 받을 수도 있다. 그러나 실제 이 시대를 살아가는 인간은 요구되는 것이 너무 많아서가 아니라 오히려 너무 적어서 위험에 빠지고 위협을 느끼는 것 같다. 인간에게 진정으로 필요한 것은 자신이 완수해야 하는 의미라는 도전으로 인해 생기는 건강한 긴장이다. 이러한 건강한 긴장은 인간에게 본질적인 것이며 따라서 정신건강에 반드시 필요하다.

내가 영적 역동성(noodynamics)이라고 명명한 것이 바로 인간존재와 인간을 초대하는 의미 사이에 존재하는 긴장 안의 역동이다(영적 역동성이란 내가 누구인가와 내가 어떤 사람이 될 수 있는가 하는 잠재성 간의 차이를 말한다. 이를 빅터 프랭클 박사는 건강한 긴장이라고 칭했다-옮긴이). 영적 역동성에 의해 인간의 삶은 힘의 자기장에 있는 철심처럼 삶의 질서와 체계를 온전히 갖추게 된다. 정신적 역동성과는 대조적으로 영적 역동성은 선택할 자유를 허용하며 인간은 자신을 기다리고 있는 의미를 완수할 것인지 아니면 거절할 것인지를 자유롭게 선택할 수 있다.

미국 위스콘신 의과대학의 시어도어 코첸(Theodore A. Kotchen) 박사는 신경증 환자 집단과 일반인 집단을 대상으로 설문지를 만들어 의미와 정신건강의 관계에 관해 연구를 실시했다. 연구 결과 로고테라피에서 혹은 여타의 다양한 실존분석에서 이야기하는 정신건강에 대한 개념의 타당성이 입증되었다(1960). 즉 마음은 '의미'를 성취했을 때 건강하다는 것이다.

1899년 미국의 신경학자 제임스 잭슨 퍼트남(James Jackson Putnam)이 매사추세츠 의학회에서 '질병뿐 아니라 인간(Not the Disease Only, But Also the Man)'이라는 주제로 강연을 했다. 내가 생각하기에 이 강연의 제목이 의미하는 것은, 의사는 질병뿐 아니라 질병에 대한 환자의 태도를 다루어야 한다는 것이다. 환자의 올바른 태도를 통해 피할 수 없는 고통은 인간 승리와 성취로 바뀔 수 있다. 그것이 바로 마지막 숨이 남아 있을 때까지, 죽음의 순간까지 삶에 의미가 존재하는 이유다. 그러나 죽음에 의해서조차 삶은 그 의미를 잃지 않는다. 왜냐하면 삶의 의미란 미래에만 존재하는 것이 아니라 과거에 이미 저장되어 있는 것들이기 때문이다. 의미는 영원히 저장된다.

에디스 조엘슨은 로고테라피는 환자가 피할 수 없는 고통에서 긍정적인 가치를 찾도록 도와주기 때문에, 불치병으로 고통을 겪는 환자가 자신의 고통을 모욕스럽게 여기기보다 고귀한 것으로 여길 만한 기회를 거의 주지 않는 현대 미국 문화에 만연한 건강하지 못한 태도에 대항할 수 있도록 로고테라피가 도움을 줄 수 있을 것이라고 말했다. 또한 그녀는 "불행이 더욱 심화되었는데, 이는 단지 불행해서만이 아니라 자신이 불행하다는 것을 수치스럽게 여기기 때문이다"라고 말했다(Weisskopf-Joelson, 1958).

에디스 조엘슨은 또한 이렇게 말했다. "로고테라피 철학의 또 다른 측면은 시간에 대한 개념이다. 로고테라피에서는 미래를 아직 실현되지 않은 기회들이 보존되어 있는 것으로 여기는 한편 개인의 과거란 말하자면 그가 살아있는 동안 실현한 모든 것들을 안전하게 보관하는 저장소라고 여긴다. 그러므로 과거는 삶의 일시성(transiency), 즉 무상함과 덧없음을 극복하고 영원성(eternity)을 얻어낸 인간 삶의 일부분인 것이다. 과거에 대해 긍정적으로 평가함으로써 나이듦과 죽음에 대한 공포에 맞설 수 있으며, 과거에 대한 긍정적 평가는 미국처럼 젊음의 가치를 강조하는 문화 속에서 중년이나 노년층이 느끼는 불편한 느낌을 상쇄시켜준다. 특히 과거를 긍정적으로 평가하는 것은 갱년기와 같은 생의 전환기에 경험하게 되는 장애를 철학적 관점에서 다룰 때 도움이 된다."

그러나 삶의 궁극적 의미는 더 이상 인간의 지적 인식의 문제는 아니다. 삶의 궁극적 의미는 인간이 어떤 것에 실존적으로 투신하고 헌신하는 것(existential commitment)에 관한 문제다. 궁극적 의미는 유한한 존재인 인간이 가지고 있는 지적 능력을 뛰어넘고 능가하는 것이다. 만약 특정 종교의 신자라면 그는 자신의 종교를 기반으로 어떤 문제에 대해 분명한 입장을 취하고 이에 따라 선택을 할 수 있다. 따라서 만약 환자가 확고한 종교적 믿음을 가지고 있다면, 환자의 종교적 신념을 존중하고 따르는 것이 합당하며, 종교와 같은 영적 자원을 효과적으로 치료에 이용하는 것에 반대할 필요는 없다.

예를 들어 랍비 한 분이 어느 날 나를 찾아와 자신의 이야기를 한 적이 있다. 그는 아우슈비츠 나치 수용소에서 자신의 첫 아내와 여섯 명의 자녀를 잃었고, 이후 재혼을 했는데 지금 아내가 불임으로 아이를 갖지 못한다고 했다. 나는 그에게 이렇게 말해주었다. 출산이 삶의 유일한 의미는 아니며, 만약 그렇다면 삶 자체가 무의미할 것이기 때문이며 본질적으로 무의미한 무언가가 영속된다고 해서 그것이 의미 있는 것이 될 수는 없다고 말이다.

그러나 랍비는 자신이 처한 어려움을 정통 유대교 입장에서 평가하고 있었다. 자신이 죽은 후에 자신을 위해 카디쉬 기도(Kaddish: 유대교에서 사망한 가까운 사람을 위해 예배가 끝날 때 드리는 기도-옮긴이)를 해줄 아들이 없어서 너무 절망스럽다는 것이었다. 나는 포기할 수 없었다. 그래서 그를 도울 수 있는 마지막 기회라고 생각하고 그에게 이렇게 물었다. 천국에서 자녀들을 다시 보고 싶지 않냐고 말이다. 이 질문에 그가 울음을 터뜨렸다. 그리고 그를 절망에 빠뜨린 진짜 이유가 드러났다. 그는 이렇게 설명했다. 자신의 아이들이 무고하게 희생되었기 때문에 분명 천국에서도 가장 높은 자리에 있을 테지만, 늙고 죄 많은 자신은 자녀들처럼 천국에서 같은 자리에 갈 수 없을 것 같다는 것이었다. 나는 한 번 더 포기하지 않고 이렇게 말했다.

"그것이 바로 랍비가 자녀들보다 더 오래 살고 있는 의미라고 생각하지 않나요? 지금 겪고 있는 고통의 시간을 통해 깨끗해질 수 있습니다. 자녀들만큼 그렇게 순수해질 수는 없다고 하더라도 고통의 시간을 통해 깨끗해지는 것이 마침내 천국에서 자녀들과 만날 수 있을 만큼 가치 있는 일이 되지 않을까요? 시편에 하느님께서는 당신의 눈물을 모두 하느님의 부대에 담아두신다("저는 뜨내기, 당신께서 적어두셨습니다. 제 눈물을 당신 부대에 담으소서. 당신 책에 적혀 있지 않습니까?"(시편 56:9))고 쓰여 있지 않습니까? 랍비의 고통은 절대로 헛된 것이 아님니다." 수년 만에 처음으로 그는 자신의 고통에서 새로운 빛을 보았고 편안해졌다. 새로운 빛은 내가 그로 하여금 그가 믿고 있는 종교의 언어로 자신의 고통을 다시 평가할 수 있도록 함으로써 가능했던 것이다.

인간에 관한 이론이 온전하게 인간을 설명해주는 이론이 되기 위해서는 존재의 영적 차원인 인간만의 고유한 현상 안으로 들어가야 한다. 그러나 만약 인간에 대한 이론이 인간존재가 더 높은 차원의 영적 차원을 향해 본질적으로 열려 있다는 것을 인식하지 못한다면 그러한 이론은 파편에 불과한 불완전한 이론이 되어버리고 말 것이다. 인간은 분명 유한한 존재다. 그러나 인간은 자신의 유한성을 이해할 수 있고 극복할 수 있는 존재다.

3장

—

로고테라피, 인간성 회복에의 길을 열다

의미에의 의지

로고스(Logos)란 그리스어로 의미라는 뜻이다. 프로이트의 정신 분석과 아들러의 개인심리학에 이어 빈의 3대 심리치료라고 불리는 로고테라피는 인간존재의 의미와 인간의 의미 추구에 초점을 맞춘 다. 로고테라피는 삶의 의미를 찾고자 하는 의미 추구의 노력을 인 간의 1차적 동기로 설명한다. 이것이 바로 내가 의미에의 의지(will to meaning)를 프로이트의 정신분석에서 중심으로 하는 쾌락의 원칙 (pleasure principle, 쾌락에의 의지라고도 말한다)과 아들러의 개인심리학에서 강조하는 권력에의 의지(will to power)와 대조되는 것으로 말하는 이 유다.

Basic Concepts of Logotherapy: Paper read at the Annual Meeting of the American Ontoanalytic Association in Chicago on May 7, 1961.

의미에의 의지는 믿음(faith)이 아니라 사실(fact)이다. 만약 의미에의 의지가 인간을 움직이는 1차적 동기라는 나의 주장에 증거가 필요하다면 몇 년 전 프랑스에서 실시한 여론조사 결과가 그 증거가 될 수 있을 것이다. 통계조사에 참여한 사람들 중 89퍼센트가 인간에게는 살아야 할 어떤 것이 필요하다고 응답했고, 61퍼센트는 자신의 삶에 목숨을 내주어도 아깝지 않을 만큼 소중한 것이나 소중한 사람이 있다고 응답했다. 내가 일하는 병원에서도 환자들과 직원들을 대상으로 동일한 여론조사를 해보았다. 조사 결과는 프랑스에서 수천 명을 대상으로 실시한 연구 결과와 거의 똑같이 나왔다. 차이는 2퍼센트에 불과했다.

실존적 좌절

인간의 의미에의 의지는 좌절될 수 있다. 이를 로고테라피에서는 '실존적 좌절(existential Frustration)'이라고 한다. 여기서 '실존적(existential)'이라는 말에는 세 가지 의미가 포함되어 있다. (1) 실존, 즉 실존 자체로서 인간만의 고유한 존재 방식이라는 뜻이며 (2) 존재의 의미(meaning of existence)라는 뜻을 포함하고 있고 (3) 개인의 삶에서 구체적인 존재의 의미를 찾고자 하는 노력, 즉 의미에의 의지를 뜻하기도 한다.

실존적 좌절은 그 자체로 병리적인 것은 아니지만 만성이 되면 신경증으로 발전할 수 있다. 실존적 좌절의 결과 생기는 신경증을 로고테라피에서는 일반적으로 통용되는 '심인성 신경증(psychogenic

무의미의 의미

neuroses)'과 대별해 '영적 신경증(noogenic neuroses)'이라고 한다. 영적 신경증은 심리적 차원에서 비롯되는 것(심인성 신경증)이 아니라 '영적인 차원'에 그 원인이 있는 신경증을 말한다(영적 신경증이란 영 자체에 어떤 문제가 생긴 것이 아니라 영에 있는 것들이 억압되거나 무시되거나 좌절된 상태에서 생길 수 있는 신경증을 의미한다-옮긴이). 이것은 인간 정체성의 영적 핵심과 관련된 모든 것을 나타내는 또 다른 로고테라피 용어다. 그러나 여기서 반드시 기억해야 하는 것은 로고테라피의 '영적(spiritual)'이라는 말에는 종교적 의미가 함축되어 있지 않다는 점이다. '영적'이란 인간만의 고유한 차원을 의미한다.

영적 신경증

영적 신경증은 충동이나 본능의 갈등이 아니라 여러 가지 가치 간의 갈등에서 비롯되는 신경증이다. 즉 도덕적 갈등, 보다 일반적으로 말한다면 영적 문제로부터 생기는 것이 바로 영적 신경증이다. 영적인 문제에서는 실존적 공허가 중요한 역할을 하는 경우가 많다. 현재 미국 브래들리센터(Bradley Center) 연구팀이 영적 신경증과 심인성 신경증을 구분할 수 있는 의학적 도구를 개발하는 프로그램을 진행하고 있다고 하니 무척 감사한 일이다.

이처럼 영적 신경증의 원인이 심인성 신경증과 본질적으로 다르기 때문에 영적 신경증에 적합한 치료는 일반적인 심리치료가 아니라 로고테라피다. 로고테라피는 인간존재의 영적 차원의 문제를 다루기 때문이다. 사실 로고스는 '의미'라는 뜻뿐 아니라 '영'이라는 의미도 포함하고 있다. 의미 있는 존재가 되고 싶어하는 인간의 열망과 이러한 열망의 좌절 같은 영적인 문제는 영적인 의미에서 로고테라피로 다루어져야 한다. 이러한 영적 문제는 무의식의 뿌리와 원천을 추적해 본능적 측면에서 다루는 것이 아니라 본능적 측면을 넘어 그 이상의 차원에서 보다 진실하고 충실하게 다루어져야 한다.

로고테라피의 목적은 환자가 삶의 의미를 찾을 수 있도록 돕는 것이다. 로고테라피가 환자로 하여금 자신의 존재에 무의식적으로 숨겨져 있는 로고스를 의식할 수 있도록 한다는 점에서 로고테라피 치료는 분석적이라고 할 수 있다. 이 점에서 로고테라피는 정신분석과 유사하다고 할 수 있겠다. 그러나 로고테라피에서는 무의식을 의식화하는 데 있어 이러한 의식화를 무의식 안에 있는 본능의 영역으로 제한하지 않고 이를 넘어서 완수해야 할 인간존재의 잠재적 의미와 같은 무의식의 영적 현실로 그 영역을 확장했다.

어떤 분석이든 환자가 자신의 깊은 내면에서 소망하는 것이 무엇인지 인식할 수 있도록 노력하며, 이는 치료 과정에 영적 차원이 포함되지 않은 분석들도 마찬가지다. 그러나 로고테라피는 인간을 무엇에 주로 관심을 갖는 존재로 바라보는가라는 관점에서 정신분석과 많이 다르다. 정신분석에서는 인간을 충동과 본능을 만족시키고, 본능과 자아 그리고 초자아 간의 갈등을 해결하며, 사회와 환경에 적응하는 것에 관심을 갖는 존재로 여기는 반면, 로고테라피에서는 의미를 완수하고 가치를 실현하는 데 주된 관심을 두는 존재로 인간을 바라본다는 점에서 이 둘은 확연히 다르다.

영적 역동성

　의미와 가치를 추구하고자 하는 인간의 노력은 내적으로 균형 상태가 아니라 오히려 긴장 상태를 불러일으킨다. 그러나 이러한 내적 긴장은 정신건강에 없어서는 안 될 필수적인 조건이다. 나는 인간이 최악의 상황에서도 생존할 수 있도록 돕는 데 있어 삶에 의미가 있다는 것을 인식하도록 하는 것만큼 효과적인 것은 세상에 없다고 단언한다.

　"살아야 할 이유를 알고 있는 사람은 삶의 어떠한 어려움도 견뎌낼 수 있다"는 니체의 말에는 큰 지혜가 담겨 있다. 나는 니체의 이 말 속에 모든 심리치료가 따라야 하는 모토가 들어 있다고 생각한다. 자신의 삶에서 완수해야 할 과제가 자신을 기다리고 있다는 것을 인식한 사람들이 나치 수용소에서 생존 가능성이 가장 높았다. 이는 훗날 미국 정신과 의사들이 한국과 일본에서도 재차 확인했던 바이다.

　그러므로 정신건강은 적당한 정도의 긴장에 기초한다고 볼 수 있다. 적당한 정도의 긴장이란 이미 성취한 것과 앞으로 성취해야 할 것 사이의 긴장이며, 이는 내가 어떤 존재인가와 어떤 존재가 되어야 하는가 사이의 차이다. 이러한 긴장은 인간에게 본질적으로 내재되어 있으며, 정신건강과 심리적 안녕에 필수적이다. 따라서 인간은 실현해야 할 잠재적 의미에 대한 도전에 주저해서는 안 되며, 그럼으로써 잠재된 의미에의 의지를 불러일으킬 수 있어야 한다.

　나는 인간에게 1차적으로 필요한 것이 균형의 유지 혹은 생리학에서 말하는 '항상성', 즉 긴장이 없는 상태라는 가정이 정신건강 예방 차원에서 위험하다고 생각한다. 인간에게 정말로 필요한 것은 긴장이 없는 상태가 아니라 자신에게 가치 있는 목표를 달성하기 위한 노력과 투쟁이다. 즉 어떻게든 긴장을 없애는 것이 아니라 완수되기를 기다리는 자신의 잠재적 의미에의 소명이 필요하다. 우리에게 진정으로 필요한 것은 항상성이 아니라 내가 '영적 역동성(noo-dynamics)'이라고 지칭한 것이다. 즉 한쪽 끝에는 완수되어야 할 의미가 자리하고 다른 한쪽 끝에는 그것을 완수할 인간이 자리하는, 의미와 인간 사이의 긴장이라는 축에 놓인 영적 역동성이 필요하다.

그리고 영적 역동성이 정상적인 사람에게만 필요하다고 여겨서는 안 된다. 오히려 신경증이 있는 사람들에게 훨씬 더 필요하다. 만약 건축가가 약해진 아치형 문을 튼튼하게 하고 싶다면, 문 위에 더 무거운 것을 올려놓아야 한다. 그래야 문의 부속품들이 더욱 단단하게 조여질 것이기 때문이다. 즉 치료자가 환자의 정신건강을 향상시키고 싶다면 삶의 의미를 향한 재교육을 통해 환자가 짊어져야 하는 무게를 늘리는 것을 두려워해서는 안 된다.

나는 의미를 지향하는 것에서 얻을 수 있는 유익한 점을 환자들에게 먼저 설명해주고 나서 오늘날 많은 환자들이 불평하고 있는 삶에 대한 총체적이고 궁극적인 무의미가 가지는 유해한 영향에 대해 설명해준다. 환자들은 살아야 할 가치가 있는 의미에 대해 인식하지 못하는 경우가 많다. 그들은 그저 내적 공허감, 즉 내면이 텅 비어 있는 것 같은 허무감에 시달리고 있다. 한마디로 '실존적 공허'의 상황에 갇혀 있는 것이다.

실존적 공허

실존적 공허는 이 시대에 널리 퍼져 있는 현상이다. 여기에는 그만한 이유가 있다. 아마도 인간이 진정한 인간이 되어가면서 겪게 되는 두 가지 상실에 그 이유가 있는 것 같다. 인류 역사 초기에 인간은 동물의 행동에 단단하게 내재되어 있는 기본적인 동물적 본능을 박탈당했다. 본능이 제공해주는 지상낙원과 같은 안전감이 인간에게 이제는 영원히 막혀버렸다. 인간은 이제 선택을 해야 한다. 그러나 이것 외에도 인간은 또 다른 상실을 경험하고 있는데, 바로 인간의 행동을 뒷받침해주던 전통이 급격히 쇠락하는 데 따르는 상실이다. 이제 더 이상 본능이 인간에게 무엇을 해야 한다고 말해주지 않으며 전통이 무엇을 책임 있게 해야 하는지 말해주지 않는다. 이로써 인간은 자신이 원하는 것이 무엇인지조차 모르게 되었다. 더욱이 다른 사람들이 자신에게 무엇을 하기를 원하는지에 더욱 신경 쓰게 되면서 점점 더 순응주의에 빠져들게 되었다.

빈에 위치한 폴리클리닉(Poliklinik) 병원 신경과에 입원해 있는 환자들과 이곳에서 근무하는 간호사들을 대상으로 통계조사를 진행했는데, 그 결과 조사에 응답한 사람들 중 약 55퍼센트가 실존적 공허감을 경험하고 있는 것으로 나타났다. 즉 조사에 응한 절반 이상의 사람들이 삶이 무의미하다고 느꼈다고 답한 것이다.

최근 나는 로고테라피 강의에 참석한 미국 학생들과 유럽 학생들을 대상으로 동일한 통계조사를 진행했다. 조사 결과 유럽 학생 중 40퍼센트가 최소한 가끔은 삶이 완전히 무가치하다고 느끼고 있으며, 미국 학생 중 80퍼센트가 이러한 실존적 좌절을 가끔이라도 경험하는 것으로 나타났다. 이는 유럽 학생들보다 두 배 높은 수치다.

신경증적 피드백 메커니즘과 악순환의 고리(예를 들어 어떤 상태에 대해 혹은 대상에 대해 불안해하는 자기 자신을 보면서 더 불안해져서 불안이 가중되는 경우 혹은 불안 증상이 찾아올 것이라는 예기불안이 실제 불안 증상을 불러오거나 가중시키는 경우-옮긴이)가 실존적 공허를 공격하고 이후 이런 메커니즘과 악순환의 고리가 계속해서 더욱 활성화되는 경우를 자주 목격하게 된다. 이렇게 신경증 피드백 메커니즘이나 악순환의 고리에 갇혀 있는 환자들의 경우 우리가 다루어야 하는 것이 영적 신경증은 아니다(이러한 환자들이 영적 신경증을 경험하고 있는 것은 아니라는 뜻이다-옮긴이). 그러나 이 경우에도 치료에 로고테라피를 보완적으로 포함시키지 않는다면 환자는 자신의 상태를 극복하는 데 실패하게 될 것이다. 왜냐하면 이 경우 로고테라피의 도움으로 실존적 공허가 의미로 채워져 상태의 재발을 예방할 수 있기 때문이다. 그러므로 로고테라피는 앞에서 언급한 영적 신경증의 경우뿐만 아니라, 심인성 신경증에도 유효하며 특히 생리적 원인에 의한 신인성 신경증(somatogenic neurosis)에도 유용하다.

이러한 관점에서 "모든 치료는, 아무리 제한적이라 하여도 어떤 식으로든 로고테라피가 되어야 한다"라고 한 미국의 심리학자 맥다 아놀드(Magda B. Arnold)의 말은 일리가 있는 것 같다. 또한 왕립의료심리학회에 발표한 논문에서 레더만(E. K. Ledermann)은 "환자가 의미 있는 삶을 성취할 수 있도록 돕기 위해서 적어도 실존적 심리치료는 영적인 것에 뿌리를 두고 있는 로고테라피여야 한다"고 선언했다.

집단적 신경증

시대를 막론하고 모든 시대에는 집단적 신경증(collective neuroses)이 있고, 이를 극복하기 위한 심리치료가 필요하다. 이 시대의 집단적 신경증인 실존적 공허는 개인적으로 경험하는 허무주의라고 말할 수 있다. 허무주의란 존재에 의미가 없다고 주장하는 것이기 때문이다. 그러나 심리치료의 경우 현대의 허무주의 철학의 영향에서 스스로 벗어나지 못한다면 집단적 규모의 실존적 공허를 결코 극복할 수 없을 것이다. 심리치료가 실존적 공허라는 집단적 신경증의 치료제가 아니라 오히려 실존적 공허의 증상을 대변하는 것이 되어버릴 것이다. 이렇게 되면 심리치료는 허무주의적 철학을 드러내게 될 뿐 아니라 본의 아니게 무의식적으로라도 환자에게 인간에 대한 진정한 그림이 아니라 인간에 대한 잘못된 그림을 전달하게 될 것이다.

우선 인간은 생리적, 심리적, 사회적 조건의 결과물이며 유전과 환경이 만들어낸 작품일 뿐이라는 관점을 가진 이론에는 본질적으로 위험이 내포되어 있다. 이와 같은 관점에서 결과적으로 만들어진 작품은 인간이 아니라 로봇에 불과하다. 그러나 이러한 신경증적 숙명론(neurotic fatalism)은 인간이 자유로운 존재라는 것을 부정하는 심리치료에 의해 더욱 촉진되고 강화된다.

범결정론에 대한 비판

  정신분석 심리치료는 이른바 범성애주의(pan-sexualism)로 인해 종종 비난을 받아왔다. 나는 이 비난이 정당한 것인지 의심스럽다. 그런데 내가 보기에 훨씬 더 잘못되고 위험한 가정이 있는데, 바로 내가 '범결정론(pan-determinism)'이라고 부르는 것이다. 범결정론이란 어떤 상황에서도 굳건하게 서 있을 수 있는 인간의 능력을 무시하는 관점이다. 그러나 인간은 완전히 조건화되거나 결정되어 있는 존재가 아니라 자신이 처한 상황에 굴복할지 아니면 도전할지를 스스로 결정하는 존재다. 즉 인간은 궁극적으로 스스로 결정할 수 있는 자기결정적 존재다.

  인간은 그저 존재하지 않으며, 항상 다음 순간에는 자신이 어떤 존재가 될 것인가, 무엇이 될 것인가를 결정하는 존재다. 또한 모든 인간은 언제라도 변화할 수 있는 자유를 가지고 있다. 그리고 우리는 인간의 미래를 모집단에 대한 통계조사를 통해 예측할 수 있을 따름이며, 여전히 인간이 진정 어떤 존재인지는 본질적으로 예측할 수 없다. 어떤 예측이든 생리적(신체적), 심리적 혹은 사회적 조건들이 예측의 기초가 된다. 그러나 인간존재의 핵심적 특징 중 하나는 생리적(신체적), 심리적, 사회적 조건을 뛰어넘어 이를 초월할 수 있는 능력을 가지고 있다는 것이다. 인간은 궁극적으로 자신을 초월할 수 있는 자기초월적 존재다.

  닥터 제이(Dr. J)라는 사람의 사례를 들어보겠다. 그는 내 평생 만난 사람들 중 감히 내가 악마, 즉 사탄이라 부르고 싶은 유일한 사람이었다. 당시 그는 빈에 있는 대형 정신병원의 이름을 따서 '스타인호프(Steinhof)의 대량학살자'라고 불렸다. 나치 독일이 안락사 정책을 시작했을 때 그는 모든 권한을 쥐고 있었으며, 자기에게 주어진 임무에 광적으로 매달려 단 한 명의 정신병 환자도 가스실을 탈출하지 못하게 했다. 전쟁이 끝나고 나치 아우슈비츠 수용소의 가스실에서 풀려나 빈으로 돌아온 나는 닥터 제이의 행방이 궁금해 사람들에게 물어보았다.

사람들의 대답은 이랬다. "그는 러시아인들에게 붙잡혀 스타인호프 병원 독방에 갇혀 있었습니다. 그런데 다음 날 그가 있던 독방의 문이 열려 있었고 아무도 다시는 그를 볼 수 없었다고 합니다." 나는 그가 다른 사람들처럼 나치 당원들의 도움을 받아 남미로 도망갔을 것이라고 생각했다. 최근 나는 처음에는 시베리아에서 그 다음은 모스크바의 악명 높은 루블랸카(Ljubljanka) 감옥에서 수년간 수감되어 있었던 전 오스트리아 외교관을 진료할 기회가 있었다. 신경적으로 이상이 없는지 검진을 하고 있는데, 그가 갑자기 내게 질문을 던졌다. 혹시 닥터 제이라는 사람을 아느냐는 것이었다. 내가 안다고 답하자, 그가 계속 말을 이어갔다. "루블랸카에서 그를 알게 되었습니다. 거기서 그는 방광암으로 40세에 사망했지요. 그러나 죽기 전까지 그는 정말 최고의 동료였습니다. 그는 거기 있던 모든 사람들을 위로해주었습니다. 그는 우리가 상상할 수 있는 최고의 도덕적 기준으로 살았던 것 같아요. 감옥에 있었던 오랜 시간 동안 제가 만난 사람들 중 그는 정말 최고의 친구였습니다."

이것이 바로 '스타인호프의 대량학살자'로 불리던 닥터 제이에 대한 이야기다. 어떻게 여러분이 나의 행동을 감히 예측할 수 있겠는가? 여러분이 예측할 수 있는 것은 단지 기계의 자동화된 움직임일 뿐이다. 기계적 움직임을 넘어서 여러분은 인간 마음의 메커니즘을 예측하려고 노력할 수 있다. 그러나 인간은 마음 이상의 존재다.

분명한 것은 범결정론이 전염병처럼 교육자들에게 퍼져나가고 심지어는 종교인들까지 감염시켰다는 것이다. 그러나 이들은 자신이 범결정론이라는 전염병에 감염되었으며 이로 인해 자신들이 가지고 있는 신념의 근간이 훼손되고 있다는 것을 인식하지 못하는 것 같다. 인간의 결정에 대한 자유는 그것이 신에 대한 것이든 사람에 대한 것이든 인식되어야 한다. 인간에게는 사람뿐 아니라 신에 대해서도 선택하고 결정할 수 있는 자유가 있으며 우리는 이를 인식해야 한다. 그러지 않으면 종교는 망상이 되고, 교육은 환상이 되고 만다. 종교와 교육은 자유를 전제로 한다. 종교의 자유와 교육의 자유를 인정하지 않는다면, 종교와 교육은 잘못 인식되어버릴 것이다.

그러나 범결정론에서는 종교에 대해 어린 시절의 초기 경험이 개인의 종교생활을 좌우하고 이에 영향을 미친다고 평가하고 있으며, 개인의 신에 대한 개념은 아버지에 대한 이미지에 달려 있다고 주장한다. 이러한 종교에 대한 범결정론적 관점과 대조적으로, 우리는 알코올 중독자의 아들이 반드시 알코올 중독자가 되는 것은 아니라는 사실을 잘 알고 있다. 마찬가지로 인간은 무시무시한 아버지로부터의 부정적이고 건강하지 않은 영향에 저항할 수 있으며, 여전히 하느님과 건강한 관계를 맺을 수 있는 존재다. 아버지에 대해 아무리 나쁜 이미지를 가지고 있다 해도 그것 때문에 하느님과 좋은 관계를 맺지 못하게 되는 것은 아니다. 오히려 신실한 종교생활을 통해 아버지에 대한 미움을 극복할 수 있는 자원을 얻을 수 있다. 반대로 신실하지 못한 종교생활이 어린 시절의 경험이라든가 혹은 아버지와의 부정적 관계 때문이라고 말할 수 없다.

빈의 폴리클리닉 병원에서 실시한 통계조사 결과 어린 시절 아버지에 대한 긍정적 이미지를 경험한 환자들 중 3분의 1이 성인이 된 후에 종교를 떠난 것으로 나타났다. 반면 아버지에 대한 부정적 이미지를 가진 환자들의 경우 대부분 아버지에 대한 부정적 이미지에도 불구하고 종교에 대해 긍정적 태도를 가지고 있는 것으로 나타났다. 우리가 종교를 단지 무의식적 동기의 관점에서 정신적 역동의 결과로만 해석하는 순간, 우리는 종교의 핵심과 종교라는 진정한 현상을 놓치게 된다. 심리학을 숭배하고 모든 것을 심리학으로 설명하는 한 종교심리학은 종교로서의 심리학이 된다(psychology of religion: 프랭클 박사는 모든 현상을 심리학적 관점에서 해석하는 경우 심리학이 '심리학 주의'라는 '사상'이 될 위험이 있듯이, 모든 종교적 현상을 심리학적으로 해석하는 경우, '심리학 자체'가 '종교'가 되는 위험에 빠질 수 있다는 점을 우려함-옮긴이).

정신의학의 신조

인간에게서 자유를 완전히 빼앗을 수 있는 것은 아무것도 없다. 그러므로 비록 제한적일 수는 있지만, 신경증이나 정신증으로 고통을 겪는 사람들에게도 여전히 자유는 있다. 환자의 내면 가장 깊은 곳에 자리하는 내가 누구인가의 핵심은 정신증조차 건드릴 수 없다.

60대의 한 남성이 나를 찾아온 적이 있다. 그 환자는 수십 년 동안 환청에 시달리고 있었다. 나는 그의 모습에서 사람이 얼마나 망가질 수 있는지 목격할 수 있었다. 그의 주변 사람들이 모두 그를 바보 취급한다고 했다. 그러나 그에게는 내면에서 발산되는 뭔지 모를 묘한 매력이 있었다. 어린 시절 그는 사제가 되고 싶었다고 한다. 그러나 겨우 하나의 기쁨을 누리는 것에 만족할 수밖에 없었는데, 바로 매주 일요일 아침 미사를 드릴 때 성가대에서 노래를 하는 것이었다. 그와 함께 나를 찾은 여동생에 따르면 그가 종종 매우 흥분을 하기는 하지만, 결국은 항상 흥분을 가라앉히고 스스로를 통제한다고 했다. 여동생의 이야기를 듣고 나는 이 환자의 사례에 어떤 정신역동적인 것이 깔려 있을 것이라고 생각했다. 왜냐하면 그 환자가 여동생에게 매우 의존적이라고 생각했기 때문이다. 나는 그에게 어떻게 그렇게 다시 스스로를 다스릴 수 있게 되느냐고 물어보았다. "누구를 위해서 그렇게 하시는 건가요?" 내 질문에 잠시 머뭇거리던 그가 이렇게 대답했다. "하느님을 위해서요." 그 순간 그의 깊은 내면 밑바닥에서 그가 진정 누구인가가 희미하게나마 모습을 드러냈다. 지능이 얼마나 낮은가와 무관하게 그 순간 그의 진정한 종교적 삶이 드러난 것이었다.

치료가 불가능한 정신증을 앓고 있는 환자는 어디에도 쓸모없는 존재처럼 보일 수 있다. 그러나 그는 여전히 한 인간으로서 존엄성을 지니고 있다. 이것이 바로 나의 정신의학적 신조(psychiatric credo)다. 인간의 존엄성에 대한 정신의학적 신조가 없다면 나는 정신과 의사로서 가치도 자격도 없다고 생각한다. 누구를 위한 것인가? 단지 수리할 수 없이 망가진 뇌라는 기계를 위한 것인가? 만약 환자가 그저 수리 불가능한 망가진 뇌의 존재이며 그 이상의 어떤 존재도 아니라면, 안락사도 정당화될 수 있을 것이다.

정신의학의 인간성 회복

지난 반세기 너무나 오랫동안 정신의학은 인간의 마음을 단지 기계적 측면에서 해석하려 해왔고, 결국 정신질환에 대한 치료는 주로 기법의 측면에서 이루어졌다. 그러나 나는 이런 상황이 끝이 났다고 믿는다. 이제 동이 트며 나타나는 것은 심리학화된 의학(psychologized medicine)에의 그림이 아니라 인간화된 정신의학(humanized psychiatry)이라는 그림이다.

그러나 여전히 자신의 주된 역할이 기술자라고 해석하는 의사가 있다면, 그는 질병 뒤에 숨겨진 인간의 참된 모습을 보는 것이 아니라 환자를 단지 기계로 바라보고 있다는 사실을 드러내는 셈이다.

인간은 물건이 아니다. 물건은 스스로 결정할 수 없지만, 인간은 궁극적으로 스스로 결정하는 존재다. 자신이 무엇이 될 것인가는 바로 자기 자신으로부터 나온다. 살아있는 생지옥의 실험실 같았던 나치 수용소에서 나는 인간이 그러한 환경에서도 스스로 무엇이 될 것인가를 결정하는 존재라는 것을 목격할 수 있었다. 수용소에 수감된 사람들 중 누군가는 돼지처럼 행동했는가 하면 누군가는 성자처럼 행동하는 것을 똑똑히 보았다. 인간은 돼지 혹은 성자라는 두 가지 잠재성을 자신 안에 모두 가지고 있다. 돼지나 성자 중 어떤 것이 될지는 조건이나 환경이 아니라 자신의 결정에 달려 있다.

제2차 세계대전을 겪은 세대인 우리는 인간이 진정 어떤 존재인지에 대해 지극히 현실적이고 경험적인 방식으로 깨달아가고 있다. 인간은 아우슈비츠 수용소의 가스실을 발명한 존재다. 그러나 또한 허리를 꼿꼿이 세우고 주님의 기도를 드리며 가스실로 들어가는 존재이기도 하다.

4장
—
인간은 선택하고 결정하는 영적인 존재다: 차원적 존재론

미국의 사회심리학자이자 성격심리학자 고든 올포트(Gorden W. Allport)에 따르면 로고테라피는 실존주의 정신의학 학파 중 하나다. 이에 관해 캘리포니아 버클리에 위치한 퍼시픽 신학교(Pacific School of Religion) 교수 로버트 레슬리(Robert C. Leslie)는 이렇게 말했다. "로고테라피는 실존주의 정신의학 중에서도 아주 예외적이다. 프로이트 박사의 정신분석과 와트슨(John Watson)의 행동주의에 반하는 새로운 움직임으로 심리치료 분야에서 실존주의에 많은 관심을 기울이고 있긴 하지만, 구체적이고 정교한 실존주의적 심리치료는 찾기 어렵다. 그러나 로고테라피는 많은 사람들이 말해온 것처럼 모든 실존주의 정신의학 중에서 유일하게 치료적 기법에 성공한 심리치료다."

The Concept of Man in Logotherapy: 본 원고는 1964년 2월 27일 제175회 기념강연으로 조지타운대학교(미국 워싱턴 D.C.)의 철학과와 심리학과의 후원으로 진행된 강의에서 발췌한 것임.

어떤 기법도 인간에 대한 이론과 삶에 대한 철학에 기반하지 않는 것은 없다. 이때 확인해야 하는 것은 기법이 기반을 두고 있는 인간에 대한 이론과 삶에 대한 철학이 올바른가 하는 것이다. 보다 구체적으로 말해서 치료 기법이 기반으로 삼는 인간에 대한 개념이 환자가 어떤 존재인가를 온전히 이해하고 있느냐 하는 것이다. 다시 말해 인간에 대한 개념에 '진정으로 인간적인 차원'이 포함되어 있는가 하는 것이다.

로고테라피의 인간에 대한 개념은 세 가지 원칙에 기반한다. (1) 의지의 자유(freedom of will) (2) 의미에의 의지(will to meaning) (3) 삶의 의미(meaning of life) 세 가지다.

이 세 가지 원칙은 인간에 대한 현시대의 통상적 개념이라 할 수 있는 (1) 범결정론(pan-determinism) (2) 항상성 이론(Homeostasis theory) (3) 환원주의(reductionism) 원칙과 상반된다. 이 세 가지 원칙은 인간을 인간의 현상(human phenomenon)이 아니라 인간 이하의 유인원적 현상(sub-human phenomenon)으로 바라본 것이다.

범결정론에 대한 비판

많은 심리학자들이 선호하는 '기계 모델(machine model)' 혹은 '동물 모델(rat model)'이 바로 범결정론적 모델이다. 우선 나는 인간이 자기 자신을 피조물로 여기고 자신의 존재를 창조한 창조주인 신의 이미지로 자신을 이해한다는 것이 참으로 놀라운 일이라고 생각한다. 그러나 스스로를 창조주라고 생각하는 순간 인간은 스스로를 자신이 창조한 것, 즉 기계의 이미지로만 해석하게 된다. 이는 라메트리(La Mattrie: 프랑스의 의사이자 철학자로 계몽주의 시대의 첫 유물론 작가-옮긴이)가 쓴 책 제목《인간기계론(L'homme Machine)》과 그 맥락을 같이한다. 스탠리 로우랜드(Standley Rowland Jr.)는 "심각한 균열이 종교와 정신의학 사이에 있는 것이 아니라 '방법론적이고 기계적인 접근법'을 택한 사람들과 '실존적 접근방법, 특히 삶의 의미에 대한 질문을 특히 중요시하는 실존적 접근법'을 택한 사람들 사이에 있다"(The Christian Century, 1962)라고 했는데, 우리는 이제 이 말이 얼마나 타당한지 이해할 수 있을 것이다.

범결정론은 종교와 모순될 뿐 아니라 교육에도 방해가 된다. 우리는 특히 대학생들 사이에 만연하는 지루함과 무관심에 직면하고 있다. 나는 지루함을 관심을 가지지 못하는 무능으로, 그리고 무관심은 뭔가를 시작하지 못하는 무능이라고 정의하고자 한다. 미국의 교육가이자 대학 행정관인 에드워드 에디(Edward D. Eddy)와 동료들이 미국의 20개 주요 대학을 대상으로 수백 명의 직원과 교수, 학생을 인터뷰한 결과 가장 자주 언급된 주제가 학생들의 무관심이었다(Eddy, Parkhurst & Yakovakis, 1959, p.16)고 한다. 나는 이 결과가 당연하다고 생각한다. 만약 젊은이들에게 인간이 단지 본능과 자아, 초자아 간에 충돌하고 갈등하는 전쟁터 이외에 아무것도 아니라고 계속 가르친다면 혹은 인간은 환경의 희생자이며 환경에 의해 결정되는 존재일 뿐이라고 계속 설교한다면, 또는 인간은 본질적으로 생리적, 심리적, 사회적인 것에 그 뿌리를 두고 있다고 가르친다면, 우리는 젊은이들에게서 자유롭고 책임 있는 행동을 기대할 수 없을 것이다. 이들은 그저 자신이 배운 대로의 존재, 즉 기계적인 존재가 되고 말 것이다. 그러므로 범결정론적 사고는 젊은이들을 점점 더 조종하기 쉬운 존재로 만들어버린다.

그렇다면 이것이 인간은 환경과 결정적 요인에 종속된다는 것을 부정한다는 것을 암시하는 것인가? 어떻게 그게 가능할 수 있는가? 나는 신경학자이며 동시에 정신의학자다. 따라서 당연히 인간이 환경과 유전적 조건에서 완전히 자유로울 수 없다는 것을 잘 알고 있다. 그러나 나는 신경의학과 정신의학이라는 두 분야에 몸담고 있는 사람인 동시에 네 곳의 나치 수용소에서 생존한 사람이다. 수용소에서 나는, 인간이 환경으로부터 절대 자유로울 순 없지만 자신이 직면해야 하는 것이 무엇이든 굳건히 맞설 수 있는 자유로운 존재라는 것을 수없이 많이 목격했다. 비록 인간이 어떤 것에 의해 조건화되고 결정된다 하더라도 인간은 그것에 의해 완전히 결정되는 존재가 아니다. 인간은 절대로 범결정론적 존재가 아니다.

어떤 것에 직면하든 맞설 수 있는 인간의 본질적 능력이란 자기 자신에 대한 태도를 스스로 선택할 수 있는 능력을 말하며, 보다 구체적으로 말해서 인간은 자신의 신체적, 심리적 조건과 결정요인에 맞설 수 있는 능력을 본질적으로 가지고 있다. 그럼으로써 인간은 또한 신체적 현상과 심리적 현상을 뛰어넘어 완전히 다른 차원의 영역을 열 수 있다. 이와 같이 심리적, 신체적 영역과 완전히 구분되는 영역을 나는 영적 차원이라고 명명했다. 인간은 자신에 대해 돌아볼 때, 스스로를 부인할 때, 자신을 어떤 대상으로 객관화할 때, 자신에 대해 스스로 이의를 제기할 때 혹은 자신의 존재를 인식할 때 영적인 차원을 거치게 된다.

진실로 양심은 도덕적 측면에서 자신의 행위를 판단하고 평가하기 위해 스스로를 뛰어넘을 수 있는 인간만의 고유한 능력을 전제로 한다. 그리고 이는 분명 동물은 접근 불가한 능력이다. 카펫을 적신 강아지는 꼬리를 숨기고 소파 밑으로 살금살금 달아난다. 그러나 이는 강아지의 양심 때문이 아니다. 처벌에 대한 공포 때문이며 그러한 행동은 조건화 과정의 결과일 따름이다.

영적 차원을 활짝 열어젖힘으로써 인간은 자기 자신과 자신의 생리적·심리적 특성 간에 거리를 둘 수 있게 된다. 로고테라피에서는 이러한 인간만의 고유한 능력을 자기와 거리두기(self-detachment)라고 칭한다. 자기와 거리를 두는 능력은 인간이 용기 있게 자신을 극복할 수 있도록 해줄 뿐만 아니라 스스로를 희화화하고 자기 자신에 대해 웃을 수 있는 힘을 제공한다. 인간은 명백히 인간만의 고유한 현상과 성품을 지니고 있다. 동물은 인간처럼 웃을 수 있는 능력이 없다.

자기와 거리두기와 건강한 유머감각이라는 이 두 가지 능력은 역설적 의도라는 구체적인 로고테라피 기법에서 활용된다. 역설적 의도는 두려워하는 바로 그 일이 일어나기를 소망하는 것이다.

이에 대해 코네티컷밸리 병원(Connecticut Valley Hospital)의 정신건강클리닉 소장 한스 거즈(Hans O. Gerz)가 쓴 논문 하나를 살펴보자

(1962). 그가 역설적 의도라는 로고테라피 기법을 이용해 얻은 치료 결과는 가히 놀랍고 대단하다. 정통 프로이트 정신분석 심리치료자들조차 역설적 의도를 성공적으로 치료에 적용하고 난 후, 비록 정신역동의 용어로 설명하는 데 곤란을 겪기는 했지만 역설적 의도가 정말 효과적인 단기 치료 기법이라는 점을 인정했다. 사회주의 국가에서도 역설적 의도를 '신경생리적' 치료 기법으로 해석하고는 있지만, 일반적으로는 로고테라피를 구체적으로는 역설적 의도라는 치료 기법을 도입했고 효과적인 치료 기법이라고 인정하고 있다. 카를마르크스대학(Karl Max University, 현 라이프치히 대학) 신경정신의학 클리닉 소장 뮐러 헤게만(D. Müller-Hegemann)은 역설적 의도의 효과성에 관하여 긍정적 결과들이 나왔고 따라서 이에 대해 보다 많은 연구가 필요할 것이라고 말했다(Am Journ, Psychoth., 1963). 체코 출신의 임상심리학자 스타니슬라브 크라토크빌(Stanislav Kratochvil)도 동일한 의견을 갖고 있었다(Ceskoslovenska Psychiatric, 1961).

로고테라피에서 로고스란 의미라는 뜻과 영이라는 뜻을 동시에 내포하고 있다. 그러나 영이란 종교적 의미가 아니라 신체적 차원이나 심리적 차원과 대별되는 영적 차원에서의 영을 의미한다. 자기와 거리두기 능력과 같은 인간의 영적 자원을 치료에 적용하는 역설적 의도는 로고테라피의 대표적 기법으로서 매우 효과적으로 활용되고 있다.

위에서 영적 차원이라고 언급했는데, 여기서 층(stratum)이라 하지 않고 차원(dimension)이라고 표현한 데는 이유가 있다. 독일의 철학자이자 대학교수인 니콜라이 하르트만(Nicolai Hartmann)과 막스 셸러(Max Scheler)가 주창한 개념에 따라 인간을 층이라는 관점에서 인식할 경우, 한편으로는 총체성(wholeness)과 통일성(unity)이 함께하는 인류학적 존재로서의 인간을 외면하게 되고 다른 한편으로는 존재론적 차이를 무시하게 된다. 중세 유럽의 이탈리아 신학자 토마스 아퀴나스(Thomas Aquinas)가 언급한 다양성 안에 통일된(일체된) 존재(unitas multiplex quality of existence: 혹은 복합적 단일체-옮긴이)로서의 인간을 무시하게 되는 것이다.

나는 인류학적 총체성과 통일성이라는 말이 인간이 신체적, 심리적, 영적인 각각의 '구성요소'들로 이루어져 있음을 뜻하지는 않는다는 점을 강조하고 싶다. 반면 존재론적 차이에 의해 인간의 신체적, 심리적, 영적 존재 방식이 양적으로(예를 들어 몸과 마음, 영의 세 구성요소로 각각 1/3씩 인간 전체를 구성하고 있다는 관점-옮긴이) 다른 것이 아니라 질적으로 서로 다르다는 점을 말하고 싶다(본질적으로 몸, 마음, 영은 그 특성이 다르다. 특히, 프랭클 박사는 몸과 마음은 '가지고 있는 것'이지만, '영'은 존재 자체라는 점에서 전적으로 서로 다르다는 점을 강조하고 있다-옮긴이).

신체적, 심리적, 영적 '요소'라는 표현은 인간을 '층'의 개념으로 바라보는 것이며, '층'이라는 말 속에는 각각의 요소들이 서로 분리될 수 있다는 의미가 담겨 있고, 이는 각각의 요소들을 양적으로 바라보는 관점을 내포하고 있다. 한편 신체적 '차원', 심리적 '차원', 영적 '차원'에서 '차원'이라는 말에는 인간이 질적으로 다른 세 가지 다양한 차원으로 구성되어 있지만 각각의 차원은 서로 분리될 수 없다는 의미를 내포한다. 따라서 '차원의 관점'에서 다양성과 통일성(일체성)을 동시에 가진 '다양성 안의 통일된 일체성'이라는 인간존재에 대한 개념이 설명되는 것이다. 인간 안에 통일성(일체성)과 다양성이 공존한다는 것은 내가 로고테라피에서 개발한 차원적 존재론이라는 인간에 대한 세계관에서 잘 설명하고 있다.

차원적 존재론

차원적 존재론(Dimensional Ontology)에는 두 가지 법칙이 있다. 제1법칙은 이렇다. 하나의 동일한 물체를 그것보다 낮은 차원에서 다른 차원으로 투사하면 상반된 그림이 나타난다. 원기둥, 즉 컵을 하나 상상해보자. 컵을 한 차원의 공간으로부터 수평과 수직의 2차원 평면으로 투사하면 한쪽에는 원이 나타나고 다른 한쪽에는 사각형이 나타난다. 이 두 도형은 서로 모순된다. 더 중요한 것은, 컵은 닫힌 모양의 원과 반대되는 열린 용기라는 것이다. 또 다른 모순이다.

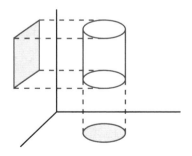

제2법칙은 다음과 같다. 서로 다른 물체들을 그것의 차원보다 낮은 하나의 동일한 차원으로 투사하면 서로의 차이를 구분하기 힘든 그림들이 나타난다. 원기둥, 원뿔, 공을 상상해보자. 이 세 가지를 수평면에 투사하면 차이를 구분할 수 없는 세 개의 원모양이 그림자로 나타난다. 이 세 개의 원은 모두 동일한 모양이기 때문에 각각이 원기둥에 속한 것인지, 원뿔에 속한 것인지, 공에 속한 것인지 추론할 수가 없다.

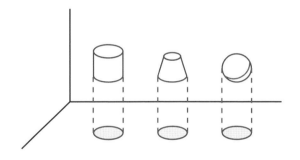

이제 이 설명이 인간에게 어떻게 적용되는지 살펴보자. 이는 네덜란드의 철학자 스피노자(Spinoza)가 고안한 기하학적 순서(geometrical order)라는 용어가 어떻게 인류학(인간에 대한 세계관)에 적용되는지 보여준다. 예를 들어 인간을 신체적 차원과 심리적 차원으로 투사하면 서로 반대되는, 즉 서로 모순되는 결과를 얻게 된다. 즉 한쪽에는 신체적 존재로서의 인간의 모습이 나타나고 다른 한쪽에는 신체적 존재와 상반되는 심리적 존재로서의 모습이 나타난다. 그러나 인간의 몸과 마음이 상반되기는 하지만, 이것이 통합된 존재로서의 인간과 상반되는 것은 아니다. 차원적 존재론이 서로 모순되는 몸과 마음의 문제에 대한 답을 가지고 있지는 않다. 그러나 이것이 왜 몸과 마음의 문제를 풀 수 없는지를 설명해줄 수 있다.

상반되는 마음과 몸의 문제와 더불어 결정론과 비결정론의 문제도 있는데, 바로 선택의 자유에 관한 문제다. 이 문제 역시 차원적 존재론의 관점에서 접근할 수 있다. 인간을 자신보다 낮은 차원으로 투사를 하면 인간은 자극에 대해 신체적으로 반사하거나 심리적으로 반응하는 폐쇄적인 시스템이 된다. 그러면 인간존재의 핵심인 개방성이 사라지는데, 즉 인간은 자신 이외의 어떤 것 혹은 어떤 사람을 향하는 존재라는 사실이 사라진다. 따라서 차원적 존재론에서는, 인간을 2차원으로 바라볼 때 인간의 자기초월성이 사라지는 이유가 무엇인지 이해할 수 있게 된다. 이와 같이 차원적 존재론의 관점에서 보면 신체적 차원과 심리적 차원에서 나타나는 인간의 폐쇄성과 영적 차원에 자리하는 열려 있는 진정한 인간성이 서로 부딪치지 않고 공존하게 된다.

마찬가지로 정신분석과 정신역동의 연구를 통해 밝혀진, 인간을 단지 몸과 마음의 2차원적 존재로 바라본 관점에서 나온 과학적 발견들은 로고테라피에 의해 무효화된 것이 아니라 오히려 더욱 중요하고 가치 있는 것이 되었다. 1963년 7월 18일 오스트리아의 심리치료의학회(Austrian Medical Society of Psychotherapy)에서 노르웨이 출신 심리치료학자인 크빌함스(Kvilhaugdms)는 학습 이론과 행동치료가 로고테라피에 의해 인간화되었다는 논문을 발표했다.

차원적 존재론의 두 번째 법칙을 어떻게 적용할 것인가에 대해서는 도스토옙스키(Dostovesky)와 베르나데타(Bernadette Soubirous: 가톨릭 성녀)의 예를 통해 살펴보도록 하자. 도스토옙스키를 정신의학적 관점으로 투사해보면 그는 단지 간질병 환자에 불과하다. 베르나데타는 환각 증상을 보이는 히스테리 환자에 지나지 않는다. 정신의학적 차원에 투사하게 되면 '인간존재'로서의 도스토옙스키라는 사람과 '질병'으로서의 간질병 환자를 구분할 수 없다. 또한 정신의학적 차원에서는 '인간존재'로서의 성녀인 베르나데타와 '질병'으로서의 히스테리 환자를 결코 구분할 수 없다. 정신의학은 인간존재로서의 도스토옙스키를 간질병 환자로부터 분리시키고 인간존재로서의 베르나데타 성녀를 히스테리 증상으로부터 분리시킬 수 없다. 예술적 성취와 업적 그리고 종교적 참만남과 경험은 정신의학적 범주의 개념 틀을 벗어나는 것이다. 이들의 자리는 정신의학을 넘어선다. 병리 뒤에 숨겨져 있는 것을 정신과 의사들은 알지 못한다.

항상성 이론에 대한 비판

삶의 의미를 찾고자 하는 노력은 인간의 1차적 동기다. 로고테라피에서는 이를 쾌락의 원칙과 권력에의 의지와 상반되는 의미에의 의지로 정의한다. 실제 쾌락은 인간 노력의 목표가 아니고 그러한 노력 성취로 얻게 되는 부산물이다. 또한 권력이나 힘은 목표가 아니라 목표를 위한 수단이다. 그러므로 쾌락의 원칙을 동기로 여기는 심리치료 학파에서는 목표 달성의 부산물을 목표로 잘못 이해하고 있고, 권력에의 의지를 동기로 여기는 심리치료 학파에서는 수단을 목표로 잘못 이해하고 있는 것이다.

정신분석은 환자로 하여금 깊은 내면에서 자신이 진정으로 갈망하는 것이 무엇인지 의식할 수 있도록 시도한다. 그러나 어떤 것을 의식할 수 있도록 하는 데 있어 로고테라피는 이를 본능적 무의식에 제한하지 않는다. 로고테라피는 무의식의 영적 열망을 의식화하는 데 관심을 갖는다. 로고테라피는 삶의 의미에 대한 인간의 열망을 이끌어내고 인간존재의 의미를 밝히고자 노력한다. 즉 우리는 환자들이 인간 이하의 차원에서뿐만 아니라 진정한 인간적 차원에서 자기 자신에 대한 이해를 심화시킬 수 있도록 해야 한다.

로고테라피에서 환자는 의미와 목적에 직면하게 되고 이를 실현하도록 도전을 받게 된다. 이러한 도전이 환자에게 지나친 부담이 되는 것은 아닌가 하는 의문이 있을 수 있다. 그러나 사실 더 큰 위험은 부담을 너무 짊어지지 않는 데 있다. 병리는 스트레스 때문이 아니라 오히려 스트레스가 너무 없어서 결국 공허감을 느끼기 때문에 생겨난다. 지나치게 높은 긴장도 정신건강을 위협하지만, 의미의 상실로 인해 긴장이 없는 상태도 정신건강에 위험하다.

긴장은 무조건적으로 피해야 하는 것이 아니다. 인간은 어떻게든 항상성을 유지해야만 하는 존재가 아니다. 오히려 인간에게는 적당한 긴장이 필요하며, 적당한 긴장은 인간의 존재이유에 본질적으로 내재된 삶의 의미에 의해 생겨난다. 힘의 자기장 안에 있는 철심처럼 인간은 삶의 의미를 지향함으로써 삶의 질서를 찾을 수 있다. 긴장은 인간이 무엇인가와 인간이 무엇을 해야 하는가 사이에서 만들어진다. 이러한 긴장 속에서 영적 역동성(프랭클 박사는 '영적'을 '실존적'이라는 말과 동일시하면서 이를 '실존적 역동성'이라고 부르기도 했다–옮긴이)이 작동하게 된다. 영적 역동성에 의해 인간은 강제로 끌려가는 것이 아니라 자연스럽게 끌림을 받게 된다. 즉 인간은 의미에 의해 결정되는 것이 아니라 존재의미에 대해 삶이 기대하는 것(demanding quality of a meaning for existence)으로 자신의 삶을 채울 것인지를 결정한다.

인간에게는 삶의 의미를 실현할 요구(the call)와 도전이 필요하다. '의미지향성'이라는 로고테라피 개념에서 나타나는 영적 역동성의 영향은 의미지향성과 정신건강 사이에 통계적으로 유의한 긍정적 상관관계를 밝견한 코첸(Kotchen)의 연구에서 주목을 받았다. 또한 강력한 의미에의 의지는 생명을 연장시키는 효과뿐 아니라 심지어 생명을 구하는 효과를 가진다. 괴테(Goethe)가 파우스트의 두 번째 부분을 완성하는 데 7년이 걸렸다는 사실을 상기해보자. 1832년 1월 그는 원고를 탈고했다. 그리고 두 달 뒤 세상을 떠났다. 나는 그의 마지막 7년의 시간은 생리적으로 그가 살 수 있는 시간 그 이상이었다고 생각한다. 그는 죽음의 기한을 넘어 작품을 완성하고 삶의 의미를 완수하는 순간까지 살아남았던 것이다. 의미지향성은 또한 생명을 구하는 효과도 있다. 나치 수용소라는 생의 실험실에서 내가 목격한 임상 경험과 현상을 넘어선 초임상적 경험들이 이를 증명해준다.

오늘날 많은 환자들이 무가치와 무의미, 공허감, 허무감으로 힘들어한다. 로고테라피에서는 이를 실존적 공허라 부른다. 실존적 공허는 우리 시대의 집단적(대중적) 신경증으로 자리하고 있다. 그러나 심리치료가 만약 인간에 대한 환원주의적 관점에서 벗어나지 못한다면 이러한 집단적(대중적) 신경증을 절대로 극복할 수 없을 것이다.

5장

실존이란 무엇인가?

글을 시작하면서 먼저 오해의 소지를 없애는 것이 좋을 것 같다. 실존분석과 로고테라피는 실제 같은 것이다. 즉 이 두 이론은 동일한 하나의 이론의 다른 측면을 각각 대표한다. 그러나 실존분석(Existenzanalyse)과 현존재분석(Daseinsanalyse)은 완전히 다르다. 스페인어나 영어, 프랑스어에서 이 두 개를 동일하게 번역할 따름이다. 사실 둘 다 실존을 분석하는 것이지만, 현존재분석은 존재에 대한 분석을 통해 이해한 실존을 강조하는 반면, 실존분석은 존재의 분석을 넘어 의미를 강조하고 이를 향해 나아간다. 따라서 실존분석에서는 강조점이 존재론적 실체로부터 의미의 가능성으로 옮겨간다. 이것이 바로

Existential Anaysis & Logotherapy: 본 논문은 1958년9월 5일 스페인 바르셀로나에서 열린 제4차 국제 심리치료학회에서 발표되었음. 윌리엄 새들러(William A. Sadler, Jr. Th. M)가 번역함.

실존분석이 일반 분석을 넘어 하나의 치료, 즉 로고테라피인 이유다.

대표적 존재분석자들의 정의에 따르면 현존재분석은 본질적으로 진정한 의미의 (심리)분석은 아니다. 로고스(logos)는 사실 의미를 뜻하며, 로고테라피는 의미를 지향하고 환자가 의미를 지향하도록 재교육(re-orient)시키는 심리치료를 뜻한다.

한마디로 실존분석은 단지 존재론적 의미에서 인간을 분석하는데 그치지 않고, 실존적 존재로서의 인간을 분석한다. 즉 실존분석은 삶에서 보이는 존재 자체의 모습이 아니라 개인적으로 드러나는 모습, 즉 인간실존의 핵심을 드러내고자 하는 목적을 지닌다.

인간실존의 중요한 특성 중 하나가 바로 존재의 초월성이다. 인간은 세상을 향해 그리고 보다 높은 세상을 향해 자신의 환경을 초월할 수 있는 존재라는 것이다. 더 나아가 인간은 자신의 존재를 넘어서 '해야 하는 어떤 것(ought)'을 향해 나아갈 수 있는 존재다. 자기 자신을 초월할 때 인간은 자신의 신체적, 심리적 존재로서의 한계를 넘어설 수 있다. 즉 인간은 자신의 신체적 차원과 심리적 차원을 넘어서서 진정한 인간의 차원(인간을 인간이게 하는-옮긴이)으로 들어갈 수 있다. 이 차원을 영적 차원이라고 한다.

신체적 차원과 심리적 차원만으로는 진정한 인간이 될 수 없다. 오히려 이 두 차원은 인간존재의 두 가지 측면일 뿐이다. 더욱이 이 두 차원은 서로 상반된다. 이원론적 측면에서 두 차원을 나누어 볼 때 두 차원 간에 완전히 반대로 팽팽하게 맞서는 것이 없고 일원론적 입장에서 바라볼 때 두 차원 간에 공통된 것 또한 전혀 없다. 신체적 차원과 심리적 차원 그리고 영적 차원이 모두 존재론적으로는 차이가 있지만, 신체적, 심리적, 영적 존재로서 하나로 통합된 인간존재의 통일성(일체성)은 그대로 보존된다.

즉 하나의 차원을 다른 차원에 투사하는 환원주의의 작업은 과학의 특성에 속한다. 그리고 이것은 원칙적으로 방법론적으로는 현실의 모든 차원을 무시하고 현실을 단일 차원의 세계에서 해석하는 것이다. 이것이 바로 과학의 역할이며 과학의 피할 수 없는 필연적 과제이기도 하다. 과학의 이러한 특성은 현실에 멈추지 않고 인간에게까지 적용되어 인간을 영적 차원으로부터 신체적 혹은 심리적 차원으로 투사하게 된다.

예를 들어 만약 뇌종양 때문에 치료를 받기 위해 내게 온 환자를 신경학적으로 검사해야 한다면, 당연히 나는 몸과 마음, 영적 존재로서 모든 차원이 통합된 환자에게서 나오는 빛을 무시하고, 단지 조건적 반사에 의해 움직이는 폐쇄적 시스템의 존재로만 다루어야 할 것이다. 그러나 검사를 마치고 나면 곧바로 완전하게 통합된 존재로서 그에게서 나오는 빛을 인식해야 하고, 검사를 위해 잠시 초점을 거뒀던 환자의 인간으로서의 진정한 모습을 인식해야 한다.

인간을 신경학적 검사를 위한 신체적, 생리적 차원이 아니라 심리적 차원으로 투사하기도 한다. 이런 일은 일례로 정신역동 연구에서 많이 일어난다. 그러나 정신역동에서 인간을 심리적 차원으로 투사할 때 무엇을 투사하고 있는지 온전히 인식하지 못한다면, 이로 인해 인간을 잘못 이해할 수 있다. 무엇보다 명심해야 하는 것은 내가 걸러내고 있는 것이 무엇인지를 잊지 말아야 한다는 점이다. 한쪽 면에 치우친 정신역동적 접근방식으로는 아예 처음부터 본능적 충동에 의해서만 움직이고 본능만 충족시키고자 하는 존재로서의 인간이외에 아무것도 인식할 수 없게 된다. 이처럼 정신역동적 틀에서는 진정한 인간의 모습이 필연적으로 왜곡될 수밖에 없다. 진정한 인간적인 현상은 완전히 사라지고 인간의 모습은 온전히 파악할 수 없게 된다. 우리는 의미와 가치와 같은 것만 생각하면 된다. 그러나 본능과 역동만 유효하다고 여기는 즉시 의미와 가치는 시야에서 사라지게 된다. 즉 본능과 역동만 인정할 경우 본능처럼 가치 역시 충동적인 것으로 여기게 되어 우리는 우리를 끌어주는 가치를 온전히 볼 수 없게 되고 결국 가치는 시야에서 사라지게 된다. '미는 것(충동적인 것: driving)과 끄는 것(당기는 것: pulling)' 간에는 커다란 차이가 있다. 이 둘의 차이는 현상학 분석의 관점에서 인간존재의 총체적이고 완전한 모습에 접근할 때 반드시 인식해야 한다.

예를 하나 더 들어보자면, 만약 우리가 성적 본능에 대해 말하듯 '도덕적 본능(moral instinct)'에 대해 말하거나, 혹은 '공격적 본능(aggression instinct)'에 대해 말하듯 '종교적 본능(religion instinct)'에 대해 말한다면 이는 분명히 문제가 된다. 이는 우리로 하여금 도덕성(morality)과 같은 본질을 도덕적 충동(moral drive)을 만족시키거나 혹은 초자아를 달래거나 혹은 양심을 진정시키는 식으로 이해하라는 것이 된다.

선한 사람(good man)은 양심을 위해 선한 것이 아니다. 어떤 대의 때문에, 즉 선한 대의를 위해 선한 것이다. 인간은 타인을 향할 때 혹은 신을 향할 때 선한 존재가 된다. 만약 선한 사람이 선한 양심(good conscience)을 가지기 위해 선한 것이라면 가식적인 사람(pharisaism: 바리새인-형식주의적인 사람)이라고 볼 수밖에 없다. 선한 양심을 가지고자 하는 목표가 결코 도덕적으로 선한 존재의 기초가 될 수는 없다. 오히려 선한 양심이란 도덕적으로 선한 존재로부터 오는 결과다. 만약 성인(聖人)들의 주된 관심사가 선한 양심이었다면 그들은 결코 거룩해질 수 없었을 것이다. 선한 양심이 주된 관심사라면 실제 완벽주의자가 될 수는 있을지 몰라도 완벽주의가 오히려 완벽으로의 길을 막게 될 것이다. 왜냐하면 완벽주의는 오히려 완벽으로 향하는 길의 장애물이기 때문이다. 선한 양심이 가장 편안한 베개라는 격언이 있다. 선한 사람은 어떤 두려움 없이 편안하게 잠잘 수 있다는 말이다. 도덕성은 우리가 편안히 잠들게 하는 수면제와 같고, 윤리는 우리를 안정시켜주는 진정제와 같다. 마음의 평화는 윤리적 행동의 목적이 아니라 결과다.

여기서 기본적 요소는 바로 그 개념인데, 보다 정확히 말해서 인간의 마음이 균형의 원칙에 지배되는, 즉 항상성의 원칙에 의해 움직인다고 생각하는 것은 잘못된 개념이다. 항상성의 원칙은 그러나 생리적 차원에서조차 완벽하게 작동하지 않는다. 독일의 심리학자 샤롯데 뷜러(Charlotte Bühler)는 생물학자 베르탈란피(L. von Bertalanffy)의 말을 언급하면서 항상성의 원칙이 심리적 차원에서는 물론이거니와 생리적 차원에서조차 완벽히 작동하지는 않는다는 것을 보여주었다.

이는 미국의 사회심리학자이며 하버드대학 교수를 지낸 고든 올포트도 언급한 바다(1955).

항상성이 인간의 마음을 지배한다는 마음에 대한 인류학적 개념은, 인간의 마음은 폐쇄적인 시스템이며 인간의 최고 관심사는 본능과 초자아 간의 욕구를 화해시키고 만족을 통해 마음의 안정 상태를 유지하거나 회복시키는 것을 목적으로 한다고 이해한다. 이러한 자세를 취하면 마음에 대한 인류학적 이론은 단자론(monadology: 궁극적 실재는 극소한 정신 물리적 실체인 단자로 구성되어 있다는 이론-옮긴이) 안으로 흘러 들어가게 된다.

참된 인간은 마음 상태가 아니라 세상 속 대상에 관심을 갖는다. 인간은 1차적으로 이러한 대상들을 향해 자리를 잡고 그것을 향해 나아간다. 건강한 사람이라면 객관적으로 세상 속에 있는 대상을 향해 나아간다. 만약 그러지 못한다면 그는 건강하다고 할 수 없고 신경증을 앓고 있는 사람일 것이다. 신경증이 있는 사람은 1차적으로 자신의 주관적 상태에 관심을 갖는다. 더욱이 항상성의 원칙만 인정하고 인간에 대한 단편적 그림만 따르도록 하는 심리치료는 인간을 '마음이라는 내면의 폐쇄된 공간'으로 쫓아버리고(Binnenraum-Philipp Lersh, 1943) 은둔적 현실도피주의를 더욱 강화시킨다.

이와 관련해서 자기성취(self-fulfillment)와 자아실현(self-actualization)이라는 이 시대의 슬로건이 내포하는 문제점을 이야기하지 않을 수 없다. 자기성취와 자아실현은 절대 삶의 최종 목적이나 인간의 최종 목표가 될 수 없다. 오히려 자기성취와 자아실현을 목적으로 하면 할수록 인간은 더욱더 자기성취와 자아실현이라는 목표를 달성할 수 없게 된다. 이는 모든 주관적 상태, 예를 들어 쾌락에 대해서도 마찬가지다. 우리가 쾌락을 얻으려고 하면 할수록 쾌락은 우리에게서 도망가버린다.

많은 성적 신경증의 원인이 바로 이 원리에 기초하고 있다. 행복이라는 먹잇감을 사냥하려고 하면 그 먹잇감은 놀라서 도망가버린다. 행복 추구는 자기모순(self-contradiction)에 빠지게 된다. 즉 행복을 추구하면 할수록 오히려 행복을 얻지 못하게 된다. 그리고 우리는 쾌락이라는 목표를 가지고 있을 때와 마찬가지로 금욕주의적인 목표를 가지고 있는 경우 같은 것을 경험하게 된다는 것을 알아야 한다. 삶의 즐거움과 마찬가지로 마음의 평화(peace of soul)도 목표가 아니라 결과다. 따라서 인간의 진정한 관심은 자기 자신을 성취하거나 혹은 실현하는 것이 아니라 의미를 완수하고 가치를 실현하는 것이다. 인간은 자신의 존재의미를 완수할 때에만 온전히 자기 자신을 실현할 수 있게 된다. 그래야 자기성취가 자연스럽게 가능해진다. 따라서 자기성취는 의도를 통해 달성하는 것이 아니라 결과인 것이다.

그러면 인간은 언제 자기성취에 그렇게 관심을 갖는가? 인간은 언제 이런 의미에서 자신에 대해 숙고(reflect)하는가? 이러한 자기숙고는 각각의 경우에 목표를 잃고 좌절되어버린 의미에 대한 의도를 표현한 것이 아닌가? 자기성취를 따르라는 강요된 노력은 의미 실현을 향한 노력이 좌절되었다는 것을 드러내는 것이 아닌가? 이와 관련해서 부메랑의 비유가 떠오른다. 일반적으로 생각할 때 부메랑의 목적은 그것을 던진 사람에게 되돌아오는 것이다. 그러나 그렇지 않다. 부메랑은 표적, 즉 먹잇감을 놓친 사람에게만 되돌아오게 되어 있다. 인간도 마찬가지 아닐까? 인간도 형식주의나 완벽주의 관점에서 선한 양심을 가지려고 소망하거나 혹은 쾌락주의나 금욕주의 관점에서 자신의 욕구를 만족시키고자 내적 평화만 추구하려 한다면 결국 자기 자신에게로 그 화살이 돌아와 자신의 환경에만 집중하게 된다. 즉 세상 밖에서 자신을 기다리고 있는 구체적이고 고유한 개인적인 의미, 즉 세상 밖에서 오직 자신에 의해 완성되기를 기다리고 있는 과제를 잊어버릴 때 인간은 결국 자기 자신과 자신의 환경에만 열중하게 된다.

이렇게 세상 밖에서 성취되기를 기다리는 의미와 과제를 향한 목표지향성이 결여되고 좌절될 경우 자신의 환경이나 조건에 대한 관심은 신경증적인 모습으로 매우 강력하게 드러나게 된다. 그러므로 자기성취의 노력이 1차적인 것이 되어서는 안 된다. 우리는 오히려 자기성취에의 노력에서 부족한 인간존재의 모습과 축소된 인간존재의 모습만 보게 될 것이다. 왜냐하면 인간의 1차적 관심은 자기를 성취하는 것이 아니라 의미를 성취하고 실현하는 것이기 때문이다.

로고테라피에서 우리는 의미에의 의지에 대해 말한다. 의미에의 의지란 가능한 최선을 다해 인간존재의 의미를 완수하고 자신의 삶의 가치를 실현하고자 하는 인간의 노력을 뜻한다. 로고테라피에서 의미에의 의지는 정신분석의 쾌락의 원칙(의지)과 개인심리학의 우월성(명예)에 대한 욕구, 즉 권력에의 의지와 대별되는 것으로 인간에게 가장 기본적인 것이며, 참되고 진정한 인간만의 고유한 의지다. 그러므로 의미에의 의지는 심리치료에서 진정으로 심각하게 고려해야 한다. 인간이 쓰고 있는 가면을 벗기는 것이 목적이라고 말하는 심리학은 오히려 인간이 쓰고 있는 가면이 아니라 심리학이 쓰고 있는 가면을 스스로 벗기려고 하는 것 같다. 심리학은 의미 있는 존재인 인간을 무의식적 본능으로 위장한 존재 정도로 여기고, 의미 있는 존재로서의 인간의 모습을 단지 합리화라는 방어기제의 존재쯤으로 취급한다. 그러나 정말로 필요한 것은 가면을 쓴 자의 가면을 벗기는 것이다. 가면을 벗기고자 하는 노력은 인간 내면의 진정한 것을 만나게 되면 그 진실 앞에서 멈출 수 있어야 한다. 그러지 않는다면 가면을 벗기려는 노력 뒤에 인간을 무의식적 본능으로 위장한 존재로 평가절하하면서 그 가면을 벗기고자 하는 심리학자의 성향이 숨어들게 된다. 심리치료는 절대로 인간의 의미에의 의지를 무시할 수 없다. 심리치료 과정에는 반드시 의미에의 의지가 포함되어야 한다. 의미에의 의지를 심리치료에 포함시키는 것이 심리치료의 가장 중요한 원칙이다.

의미에의 의지는 신체적 건강과 심리적 건강을 보존하는 효과를 가지고 있을 뿐 아니라 생명을 살리는 효과도 지닌다. 의미에의 의지가 지닌 이러한 생존 효과는 임상 현장뿐 아니라 실제 생활 속에서도 경험할 수 있다. 전쟁포로 수용소와 나치 수용소 같은 고통스러운 '실험실'은 세상에 그 어떤 것도 삶의 과제가 무엇인지 아는 것만큼 인간으로 하여금 "모든 것이 철저하게 통제된 환경"(Karl Jaspers)을 뛰어넘어 생존할 수 있게 해주는 것은 없다는 것을 증명해 보였다. 전쟁포로 수용소와 나치 수용소에서의 실험은 "살아야 할 '왜(이유)'를 아는 사람은 삶의 어떤 '어떻게(어려움)'도 견뎌낼 수 있다"는 철학자 니체의 말을 확인시켜주었다.

그러나 니체의 이 말이 정말 타당한가 하는 것은 위에서 말한 '왜', 즉 이유는 어떤 상황만을 포함하는 것이 아니라 단 한 번뿐인 삶의 고유한 과제, 그리고 모든 인간의 삶은 존재적으로 유일하고 본질적으로 고유하다는 유일성과 고유성을 포함한다는 사실에 달려 있다.

의미에의 의지는 좌절될 수 있다. 로고테라피에서는 이를 실존적 좌절이라고 하는데, 실존적이라고 한 이유는 의미에의 의지를 포함하는 존재의 의미가 바로 실존적이라는 뜻을 지니기 때문이다. 따라서 의미에의 의지가 좌절된 것을 실존적 좌절이라고 칭한다. 자기 존재가 무의미하다는 느낌은 자신이 다른 사람에 비해 가치가 없다고 느끼는 열등감처럼 오늘날 평범한 삶을 살아가는 사람들의 일상 속에 깊이 들어와 있다. 열등감과 마찬가지로 무의미한 느낌도 그 자체만으로는 병리적인 것이 아니다. 오히려 존재에 의미가 없다고 느끼는 것은 극히 인간적인 것이며, 어쩌면 인간 안에 있는 모든 것 중 가장 인간적인 것일 것이다.

우리가 영적 고통(spiritual distress)과 심리적(정신과적) 질병(psychic illness)이라는 본질적으로 다른 두 가지를 혼동하고 싶지 않다면, 실존적 좌절이 지극히 인간적인 것이며, 결코 병적인 것이 아니라는 점을 명심해야 한다. 본질적으로 실존적 좌절은 병증이 아니다. 일례로,

지인의 환자인 빈대학의 교수가 삶의 의미에 대한 문제가 자신을 괴롭힌다는 이유로 우리를 찾아왔다. 그런데 결국 그는 반복되는 내인성 신경증(호르몬과 같은 생리적 요인에 원인이 있는 신경증—옮긴이)을 앓고 있는 것으로 판명되었고, 삶의 의미에 대한 그의 깊은 고뇌와 의구심은 내인성 우울증이 발병했을 때가 아니라 오히려 우울증과 우울증 사이에, 즉 건강할 때 발생했다.

오늘날 실존적 공허는 그 어느 때보다 중요한 역할을 한다. 우리는 사람들이 점점 더 본능을 상실해가면서 또한 전통의 상실로 인해 고통스러워한다는 것을 고려해야 한다. 전통을 잃어가면서 내적으로 공허함을 느끼고, 존재의 의미를 상실한 것 같은 느낌이 들면서 삶의 목적을 상실한 것 같은 경험을 하게 된다. 이를 로고테라피에서는 실존적 상실이라고 하며 이러한 상실감은 이제 삶 전체로 파고들고 있다.

실존적 공허감은 잠복해 있기도 하지만, 겉으로 표출될 수도 있다. 즉 실존적 공허감이 지루함이라는 현상으로 그 모습을 드러낸다 (우리는 욕구를 심리적으로 완벽히 만족시켰다고 해서 어떤 성취감(내면 깊은 곳에서 느끼는 실존적 성취감)을 느끼는 것이 아니라 오히려 공허감(내면 깊은 곳에서 느끼는 실존적 공허)을 느낀다. 오히려 욕구가 만족되면 우리는 지루함을 느낀다. 따라서 실존적 공허감의 현상 중 하나인 지루함은 항상성 이론이 맞지 않음을 보여준다).

독일의 염세주의 철학자 아르투어 쇼펜하우어(Arthur Schopenhauer)는 인간은 욕구와 지루함이라는 두 극단 사이를 왔다갔다한다고 말했다. 그는 우리 시대에 정신과 의사들이 성적 욕구와 같은 욕구들보다 지루함에 대해 더 많이 관심을 가져야 한다는 것을 미리 예측한 것 같다. 우리는 모든 것이 점점 더 기계화되고 자동화되는 시대에 살고 있으며 이에 따라 과거 어느 때보다 우리에게 보다 많은 자유시간이 주어졌다. 그러나 이제 인간은 이렇게 많은 자유의 시간을 어떻게 보내야 할지 잘 알지 못한다. 또한 나이가 들면서 점점 더 늘어나는 자유시간을 어떻게 채워야 하는지의 문제에 봉착해 있다. 더욱이 사회에서 은퇴하는 노년층은 이러한 실존적 공허에 보다 더 심각하게 직면하고 있다. 노년층뿐 아니라 젊은이들과 청소년들에게서도 의미에의 의지가 다양한 방식으로 좌절되고 있음을 볼 수 있다. 소년범죄는 부분적으로 신체 발달의 가속화에서 그 원인을 찾을 수도 있다. 그러나 소년범죄는 영적 좌절(spiritual frustration)이 결정적 원인이라고 할 수 있다.

우리는 임상적으로 '관리자 병(Executive Disease)'이라는 잠재적 실존의 좌절에 직면하게 되는데, 이는 비단 관리자들만이 아니라 훨씬 넓은 사회계층에서 나타난다. 잠재된 실존적 공허는 사람들 사이에 광범위하게 퍼져가는 알코올 중독에서도 나타난다. '관리자 병'의 경우 좌절된 의미에의 의지가 권력에 대한 의지에 의해 대리적으로 보상되는 반면, 알코올 중독의 경우는 좌절된 의미에의 의지가 쾌락에 대한 의지에 굴복한 것이다. 관리자 병은 권력에의 의지, 즉 돈에 대한 의지가 가장 원초적으로 표현된 것이며, 알코올 중독의 경우는 '긍정적' 쾌락과 상반되는 '부정적' 쾌락(쇼펜하우어가 명명했다), 즉 고통에서 벗어나고자 하는 의지가 중독이라는 모습으로 드러난 것이다.

실존적 좌절은 또한 신경증으로 발전할 수 있다. 그리고 이를 우리는 로고테라피에서 영적 신경증(noogenic neuroses)이라고 한다. 영적 신경증의 원인은 근본적으로 영적인 문제("영적인 문제"라는 표현은 '영' 자체가 아프거나 상처를 받거나 어떤 문제가 있다는 뜻이 아니다. 영은 아프지 않고 상처받지 않지만, 영이 무언가에 의해 가려질 수 있다. 마치 구름이 태양을 가리듯, 아픈 몸과 마음이 영을 가릴 수 있다-옮긴이)나 도덕적 갈등 혹은 실존적 위기에 있다고 본다. 따라서 영적 신경증은 엄밀한 의미에서 심인성 신경증과는 다르다. 따라서 영적 신경증의 치료는 인간과 인간의 질병을 영적 차원의 관점에서 이해하는 심리치료여야 하는 것은 두말할 나위도 없다. 영적 차원으로 들어가 신경증을 치료하는 심리치료가 바로 로고테라피다. 로고테라피에서 로고스란 의미뿐 아니라 영적(spiritual: 의미에의 의지는 영적 실재의 주관적 측면이지만, 의미는 객관적인 측면이다. 적어도 의미는 발견하는 것이고 결코 주어지는 것이 아니라는 점에서 의미에의 의지는 객관적이다)이라는 뜻도 포함하고 있다. 로고스를 '의미'라는 다소 협소한 뜻으로 정의하는 이유는 로고테라피를 심리치료의 하나로 정의하고 있기 때문이다.

그러나 영적인 치료가 영적 신경증에만 적용되는 것은 아니다. 심인성 신경증은 영적으로 공허한 경우 더욱 심화된다. 따라서 이런 경우에 심리치료는 실존적 공허가 채워지고 실존적 좌절이 제거되었을 때에만 끝날 수 있다.

신인성 혹은 가면 신경증(somatogenic neuroses 혹은 유사신경증: 생리적 원인에 의한 신경증-옮긴이)에는 바제도우증(basedowoide: 갑상선 기능 항진에 의해 나타나는 신경증 증상-옮긴이), 부신피질 기능 저하(addisonoide: 부신피질 기능 저하로 인한 비인격화와 같은 신경증 증상-옮긴이), 티타노이드(tetanoide: 철분, 칼슘, 마그네슘 부족으로 인한 중추신경과 말초신경계의 이상으로 발생하는 신경증 증상-옮긴이)의 세 가지 종류가 있다. 이러한 신체적, 즉 생리적 원인에 의한 신인성 신경증의 치료에는 당연히 약물치료가 가장 적합하다. 그러나 신인성 신경증도 영적 차원에서 다루어지지 않으면 성공적으로 치료되기 어렵다.

이상의 모든 경우에 있어서 신인성 신경증뿐 아니라 심인성 신경증에 대해 로고테라피는 1차적 기법이기보다는 2차적으로 보완하는 치료 기법으로서 효과적이다. 로고테라피는 증상 자체보다는 증상에 대한 환자의 자세를 더욱 중요하게 여긴다. 실제 병리적 증상은 잘못된 태도에서 비롯된 경우가 많다. 로고테라피는 환자가 가지고 있는 여러 가지 태도와 의도를 구분하도록 도와줌으로써 환자의 내면에서 태도의 변화를 가져온다. 따라서 로고테라피는 진정한 변화 치료(conversion therapy(개종치료): conversion이라 표현했지만, 이 단어가 종교적 의미를 함축하는 것은 결코 아니다)라고 할 수 있다. 이를 위해 로고테라피는 구체적인 치료 방법과 기법을 사용한다. 로고테라피의 구체적인 기법으로는 탈숙고와 역설적 의도가 있다(지면이 제한되어 본 논문에서는 기법에 대한 설명은 생략하겠다).

로고테라피가 1차적 기법으로 사용되든 아니면 환자의 태도 변화를 이끌기 위한 2차적 방법으로 사용되든, 환자가 자신의 구체적이고 개인적인(고유한) 의미를 찾을 수 있도록 돕는 것을 목적으로 한다. 그러나 환자에게 치료자가 존재의 의미를 주는 것이 로고테라피의 목적은 아니다. 성에 초점을 맞춘 정신분석 심리치료가 결혼을 주선해야 한다거나 혹은 사회적 권력에 관심을 둔 개인심리학이 환자에게 사회적 지위를 제공해야 한다고 기대하거나 요구하는 사람은 없다. 마찬가지로 로고테라피도 환자에게 가치를 전달하거나 의미를 제공하지 않는다. 치료자가 환자에게 존재의 의미를 주는 것은 로고테라피의 목적이 아니며, 환자가 자신의 존재의 의미를 발견할 수 있도록 하는 것이 로고테라피의 역할이다. 즉 환자의 시야를 확장시킴으로써 환자가 무엇보다 우선 전체적인 자신의 고유한 의미와 가치의 가능성을 인식할 수 있도록 하는 것이다.

환자가 자신의 잠재적 의미를 인식하도록 돕기 위해 의사는 환자가 가질 수 있는 가능한 모든 의미들을 인식하고 있어야 한다. 즉 의사는 고통에 반드시 의미가 있으며, 특히 치료가 불가능한 병과 같은 피할 수 없는 운명의 바꿀 수 없는 고통에도 반드시 의미가 있다는 것을 인식해야 한다. 왜냐하면 피할 수 없는 고통이 의미를 성취하고 가치를 실현할 마지막 가능성을 감춰버릴 수 있기 때문이다. 더욱이 이러한 고통이 가장 깊은 의미를 완성하고 가장 높은 가치를 실현할 가능성을 숨겨버릴 수도 있다는 것을 명심해야 한다. 또한 생의 마지막 순간까지 삶은 의미가 있다는 것을 잊지 말아야 한다. 따라서 로고테라피는 환자의 일할 능력, 기뻐할 능력, 경험할 능력을 회복시키는 것을 목표로 할 뿐 아니라 고통을 이겨낼 능력, 즉 고통에 내재된 의미를 성취할 능력을 환자가 가질 수 있도록 하는 것을 목표로 한다.

인간의 삶에서 의미를 빼앗을 수 있으리라 여겨지는 것들 중에는 고통과 죽어감이 있다. 우리는 고통과 죽어감이 삶의 의미를 앗아간 다고 생각할 수 있다. 또한 가난과 같은 고통도 삶을 무의미하게 만 든다고 생각하고, 더 나아가 죽음은 그 무엇보다도 삶을 무의미하 게 만든다고 생각한다.

현재의 가능성이 일시적이기는 하지만, 가능성을 인식하고 이를 실현하는 순간 그 가능성들은 실현된 과거가 되고 과거 속에서 실현 된 가능성들은 사라지지 않고 영원히 보존된다. 그리고 과거에 있는 것은 절대 잃어버릴 수 없다. 모든 것이 과거 안에 안전하게 보존된 다. 따라서 인간존재의 일시성은 더 이상 인간존재를 무의미하게 만 들 수 없다. 누구도 피할 수 없는 죽음에 직면한 삶의 일시성이 인간 존재를 무의미하게 만들 수 없다.

그러나 거기에는 우리의 책임이 따른다. 현재의 모든 것은 우리가 그 일시적 가능성을 인식하느냐에 달려 있다. 그러므로 우리는 로고 테라피의 절대적 가치인(categorial imperative: 정언명령) "두 번째 삶을 사 는 것처럼 행동하십시오. 그리고 지금 막 하려는 행동이 첫 번째 삶 에서 잘못된 것인 것처럼 사십시오"라는 말을 이해할 수 있다. 이 격 언만큼 인간으로 하여금 자신의 책임을 인식할 수 있도록 돕는 말은 없는 것 같다. 궁극적으로 삶의 의미를 묻는 것은 인간의 몫이 아니 다. 인간은 삶이 묻는 질문에 답해야 한다. 즉 삶이 인간에게 질문하 고 인간은 그 질문에 답해야 한다. 인간존재가 반응해야 한다. 실제로 실존적 분석은 인간실존의 핵심을 반응하는('반응하는'을 프랭클 박사는 주어진 것 혹은 세상으로부터 받은 것에 대해 인간이 어떻게 자유롭게 반응할 것인가로 보았다-옮긴이) 존재, 책임의 존재로 여긴다.

반응하는 존재, 책임의 존재라는 것은 자유로운 존재 이상의 의미를 담고 있다. 인간은 어떤 것에서 자유로울 수 있으나 반면 어떤 것에 대해, 어떤 것을 향해 반응할 책임이 있다. 로고테라피는 내담자로 하여금 자신이 반응하고 책임지는 존재라는 것을 인식하도록 하고 스스로 자신이 어떤 것에 대해 양심 앞에서 혹은 사회 앞에서 아니면 어떤 사람(혹은 신)에게 어떻게 반응할 것인가를 결정하도록 한다. 따라서 로고테라피 치료자는 환자에게서 그러한 결정에 대한 책임을 빼앗을 수 없으며, 환자가 자신의 책임을 치료자에게 떠맡기도록 허락해서도 안 된다.

우리는 로고테라피가 전반적으로 여타의 심리치료를 대체하는 것이 아니라 보완하는 것이라고 생각한다. 또한 로고테라피는 인간에 대한 심리치료의 그림, 즉 인간의 진정한 모습인 영적 차원이 포함된 총체적 존재로서의 인간에 대한 그림을 완성하는 데 공헌했다.

앞에서 실존적 좌절에 대해 언급했는데, 이는 또한 '삶에서 겪게 되는 허무주의(lived nihilism)'라고 칭할 수 있다. 즉 실존적 좌절은 허무주의와 함께 나타난다. 따라서 로고테라피만이 삶에서 경험하는 허무주의에 직면하고 이를 극복하도록 할 수 있으며, 비로소 우리는 허무주의에서 벗어날 수 있다고 말할 수 있다. 허무주의는 인간이 내면에 생리적, 심리적 혹은 사회적 조건만 가지고 있는 존재이며 충동 이외에 그 어떤 것도 가지지 않은 존재라는 것에 바탕을 둔 관점이다. 인간을 이러한 틀에서 바라보면 인간은 단지 충동으로부터 만들어지는 충동의 부산물이며, 유전과 환경으로부터 만들어지고 결정되는 존재일 뿐이다. 그러나 인간은 결코 충동이나 유전 그리고 환경에 의해 만들어지는 존재가 아니다. 만든다고 말한다면 그것은 인간이 아니라 해부실험용 인체모형일 것이다. 이와 같이 인간을 마치 인체모형처럼 만들 수 있다는 사고는 어쩌면 이 시대의 특징인지도 모른다. 만약 심리치료가 치료로서의 정체성을 유지하고 그 자체로 이 시대 병리 중 하나의 증상이 되고 싶지 않다면 인간에 대한 올바른 그림을 가지고 있어야 한다. 올바른 방법이나 기법만큼이나 인간에 대한 올바른 그림이 필요하다. 그러나 방법이나 기법을 과대평가하고 이를 우상화하며 자신의 역할을 마치 의학기술자 정도로 이해하는 의사들은 인간을 그저 기계쯤으로 치부하는 셈이며(인간기계론: L'homme machine!(Julien O. de. La Metrie)) 환자 뒤에 숨어 있는 진정한 인간의 모습을 보지 못한다.

나는 반세기 동안의 꿈이 이미 실현되었다고 믿는다. 반세기 동안의 꿈이란 인간의 마음을 기계처럼 여기고 마음을 치료할 수 있는 기법이 있다고 믿는 것을 말한다. 즉 그 꿈은 인간의 마음을 기계적 측면에서 설명하는 것이 가능하고 따라서 마음의 고통은 오직 심리적 기법으로 치유할 수 있다고 여겼던 꿈이다. 이제 시작된 것은 의학의 심리학화(psychologized medicine)라는 그림이 아니라 정신의학의 인간화(humanized psychiatry)라는 그림이다.

6장

자아실현과 자기표현을 넘어: 인간은 자기초월적 존재다

미국의 경영학자 맥그리거(McGregor)에 따르면 "인간의 모든 행동은 욕구 충족을 목적으로 한다."(1948) 무렐리우스(Murelius)는 욕구 충족을 긴장을 없애는 것과 동일시했다(1958). 그러므로 닉커보커(Knickerboker)가 "존재는 지속적으로 욕구를 충족시키고, 긴장을 완화하며 균형을 유지하기 위해 투쟁한다"(1948)라고 말한 것에서 우리는 욕구 충족과 긴장 해소 이 두 가지가 결국은 균형의 유지, 즉 항상성을 유지하고자 하는 것이라는 결론을 내릴 수 있다. 독일의 심리학자 샤롯데 뷜러(Charlotte Bühler) 또한 이러한 결론을 지지하면서, "프로이트의 쾌락의 원칙이라는 초기 공식에서 시작해서 긴장 해소

Beyond Self-Actualization and Self-Expression: Reprinted from the Journal of Existential Psychiatry, 1, 5-20, 1960. 이 논문의 편집을 도와준 골든대학 심리학과 학과장인 도널드 트위디 박사(Dr. D. F. Tweedie Jr.)께 감사드린다.

와 항상성의 원칙이라는 가장 최근에 만들어진 공식에 이르기까지 인간 삶 속에 내포된 모든 활동의 변하지 않는 최종 목표는 개인의 균형을 유지하고 회복하는 것이었다"(1960)라고 말한다.

그러나 미국의 사회심리학자 고든 올포트는 인간에 대한 이러한 관점에 반대한다. "모든 행동의 동기가 긴장이 없는 상태라는 것은 인간으로 하여금 균형과 휴식 그리고 적응, 만족 혹은 항상성을 추구하도록 만든다. 이 관점에서 보면 인간의 성격이란 긴장을 줄이고자 하는 습관적 방식에 불과하다. 이러한 공식에는 의도를 가지고 어떤 것을 지향하는 인간의 노력(intentional striving)이라는 본성이 결여되어 있다. 의도를 가지고 지향해가는 인간의 노력은 균형 상태에 저항하려는 특징을 가지고 있다. 즉 긴장을 줄이기보다는 오히려 긴장을 유지하려 한다."(1955) 매슬로도 나와 마찬가지로 항상성의 법칙을 비판했는데, "항상성, 균형, 순응, 자기보존, 방어, 적응은 부정적 개념일 뿐이며 긍정적인 개념에 의해 보완되어야 한다"(1954)라고 말했다.

그러나 나는 이 정도 비판으로는 충분치 않다고 생각한다. 이러한 비판은 가장 핵심적인 것을 건드리지 못했다. 엄밀히 말해서 인간의 존재를 단지 욕구 충족과 긴장 해소 혹은 균형 유지라는 목적을 달성하기 위한 수단쯤으로 해석한 것에 결정적인 결함이 있다고 생각한다. 이러한 관점은 인간을 단지 단자적(monadologistic) 방식으로만 이해한 것이다(Frankl, 1959). 단자적 방식에서는 인간과 인간이 존재하는 세상과의 관계가 무시된다(단자적 방식이라는 용어는 라이프니츠(Leibniz)

의 중요한 업적 중 하나인 단자학(Womadology)에서 가져온 것이다. 단자학에서 라이프니츠는 단자(monads)를 현실의 주요 인자라고 말했다. 나는 그것이 세상 밖으로 향하는 문이 없고 그러므로 다른 단자와 어떤 연결고리도 가지고 있지 않다면 영적 원자(spiritual atoms)라고 부르고 싶다).

단자학 측면에서 바라보는 인간에 대한 관점에는 인간과 세계 그리고 세계 속의 대상 간에 어떤 만남의 자리도 존재하지 않는다. 이러한 관점에서 세상의 대상이란 더 이상 객관적 본질의 실체가 아니며 단지 항상성을 유지하기 위해 이용하는 도구일 뿐이다. 또한 인간에 대한 이러한 세계관에는 대의를 위한 헌신이나 상대방을 위해 함께 참여하고 연대하는 것도 존재하지 않는다. 오히려 대의와 상대방은 단지 목적을 위한 수단이며 주체의 심리적 조건들을 회복시키기 위한 수단일 뿐이다. 수단으로서 이것들은 주체에게는 본질적으로 어떠한 가치도 없으며 단지 주체를 위해 이용되는 것들에 불과하다.

이는 성적 신경증의 경우에 나타나는 대표적인 현상이다. 우리는 이런 환자들에게서 "여성을 대상으로 자위행위를 한다"라는 말을 종종 듣는다. 이 말은 곧 이들이 자신의 파트너를 단지 성적 긴장을 해소하려는 목적의 수단으로 이용한다는 뜻이다. 이는 앞에서 말한 인간을 '단자론적인 존재'로 바라보는 세계관과 일치한다. 그러나 잊지 말아야 하는 것은 자신의 파트너를 단지 성적 긴장을 해소하는 수단으로 이용한다면 이것 자체가 신경증적 증상이며, 따라서 이는 비정상적이라는 것이다. 세상에 대한 인간의 정상적 접근방식은 절대로 수단 대 목적의 관계 방식이 아니다.

수단과 목적의 관계를 중심으로 하는 관점은 인위적으로 설계된 실험에 이용되는 동물에게서 관찰할 수 있는 관점이다. 심리학자 올드(Olds)와 밀너(Milner)의 자기자극 실험(self-stimulation experiment, 1954)을 생각해보자. 이 실험에서 쥐의 뇌를 수술해 전극을 시상하부와 대뇌변연계의 신경 중심에 이식하자 전극의 회로가 닫힐 때마다 쥐는 욕구 충족과 관련된 행동을 했다. 쥐에게 지렛대를 누를 수 있는 기회를 제공하자 쥐는 이식된 전극과 똑같은 위치의 뇌 부분, 즉 쾌감과 관련된 부분을 직접 자극할 수 있도록 지렛대를 계속 눌렀다. 이 실험에서 가장 중요한 것은 쥐가 쾌감과 관련된 뇌 부분을 직접 자극하기 위해 지렛대를 계속 누를 때 실제 음식물이나 성의 파트너는 완전히 무시했다는 점이다. 따라서 이 실험은 세상 속 대상을 욕구 충족을 위한 목적의 수단으로 여기는 순간 세상의 대상들은 무시되거나 심지어 불필요한 것이 되어버릴 수 있다는 것을 시사한다. 즉 욕구 충족이 어떤 식으로든 가능하다면 관계하고 있는 대상에게 더 이상 주의를 기울일 필요가 없어진다는 것이다. 그저 욕구 충족과 관련된 뇌의 회로만 자극하면 되는 것이다. 그것으로 충분한 것이다.

그러나 융(Jung)이 지적한 것처럼(1958), 이러한 실험 결과는 인위적 상황에서 실험 대상이 된 동물에게만 해당하며 정상적인 상황의 동물에게는 해당하지 않는다는 것에 주목할 필요가 있다. 더욱이 이 실험은 동물조차도 정상적인 상황에서는 욕구 충족이라는 심리적 조건을 회복하는 것에 1차적 관심을 가지지 않는다는 것을 보여주었다.

인간의 경우는 말할 것도 없다. 즉 인간은 욕구 충족이라는 심리적 조건을 회복(충족되지 않은 욕구를 충족시키고자 하는 것)하는 데 1차적인 관심을 두지 않는다. 로고테라피 개념에 따르면 인간은 자신의 심리적 조건에 1차적 관심을 가지고 있는 것이 아니라 세상을 향해 있으며, 자신에 의해 완수되고 실현되기를 기다리는 잠재적 의미와 가치의 세상을 지향한다. 로고테라피에서는 이를 쾌락의 원칙 혹은 쾌락에의 의지와 권력에의 의지와 대별되는 의미에의 의지라고 한다.

일반적으로 쾌락에의 원칙은 불쾌한 것을 피하는 것이다. 이런 의미에서 쾌락에의 원칙은 긴장을 제거하는 원칙과 동일하다. 그러나 우리는 쾌락에의 의지가 과연 인간의 1차적 동기로서 인간 안에 존재하는가 자문해보아야 한다. 우리 의견과 칸트(Immanuel Kant)와 셸러(Max Scheler)가 발표한 일부 발언에 따르면, 쾌락은 1차적 목적이 아니고 결과다. 어떤 과제를 성취했을 때 따르는 부산물이다. 다시 말해 쾌락은 의미가 성취되고 가치가 실현되었을 때 자동적으로 얻게 되는 것이다. 더욱이 만약 어떤 사람이 쾌락을 추구하려 한다면 그는 얻고자 했던 목표를 놓치게 될 것이고, 결국 쾌락이라는 목표를 달성하지 못하게 될 것이다. 이는 성적 신경증 사례에서 쉽게 확인해볼 수 있는데, 성적 신경증의 경우 환자는 성적 쾌락을 직접적으로 얻고자 시도하기 때문에 오히려 성적 쾌락을 얻지 못하고 방해를 받게 된다. 남성이 성적 능력을 과시하려고 하면 할수록 또한 여성이 오르가즘을 경험하려고 하면 할수록 이들은 그 목적을 더욱더 달성할 수 없게 된다. 대부분의 성적 신경증은 바로 여기에서 시작된다.

이와 유사한 현상이 유명한 베스트셀러 책 제목인 '마음의 평화'라는 인간현상에서도 동일하게 나타난다. 또 다른 책에서 인용하고 있는 '행복 추구'라는 것이 결국 자기모순(추구하면 할수록 추구하는 그것을 오히려 얻지 못하게 되는 모순-옮긴이)으로 귀결된다는 것을 확신하면 우리는 한 발짝 더 멀리 나아갈 수 있다. 행복이란 자기파괴적(self-destroying) 의도이기 때문에 행복을 추구하면 할수록 우리는 행복을 점점 더 얻을 수 없게 된다는 것을 명확히 인식하는 것이다.

이는 선한 양심과 관련이 있는 '마음의 평화'와 같은 것에서도 동일하게 나타난다. 예를 들어 "나는 선한 양심(good conscience)을 가지고 있다"라고 말할 수 있는 어떤 것을 추구한다면 그 사람은 이미 형식주의자가 되어버린 것이다. 진정으로 선한 양심이란 추구한다고 해서 얻을 수 있는 것이 아니다. 오로지 어떤 대의나 타인을 위해 어떤 행위를 하는 것을 통해서만 진정 선한 양심에 다다를 수 있다. 선한 양심이란 의도하지 않은 어떤 일을 통해서만 부산물로 얻을 수 있는 것들 중 하나이며, 이를 직접적으로 얻고자 하는 바로 그 순간 파괴되고 만다(건강을 직접 목표로 삼고 이를 얻고자 하는 사람의 경우를 살펴보자. 건강을 직접적인 목표로 삼는다면 그는 이미 병에 걸린 것이다. 건강염려증 같은 신경성 질환이 나타날 수 있다).

이러한 현상은 간단한 공식으로 설명할 수 있다. 에피쿠로스학파의 쾌락주의 철학의 목적인 행복과 스토아학파의 금욕주의 철학의 목적인 마음의 평화(고대 그리스어로 아타락시아(ataraxia)라고 한다)는 둘 다 인간 행동의 진정한 목적이 될 수 없다. 이러한 이유 때문에 이 두 가지 목적은 추구하면 할수록 인간으로부터 도망가버린다.

　내게는 오늘날 점점 증가하고 있는 진정제와 같은 약에 대한 중독 현상과 마찬가지로 행복 추구나 마음의 평화 추구에 관한 베스트셀러 책들이 오늘날 사람들이 행복과 마음의 평화를 자신이 추구해서 얻을 수 있는 것이라는 망상적 믿음에 점점 빠져들고 있다는 증거들로 보인다. 인간은 결코 '영혼의 평화'를 추구할 수조차 없다. 왜냐하면 이러한 종류의 평화는 분명 선한 양심에서 비롯되는데, 이를 선한 양심에 따른 결과로 얻게 되는 것으로 보지 않고, 이것이 의도의 대상이 되는 순간 인간으로부터 도망가게 되기 때문이다. 마음의 평화나 영혼의 평화는 절대로 의도한다고 해서 얻을 수 있는 것이 아니다. 오직 선한 양심을 통해 얻을 수 있는 결과인 것이다.

　양심을 소위 초자아의 관점으로 간주하는 정신역동의 양심에 대한 해석은 차치하더라도 이는 사실이다. 이러한 인간의 도덕성이라는 개념의 틀에서 인간은 나쁜 양심(bad conscience: 본문에서 프랭클 박사는 영적 차원의 양심은 선한 양심으로, 마음의 차원의 초자아는 나쁜 양심으로 대별하여 표현하고 있다—옮긴이)을 자극하는 것을 없애버리기 위해서, 정신역동의 용어로 말하자면 오직 초자아를 불만족스럽게 만드는 자극을 없애버리기 위해서만 도덕적 행위를 하려고 한다. 그러나 분명한 것은 이러한 인간의 도덕적 행위에 대한 관점은 진정한 도덕성의 핵심을 놓치고 있다는 것이다. 즉 진정한 도덕성의 핵심은 바로 인간은 자기 자신을 위해서 혹은 선한 양심을 가지고자 하는 목적으로 혹은 나쁜 양심을 없애버리기 위해서가 아니라 어떤 것 혹은 어떤 사람을 위해 행동하기 시작했을 때 비로소 진정한 도덕성이 시작된다는 점이다.

항상성의 원칙이 실제로 인간을 안내하는 원리인지 아닌지 하는 문제로 돌아가보자. 나는 항상성은 결코 삶의 궁극적인 목적이 될 수 없다는 단순하면서도 잘 알려진 사실을 언급하고자 한다. 만약 인간이 자신의 모든 욕구와 충동을 완벽히 만족시킬 기회를 갖게 된다면 어떻게 될 것인가? 만일 그런다면 그 결과 인간은 틀림없이 가장 깊은 곳으로부터의 성취감이 아니라 오히려 반대로 좌절스러운 내면의 공허함과 절망스러운 텅 빈 느낌, 로고테라피의 용어로 말하자면, 실존적 공허를 경험하게 될 것이다. 이것이 바로 앞에서 언급한 의미에의 의지가 좌절되었을 때의 결과다. 실존적이라는 말에는 인간존재 자체뿐만 아니라 인간존재의 의미가 포함되어 있으며, 따라서 로고테라피에서 실존적 좌절은 매우 중요한 개념이다. 오늘날 인간의 실존적 공허는 심리치료에서 중요하게 다뤄져야 하며 그 중요성이 꾸준히 증가하고 있다.

로고테라피는 여타의 원인과 더불어 이러한 실존적 공허가 신경증이라는 결과를 가져올 수 있다고 말한다. 로고테라피의 관점에서 실존적 공허의 결과로 나타나는 신경증을 심인성 신경증과 대별하여 영적 신경증(noogenic neuroses)이라고 한다. 영적 신경증은 심인성 신경증과는 다른 차원에서 비롯되기 때문에 심인성 신경증과는 다른 원인을 가지고 있다. 영적 신경증은 심리적 차원이 아니라 영적 차원에서 비롯된다. 즉 영적 신경증의 경우 심리적 질병을 다루기는 하지만,

무의미의 의미

이때 심리적 질병은 심인성 신경증처럼 여러 충동들 간의 갈등 때문에 발생하거나 혹은 마음을 구성하는 본능, 자아, 초자아 간의 충돌로 인해 일어나는 것이 아니다. 영적 신경증의 경우 심리적 질병은 여러 가치가 충돌하거나 가치위계상 가장 높은 가치, 즉 삶의 궁극적 의미를 찾고자 갈망하지만 그것을 온전히 찾지 못하는 데서 비롯되는 것이다. 간단히 말해서 로고테라피에서는 존재의 의미에 대한 인간의 노력, 즉 의미에의 의지가 좌절됨으로써 겪게 되는 영적 신경증을 다룬다. 실존적 공허에서 비롯된 신경증 증상에 로고테라피는 가장 합당한 심리치료다(심리치료 기법으로서 실존분석과 로고테라피에 대해서는 본 논문의 범위를 넘어서기 때문에 언급하지 않겠다. 독자들은 다음의 논문을 참고하기 바란다(Arnold & Gasson, 1954; Frankl, 1954, 1959a, 1959c, 1959d, 1958a)).

인간존재의 의미와 연결해서 이야기할 때 우리는 특별히 개인의 고유하고 구체적인 의미에 대해 언급해야 한다. 이를 삶의 사명(mission in life)이라고 할 수 있다. 삶의 사명이란 말에는 모든 사람들에게는 성취해야 할 삶의 사명이 있다는 뜻이 담겨 있다. 모든 인간은 각각 본질(essence)과 실존(existence)에 있어 고유하다(본질(essence)이란 존재 자체, 실존(existence)이란 존재의 실현을 뜻한다–옮긴이). 따라서 인간은 모두 소모적인 존재가 아니며 또한 대체 가능한 존재도 아니다. 즉 인간은 자신만의 기회와 해야 할 일을 가지고 있는 세상에서 자신만의 고유한 역사를 경험하는 고유한 성품을 지닌 특별한 존재다. 물론 치료자의 역할이 환자의 삶에 의미를 주는 것은 결코 아니다. 자신의 존재의 의미를 발견하는 것은 어디까지나 환자 자신의 몫이다.

치료자는 단지 존재의 의미를 찾고자 노력하는 내담자를 도울 뿐이다. 환자가 의미를 '찾아야 한다(must find)'는 말에는 의미는 만드는 것이 아니라(not invented) 발견해야 한다(to be discovered)는 뜻이 담겨 있다.

개인의 삶의 의미라는 말에는 객관적이라는 의미가 또한 담겨 있다. 불행하게도 의미의 객관성은 자칭 실존주의자라는 사람들에 의해 자주 무시되곤 한다. 그들은 인간을 "세계-내적-존재(being in the world)"라고 계속 반복해 말하면서도 의미 또한 "세상 속에 있다"는 것과 따라서 의미는 단지 주관적인 것이 아니라는 것을 잊고 있는 듯하다. 의미는 자기표현 이상의 것이며, 세상 안으로 나 자신을 투사하는 것 이상의 것이다.

여기서 우리는 오늘날 심리학 문헌에 자주 언급되는 자아실현(self-actualization)에 대해 살펴볼 필요가 있다. 예를 들어 독일의 신경학자 쿠르트 골드슈타인(K. Goldstein)이 인간의 기본적 동기가 긴장을 없애고 균형을 다시 회복하는 것이라는 주류 동기 이론에 반대하며 싸워왔다는 것은 잘 알려져 있다. 그는 동기 이론으로서의 항상성에 반대했다. 그는 충동의 목표가 충동이 만들어낸 혼란스러운 긴장을 없애는 것이라는 생각에 반대했다. 즉 그는 프로이트의 쾌락의 원칙과 긴장해소 이론에 맞서 논쟁했다(Piotrowski, 1959). 골드슈타인이 생각하기에, 단지 항상성을 유지하는 것을 중요한 목표로 삼는 사람이 있다면 그는 자신이 아프다는 증거를 드러내는 것이었다.

따라서 "자기표현 혹은 자아실현이 건강한 상태에 있는 인간의 궁극적 동기다"라는 말은 이해하기 힘든 말이다. 독일의 심리학자 샤롯데 빌러는 "자아실현의 개념은 니체나 융을 비롯해서 카렌 호나이(Karen Horney: 독일 출생의 미국 정신분석학자-옮긴이), 에리히 프롬(Erich Fromm), 쿠르트 골드슈타인, 프리다 프롬 라이히만(Frieda Fromm Reichmann: 독일 출생의 미국 정신분석학자-옮긴이), 에이브러햄 매슬로, 칼 로저스, 그리고 삶의 궁극적 목적을 모두 포함하는 이론을 탐구했던 여타의 많은 학자들을 통해 다양한 모습으로 다루어졌다. 자아실현은 또한 실존주의 사상에서도 자주 언급되는 주제이기도 하다"(1959)라고 말했다.

엘킨(Elkin)은 특히 카렌 호나이와 프리다 프롬 라이히만의 견해에 대해 "이들의 자아실현에 대한 개념은 신비주의적 의미를 담고 있다. 그리고 이들의 자아에 대한 개념은 동양 종교에서 찾을 수 있는 자기에 대한 신비주의적 의미와 유사한 융의 자기(self)의 개념을 상기시킨다"(1958-9)라고 비판했다.

그러나 로고테라피에서는 자아실현에 대해 다른 차원에서 비판적으로 바라본다. 즉 자아실현과 관련된 개념이나 관점의 치명적인 실수는, 자아실현을 궁극적 동기(ultimate motive)로 정의하면서 세상과 세상 속의 주체를 단지 목적을 위한 수단으로 평가절하했다는 것이다. 실제 매슬로는 "환경은 자아실현이라는 인간의 목적을 위한 수단에 지나지 않는다"라고 강력히 주장했다.

여기서 우리는 인간의 1차적 의도, 즉 인간의 궁극적 목적을 '자아실현'이라고 규정하는 것이 합당한가 하는 중요한 문제에 답해야 한다. 나는 이 질문에 대해 단호하게 "아니오"라고 답한다. 내게 있어 분명한 것은 자아실현은 결과이지 결코 의도의 주체가 될 수는 없다는 것이다. 이 사실은 자기초월은 인간실존의 가장 기본적 특성 중 하나라는 인류학적 진실에 비추어보면 더욱 확실해진다. 인간은 오직 자기중심적 이익과 관심의 관점에서 자신을 떼어놓을 수 있을 때만 진정한 인간의 모습을 얻을 수 있다. 이는 실제 탈숙고(dereflection)나 역설적 의도(paradoxical intention)와 같은 로고테라피 기법을 이용한 임상 현장에서 확인할 수 있다(Frankl, 1956; Kocourek, Niebauer & Polak, 1959; Weisskopf-Joelson, 1958).

샤롯데 뷜러의 "그들[자아실현 원칙을 대표하는 사람들]이 진정으로 의미한 것은 잠재성의 추구"(1960)라는 주장은 맞는 것처럼 보인다. 그러나 내 생각에는 자아실현을 대상 안에 있는 가능성 혹은 잠재성을 완수하는 것으로 정의한다면, 차라리 이를 '잠재성 중심주의(potentialism)'라고 부르는 편이 나을 것 같다. 잠재성 중심주의에서는 개인의 삶의 과제는 가능한 한 최대로 자신이 누구인가를 완수할 수 있도록 잠재성을 실현하는 것이라 생각된다. 그러므로 자아실현의 정도는 실현된 잠재성의 수가 얼마나 되느냐에 달려 있다. 그러나 만약 인간이 자신 안에 있는 잠재성만을 실현한다면 그 결과는 어떠하겠는가? 소크라테스의 경우에서 하나의 답을 얻을 수 있다. 소크라테스는 자신 안에 범죄자의 잠재성이 있다고 고백하면서, 그러므로 만약 그가 범죄자로서의 잠재성을 완벽하게 계발하는 데 성공했다면 법과 정의의 위대한 옹호자가 또한 보통의 범죄자도 되었을 것이라고 말했다.

삶의 잠재성은 가능성과 다르지 않다. 그러나 삶의 잠재성은 의미와 가치의 관점에서 바라봐야 한다. 특정한 한 시점에 개인 앞에 있는 여러 선택안 중에서 오직 하나의 선택안만이 그 시점에 그의 삶의 과제의 필요를 채울 수 있다. 삶의 각 상황마다 직면하게 되는 도전에는 책임이라는 도전이 있다. 인간은 수많은 현재의 잠재성들 중에서 하나를 선택할 책임이 있다. 어떤 것을 버리고 어떤 것을 실현할 것인가? 이로써 어떤 것이 영구적으로 선택되어 보존될 것인가? 잠재성은 삶에서 일시적인 것이지만, 결정은 영구적인 것이 된다. 일단 어떤 하나의 잠재성이 실현되고 나면, 결코 파괴될 수 없는 것이 되기 때문에 영원히 실현되는 것이다. 따라서 인간은 시간이라는 모래사장 위에 사라지지 않는 어떤 발자국을 남길 것인가 하는 책임에 직면해야 한다. 인간은 화가 되든 복이 되든 사라지지 않는 존재의 흔적으로 남을 만한 기념비적인 것을 결정해야 한다.

잠재성 중심주의에는 책임으로부터의 부담을 피하고자 하는 노력도 포함되어 있다. 시간이라는 유한성의 압박 속에서 삶의 일시성에 직면하는 인간은 종종 책임 있는 선택을 해야 할 필연성으로부터 도망갈 수 있다는 믿음으로 스스로를 기만하기도 한다. 그러나 책임 있는 선택을 회피하려고 하는 인간의 노력은 결국 헛수고가 되고 만다. 왜냐하면 인간은 어디를 가든 삶의 위기와 냉혹한 삶의 요구(demand)에 직면하게 되기 때문이다. 냉혹한 삶의 요구란 자기 자신을 넘어선 곳에 뿌리를 둔 요구로서 삶을 의미 있고 가치 있게 만들라는, 그럼으로써 실존적으로 삶에 헌신(투신)하라는 요구다.

　동시에 이와 관련해서 필요 불가결한 가치의 문제가 있다. 즉 책임 있는 선택이란 많은 가능성들 중에서 오직 실현할 만한 가치의 잠재성을 지닌 것을 선택하는 것을 말한다. 그러나 실제 선택한 대안이 실현할 만한 가치가 있는지 아닌지는 선택을 하고 난 후에야 온전히 확인할 수 있다. 따라서 실현할 만한 가치가 있다고 생각해 선택을 하기는 했지만, 실제 선택한 대안이 실현할 만한 가치가 있는가 하는 문제는 선택이 끝난 후에 비로소 확인할 수 있는 것이다. 그러므로 때로는 선택을 해야 하는 사람이 많은 대안들 중 실현할 만한 가치가 있는 대안을 선택하는 것을 회피하려고 하지만, 선택을 미룰 수는 있을지라도 결국 가치 있는 대안을 선택해야 할 책임이 있는 선택의 문제로부터 벗어날 수는 없다.

　이와 같이 책임 있는 선택을 회피하는 이유를 자세히 살펴보면 선택을 해야 하는 사람이 무엇인가와 무엇이 되어야 하는가 사이의 긴장을 견뎌내지 못한다는 데 있다. 그러나 무엇인가와 무엇이 되어야 하는가 사이의 긴장은 잠재성 중심주의도 없앨 수 있는 것이 아니다. 왜냐하면 이러한 긴장은 인간존재에 본질적으로 내재된 것이기 때문이다. 자신이 무엇을 했었나와 무엇을 해야 하나 혹은 무엇을 했어야 했나 사이의 긴장에서 벗어날 수 있는 상상 가능한 인간의 상태는 없다(즉 유한한 존재인 인간은 삶의 과제를 완벽하게 달성할 수 없기 때문에 이러한 긴장에서 절대 벗어날 수 없다는 말-옮긴이). 유한한 존재인 인간은 결코 완벽하게 자신의 삶의 과제를 완성할 수 없다. 자신이 삶의 과제를 완벽하게 완성할 수 없다는 한계의 짐을 기꺼이 짊어지고자 할 때 그리고 짊어질 수 있을 때 인간은 인간존재의 유한성을 인정할 수 있게 된다. 인간존재의 유한성을 수용하는 것이 정신건강과 인간의 성장에 전제조건이다. 인간존재의 유한성을 수용하지 못하는 것이 신경증적 성격의 특성이다. 그러므로 앞에서 언급했던 항상성의 원칙은 결코 건강하고 정상적인 현상이 아니며 오히려 신경증적 현상인 것이다. 신경증을 가진 사람은 신체적 혹은 심리적인 것에서 발생하는 정상적인 긴장을 견디지 못한다. 그러나 건강한 사람은 이러한 긴장을 견딜 수 있다.

인간존재에게는 무엇인가와 무엇이 되어야 하는가(내가 누구인가와 내가 어떤 사람이 되어야 하는가) 사이에 분리할 수 없는 간격 이외에 고려해야 하는 것이 하나 더 있다. 그것은 주체와 인식의 대상 간의 차이다. 주체와 인식의 대상 간의 차이는 많은 학자들이 '극복할 수 있다'고 말해왔지만, 근원적으로 없앨 수는 없다. 따라서 주체와 인식의 대상 간의 차이를 극복할 수 있다는 말은 의문의 여지가 상당히 있는데, 왜냐하면 주체와 인식의 대상 간의 차이를 극복할 수 있다는 말은 인간존재의 넘을 수 없는 유한성을 극복할 수 있다는 말과 같기 때문이다(네덜란드의 작가 아드리안 반 캄(Adrian L. Van Kaam)이 (나와의 개인적 서신 연락을 통해) 지적한 대로 실존철학의 거장인 하이데거(Heidegger)조차 주체와 대상 간의 이원성을 벗어나 진정한 인식이 가능할 수 있다고 절대 생각하지도 가르치지도 않았다).

이 논문의 저자인 나는 신학자는 아니다. 따라서 신학과 관련지어

이 문제를 언급하려는 의도는 없다. 하지만 인간은 인간실존의 이러한 긴장을 극복하려고 시도해서는 안 되며 대신 이를 감당하고 겪어내야 한다고 말하고 싶다. 이 문제를 간략하게 은유를 들어 설명하자면 현대 철학은 목욕물(데카르트의 이원론)과 함께 아기(인식의 대상)까지 버려서는 안 된다는 것이다.

인지적 행위에 대해 주체는 대상에 접근할 수 있으며 그럼으로써 내가 '대상과 함께하기(being with (Beisein) the object)'라고 불렀던(Frankl, 1949, pp.27ff.) 세상의 대상들과의 인지적 친밀성(cognitive closeness)을 확립할 수 있다. 그러므로 주체가 주체와 대상을 갈라놓은 틈을 가로질러 대상을 인식하게 되었다는 것은 인지 활동이 이룬 놀라운 업적이다. 그러나 주체가 대상을 인식했다 하더라도 대상은 여전히 대상일 뿐이며, 인지 과정을 통해 대상이 절대로 주체의 일부가 될 수는 없다(이에 대해 관심이 있다면 독일의 정신병리학자 슈트라우스(Erwin Straus, 1958, p.147) 참고). 세상은 단지 자기표현이며 주체의 투사에 불과하다는 가정하에 주체와 대상이 본질적으로 다르다는 것을 무시함으로써 대상의 객관성을 흐리게 하는 이론은 주체가 대상을 인식한다 해도 대상이 결코 주체의 일부가 될 수 없다는 점을 놓치고 있는 것이다.

주체와 대상 간의 차이를 완벽히 제거하는 것이 설사 가능한 일이라 해도 그리 칭찬할 만한 일은 아니다. 인간 각자의 인지적 행위는 필연적으로 주체와 대상 간의 긴장이라는 양극에 기초한다. 주체로서의 인간의 작용인 대상에 대한 인지 과정에는 이와 같이 본질적 역동이 존재하며, 이러한 본질적 역동의 원천은 인간과 인간이 속해 있는 세상(실존적 표현을 이용해서 설명하자면) 간의 긴장 안에 존재한다. 로고테라피에서는 이러한 본질적 역동을 정신역동과는 대조적으로 영적 역동성(noo-dynamic)이라고 정의한다(Frankl, 1959c).

주체와 대상 간의 영적 역동성이라는 긴장을 무시하는 것은 세상의 객관성을 무시하는 것이다. 심리 현상에 대한 철저하고 완벽한 탐구를 통해 '현상학적 접근방법'이라 불리게 된 어떤 철학이나 심리학 이론이라 할지라도 진정한 인지적 행위에는 모두 대상에 대한 객관성이 전제되어 있다는 근본적인 사실을 인정해야 한다. 소위 대상이라고 불리는 것, 보다 일반적으로 말해서 세상이란 본질적으로 주체의 자기표현 그 이상의 것이다. 세상을 단지 주체의 인지적 행위를 통해 만들어진 어떤 것으로 인식한다면 객관적 현실인 세상을 향한 존재의 자기초월성이라는 완전한 인지 활동의 현상을 묵살하게 된다. 인간은 세상으로부터 인지적으로 잘려나온 것을 주관적으로 이해할 수 있을 따름이다. 다른 말로 말하자면 인간은 세상 전체의 스펙트럼에서 주관적인 선택만을 할 수 있다. 그럼에도 불구하고 인간은 항상 객관적인 세상을 주관적으로 선택하고 있다.

그러나 일부 실존주의 학자들이 채택한 관점이 대상(세상)의 객관성을 흐리게 한다. 이러한 관점을 만화경적 인식론(kaleidoscopic epistemology)이라고 부를 수 있다. 만약 어떤 사람이 만화경을 통해 보는 것이 아니라 만화경 안만 들여다본다면 그는 만화경의 일부인 여러 색깔의 유리 조각들만을 관찰하게 될 것이다. 이것이 대상의 객관성을 무시하는 실존주의 학자들의 인식론과 동일한 것이 아닌가?

그들에게 있어 인간은 내적인 어떤 인지 행위나 노력을 통해서는 결코 진정한 세상을 만날 수 없는 존재다. 그들에게 인간의 세상은 인간 자신이 투사되어 자신의 존재를 비추는 조형물에 불과한 것이다. 만화경을 통해 사물을 관찰할 때 관찰 대상의 모습은 만화경의 작은 유리 조각들이 어떻게 던져졌는가(대상을 비추는가)에 달려 있듯이 만화경이라는 인간의 주관적 눈을 통해 인식한 세상은 인간이 어떻게 던져졌는가(인식했는가)에 전적으로 달려 있으며 이때 인식한 '세상의 모습'은 인간의 주관적 조건과 구조를 반영한 것에 불과하다.

인간은 자기 자신을 무시하고 잊을 수 있을 때만 세상 속에 있는 것과 세상의 것들을 인식할 수 있다는 근원적 진리를 상기할 때 이러한 주관주의적 사고(subjectivism)가 진정한 인간의 인지 행위의 핵심을 간과했다는 것이 분명해진다. 인간은 오직 자신의 관심을 자기 이외의 주변으로 옮겨갔을 때만 자신을 넘어서 온전하게 대상을 인지할 수 있게 된다. 이는 눈을 예로 들어 설명할 수 있겠다. 만약 눈이 눈 자체를 바라본다면 눈은 병에 걸리게 된다(예를 들면 안구비문증(vitreous eye floaters: 눈앞에 먼지나 벌레 같은 뭔가가 떠다니는 것 같은 증상)). 눈이 눈 자체를 보면 볼수록 세상과 세상 속의 대상을 더욱 볼 수 없게 된다. 눈의 볼 수 있는 능력은 눈이 눈 자체를 볼 수 없다는 것에 달려 있다. 인간의 유한한 인지능력은 인지작용의 내재된 주관성을 완전히 제거할 수 없다. 그러나 이러한 주관적 인지작용이 단지 자기표현이 되고 주체 자신의 구조를 투사하면 할수록 인지 작업은 점점 더 큰 오류를 범하게 된다는 사실은 부인할 수 없다. 즉 인지란 자기표현과 반대될 때 그리고 진정으로 자기초월성을 포함할 때 비로소 진정한 인지라고 말할 수 있다.

결론적으로 인간을 개별적인 존재(individual himself)로 한정한 이러한 이론들은 항상성 이론에서와 마찬가지로 긴장의 감소에 기반을 두든 혹은 자아실현에서와 같이 세상에 내재되어 있는 가능성들을 최대한 많이 실현하는 것에 기반하고 있든 뭔가 결여되어 있는 듯하다(인간을 자기 자신 안에 갇혀 있는 주관적이고 폐쇄적인 존재로 바라보고 있는 이론들의 한계를 표현한 것임-옮긴이).

나는 인간에 대한 관점은 오직 항상성을 넘어서서, 그리고 자아실현을 넘어서서, 심지어는 인간이 자기 자신을 넘어서서 의미와 가치라는 객관적 세상 한가운데서 자신이 무엇을 할 것인가와 자신이 어떤 존재가 될 것인가를 스스로 결정할 수 있는 인간존재의 초월성의 영역으로 넘어갔을 때 비로소 올바르게 정립될 수 있다는 점을 강조하고 싶다.

7장
로고테라피의 세 가지 기본 가정

미국의 사회심리학자 고든 올포트는 한 연설에서 로고테라피는 '실존주의 정신의학' 학파 중 하나라고 말했다. 애런 엉거스마(Aaron J. Ungersma)가 자신의 책에서 지적한 바와 같이 로고테라피는 전체 실존주의 정신의학 분야에서 유일하게 심리치료 기법이라고 불릴 만한 기법들을 개발하는 데 성공한 학파다. 도널드 트위디(Donald F. Tweedie)는 저서 《로고테라피와 기독교 신앙(Logotherapy and Christian Faith)》에서 로고테라피가 실존의학으로서 유일하게 심리치료 기법을 개발했다는 사실이 전통적으로 실용주의적인 전형적 미국인들의 관심을 끌게 될 것이라고 말했다.

그러나 로고테라피는 실존이나 존재의 분석 그 이상이라는 점에

The Philosophical Foundation of Logotherapy: Reprinted from Erwin W. Strauss (Ed.) (1964). Phenomenology: Pure and Applied. Pittsburgh: Dusquesne University Press.

서 현존재분석(ontoanalysis)을 뛰어넘는다. 로고테라피가 관심을 갖는 것은 존재 자체(ontos)뿐 아니라 의미(로고스: logos)이기도 하다. 이러한 특징은 로고테라피의 활발하고 적극적인 치료적 특성을 잘 설명해 준다. 즉 로고테라피는 존재(ontos)일 뿐 아니라 로고스(logos)이며 분석(analysis)일 뿐 아니라 또한 치료(therapy)이다.

모든 치료에는 그것을 뒷받침하는 구체적인 이론이 있다. 여타의 많은 치료와 달리 로고테라피는 삶에 대한 분명한 철학을 기반으로 한다. 보다 구체적으로 말하면 로고테라피는 아래의 서로 연관된 세 가지 기본 가정에 기초한다.

1. 의지의 자유(Freedom of Will)
2. 의미에의 의지(Will to Meaning)
3. 삶의 의미(Meaning of Life)

의지의 자유

인간의 의지의 자유는 경험을 통해 직접 확인할 수 있다. 독일의 철학자이자 현상학을 창시한 에드문트 후설(Edmund Husserl) 이후로 일상의 경험을 통해 직접 확인할 수 있는 것들을 현상학적이라 칭한다. 내가 이해하기에 현상학이란 선입견을 가지고 주어진 현상을 해석하는 학문이 아니라 인간의 선험적 자기이해(혹은 사전반사적 사전성찰적 자기이해(pre-reflective self-understanding)-옮긴이)에 바탕한 학문이다.

실제 자신의 의지가 자유롭지 않다고 주장하는 두 부류의 사람들이 있는데, 한 부류는 자신의 의지가 조종당하고 있으며 따라서 다른 사람들이 자신의 생각을 통제하고 있다는 망상으로 고통을 겪는 조현병 환자들이다. 다른 한 부류는 결정론적 사고를 지닌 철학자들이다. 후자인 결정론적 사고를 하는 철학자들은 사람들이 실제로 의지가 자유로운 것처럼 행동하지만, 사실 그것은 단지 자기기만에 불과하다고 말한다. 따라서 그들이 확신하는 것과 내가 확신하는 것 간에 유일하게 일치하지 않는 것이 있는데 그것은 우리의 경험이 진리에 이바지하는가의 여부에 관한 질문이다.

누가 이에 대한 재판관이 되어야 할까? 이 질문에 답하기 위해서 조현병 환자 같은 건강하지 않은 사람들뿐 아니라 건강한 사람들 역시 특정한 환경하에서는 자신들의 의지가 자유롭지 않다는 것을 경험한다는 사실부터 살펴보면 좋을 것 같다. 만약 우리가 건강한 사람들에게 소량의 리세르그산에틸아미드(Lysergic Acid Diethylamide) 같은 환각성 조현병 증상을 일으키는 약을 섭취하도록 한다면 그들은 자신의 의지가 자유롭지 않은 경험을 하게 될 것이다. 발표된 연구 결과에 따르면 그 약을 복용한 사람들은 약에 의해 인위적으로 정신증 증상을 보이기 시작했고, 마치 자신이 기계가 된 듯한 경험을 했다고 한다. 즉 그들은 결정론주의에서 말한 대로 자신의 의지를 자유롭게 마음대로 운용할 수 없는 경험을 했다.

그러나 한 가지 우리 자신에게 물어야 하는 질문이 있다. 그것은 뇌에 인공적으로 약물을 투입한 후에야 결정론주의에서 말하듯이 인간의 의지가 자유롭지 않다는 것을 확인할 수 있었다는 것이다. 그

무의미의 의미

렇다면 이상하게 들릴 수도 있겠지만 망상을 통해 진실이 드러난 셈이다. 하지만 이렇게 망상을 통해 드러난 것이 진실이라고 말할 수 있겠는가. 생리적, 육체적, 인공적 조작에 의해 하게 된 경험을 진실이라고 할 수 있겠는가 하는 말이다.

물론 유한한 존재인 인간의 자유는 한계 안에서의 자유다. 인간은 본질적으로 생리적, 심리적, 사회적 환경에서 완전히 자유로울 수는 없다. 그러나 인간은 이러한 환경에 대해 자유롭게 반응할 수 있는 존재다. 즉 인간은 항상 주어진 환경에서 자유롭게 자신의 태도를 선택할 수 있다. 인간은 신체적, 심리적으로 결정된 것들을 넘어서 자유로울 수 있는 존재다. 이미 주어지고 결정된 신체적 차원과 심리적 차원을 넘어설 때 인간에게는 새로운 차원이 열린다. 즉 신체적, 심리적 현상과 대별되는 영적 차원으로 들어갈 수 있게 된다. 그럼으로써 세상뿐 아니라 자기 자신을 향해서 우뚝 설 수 있다. 인간은 자신을 되돌아볼 수 있으며, 심지어 자신을 거부할 수 있는 존재다. 인간은 자신에 대한 재판관이며, 자기 행동의 재판관이다. 요약하자면 인간을 자기 자신으로부터 떨어뜨릴 수 있는 존재로 해석하지 않거나 혹은 신체적 차원과 심리적 차원을 떠나서 영적 차원으로 들어갈 수 있는 존재로 인식하지 않는다면 우리는 자의식(self-consciousness)과 양심(conscience) 같은 서로 연결된 인간만의 고유한 현상을 이해할 수 없을 것이다. 영적 차원은 인간만의 고유한 차원으로서 동물은 접근할 수 없는 영역이다.

자기와 거리두기(self-detachment)라는 인간 고유의 능력은 특히 역설적 의도(paradoxical intention)라는 로고테라피 기법으로 치료에 활용되고 있다. 최근 코네티컷밸리 병원(Connecticut Valley Hospital)의 정신건강센터 소장인 한스 거즈 박사(Dr. Hans. O. Gerz)가 신경정신의학 학술지(1962년 8월호)에 실린 논문에서 심각한 강박과 공포증 환자들에게 역설적 의도 기법을 적용한 사례를 발표했다. 논문에서 밝혔듯 역설적 의도의 효과는 놀라웠다. 여러분도 그 논문을 읽어보기를 권한다. 아래 사례는 역설적 의도에 대한 것으로 《죽음의 수용소에서(Man's Searching for Meaning: An Introduction to Logotherapy)》(Beacon Press, Boston, 1963)에 담았던 사례다.

환자는 사서였는데 오랫동안 많은 의사들과 병원을 전전했지만 아무런 치료 효과를 보지 못했다. 그리고 내게 왔을 때는 자살을 생각할 만큼 몹시 절망한 상태였다. 또한 손떨림 증상으로 글씨를 제대로 쓰지 못해 몇 년째 힘들어하고 있었고, 최근 손떨림 증상이 심해져 직장마저 잃을 위험에 처해 있었다. 우선 시급한 일은 단기 요법으로 손 떠는 증상을 가능한 한 빨리 완화시키는 것이었다. 치료를 시작하면서 나의 동료인 치료자는 환자에게 평상시 하던 것과 반대로 해보라고 권했다고 한다. 즉 보통 글씨를 가능한 한 깨끗하고 바르게 쓰려고 하는데, 이제는 그러지 말고 가능하면 최악으로 글씨를 휘갈겨 쓰도록 해보라는 처방을 내린 것이다. 그러고는 스스로에게 이렇게 말하라고 권했다. "그래, 이제 나는 사람들에게 내가 얼마나 글씨를 엉망으로 휘갈겨 쓰는지 보여줄 거야." 그가 의도적으로 글씨를 엉망으로 휘갈겨 쓰려고 하자 그 즉시 그는 그렇게 할 수가 없었다고 한다. "글씨를 휘갈겨 쓰려고 했는데요, 어찌 된 일인지 그냥 도저히 그렇게 할 수가 없더군요." 48시간 만에 그 환자는 손떨림 증상에서 자유로워졌고, 치료가 종료된 후에도 계속 글씨를 똑바로 쓸 수 있게 되었다고 한다. 그는 일상의 행복을 되찾았고 사서 업무도 문제 없이 할 수 있게 되었다.

역설적 의도에는 건강한 유머감각이 내재되어 있다. 유머는 어떤 것과 자기 사이에 거리를 두게 하는 탁월한 방법 중 하나라는 점에서 유머가 왜 역설적 의도에 내재되어 있는지 이해할 수 있다. 유머는 인간이 자기와 거리를 두고 자신을 떨어져서 볼 수 있게 함으로써 자신이 처한 곤경에서 스스로 빠져나와 어려움을 객관적으로 볼 수 있게 도와준다. 그래서 유머는 영적 차원에 속한다. 어떤 동물도 웃을 수 없으며, 특히 자기 자신에 대해서는 더더욱 절대로 웃을 수 없다.

역설적 의도에 대한 사례를 한 가지 더 소개하고자 한다. 이 사례는 독일에 있는 마인츠대학교(University of Mainz)의 정신건강의학과 학과장이 보고한 사례로, 말을 더듬는 증상에 관한 것이다. 그가 중학생일 때 있었던 일이다. 당시 학급에서 연극발표회를 하기로 했다고 한다. 연극의 역할 중 하나가 말더듬이 역이었는데, 마침 그 학급에 말을 심하게 더듬는 친구가 있어서 그에게 말더듬이 역할을 맡겼다고 한다. 그러나 결국 그는 포기하고 말았다. 그가 무대에 올라 말더듬이 역할을 하려고 하자 전혀 더듬거리며 말을 할 수 없었기 때문이다. 그래서 할 수 없이 그 역할을 다른 친구에게 넘길 수밖에 없었다고 한다.

역설적 의도라는 기법에 깔려 있는 기본적 메커니즘은 몇 년 전 내가 들은 농담에서도 잘 설명된다. 한 학생이 지각을 했는데 선생님께 이렇게 변명을 했다고 한다. "길이 빙판이라 너무 미끄러워서 한 발짝 앞으로 갈 때마다 두 발짝 뒤로 미끄러져서 늦었어요." 이에 선생님은 이렇게 응수했다. "그렇다면 넌 지금 거짓말을 한 거네. 정말 그랬다면 어떻게 학교에 올 수 있었지? 한 발짝 앞으로 가면 두 발짝 뒤로 갔다면서?" 그러자 학생이 이렇게 대답했다고 한다. "그래서 결국엔 뒤로 돌아서서 집 쪽으로 발걸음을 옮겼거든요."(즉 역설적으로 뒤로 돌아서 학교가 아니라 집쪽을 향했더니 한 발짝 움직일 때마다 두 발짝씩 뒤로 가게 되어 결국 학교에 도착할 수 있었다는 이야기다─옮긴이)

나는 역설적 의도가 피상적으로 신경증 증상에 대해서만 효과가 있는 기법이 아니며, 환자가 깊은 내면에서 자신을 포함한 전체적인 것에 대해 극적으로 태도를 바꾸는 효과가 있다고 확신한다. 그러나 로고테라피 기법을 통해 얻은 효과를 정신역동에 기반해 해석하는 경우도 있다. 예를 들어 빈의 폴리클리너 병원에서 함께 일하는 동료 의사 중 한 명은 프로이트의 정신분석 수련을 받은 사람인데, 그는 빈 정신분석학회에서 역설적 의도에 관한 논문을 발표하면서 역설적 의도의 효과를 전적으로 정신역동적인 측면에서 설명했다. 논문을 준비하는 동안 우연히 그는 심각한 광장공포증으로 고통스러워하는 환자를 만나게 되었고 그 환자에게 역설적 의도를 시도했다고 한다. 그러나 단 한 번의 치료로 환자가 광장공포증에서 벗어났고, 그 이후로 아쉽게도 환자가 다시 찾아오지 않았기 때문에 치료가 정말 정신역동에 기반한 것이었는지 더는 증명할 수 없었다고 한다.

의미에의 의지

　의지의 자유에 이어 로고테라피의 두 번째 기본 가정인 의미에의 의지에 대해 살펴보기로 하자. 의미에의 의지는 프로이트의 정신분석 심리치료에서 인간 행동의 동기로 설명하는 쾌락의 원칙과 아들러의 개인심리학에서 동기로 설명하는 권력에의 의지와 대치되는 동기로서 그동안 너무 단편적으로 설명되어왔다.

　그러나 의미에의 의지가 그저 단순히 쾌락에의 의지나 권력에의 의지와 동일한 선상에서 대치되는 개념이라고는 생각하지 않는다. 실제 쾌락에의 의지는 자멸적인(self-defeating) 원칙이라는 점을 나는 계속 강조하고 싶다. 즉 쾌락을 목표로 추구하면 할수록 인간은 더욱더 쾌락이라는 목표를 획득할 수 없게 된다. 이는 쾌락이 우리가 어떤 일을 노력을 통해 성취함으로써 얻게 되는 부산물이라는 근원적인 사실에 연유한다. 즉 쾌락은 목표가 되거나 혹은 타깃이 되면 그만큼 오히려 파괴되거나 망가지게 된다. 인간이 직접적인 의도를 가지고 쾌락을 목표로 하면 할수록 쾌락이라는 목표를 놓치게 된다. 이것이 바로 대부분의 성적 신경증이 발생하게 되는 병리적 메커니즘이다. 따라서 쾌락이라는 의도의 자기방해적(self-thwarting) 특성을 고려하여 개발된 로고테라피 기법인 역설적 의도가 단기적으로 매우 훌륭한 결과를 가져왔고, 심지어 나와 함께 일하고 있는 정신역동

중심의 심리치료자들의 경우에도 마찬가지 결과를 얻는 것으로 나타났다. 내가 성적 신경증 환자의 치료를 전담하도록 맡긴 치료자들 중 한 명은 단기 치료 기법으로 역설적 의도 기법만 전적으로 사용하기도 했다.

어떤 면에서 쾌락에의 의지와 권력에의 의지는 둘 다 의미에의 의지의 뿌리에서 파생된 것이라고 할 수 있다. 앞에서 언급한 것처럼 쾌락에의 의지는 의미를 성취함에 따라 얻게 되는 결과물이며, 권력(힘)은 목적을 위한 수단일 수 있다. 재력과 같은 권력은 일반적으로 의미를 성취하는 데 필요한 하나의 수단이다. 그러므로 쾌락에의 의지는 결과인데 목적으로 잘못 이해한 것이고, 권력에의 의지는 목적을 위한 수단인데 목적으로 잘못 이해한 것이다.

그러나 나는 여기서 한 발 더 나아가 실제 쾌락이나 권력을 인간의 행동을 움직이는 의지나 동기라고 말하는 것조차 옳지 않다고 생각한다. 정신역동학파에서 인간은 본의 아니게 무의식적으로 자기 행동의 실제 목적에 따라 움직인다고 가정한다. 여기서 주목할 것은 "본의 아니게 무의식적으로"라는 말이다. 이는 정신역동학파에서 의식적인 동기는 실제 동기가 아니라고 말하는 것과 마찬가지다. 따라서 나는 대부분의 동기 이론들이 의식적 동기는 실제 동기가 아니라고 주장하고 있다는 점을 언급하고 싶다. 예를 들어 에리히 프롬은 최근에야 비로소 "인간을 특정한 방식으로 행동하도록 만드는 동기인 충동은 인간을 어떤 특정한 방향으로 향하도록 하는 것"이라고 말했다(Beyond the Chains of Illusion, Simon and Schuster, New York, 1962, p.38).

그러나 나는 인간이 단지 충동에 의해 어떤 것을 향하도록 강제되는 존재는 아니라고 생각한다. 인간이란 충동에 의해 어떤 것을 향하도록 움직여지기도 하지만, '의식적으로' 스스로 어떤 것을 향하는 존재다. 인간은 충동이나 의식적인 의도(동기) 이 둘 중 하나에 의해 움직인다. 이 두 가지 이외에 다른 것은 없다. 이 둘 간의 차이를 무시하거나 혹은 보다 정확히 말해서 둘 중 어느 하나만을 인간의 행동을 움직이고 설명하는 것으로 여긴다면, 과학자로서 자격이 없다고 생각한다. 만약 인간은 본능에 의해 행동하고 살아간다는 가정에 집착하고 이러한 가정을 무조건적으로 따른다면 이는 인간이 어떤 존재인가 하는 진실에 대해 선택적으로 눈을 감아버리는 것이나 마찬가지다. 프로이트가 언급한 말 중 잘 알려지지 않은 것이 있는데, 1889년 빈 의학주간지 북리뷰에 실린 프로이트의 말을 인용하면 이와 같다. "천재의 위대함 앞에 존경을 표하는 것은 분명히 대단한 일이다. 그러나 진실 앞에 존경을 표하는 것은 더 대단한 일이다." 정신역동 심리치료의 프로이트조차 이렇게 말한 것처럼, 인간은 충동에 의해서만 움직이는 존재가 아니라는, 인간에 대한 진실을 우리는 온전히 이해해야 한다.

아무튼 프로이트-그리고 후에 그를 따르는 사람들-는 항상 인간을 움직이는 의지, 즉 무의식적인 동기 이면에 있는 것을 봐야 한다고 우리를 가르쳐왔다. "프로이트는 액면 그대로(현상을 있는 그대로, 즉 사실 그대로의 모습으로-옮긴이) 받아들일 수 없는 무의식적 동기의 전문가였다"라는 고든 올포트의 말을 인용하자면(Personality and Social

Encounter, Beacon Press, Boston, 1960, p.103), 프로이트는 인간현상을 액면 그대로 받아들이지 않았다.

그러나 이것이 액면 그대로 받아들여야 하는 동기가 전혀 없다는 것을 뜻하는가? 나는 이러한 가정은, 황새가 존재하지 않는다고 생각하는 사람에게 실제 황새를 보여주자 이렇게 말하는 것과 같다고 생각한다. "아! 나는 황새가 존재하지 않는다고 생각했습니다." 황새가 존재하지 않는다고 생각했다고 해서 실제 황새가 존재한다는 사실을 숨길 수 있을까? 황새가 존재하지 않는다는 생각이 절대로 황새라는 실제 존재의 사실을 없애버릴 수는 없다.

프로이트에 따르면 현실의 원칙(reality principle)은 단지 쾌락의 원칙(pleasure principle)을 확장한 것에 불과하며, 쾌락의 원칙이 목표하는 바를 달성하도록 돕는 역할을 한다(프로이트는 에고(ego), 즉 자아는 현실의 원칙에 따라, 이드(Id)인 본능은 쾌락의 원칙에 따라 그리고 초자아는 도덕·윤리 원칙에 따라 움직인다고 설명했다. 프랭클은 초자아의 도덕·윤리 원칙은 후천적으로 학습된 가면 도덕·윤리라고 정의함–옮긴이). 그러나 마찬가지로 쾌락의 원칙 자체는 넓은 의미에서 항상성의 원칙을 위해 작용하는 원칙이라고 말할 수 있다. 궁극적으로 인간에 대한 정신역동적 개념은 인간을 기본적으로 자신의 내적 균형을 유지하고 회복시키고자 하는 데 관심을 가진 존재로 본다. 이를 통해 인간은 자신의 충동과 본능을 충족시키고자 노력한다는 것이다.

융의 분석심리학의 인간에 대한 관점에서도 역시 인간의 동기를 정신역동과 동일하게 해석하고 있다. 융의 분석심리학에서는 본능을 미지의 것(mythical thing: 인간이 완벽하게 의식할 수 없는 것-옮긴이)으로 여기고(프로이트가 본능이라 불렀던 것처럼 무의식적인 것이므로 인간이 의식적으로는 완전히 이해할 수 없는 것으로 보았다-옮긴이), 인간을 충족감을 얻고자 하는 충동과 본능에 의해 혹은 충동과 본능을 실현하라고 재촉하는 원형(archetypes)에 의해 야기된 긴장을 없애는 데 관심을 가진 존재로 보았다. 어쨌든 존재와 의미의 세상인 현실을 초자아나 원형(archetypes)을 건드리는 다양한 자극들을 없애는 데 사용하는 도구 정도로 평가절하하며 비하해버렸다. 이와 같이 인간의 존재와 의미를 도구 정도로 평가절하하는 인간관은 현상학적 분석을 통해 입증할 수 있는 인간에 대한 근원적인 사실, 즉 인간은 다른 존재와 만나는 존재이며 의미를 향해 나아가고 이를 성취할 수 있는 존재라는 사실을 내팽개치고 완전히 무시해버린 것이다.

이것이 바로 내가 의미에의 욕구라고 하거나 혹은 의미에의 충동이라고 하지 않고 의미에의 의지라고 명명하는 이유다. 만약 실제 인간이 의미에의 충동에 의해 움직인다고 말한다면 인간은 이러한 충동을 없애고 항상성의 회복만을 위해 의미를 성취하고자 한다고 말하는 것이나 마찬가지가 된다. 그러나 이렇게 되면 인간은 더 이상 의미 자체에는 관심을 갖지 못하게 되고 결국 자신의 균형을 유지하고 회복하는 것에만 관심을 가지게 될 것이다.

또한 자아실현(self-actualization or self-realization)과 같은 개념들은 하나의 동기 이론이 되기에 충분하지 않다. 이것은 자아실현이 부산물로서만 얻을 수 있는 것이고 직접적으로 의도를 하는 경우, 즉 그 자

125

체가 직접적인 의도가 있는 목적이 되는 한 그만큼 오히려 방해를 받는다는 사실에 연유한다.

자아실현은 좋은 것이다. 그러나 인간은 오직 의미를 성취했을 때에만 자기 자신을 실현할 수 있다고 나는 확신한다. 의미를 완수할 때 자아실현은 자동적으로 이루어진다. 쾌락과 마찬가지로 자아실현 역시 그것을 목적으로 하거나 그 자체가 목표가 되면 파괴되거나 훼손되어 오히려 자아실현을 하지 못하게 된다.

몇 년 전 멜버른대학교(Melbourne University)에서 강의를 했었는데, 이때 호주의 원주민들이 사용하는 사냥 도구인 부메랑을 기념선물로 받은 적이 있었다. 기념이 될 만한 특별한 선물을 받고 이 선물에 대해 묵상을 하다가 나는 어떤 면에서 이 선물이 인간존재의 상징이었다는 것을 분명하게 깨닫게 되었다. 일반적으로 호주 원주민이 사용하는 부메랑은 던진 사람에게 되돌아온다고 알려져 있다. 그러나 실제 호주에서 내가 들은 이야기는 부메랑은 던진 사람이 목표물을 놓쳤을 때만 되돌아온다는 것이다. 인간 역시 마찬가지가 아닐까 싶다. 오직 자기 자기에게만 관심을 갖는 사람은 자신의 삶의 의미를 발견하지 못하게 되고, 자신의 목표를 놓치게 되어 결국 부메랑이 자기 자신에게 돌아오게 될 것이다.

내가 하버드대학교에서 여름학기 수업을 할 때 조교로 일했던 어니스트 킨(Ernest Keen)이라는 학생이 오스트리아 출신 정신분석학자 하인즈 하르트만(Heinz Hartmann)의 자아심리학(ego psychology)이 프로이트의 정신분석 이론의 단점을 보완하고, 자아심리학의 단점을 에

릭슨(Erilkson)의 정체성이라는 개념이 보완했는가를 주제로 박사논문을 작성했다. 그러나 그는 논문에서, 정신분석 이론에서 자아심리학으로 그리고 자아심리학에서 정체성 이론으로 이어진 연결고리에 여전히 빠진 것이 하나 있다고 주장했다. 그것이 바로 로고테라피라는 것이다. 미완성의 이 연결고리는 로고테라피에 의해 비로소 완성될 수 있다는 것이다. 사실 나는 인간은 직접적 의도를 가지고 자신이 누구인가 하는 정체성을 추구해서는 안 된다고 믿는다. 아니 직접적인 방식이나 의도로써는 결코 자신의 정체성을 정립할 수 없다고 생각한다. 인간은 자신을 넘어선 어떤 것, 즉 자신보다 큰 어떤 대의에 자신을 헌신함으로써 비로소 자신이 누구인지에 대한 정체성을 발견할 수 있다고 나는 믿는다. 독일의 철학자 카를 야스퍼스(Karl Jaspers)는 "인간은 결국 자신이 스스로 찾은 대의를 통해 진정한 인간으로서 자기 자신이 될 수 있다"라고 말했는데 그만큼 훌륭하게 직접적 의도를 통해서가 아니라 의미 있는 일을 통해 자신의 정체성을 확립할 수 있다고 말한 사람은 없는 것 같다.

또한 나의 하버드대학 조교였던 롤프 폰 에카르츠베르크(Rolf von Eckartsberg)는 올포트의 세미나에서 역할극 개념의 불충분성에 대해 지적했다. 역할극 뒤에 숨겨져 있는 문제점은 선택과 가치의 문제로서 이 문제가 가려지고 묵살되어 있다는 것이었다. 우리 중 누구도 어떤 역할을 택할 것인지, 어떤 대의를 옹호할 것인지라는 의사결정으로부터 도망갈 수 없다.

이는 인간의 궁극적 목적과 1차적 의도는 자신의 잠재성을 계발하는 것이라고 가르치는 사람들에게도 마찬가지로 해당된다. 실존 정신의학지에 발표된 논문에서 나는 이미 소크라테스를 예로 인용했었다. 소크라테스는 자신 안에 범죄자가 될 수 있는 잠재성을 가지고 있지만, 자신은 이러한 범죄자로서의 잠재성이 현실화되는 것으로부터 도망가기로 결정했다고 고백했다. 소크라테스의 이 결정, 바로 이것이 요점이다. 인간의 궁극적 목적과 1차적 의도가 자신이 가지고 있는 잠재성을 계발하는 것이라고 말하는 사람들이 있지만, 여전히 여기에서도 최종적으로 어떤 사람이 될 것인가 하는 것은 바로 우리 자신이 결정한다는 것이다. 단지 잠재성을 계발하는 것이 우리의 궁극적인 목적이나 1차적 의도가 될 수는 없다.

그러나 이러한 모든 이론들이 암묵적으로 인간에 대해 무엇이라고 말하고 있는지 살펴볼 필요가 있다. 이러한 이론들은 인간은 자신의 내적 잠재성만을 실현하기 위해 살아가는 존재, 혹은 자신을 표현하고자 하는 목적만을 위해 살아가는 존재라고 말하고 있다. 이러한 숨겨진 동기는 인간이 어떤 존재인가(what man is)와 인간이 어떤 존재가 되어야 하는가(what he ought to become) 사이에 존재하는 차이로 인해 생기는 긴장을 없애버린다. 또한 현재 모습과 인간이 실현해야 하는 이상적인 모습 간의 차이, 그리고 실존(existence)과 존재(essence) 간의 차이를 축소시켜버린다. 이상과 가치는 단지 '자기표현'에 불과하기 때문에 인간은 이러한 이상과 가치에 대해 걱정할 필요가 없으며 따라서 자신의 잠재성을 실현하기만 하면 된다는 말은 사실 모두에게 기쁜 소식이며 행복한 메시지이기는 하다. 이 말은 즉 인간은 굳이 하늘로 올라가 별을 따서 지상으로 가지고 내려올 필요가 없다는 말과 같다. 그저 모든 것이 지금 상태로 괜찮다는 것이다. 즉 모든 것은 최소한 실현될 잠재성이라는 모습일지라도 이미 존재하고 있다는 것만으로도 괜찮다고 말하는 것과 같다.

고대 그리스의 시인 핀다로스(Pindar)의 "있는 그대로의 존재가 되어라(become what you are: 있는 그대로의 존재는 ontos(being)-옮긴이)"는 정언명령에는 정작 정언명령으로서 가지고 있어야 하는 특성은 빠져 있고, "인간은 되어야만 하는 존재이다(Man has been what he should become: 되어야만 하는 존재는 logos(meaning)-옮긴이)"라는 문장으로 바뀌었다. 그러므로 인간은 하늘로 올라가 별을 따서 지상으로 가지고 올 필요가 없다는 것이다. 왜냐하면 지상 자체가 이미 별이기 때문이라는 것이다.

그러나 존재(being)와 의미(meaning) 둘 간의 긴장은 근본적으로 인간 안에 내재하는 것이므로 없앨 수 없는 것이다. 존재와 의미 사이의 긴장은 본질적으로 인간 안에 내재하고 있다. 그것이 바로 존재와 의미 간의 긴장이 정신건강에 반드시 왜 필요한가 하는 이유다. 그러므로 우리는 의미에의 의지라는 인간이 향하는 의미에의 지향성(meaning orientation)으로부터 출발했고, 이제 다른 문제에 도달했다. 즉 인간이 의미에 직면하는 문제(meaning confrontation)다. 의미에의 지향성이 기본적으로 인간이 어떤 존재인가(what man is)에 대한 것이라면 두 번째 인간이 의미에 직면한다는 것은 인간이 어떤 존재가 되어야 하는가(what man should be)에 대한 것이다.

단지 자기표현이라는 가치에만 집중하는 것은 인간이 어떤 존재가 되어야 하는가와는 상관이 없다. 인간을 자신의 본능적 충동에 대한 반동형성이나 합리화와 같은 방어기제라는 가치로만 바라보는 것은 진정한 인간이해의 올바른 출발점이 아니다. 이러한 인간에 대한 이해에서 출발한 정신분석 이론에 대해 나는 이렇게 말하고 싶다. 나는 내 방어기제를 위해 살 생각이 없다고 말이다. 더욱이 나는 반동형성이라는 방어기제를 위해 죽을 의도는 전혀 없다고 말하고 싶다.

한편 어떤 주어진 사례와 상황에서 정신역동 이론에 따른 해석을 환자에게 주입시키는 것은 내가 '실존적 합리화(existential rationalization)'라 부르는 목적을 달성하는 데 도움이 될 수는 있을 것이다. 만약 내 삶의 궁극적인 의미에 대한 나의 관심이 단지 어린 시절 내가 경험한 오이디푸스 상황과 협상하는(혹은 굴복하는) 하나의 방법이라는 정신역동적 해석을 나에게 가르친다면 나의 궁극적 의미에 대한 관심은 이로 인해 야기된 실존적 긴장과 함께 분석될 수 있을 것이다.

그러나 이것은 로고테라피와는 완전히 다르다. 로고테라피의 측면에서 인간은 자신이 실행해야 하는 구체적인 의미에 직면하지 않을 수 없다. 로고테라피 치료자들은 개인이 그러한 구체적인 의미를 발견하도록 도와야 한다. 도널드 트위디(Donald F. Tweedie)는 자신의 저서《로고테라피와 기독교 신앙》에서 내 사무실에서 있었던 이야기를 언급했다. 빈을 방문한 미국인이 내 사무실에 와서 나에게 "로고테라피와 정신분석 간의 차이를 한 문장으로 말해달라"고 요청한 적이 있었다. 그래서 나는 우선 그에게 정신분석의 핵심이 무엇이라고 생각하느냐고 물었다. 그러자 그가 "정신분석에서 환자는 소파에 누워야 하고 때로는 꺼내기 불편한 것들을 말해야 합니다"라고 대답했다. 나는 그에게 이렇게 답해주었다. "예, 로고테라피에서 환자는 똑바로 앉아도 되지만 때로는 정신분석 치료에서와는 반대로 듣기 불편한 말을 들어야 합니다."

독일의 정신병리학자 슈트라우스(Erwin Straus)가 강조해왔던 것, 즉 실존적 사고에서 다른 존재에 대한 타자성(otherness of the other being)이 결코 흐려져서는 안 된다고 한 말은 의미에 대해서도 해당된다. 존재가 성취해야 하는 의미는 자기 자신을 넘어선 그리고 결코 자기 자신이 아닌 어떤 것이어야 한다. 의미는 존재의 타자성을 가지고 있을 때만 삶이 인간에게 기대하는 것으로서 그 힘을 발휘할 수 있으며, 그럴 때 인간의 존재에 대한 경험이 현상학적으로 분석이 가능해진다. 존재 자체의 표현이 아닌 의미만이 존재에 대한 진정한 도전인 것이다.

성경의 다음 구절을 기억할 것이다. 이스라엘 사람들이 사막을 헤맬 때 하느님의 영이 구름의 모습으로 그들을 앞서서 이끌고 있었다. 오직 이 방식으로만 이스라엘 사람들은 하느님의 안내를 받을 수 있었다. 한편 하느님의 현존인 구름이 이스라엘 사람들 가운데 있었다면 어떤 일이 일어났을까 상상해보자. 그랬다면 구름은 이스라엘 사람들을 올바른 길로 안내하기보다 모든 것을 구름 속에 가려버렸을 것이고, 결국 이스라엘 사람들은 길을 잃어버리게 되었을 것이다.

내가 말하는 의미란 존재와 동일한 공간에 있어서는 안 된다. 의미는 존재 앞에 있어야 한다. 의미는 존재의 앞에 서서 존재의 속도를 설정한다. 자신을 넘어선 무언가를 향한 초월성의 관점에서 살지 않는다면 존재는 비틀거리게 된다. 이러한 관점에서 볼 때 우리는 앞서서 속도를 조절하는 역할을 하는 선도자(pacemaker)와 옆에 함께 서서 중재를 하는 평화주의자(peacemaker)를 구분할 수 있다. 앞서서 속도를 조절하는 사람은 의미와 가치에 우리를 직면시키는 사람이며, 우리의 의미지향성 즉 의미에의 의지를 안내하고 지지하는 사람이다. 반면 함께하며 중재를 하는 평화주의자는 인간이 의미에 직면하는 것을 피하게 해준다. 이런 점에서 모세는 앞서서 속도를 조절하고 선도하는 이끄는 사람이었다. 그는 인간의 양심을 누그러뜨리지 않고 오히려 불러일으켰다. 모세는 십계명으로 이스라엘 사람들을 직면했고, 그들이 이상과 가치에 직면하도록 했다.

한편 다른 유형의 평화주의자들이 있다. 이들은 사람들을 달래며 사람들이 자기 자신과 화해하도록 노력한다. 그들은 "왜 사람들이 자신의 단점에 대해 걱정해야 하는가? 오직 소수의 사람들만이 이상에 따라 삶을 살아간다. 그러니 이상 따위는 잊어버려라. 인간 안에 긴장만 만들어내는 실존적 의미 따위는 신경 쓰지 말고 그저 마음의 평화나 영혼의 평화만 신경 쓰자"고 말한다. 그러나 이들이 간과하고 있는 것이 있다. 즉 "만약 어떤 사람을 있는 그대로의 모습으로만 바라본다면 우리는 그 사람을 더욱 나쁘게 만드는 것이다. 우리가 그를 되어야 하는 어떤 존재로 바라볼 때 우리는 그가 진정한 자신이 되는 것을 도울 수 있다"라는 괴테의 경고에 담긴 지혜를 그들은

무의미의 의미

놓치고 있는 것이다.

일단 의미지향이 의미직면으로 바뀌면, 성숙과 성장의 단계에서 자유라는 개념(이는 실존철학에서 많이 강조하는 개념이다)은 반응성 (responsibleness)이라는 개념으로 바뀌게 된다. 인간은 삶의 구체적인 의미를 완수할 책임이 있는(responsible: 반응-하는) 존재다. 그러나 인간은 또한 어떤 것에 대해, 즉 사회나 세계, 인류 혹은 자신의 양심에 대해 책임이 있다(반응-한다). 또한 수많은 사람들이 자신의 존재를 단지 어떤 것에 대한 책임으로만 해석하지 않고 어떤 존재, 즉 신에 대한 책임으로 해석하기도 한다.

비종교적인 이론이며 의학 이론으로서 로고테라피는 환자에게 책임이 무엇인지 직접적으로 말해서는 안 되며 환자 스스로 책임을 지는 존재로서 자신을 어떻게 이해할 것인가를 자유롭게 결정하도록 돕는다. 내담자가 종교적 믿음에 따라 자신의 책임을 이해하든 아니면 불가지론적인 확신에 따라 자신의 책임을 이해하든 그것은 내담자의 결정이며 전적으로 그의 몫이다. 모든 사람이 로고테라피를 사용할 수 있어야 한다. 나는 이것이 나의 의무라고 생각한다. 이에 다른 이유는 없다. 단지 의사로서 내가 한 히포크라테스 선서에 의거한 것이다. 로고테라피는 종교와 상관없이 누구에게나 적용 가능하며 또한 종교와 무관하게 누구나 사용할 수 있다. 로고테라피는 반응성을 인간실존의 핵심으로 본다. 인간실존의 핵심으로서의 반응성을 실현함에 있어 로고테라피 치료자는 환자가 무엇에 대해 그리고 누구에 대해 책임을 느끼고 책임을 실천해야 하는지를 환자 스스로 느끼고 결정하도록 도와야 한다(빅터 프랭클 박사는 반응-성(responsibleness)과 책임(responsibility)을 구분했다. 반응-성이란 책임에 자유가 포함된 것으로 어떤 한계나 제약에 대해 인간은 여전히 자유롭게 반응할 수 있는 존재라는 의미에서 반응-성이라고 표현했고, 책임이란 외부에서 주어진 책임이라는 뜻으로 사용했다. 반응-성은 내적 자유를 준거로 한다는 점에서 외부로부터 주어진 책임과는 차이가 있다-옮긴이).

로고테라피 치료자는 환자 자신이 자신의 반응성을 어떻게 해석할 것인가에 대한 의사결정에 의식적으로 영향을 미쳐서는 안 된다. 또한 로고테라피 치료자는 환자가 자신의 삶의 의미를 어떻게 끌어안을 것인가에 대한 결정에 영향을 미쳐서도 안 된다. 모든 인간의 양심은 혹은 인간적인 것은 무엇이든지 오류의 대상이다(기본적으로 양심에 오류가 있다기보다 양심을 해석하는 마음이 양심을 왜곡해서 잘못 해석할 수 있다는 뜻이다-옮긴이). 그러나 그렇다고 해서 그것이 양심에 순종해야 하는 의무로부터 인간을 풀어주지는 않는다. 존재는 오류라는 위험을 가지고 있다. 인간에게는 헌신하거나 투신할 가치가 없는 어떤 대의에 자기 자신을 희생할 위험이 있다. 어쩌면 내가 로고테라피라는 대의에 투신하는 것이 실수일 수도 있다. 그러나 나는 설사 어떤 선택이 잘못된 것이라 해도 어떤 선택도 할 수 없는 세상보다 인간에게 선택할 수 있는 권리가 있는 세상에 살고 싶다.

즉 나는 한편에서는 아돌프 히틀러와 같은 인간이 나타나기도 하고 또 다른 한편으로는 수많은 성인들이 나타나기도 하는 그런 세상을 더 선호한다. 나는 이러한 세상을 단지 인간을 어떤 특정한 정당이나 정부를 위해 톱니바퀴처럼 움직이는 존재로 평가절하하고 비하시키는 전체주의나 순응주의 혹은 집단주의에 의해 움직이는 세상보다 선호한다.

삶의 의미

앞서 로고테라피의 기본 가정인 의지의 자유와 의미에의 의지에 대해 논의했다. 이제는 의미 자체가 무엇인지를 삶의 의미라는 세 번째 기본 가정을 통해 살펴보고자 한다. 어떤 로고테라피 치료자도 의미를 '처방(prescribe)'해서는 안 된다. 의미는 처방하는 것이 아니라 '기술(describe)'하는 것이다. 로고테라피 치료자가 의미를 기술한다는 말은 말 그대로 인간이 인간으로서 존재하는 그대로를 어떤 해석 없이 순수하게 기술(describe)한다는 뜻이다. 즉 기술한다는 말에는 현상학적으로는 로고테라피 치료자가 의미와 가치에 대한 환자의 시야를 넓히고 확장시킴으로써 의미와 가치가 어렴풋하게라도 보일 수 있도록 한다는 뜻이 담겨 있다. 이와 같이 의미와 가치에 대한 인식을 증진시키는 과정에서 결국 삶은 마지막 순간까지 절대 멈추지 않고 의미가 있다는 것을 확인할 수 있게 될 것이다. 이것은 현상학적 분석을 통해 확인할 수 있는 것으로 인간은 자신의 행동이나 일, 그리고 창조성이라는 세상에 자신이 준 것을 통해서뿐 아니라 자신의 경험, 세상 속에서 진선미와의 만남, 고유한 존재로서 다른 존재와의 만남과 같이 세상으로부터 받은 것을 통해 자신의 삶이 의미 있다는 것을 발견할 수 있다는 사실에 연유한다.

고유한 존재로서 다른 사람을 이해한다는 것은 그 사람을 사랑한다는 의미다. 그러나 인간이 창조적 가치(행위를 통해서 의미를 발견하는 것)로 세상에 준 것이나 경험적 가치(경험, 즉 만남을 통해서 의미를 발견하는 것)로, 세상으로부터 받은 것을 통해 의미를 발견하기 힘든 상황에서도 여전히 인간은 삶의 의미를 성취할 수 있다. 운명과 같이 피할 수 없고 통제할 수 없는 절망적인 상황에 직면했을 때조차 인간은 의미를 실현할 수 있다. 오히려 그러한 상황에서 인간에게 가장 높은 가치를 실현하고 가장 깊이 있는 의미를 성취할 마지막 기회가 주어진다. 그것이 바로 고통의 의미다. 바꿀 수 없는 상황에서의 피할 수 없는 고통에 의미가 있다. 그러나 만약 바꿀 수 있고 통제가 가능한 고통이라면 이러한 고통은 피할 수 있는 불필요한 고통이며, 이때 겪게 되는 고통은 용기를 가지고 직면하고 의미를 발견해야 하는 피할 수 없는 고통이 아니라 욕구나 기대로 인해 초래된 피할 수 있는 자학적인 고통이다.

요약하자면 삶은 세 가지 방식으로 의미를 발견할 수 있다. 첫째, 우리는 세상에 주는 것(창조적인 일)을 통해 의미를 발견할 수 있고, 둘째, 세상으로부터 받은 것(가치나 자연 그리고 문화에 대한 경험)을 통해 의미를 발견할 수 있으며, 셋째, 더 이상 바꿀 수 없는 운명적 상황(불치병, 수술이 불가능한 암 등)에 용기 있게 직면하는 것을 통해 삶의 의미를 발견할 수 있다.

인간은 누구도 고통(pain), 죄책감(guilt), 죽음(death)이라는 삶의 3대 비극(tragic triad)을 피할 수 없다. 고통이란 말 그대로 삶의 피할 수 없는 고통을 의미하며, 죽음과 죄책감은 인간의 죽을 수밖에 없는 운명(mortality)과 잘못을 저지를 수밖에 없는 죄성(fallibility)을 의미한다.

이와 같은 삶의 3대 비극을 강조하는 것은 지나치거나 불필요한 것이 아니다. 특히 노화와 죽어감에 대한 공포는 현대 문화에 널리 퍼져 있다. 퍼듀대학(Purdue University)의 에디스 조엘슨(Edith Weisskopf-Joelson) 교수는, 특히 미국 문화에서 나이들어감과 죽어감에 대한 불안감이 널리 퍼져 있는데, 미국인들이 이러한 불안감에 맞서는 데 로고테라피가 특히 도움이 될 수 있을 것이라고 말했다.

사실 삶의 유한성과 일시성이 삶에서 의미를 절대로 빼앗아갈 수 없다고 나는 생각하며, 이것이 로고테라피의 강력한 믿음이다. 인간의 죄성에 대해서도 마찬가지다. 어느 누구도 잘못을 저지르고 죄를 짓는 것으로부터 예외일 수 없지만, 그러한 죄책감이 인간에게서 삶의 의미를 빼앗을 수는 없다. 따라서 로고테라피의 관점에서 인간은 인간존재의 피할 수 없는 삶의 3대 비극에 직면하여 환자들이 도망가거나 회피하도록 할 필요가 없다.

이제 고통의 순간에 대해 살펴보도록 하자. 다음 이야기는 내가 강의 때 즐겨 하는 이야기인데, 고통의 의미를 어렴풋하게라도 이해하는 데 도움이 될 것이다. 한번은 노년의 의사가 빈으로 나를 찾아왔다. 그는 아내를 잃고 심각한 우울증에서 벗어나지 못하고 있었다. 내가 그에게 물었다. "만약 선생님께서 먼저 돌아가시고 아내가 살아 계셨다면 어땠을까요?" 그러자 그가 이렇게 대답했다. "그건 아내에게 정말 끔찍한 일이었을 겁니다. 아내가 어떻게 그 고통을 감당할 수 있었겠습니까!" 그의 말에 내가 이렇게 말했다. "그럼 아내가 그 고통을 면하신 거군요. 그리고 아내의 고통을 면해주신 분은 바로 선생님이시고요. 그러나 이제 선생님은 살아남아 아내를 애도함으로써 그 대가를 치르셔야 합니다." 노의사는 갑자기 자신의 고통에서 새로운 빛을 보게 되었다. 자신의 고통을 아내를 위한 의미 있는 희생이라고 다시 평가함으로써 고통 속에서 의미를 발견하게 된 것이다.

어쩌면 이 사례는 잘 알려져 있겠지만, 이 이야기와 관련해서 알려지지 않은 것이 하나 더 있다. 몇 달 전 정신분석 심리치료자인 미국인이 이 이야기를 듣고 나서 이렇게 말했다. "박사님 뜻은 잘 알겠습니다. 하지만 만약 박사님의 환자인 노의사가 무의식적으로 아내를 항상 증오했기 때문에 아내의 죽음에 그렇게 극심하게 고통스러워했다는 사실에서 출발한다면 어떻게 될까요?"

그의 질문에 대한 나의 대답은 이것이다. 그는 500시간 동안 환자를 소파에 눕게 한 후 마치 공산주의에서 자아비판이라고 불리는 과정에서처럼 환자가 "예, 맞아요. 박사님, 제가 사실 아내를 항상 증오했었습니다. 저는 한 번도 아내를 사랑한 적이 없었어요"라고 고백할 때까지 환자를 세뇌시키고 자신이 해석하고 분석한 것을 주입시킬 것이다.

나는 내게 질문한 사람에게 이렇게 말했다. "만약 선생님께서 그렇게 하셨다면, 선생님은 그 노의사로부터 지금까지 간직하고 있었던 단 하나의 소중한 보물인 그들이 평생 동안 만들어왔던 행복했던 결혼생활과 그들의 진정한 사랑을 빼앗는 데 성공했을 수는 있을 것입니다. 그러나 나는 1분 안에 그의 태도를 의미 있게 바꾸는 데 성공했습니다. 더 솔직히 말하자면 그를 진정으로 위로할 수 있었던 것이죠."

개인의 의미에의 의지는 의미 자체가 반드시 자기표현(자아실현)을 넘어선 어떤 것일 때만 자연스럽게 드러나 그 힘을 발휘한다. 이는 의미가 객관성(objectiveness)을 가지고 있어야 한다는 뜻이다. 만약 의미가 조금도 객관성을 가지고 있지 않다면, 이때 의미는 결코 성취할 가치를 가지지 못하게 된다. 의미란 어떤 사물에 부여하거나 귀속시키는 것이 아니다. 의미는 발견하는 것이다. 의미란 우리가 임의로 만드는 것이 아니라 찾아내는 것이다. 앞에서 의미가 객관적이어야 한다고 말하는 것이 바로 의미는 만드는 것이 아니라 발견하는 것이라고 말한 이유다.

그러나 한편 의미에는 분명히 어느 정도의 주관성(subjectiveness)이 내재되어 있다. 삶의 의미가 어떤 특정한 상황에서 개인의 삶에 구체적(고유한) 의미라는 측면에서 인식되어야 한다는 점에서 그러하다. 각각의 인간은 고유하며 모든 사람들의 삶은 유일하다. 누구도 다른 사람에 의해 대체될 수 없으며 또한 어떤 삶도 다시 반복될 수 없다. 대체할 수 없는 인간존재와 반복될 수 없는 삶이라는 고유성이 인간의 반응성(responsibleness)에 더해진다. 궁극적으로 인간의 반응성은 삶은 인간에게 끊임없이 질문하고 있으며, 삶이 묻는 질문에 인간은 답을 해야 한다는 실존적 사실로부터 비롯된다. 책임 있게 반응하고, 의사결정을 하며, 어떤 답을 할 것인가를 선택함으로써 인간은 삶이 묻는 질문에 답해야 한다. 즉 이러한 실존적 사실로부터 인간의 반응성은 비롯된다.

삶이 우리에게 묻는 각각의 질문에는 오직 한 가지 답만이 존재한다. 즉 각각의 질문에 대해 오직 한 가지 정답만이 존재한다는 뜻이다. 그렇다고 해서 인간이 항상 모든 질문에 대해 정답이나 올바른 해결책을 발견할 수 있거나 자신의 존재에 대한 진정한 의미를 항상 발견할 수 있다는 뜻은 아니다. 오히려 그 반대다. 유한한 존재로서 인간은 실수할 수 있고, 따라서 잘못을 저지를 위험을 감수해야 한다. 다시 한 번 괴테가 한 말을 인용하고 싶다. "우리는 항상 황소의 눈(과녁의 정중앙)을 목표로 해야 한다. 비록 우리가 항상 황소의 눈(과녁의 정중앙)을 명중시킬 수 있는 것은 아니라는 것을 알고 있음에도 불구하고 말이다." 이 말을 나는 이렇게 바꾸어 표현하고 싶다. 우리는 항상 절대적인 최선의 어떤 것에 도달하도록 노력해야 한다. 비록 우리가 상대적으로 차선에조차 도달하지 못한다 해도 말이다.

앞에서 의지의 자유와 관련해서 '의미지향성(meaning orientation)'에 대해 언급했었다. 또한 의미에의 의지와 관련해서는 '의미직면성(meaning confrontation)'에 대해 언급했고, 이제 삶의 의미에 대해 말하면서는 의미의 좌절(meaning frustration) 혹은 실존적 좌절(existential frustration)에 대해 언급하고자 한다.

의미의 좌절이나 실존적 좌절이란 바로 이 시대에 만연하는 집단적(대중적) 신경증을 말하며, 많은 곳에서 의미의 좌절이나 실존적 좌절의 증거들을 찾아볼 수 있다. 미국의 유명 대학에 재직 중인 학장

무의미의 의미

한 분이 나에게 이렇게 말한 적이 있다. 그에 따르면 내가 실존적 공허라고 명명했던 삶의 총체적이고 궁극적인 무의미와 내적 공허와 허무함을 그는 매일같이 학생들과의 상담 현장에서 마주한다고 했다. 더욱이 학생들 사이에서 발생하고 있는 많은 자살사건들이 바로 이러한 실존적 공허에 연유한 것이 분명하다는 것이다. 현재 필요한 것은 강력하게 자기 자신으로부터 자신을 끌어올리고 살아야 할 이유가 될 수 있는 그리고 자기 자신을 넘어서 어떤 목표를 향해 목숨을 내어줄 수 있을 정도로 강한 믿음과 확신을 학생들이 인식할 수 있도록 돕는 일일 것이다.

아래 인용 글은 미국의 학생생활협회 연차회의에서 발표된 글로 학생들에게 가르치도록 권고된 글이다. "이상(ideal)은 생존에 가장 중요한 핵심적 요소다."(The Detroit News, Feb. 20, 1963) 발표자는 로고테라피 치료자도 심리치료자나 정신과 의사 혹은 심리학자도 아니었다. 그는 미국의 가장 유명한 우주비행사인 존 글렌(U.Col, John H. Glenn, Jr.)이었다. 상징적인 의미에서 인간의 이상에 도달한 우주비행사인 그가 이러한 도전을 제시해야 한다는 것은 우리에게 시사하는 바가 크다. 인간은 누구나 이상에 도전하고 이를 성취할 수 있는 존재다. 나는 진심으로 높은 이상을 향한 '영의 심리학(height psychology: 여기서 height란 몸과 마음을 넘어선 높은 차원, 즉 영을 가리킨다. depth와 대별하여 사용됨-옮긴이)'이 오래된 '(무의식적) 본능의 심리학(depth psychology: 심층 심리학이라고 번역되기도 한다-옮긴이)'을 점점 더 대체하게 될 것이라고 믿는다.

의미의
의미

1장

로고테라피, 실존주의에 바탕한 심리치료

최근 미국에서는 실존적 정신의학이 주목을 받는 추세다. 사실 실존주의(Existentialism)는 현대 심리치료의 중요한 특징 중 하나라고 말할 수 있다(Frankl, 1967). 그러나 우리가 인식해야 하는 것은 실존주의자들의 수만큼 실존주의 분야도 많다는 것이다. 각각의 실존주의자들이 자신만의 실존주의학파를 만들었을 뿐 아니라 각각이 서로 다른 명칭을 가지고 있다. 실존(existence)이라는 말이나 현존재(Dasein: there being)라는 단어는 예를 들어 야스퍼스(Jaspers)와 하이데거(Heidegger)가 저술한 책을 보면 서로 다른 의미로 쓰이고 있는 것을 확인할 수 있다.

그렇지만 실존주의 정신의학자들에게는 공통점이 있다. 그들이 즐

Logotherapy & Existentialism: Reprinted from Psychology: Theory Research and Practice, (4) 3, 138-142, 1967.

겨 쓰는 표현이기도 하고 때로 오용되기도 하는 표현인데, 바로 "세계-내적-존재(being in the world)"라는 표현이다. 많은 실존 정신의학자들이 이 표현을 실존주의에 대한 신용보증서처럼 여기고 자주 사용한다. 그러나 "세계-내적-존재"라는 하이데거의 개념을 잘못 이해하는 실존 정신의학자들이 많다. 그들은 이 표현을 단지 주관주의(subjectivism)적 방향으로만 해석하고 있다. 마치 인간이 '존재하는' '세계'가 바로 자신의 존재 자체의 단순한 자기표현에 지나지 않는 것처럼 말이다.

"세계-내적-존재"라고 말하면서 그들은 대상(객체)과 주체 간의 간격(split between object and subject)을 자신들이 극복한 척한다. 그러나 진정한 현상학적 분석이라면 대상(객체)과 주체의 양극 간 긴장 밖에는 인지(cognition)와 같은 것은 없다는 것을 드러낼 것이다(인간으로서 주체인 나는 세상에 있는 대상(객체)를 완벽하게 볼 수는 없다. 예를 들어 나의 눈(주체의 눈)에 등록되어 있는 빛(대상)만을 볼 수 있다. 빛이 포함하고 있는 자외선을 주체인 나는 볼 수 없다. 그러므로 대상의 실제 모습과 주체로서의 인간인 내가 인지하는 것에는 차이가 있다. 그러므로 '대상(사물)'과 '주체(나)' 사이의 긴장(즉 인지상의 차이)에 의해 영향을 받지 않는 인간의 인지란 없다. 이러한 점에서 현상학은 사물의 실제 상태와 주체의 불완전한 감각으로 사물을 지각할 수 있는 인식 사이의 '긴장'과 같은 차이점을 논의하는 철학적 운동이라고 말할 수 있다-이 부분에 대한 이해를 돕기 위해 옮긴이가 폴엉거 교수님과의 대화 내용을 요약하여 옮겼음). "세계-내적-존재"라는 표현을 제대로 이해하기 위해서 인간은 자신이 어떤 상황과 연관되어 있으며 자신이 처한 상황의 객관성에 직면해야 하고 자신이 직면한 현실적인 상황은 세계-내적-존재인 자기 자신의 주관성으로는 완전하게 추론할 수 없다는 것을 인식해야 한다. 그러나 실존주의에서 세계-내적-존재에 대해 잘못 이해하고 있는 것은 한편 이해가 되기도 한다. 아무래도 그 용어가 난해한 면이 있기는 하기 때문이다.

실존주의에서 로고테라피가 차지하는 위치에 관해 많은 학자들은 로고테라피가 실존적 정신의학에 속한다는 데 동의한다. 펄빈(Pervin, 1960), 카즈카노스키(Kazcanowski, 1960;1965), 엉거스마(Ungersma, 1961), 위디(Tweedie, 1961;1963), 올포트(Allport, 1962), 크럼보(Crumbaugh)와 마홀리크(Maholick, 1963;1964), 레슬리(Leslie, 1963;1965) 등이 로고테라피가 실존적 정신의학에 속해 있다는 데 동의했다.

사실 1930년대 초에 나는 로고테라피를 대신하는 명칭으로 'Existenzanalyse'라는 단어를 고안했다(Frankl, 1965a; 1965b). 로고테라피라는 용어는 20대에 내가 이미 만든 말이었다. 나중에 미국 학자들이 로고테라피 분야에서 책을 출판하기 시작하면서 'Existenzanalyse'를 '실존분석'이라고 번역해 소개했다(Polak, 1949; Weisskopf-Joelson, 1958; Birnbaum, 1961). 그러나 안타깝게도 어떤 학자들은 실존분석이라는 단어와 현존재분석(Daseinsanalyse)이라는 단어를 같은 의미로 사용한다. 현존재분석이란 단어는 스위스의 저명한 정신의학자 빈스방거(Ludwig Binswanger)가 40대에 인용한 단어인데 그 이후로 실존분석과 혼용되곤 했다.

이러한 혼란을 가중시키지 않기 위해 나는 영어로 책을 출판할 때 실존분석이라는 단어를 사용하지 않기로 결정했다. 치료라는 용어가 적합하지 않은 상황에서 로고테라피라 칭하는 것에 분명히 위험이 있을 수 있었지만 말이다. 예를 들어 내가 의학성직(medical ministry)이라 부르는 것은 로고테라피에서 임상적으로 매우 중요한 측면인데, 이는 바로 불치병으로 고통을 경험하고 있는 환자와 같이 실제 치료가 불가능한 병을 앓고 있는 환자에게 사용되는 로고테라피적 접근방법이다. 광범위한 의미에서 로고테라피는 이와 같이 치료가 불가능한 상황에서도 치료인 것이 맞다. 로고테라피는 바로 바꿀 수 없는(혹은 피할 수 없는) 운명에 대해 환자의 태도를 바꾸는 치료인 것이다.

로고테라피는 실존 정신의학의 한 분야일 뿐 아니라 실존 정신의학계에서 기법을 개발하는 데 성공한 유일한 실존 정신의학 치료다(이는 엉거스마, 트위디, 레슬리, 카즈카노스키, 크럼보와 같은 학자들의 의견이기도 하다). 그렇다고 로고테라피 치료자들이 이 사실에 대해 지나치게 자부심을 가지고 있는 것은 아니다. 나는 오래전부터 치료에서 중요한 것은 기법이 아니라 의사와 환자 간의 인간적 관계, 즉 개인적이고 실존적인 참만남이라는 것을 알고 있었다. 또한 나는 실존적 참만남이라는 표현을 사용해왔는데, 이 말이 오용되는 경우가 많았다. 나는 오스트리아 태생의 유대계 독일 철학자 마르틴 부버(Martin Buber)와 함께 그의 참만남(encounter)이라는 단어가 너무 단순하게 사용되어 온 것이 아닌가에 대해 이야기를 나눌 기회가 있었다. 특히 미국에서 말이다.

심리치료에 대해 순수하게 기법적으로만 접근하게 되면 그것이 치료 효과를 방해할 수 있다. 얼마 전에 미국의 한 대학에서 허리케인 피난민을 돌보는 정신과 의사들로 구성된 팀을 대상으로 하는 강의에 초대된 적이 있었다. 강의 주제는 '생존 기술과 역동(Techniques and Dynamics of Survival)'이었는데, 강의를 요청한 주최측에서 강의 주제를 무척 마음에 들어했다. 그러나 나는 강의를 시작하면서 그들에게 아주 솔직하게 이렇게 말했다. 기법이나 역동이라는 단어를 단지 우리가 해야 할 직무로만 해석한다면 우리는 핵심을 놓치게 된다고 말이다. 즉 만약 기법이나 역동을 우리가 해야 할 직무로만 여긴다면 우리는 고통스러운 상황에서 심리적인 응급처지가 필요한 사람들에게 진정으로 필요하고 중요한 것이 무엇인지를 놓치게 되는 것이라고 말이다. 만약 오로지 기술적인 측면으로만 인간에게 다가간다면 그것은 필연적으로 인간을 조종하는 것이 되어버릴 것이다. 단지 기능의 측면에서 인간에게 다가간다면 그것은 인간을 사물로 만들어버리게 되는 것이다(인간은 '아무것도 아닌 존재'가 아니라 사물이 아닌 존재다(A human being is not nothing, but rather no thing). 인간이 '아무것도 아닌 (nothingness)'이 아니라 '사물이 아닌(no-thingness)'이라는 것은 실존주의로부터 배운 것이다). 사물이 아닌 인간은 직접적으로 느끼는 존재이며, 따라서 우리가 치료를 통해 조종하려고 하거나 물건처럼 취급하려 할 때 인간은 이를 바로 느끼고 알아차린다.

한번은 미국 캘리포니아주 샌퀜틴(San Quentin) 주립교도소 수감자들에게 강의를 해달라는 요청을 받은 적이 있었다. 그 강의를 통해 나는 수감자들이 처음으로 자신들을 누군가가 진심으로 이해하고 있다는 느낌을 받았다고 확신할 수 있었다. 나는 그저 그들을 수리가 필요한 망가져버린 기계가 아니라 인간으로 대했을 뿐이다. 나는 그들이 그들 자신을 줄곧 해석했던 것과 같은 방식으로 그들을 해석했다. 즉 그들을 자유와 책임의 존재로 바라본 것이다. 그리고 나는 그들에게 자기 자신을 신체적, 심리적, 사회적 환경의 희생자로 여김으로써 죄책감에서 벗어나도록 하는 싸구려 출구를 제공하지 않았다. 나는 또한 결코 그들을 본능과 자아, 초자아가 피 터지게 싸우는 전쟁터의 무기력한 볼모로 여기지 않았다. 나는 그들에게 어떤 변명거리도 제공하지 않았다. 죄책감을 그들에게서 빼앗지 않았다. 그리고 그들이 지은 죄에 대해 변명해주지도 않았다. 나는 그저 그들을 동료로 대했을 뿐이다. 그들은 죄책감을 느낀다는 것은 인간만의 특권이며 죄를 극복하는 것은 인간으로서 자신의 책임이라는 것을 배웠다.

샌퀜틴 주립교도소 수감자들에게 강의를 하면서 진정한 의미의 현상학을 구현했을 뿐이다(즉 어떤 선입견 없는 수감자들을 있는 그대로의 모습으로 바라보고 강의를 했다는 뜻-옮긴이). 사실 현상학이라는 것은 정신역동의 가설이나 사회·경제적 가설에서 제공하는 선입관적인 설명과는 거리가 먼 인간이 자기 자신을 이해하고 자신의 존재를 해석하는 방식을 있는 그대로 기술하는 것이다. 세계적 빈곤퇴치 운동가 폴 폴락(Paul Polak)이 말한 바와 같이 이러한 현상학적 방법론을 로고테라피에서 채택한 이유는 과학적 용어를 이용해 인간이 자기 자신에 대해 편견 없이 이해할 수 있도록 돕기 위함이었다.

기법과 참만남의 문제에 대해 다시 한 번 살펴보기로 하자. 심리치료는 기법 이상의 것이며 예술이고, 순수과학을 넘어선 지혜다. 어쩌면 심리치료를 단지 지혜라고 하는 것이 불충분할 수도 있다. 지혜를 넘어선 그 어떤 것이 심리치료에 더 필요한 것 같다. 수용소에서 나는 자살한 여성의 사체를 본 적이 있다. 그녀가 남긴 물건 중에 종이조각 한 장이 있었는데, 거기에 이렇게 쓰여 있었다. "운명보다 더 강력한 것은 운명을 이겨낼 용기다." 이러한 모토에도 불구하고 그녀는 스스로 목숨을 끊었던 것이다. 지혜는 인간의 손길, 즉 인간의 실천적 행동을 필요로 한다.

얼마 전 나는 새벽 3시에 한 여성으로부터 한 통의 전화를 받았다. 그 여성은 자살하기로 결심했다면서 자살하기 전에 마지막으로 내가 어떻게 생각하는지 듣고 싶어서 전화를 했다고 말했다. 나는 자살에 대한 그녀의 결심을 반박하고 살아야 함에 대해 계속 대화를 이어갔다. 거의 30분간 나는 그녀가 당장은 자살하지 않고 병원으로 나를 찾아오겠다고 말할 때까지 이야기를 나눈 것 같다. 그리고 드디어 나를 찾아왔다. 그런데 그녀는 그날 새벽 30분 동안 내가 한 말 중에 그 어느 말도 자살을 하지 않기로 결심한 것에 도움이 된 것은 없었다고 말했다. 자살을 하지 않기로 결심하게 된 단 한 가지 이유는 새벽에 전화를 해서 잠을 깨운 그녀에게 내가 화를 내는 대신 인내심을 가지고 이야기를 들어주고 반 시간 동안이나 대화를 해준 것 때문이었다고 말했다. 누군가 자신의 이야기를 열심히 들어주자 세상이 살 만한 가치가 있는 곳이라고 느끼게 되었다는 것이다.

심리치료에서는 빈스방거에게 주로 인간의 진정한 인간성 회복에 대한 공로를 돌린다. 나와 너의 관계는 심리치료에서 점점 더 가장 중요한 것으로 여겨지고 있다. 그러나 아직 한 발짝 더 나아가야 하는 것이 있다. 아직 들어가야 할 차원이 있다. 즉 나와 너라는 관계에서 지향하는 대상(intentional referent)(아래 정의한)은 아직 고려되고 있지 않다는 점이다. 나와 너라는 두 사람 간의 참만남이 전체 이야기의 모든 것이 될 수는 없다. 인간실존의 핵심인 자기초월성의 존재인 인간은 자기 자신을 넘어서서 나아갈 수 있는 존재다(Frankl, 1996b). 그러므로 만약 마르틴 부버가 페르디난트 에브너(Ferdinand Ebner: 오스트리아의 초등학교 교사이자 철학자-옮긴이)와 마찬가지로 인간존재를 기본적으로 나와 너 사이만의 대화라고 해석한다면, 이 대화는 그 자체로 이미 깨져버린 것이라고 말할 수 있다. 만약 나와 너 사이의 대화가 그들 자신을 초월하지 않는다면 말이다. 영어로 편지를 쓸 때 '~로부터(from)' '~에게(to)'라고 쓰고 그 아래에 '~에 관하여(reference)'라는 말의 약자로 'RE'라고 쓴다. 여기서 알 수 있듯이 진정한 대화는 나와 너 간의 대화 그 이상의 것이다. 나로부터(from I) 너에게로(to Thou)라는 대화에는 항상 '어떤 것에 관하여(refer to)'라는 주제가 포함되어 있다. 만약 어떤 것에 관하여와 같은 주제가 빠져 있다면 대화는 로고스(logos)가 없는 대화가 되어버릴 것이다. 심리치료에서 서로 만난다는 것은 두 생물체 간의 만남을 이야기하는 것이 아니라, 로고스, 즉 존재의 의미를 가진 사람이 서로 만나는 것을 의미한다.

나와 너의 만남을 강조하는 현존재분석은 만남의 대상자들이 서로에 대해 진심으로 귀를 기울이도록 함으로써 나와 너는 존재론적으로 서로 잘 들을 수 있게 되었다.

그러나 아직 그들은 존재론적으로 제대로 보지 못하고 있다. 우리는 여전히 존재의 의미가 서로에게 비치도록 해야 한다. 이것이 바로 로고테라피의 과제다. 로고테라피는 현존재분석(조던 쉬어(Jordon M. Scher)에 따르면 이는 ontoanalysis라고 번역된다)을 뛰어넘는다. 로고테라피는 존재뿐 아니라 로고스, 즉 의미에 관한 것이라는 점에서 그러하다. 로고테라피는 분석 이상의 것이다. 즉 로고테라피라는 말에서 암시하듯이 로고테라피는 분석일뿐 아니라 치료다. 빈스방거와 개인적으로 만나서 대화를 나눌 기회가 있었는데, 그는 로고테라피가 다른 현존재분석과 비교해서 훨씬 활발하게 그리고 실질적으로 현존재분석들을 치료라는 측면에서 보완해줄 수 있을 것으로 느꼈다고 말했다.

교육을 목적으로 단순하게 로고테라피를 문자 그대로 번역하면 의미를 통한 치유(healing through meaning)라고 정의할 수 있다. 로고테라피에서 의미에의 의지라고 부르는 것이 로고테라피의 핵심 자리를 차지하고 있는 것이 맞다. 인간은 기본적으로 삶의 의미와 목적을 찾으려 하고 이를 성취하려고 한다는 것은 이미 현상학적 분석을 통해서도 밝혀진 사실이다.

오늘날 의미에의 의지가 좌절되는 경우를 자주 목격하게 된다. 신경증 진단을 받은 환자들은 일반적으로 무가치와 무의미, 텅 비어 있는 것 같은 공허감 등을 호소한다. 로고테라피에서는 이를 '실존적 공허(existential vacuum)'라고 한다.

실존적 공허에 대해 나는 다음과 같은 사실에 그 원인이 있다고 생각한다. 첫째, 동물과는 상반되게 충동과 본능이 인간에게 무엇을 해야 하는지 말해주지 않는다. 둘째, 과거와 달리 전통이나 가치가 인간에게 무엇을 책임지고 해야 하는지에 대해 말해주지 않는다. 앞으로 곧 인간은 자신이 진정으로 무엇을 하고 싶은지조차 알지 못하게 될 것이다. 더욱이 인간은 그저 단순히 이제 다른 사람들이 하는 대로 따라서 하고 싶어질 것이며, 혹은 다른 사람들이 자신에게 하라고 하는 대로 하게 될 것이다. 즉 인간은 순응주의와 전체주의에 빠지게 될 것이다. 순응주의는 민주주의를 대표하고 전체주의는 사회주의를 대표한다. 실존적 공허는 우리 시대의 집단적 신경증이다. 체코 출신의 정신과 의사 크라토크빌(Staninislav Kratochvil)은 최근 출판한 글에서 사회주의 국가에서도 실존적 좌절 현상이 나타나고 있다고 지적했다. 실존적 좌절이 신경증 증상으로 이어지는 경우 내가 '영적 신경증'이라고 명명한 새로운 형태의 신경증에 우리는 이제 직면하고 있다.

미국의 심리학자 제임스 크럼보(James Crumbaugh)는 영적 신경증과 전통적으로 신경증이라고 정의되는 보통의 신경증을 구분할 수 있는 특별한 측정도구를 개발했다. 그는 레오나드 마호리크(Leonard T. Maholick)와 함께 삶의 목적(Purpose-In-Life: PIL)이라는 측정도구를 개발해 총 1,151명을 대상으로 연구를 진행했고, 그 연구 결과를 미국심리학회 연차대회에서 발표했다. 크럼보는 연구 결과를 통해 "영적 신경증은 전통적 신경증 범주에 속하지 않으며 전통적 신경증 징후와는 다르다"는 결론을 내렸다. 영적 신경증은 전통적 신경증에 대한 진단체계로는 정확하게 이해할 수 없는 새로운 임상병리적 증상을 가지고 있다. 그 결과는 "프랭클 박사의 영적 신경증과 실존적 공허를 지지하는 결과"라고 발표했다.

크럼보가 진행한 연구는 로고테라피의 개념들을 실증적으로 확인시켜주고 입증해주었으며 영적 신경증의 빈도에 대한 통계적 조사연구도 진행되었다. 영국 런던의 워너(Werner)와 독일 튀빙겐의 랑겐(Langen)과 폴하르트(Volhard), 그리고 뷔르츠부르크의 프릴(Pril), 빈의 나이바우어(Niebauer)는 통계조사를 통해 신경증 중 약 20퍼센트는 영적인 데 원인이 있다고 추정했다.

삶의 의미와 목적은 약처럼 처방될 수 없다는 것은 두말할 나위도 없다. 환자의 삶에 의미를 처방해주는 것이 의사의 일이 아니다. 의사의 일은 실존분석을 통해 환자가 스스로 자신의 삶의 의미를 발견할 수 있도록 도와주는 것이다. 로고테라피에 따르면 삶의 어떤 상황에서도 의미는 반드시 존재한다. 올바른 태도를 가지고 직면한다면, 고통, 죄책감 그리고 죽음과 같은 인간존재의 부정적 경험들은 여전히 긍정적인 것으로 바뀔 수 있기 때문이다.

말할 것도 없이 피할 수 없는 고통(unavoidable suffering)에서만 의미를 발견할 수 있으며, 반면 피할 수 있는 고통(avoidable suffering)을 감내하고 수용하는 것은 용기(heroism: 영웅적 행동)라기보다는 일종의 자학(masochism: 마조히즘)이다(프랭클 박사는 피할 수 있는 고통은 개인의 욕심이나 지나친 기대로 인해 만들어진 불필요한 고통이라고 정의했다—옮긴이), 사실 피할 수 없는 고통은 인간의 삶에 내재된 것이며 치료 과정에서 치료자는 이러한 실존적 사실을 환자가 부정하지 않도록 주의해야 한다. 더욱이 피할 수 없는 고통이 본질적으로 이미 내재된 삶의 일부라는 실존적 사실에 대한 환자의 부정적 태도를 강화시키지 않도록 각별히 조심해야 한다.

　로고테라피가 만병통치 치료 기법은 아니다. 로고테라피가 효과가 있는 경우도 있고 그렇지 않은 경우도 있다(Frankl, 1960: Gerz, 1962, 1966: Crumbaugh, 1965: Frankl, 1966). 첫째 로고테라피는 신경증의 사례에 적용할 수 있다. 여기서 로고테라피와 현존재분석 간에 또 다른 차이가 드러난다. 빈스방거는 정신증을 세계-내적-존재(being in the world)로서 더 잘 이해할 수 있도록 함으로써 정신의학계에 기여했다. 이에 비해 로고테라피는 정신증을 더 잘 이해하는 것을 목표로 하지 않고 상대적으로 보다 단기적으로(정신분석 치료에 비해 단기적으로—옮긴이) 신경증을 치료하는 것을 목표로 한다. 물론 이런 표현은 로고테라피를 지나치게 단순화시킨 것이기는 하다. 어떤 학자들은 빈스방거가 하이데거의 개념을 정신의학에 적용한 것이며 반면 로고테라피는 셸러(Max Scheler)의 개념을 심리치료에 적용한 것이라고 주장한다.

　프로이트와 아들러는 어떠한가? 로고테라피가 프로이트와 아들러에게 빚진 것이 없는가? 내가 저술한 첫 번째 책의 첫 문장에서 나는 거인의 어깨 위에 서 있는 난쟁이는 거인보다 더 멀리 본다고 비유하면서 프로이트와 아들러에서 감사를 표했다. 결국 정신분석 심리치료는 지금도 마찬가지이지만 앞으로도 계속 모든 심리치료의 필요 불가결한 주춧돌로 남아 있을 것이다. 향후 등장하게 될 어떤 학파에 대해서도 마찬가지일 것이다. 그러나 정신분석 심리치료는 또한 어떤 것의 토대가 되고 기초가 되는 주춧돌로 남게 되는 운명도 맞이하게 될 것이다. 즉 주춧돌 위에 건물이 지어지면 주춧돌은 보이지 않게 되는 것과 같은 운명 말이다. 프로이트는 자신의 연구, 즉 기초가 되는 주춧돌을 보다 아래층, 즉 인간존재의 보다 낮은 차원으로 제한했다. 빈스방거에게 보낸 편지에서 그는 "나는 항상 나 자신을 인간이라고 불리는 커다란 건물의 1층과 지하에 가두어 왔다"라고 말했다. 프로이트는 훌륭한 스승을 존경하는 것도 좋은 일이지만, 사실과 진실 앞에 존경심을 표하는 일이 더욱 중요하다고 확신에 차서 말한 적이 있었다(1889).

현재 프로이트가 세상을 떠난 후에 나타난 여러 가지 사실들에 비추어 프로이트의 정신분석을 재해석하려는 시도가 이루어지고 있다. 새로운 사실들에 비추어 이루어지는 정신분석에 대한 해석은 프로이트가 원래 한 해석과는 상당히 많이 다를 가능성이 높다. 콜롬버스는 인도로 가는 새로운 길을 자신이 발견했다고 믿었다. 그러나 그가 실제 발견한 것은 새로운 대륙이었다. 콜롬버스가 믿었던 것과 실제 발견한 것에 차이가 있듯이 프로이트가 믿었던 것과 실제 성취한 것 사이에는 마찬가지로 차이가 있다. 프로이트는 어떤 메커니즘에 의해서 인간을 설명할 수 있으며 인간의 마음은 기법을 통해 치료될 수 있다고 믿었다. 이것이 그가 믿었던 것이었다. 그러나 실존적 사실에 비추어 다시 해석하면 그가 성취한 것은 다른 것이었다.

　그럼 그것이 무엇인가? 프로이트는 정신분석 심리치료는 두 가지 개념을 인식하는 것에 달려 있다고 말한 적이 있다. 하나는 신경증의 원인으로서의 억압(repression)이며, 다른 하나는 신경증의 치료도구로서의 전이(transference)에 대한 개념이다. 이 두 가지 개념이 중요하다고 믿는 사람은 누구나 스스로를 정신분석 심리치료자라고 생각해도 될 것이다. 억압된 것들은 인식을 높임으로써 그것이 무엇인지 밝혀져야 한다. 프로이트가 말한 것처럼 본능이 있었던 곳이 자아가 되어야 한다. 19세기의 기계적 이데올로기라는 달걀 껍데기에서 깨어나 20세기 실존주의 철학의 관점에서 볼 때 정신분석은 인간의 자기이해를 증진시켰다고 말할 수 있다.

　마찬가지로 전이라는 개념은 새롭게 정제되고 정화될 수 있다. 아들러학파의 심리치료학자인 루돌프 드라이커스(Rudolf Dreikurs)는 전이라는 프로이트의 개념에 조종하고자 하는 특성이 내재되어 있다고 지적했다(Dreikurs, 1960). 내재되어 있는 조종이라는 특성으로부터 전이가 자유로워질 때, 전이는 나와 너의 관계에 기초한 인간 간의 진정한 참만남의 도구가 될 수 있다. 이 두 가지 개념과 관련해서 자기이해란 오직 참만남을 통해서만 가능하다는 것이다. 즉 "본능이 있는 곳에 자아가 있어야 한다"는 프로이트의 말을 이와 같이 확장할 수 있을 것 같다. "본능이 있는 곳에 자아가 있어야 한다. 그러나 자아는 오직 너를 통해서만 자아가 될 수 있다"라고 말이다.

　프로이트는 성이 바로 억압의 먹잇감이라고 믿었다(즉 성이 억압의 대상이라는 뜻이다–옮긴이). 사실 그가 살던 시대에 성은 집단적 차원에서도 사회적으로 억압되어 있었다. 이것은 부분적으로는 앵글로색슨 (Anglo-Saxon) 국가들에 만연한 청교도주의에 연유한다. 정신분석에 가장 수용적이고 프로이트를 넘어선 여타의 심리치료에 저항한 나라들이 바로 이 나라들이었다는 것은 그리 놀랄 일은 아니다. 정신분석을 심리학이나 정신의학과 동일시하는 것은 마르크스주의를 전체 사회학과 동일시하는 것과 같은 실수를 하는 것이다. 사회주의나 자유주의에서와 마찬가지로 교리가 종파와 과학의 차이를 흐리게 할 수 있다.

그러나 심리치료의 역사에서 프로이트의 자리는 대체될 수 없다. 세계에서 가장 오래된 서원인 프라하의 중세 성전(Medieval Alt-Neu-Synagugue)에서 여행 가이드가 관광객들에게 로우(Loew)라는 유명한 유대교 성직자가 앉았던 자리를 보여주었다. 그의 뒤를 잇는 사람들 중 그 자리에 앉은 사람은 단 한 명도 없었다. 그들이 앉을 자리는 따로 마련되어 있었다. 왜냐하면 유대교 성직자인 로우는 절대로 대체될 수 있는 사람이 아니었기 때문이다. 누구도 그에 비할 수 없으며 따라서 수세기를 지나는 동안 그 누구도 그의 자리에 앉지 못했다. 프로이트의 의자 역시 영원히 비워진 채로 남아 있어야 한다. 누구도 그 자리에 앉을 수 없다. 누구도 그를 대체할 수 없기 때문이다.

2장

—

진정한 심리치료란 무엇인가

위대함에 대해 존경을 표하는 것은 분명 인간 본성 중 최고의 것
이다. 그러나 그것이 사실에 대한 존중보다 우선되어서는 안 된
다. 만약 사실에 대한 연구에 근거한 자신의 판단 때문에 권위에
의존하는 것을 거부한다면 주저하지 말고 목소리를 내야 한다.

프로이트, 빈 의학주간지, Nr.39, 1889, p.1098

프로이트가 한 말 중에서 가장 많이 인용되는 말 중 하나는 인류
의 자기애성은 세 가지 매우 심각한 충격으로 인해 상처 입었다는
말이다. 첫 번째는 코페르니쿠스의 지동설이고, 두 번째는 다윈의 진
화설이며, 세 번째는 프로이트 자신의 정신분석이라는 것이다. 프로

Philosophical Basic of Psychotherapy: Reprinted from Philosophy Today, 5, 59-64,
1961.

이트의 정신분석이라는 세 번째 충격이 인류의 자기애성에 상처를 입혔다는 것은 쉽게 받아들일 수 있다. 그러나 나머지 두 가지 충격에 대해서는 이것들이 인류의 어디를, 그리고 무엇에 대해 상처를 입혔다는 것인지 이해할 수 없다.

인간의 존엄성은, 인간이 태양의 주변을 도는 행성 중 하나인 지구에 살고 있으며 인간이 우주의 중심이 아니라는 사실로 인해 훼손되지 않는다. 프로이트가 자신의 생애 대부분을 빈의 중심이 아니라 빈의 9번가에서 보냈다는 사실이 프로이트의 업적을 훼손하지 않듯이 인간이 태양계의 행성인 지구에 살고 있다는 사실이 인간의 가치에 어떤 영향을 미치지는 않는다. 인간의 존엄성과 같은 것은 분명히 물리적 세상에서의 지리적 위치가 아니라 어디에 기반하여 살고 있는가에 달려 있다. 간단히 말해서 우리는 여기에서 존재론적 차이 (ontological differences)를 무시한 채 여러 가지 다른 차원을 가지고 있는 존재에 대한 혼란에 직면하고 있다. 인간의 가치와 존엄성은 그가 어디에 살고 있는지에 달려 있지 않다.

다윈의 진화론은 어떠한가? 프로이트의 말처럼 다윈의 진화설이 인간의 자존감을 떨어뜨렸는가? 나는 오히려 다윈의 진화론이 인간의 자존감을 증진시켰다고 생각한다. 다윈시대의 진보적 사고를 가지고 진보에 도취된 세대는 자신들의 원숭이 조상들이 엄청나게 진화했고, '슈퍼맨'으로까지 진화하는 길에 더 이상 어떠한 장애물도 없다는 사실을 창피해하는 것이 아니라 오히려 자랑스러워하는 듯하다. 실제 진화론은 인간의 머릿속에 깊이 자리하게 되었다. 기억해야 하는 것은 유물론적인 준거의 틀 안에서만 우리는 정신분석을 인류에게 있어서 '충격'이라고 해석되는 지나친 자기평가를 이해할 수 있다. 유물론자들에게만 광년은 위대함의 척도다. 그동안 많은 것들이 변했다.

오늘날 모든 정신분석가들이 유물주의자들은 아니다. 완곡하게 역동(dynamics)이라고 불리는 정신분석적 사고의 기계론적 특성은 초기부터 정신분석에 내재되어 있었다. 결국 정신분석 심리치료자들을 "구제 불능의 바꿀 수 없는 뿌리 깊은 기계론자들이며 유물론자들"이라고 지칭한 사람은 프로이트 자신이었다. 그러나 오늘날 정신분석 심리치료자들은 유물론적 사고에 대해 이야기를 덜한다. 왜냐하면 (신체적 차원뿐 아니라 심리적 차원과 대비해서) 영적 차원을 무시하는 경향이 덜해졌기 때문이다.

우리는 영성(spirituality)과 더불어 모든 인간존재의 기본인 자유와 책임이라는 인간의 본성을 구성하는 두 가지 구성요소들을 의도적으로 무시하는 것이 훨씬 중대하고 심각한 문제라고 생각한다. 즉 정신분석에서는 인간에 대한 개념을 결정론에 바탕을 두고 있다. 최소한 정신분석의 임상적, 치료적 결과에서 그러하다.

정신분석이 범성애주의(pan-sexualism)라는 비난은 오래전에 구식이 되었다. 분별력이 있는 비평가라면 이제 모두 우리가 더 이상 범성애주의를 이 단어의 뜻 그대로 말할 수 없다는 것을 인정한다. 그러나 이제 우리가 진실로 다루어야 하는 것은 그 어떤 것도 결정론적 해석으로부터 도망갈 수 없다(즉 모든 것은 다 결정되어 있다-옮긴이)는 범결정론(pan-determinism)이라고 부르는 것이다. 그러나 오늘날 범결정론의 벽도 허물어지기 시작했다.

미국의 심리학자 로저스(C. R. Rogers)는 1959년 9월 4일 신시내티에서 열린 미국심리학회의 실존주의 심리학과 심리치료에 대한 심포지엄(1960)에서 실존적 사고 중 하나는 인간이 자유와 책임의 존재라는 사실이라고 말했다. 미국의 심리학자들에게 이 말은 모든 말들 중에서 가장 충격적인 말이었다. 로저스의 학생 중 한 명이 박사논문을 제출했는데, 논문의 통계요인 분석은 기대했던 결과를 도출하지는 못했다. 즉 범죄자의 재범 확률은 사회적 환경과 가정환경을 고려했을 때 가장 잘 예측할 수 있는 것으로 나타났다. 그러나 상관관계 분석에서는 상습적 범행을 예측하는 데 있어 결정적 요인은 언제나 자기이해의 정도와 통찰의 정도 그리고 영을 추구하는 능력인 것으로 나타났다. 그날 이후 로저스는 자신이 다시 인간의 자유의지를 믿게 되었다고 말했다.

이와 관련해서 나는 저명한 미국인 정신분석 심리치료자와 유럽인 로고테라피 치료자 간의 만남에 대해 이야기하고자 한다. 유럽인 로고테라피 치료자가 등산을 갈 거라고 하자, 미국인 정신분석 심리치료자는 고개를 절레절레 흔들면서 자신은 산에 오르는 것은 물론 심지어는 산에 오르는 생각만 해도 공포감이 든다고 말했다. 그러고는 왜 그런지 이해할 수 없으니 이해할 수 있게 도와달라고 요청하면서 어린 시절의 경험을 말해주었다. 어릴 때 아버지가 그를 지루하고 피곤한 여행에 자주 보냈었는데 아마도 그것이 원인이 아닐까 싶다는 것이었다. 그 말을 듣고는 유럽인 로고테라피 치료자가 자신의 이야기를 들려주었다. 자신도 어린 시절에 아버지가 몇 시간 동안 도보 여행에 자주 데리고 갔었고, 그 여행길에서 둘 다 너무 지쳐 기진맥진해지곤 했으며, 심지어는 서로를 미워하고 그래서 두려움까지 생기게 되었다는 것이다. 그럼에도 불구하고 그는 산악인이 되었다.

어느 정도의 신뢰수준을 확립할 수 있을 만큼 충분히 통계치가 높은 경우를 제외하고는 실제 사람들이 어떻게 행동할지에 대한 심리적 예측은 맞지 않을 수 있다.

오늘날 의사가 어떤 태도를 가지고 있느냐에 상관없이, 즉 의사가 결정론적 태도를 가지고 있든 아니면 인간의 자유를 인식하는 태도를 가지고 있든 의사의 태도 자체가 환자에게 영향을 미친다는 것은 점점 더 인정되고 있다. 이는 치료 중 의사의 태도가 겉으로 분명하게 언급되지 않는 경우에도 마찬가지다. 퍼듀대학(Purdue University)의 에디스 조엘슨(Edith Weisskopf-Joelson) 교수는 1959년 11월 13일 한 심포지엄(Unitarian Symposium)에서 다음과 같이 발표했다.

"미국에서 일하는 대부분의 심리치료사들은 가치의 위계에 대해 치료자가 어떤 경우에도 결코 환자에게 영향을 미쳐서는 안 된다는 것을 잘 알고 있습니다. 근본적인 것은 어떠한 상황에서도 치료자는 환자를 주도해서는 안 되며 오히려 환자가 자신이 누구인가를 온전하게 계발할 수 있도록 격려하는 것으로 자신의 역할을 제한해야 한다는 생각입니다. 이런 치료자들은 거의 말을 하지 않습니다. 이들이 자주 하는 말은 '음…음'입니다. 여러분이 치료적 대화에 대해 연구하게 되면 '음…음'이 얼마나 강력한 단어인지 알게 될 것입니다. 이 말은 특정한 상황에서 세뇌에 비교할 만큼의 결과를 가져올 수 있습니다. 인디애나대학에 재직중인 한 심리학자가 학생들에게 어떤 단어가 떠오르면 바로 그에게 말해달라고 요청했습니다. 학생이 '책상들'과 같은 복수 단어를 말할 때마다 그 심리학자는 '음…음'이라고 말했습니다. 한참 후에 학생들은 실험 초기보다 더 많은 복수의 단어들을 말했다고 합니다. '음'은 정말 중요한 단어입니다.

의사가 환자에게 인간의 개념과 삶의 철학을 전이(transference)시키는 것은 의사가 충동을 충족시키고 필요에 의해 촉발된 심리적 욕구를 진정시키고자 하는 목표(항상성이라는 가설적 원리에 따라)에만 관심이 있는 상황에서 일어날 때 특히 더 위험합니다. 초기 정신분석에서 인간은 단순히 해야 할(must-do) 존재로 축소되었습니다. 신정신분석(neo-psychoanalysis)을 통해 인간은 할 수 있는(can-do) 존재로 환원되었습니다. 이때 목표는 인간의 자아실현의 욕구를 진정시키는 것, 즉 자신이 가지고 있는 가능성을 실현시키는 것이었습니다. 자아실현 이론에서는 삶의 목표를 개인이 가지고 있는 최선의 잠재성을 가장 완벽하게 계발한다는 측면에서 바라보며 이를 통해 그 사람이 가장 완벽한 만족 상태에 이르도록 하는 것입니다. 이때 가치의 문제는 중요하지 않습니다. 언제든지 최선의 가능성을 발견하는 것만이 문제가 됩니다.

이와 반대로 로고테라피에서 관심을 가지는 가능성이란 자아실현의 잠재성이 아니라 의미와 가치를 실현할 잠재성을 말합니다. 의미와 가치의 가능성은 만약 실현되지 못하면 영원히 그냥 사라져버린다는 사실이 우리로 하여금 인간을 자유의 존재일 뿐 아니라 책임의 존재로 봐야 한다는 결론에 이르게 합니다. 이는 자신이 처한 상황에서 자신의 삶의 의미를 성취하기 위해서 그 순간이 지나면 사라져버리는 삶의 의미를 실현할 책임이 있다는 것입니다. 그 순간이 지나면 영원히 사라질 그 순간의 삶의 의미는 실현을 통해 영원히 사라지지 않게 됩니다. 사라져버릴 어떤 것을 실현함으로써 그것을 일시성으로부터 구하고 영원히 보관하게 됩니다.

심리치료로서의 의미를 철학적으로 해석하는 데 있어서 넘어서야 할 문제는 인간이 영적인 존재라는 전제입니다. 의미를 성취한다는 말에는 당연히 인간은 자유롭고 책임 있는 존재라는 것이 전제되어 있습니다. 영성과 자유 그리고 책임이라는 이 세 가지 실존적 요소들은 우리가 인간을 오직 영적 차원에서 바라볼 때 이해할 수 있고 영적 차원에서 인간은 총체적 존재로서 신체적-심리적 차원을 초월해 진정으로 자기 자신을 성취할 수 있게 됩니다. 그러나 신체적-심리적 차원에서조차 인간의 의미에 대한 1차적 의지는 그 모습을 드러냅니다. 물론 의미의 좌절이라는 부정적인 모습으로 드러나기는 하지만 말이지요.

감각이 완전히 박탈되면 이것이 환각으로 이어진다는 것은 잘 알려진 사실입니다. 이는 우주여행을 위한 접촉준비 실험에서 밝혀졌습니다. 예일대학과 하버드대학에서 실시한 실험에서 감각자극의 부재가 감각을 느끼지 못하게 되는 감각의 결핍을 가져오는 것이 아니라 오히려 의미 있는 자극의 부재가 감각을 느끼지 못하게 하는 감각의 결핍을 가져오는 것으로 나타났습니다. 결론은 뇌가 정상적으로 기능하는 데 필요한 것은 환경과의 지속적인 '의미 있는 접촉'이라는 것입니다."

그러나 인간의 마음이 가지고 있는 한계로 인해 인간은 주어진 시간에 하나의 특정한 의미에만 접근이 가능하다. 전체적인 의미는 인간의 이해를 넘어서는 것이다. 오직 '초의미'에 대한 이러한 믿음만이 의미에의 의지를 도울 수 있다(머리로는 이해할 수 없지만, 인간의 삶에 궁극적인 의미가 있다는 초의미(suprameaning: 이를 빅터 프랭클 박사는 궁극적 의미(ultimate meaning)라고도 정의했다)에 대한 믿음이 인간으로 하여금 주어진 상황에 숨겨져 있는 의미를 발견할 수 있도록 한다-옮긴이). 이때 지식은 믿음이 된다.

오늘날 의사들이 만약 자신들의 책임이 질병을 치료하는 것뿐 아니라 인간 자체에 있다는 것을 진심으로 받아들인다면 삶의 의미와 관련된 문제들에 대해 용기를 가져야 한다. 왜냐하면 삶의 의미에 대한 의구심이나 삶의 의미의 부재로 인해 느끼는 절망감은 사실 질병이 아니기 때문이다. 오히려 이는 인간이 가지고 있는 본질적인 특성이다. 과거에는 회의적인 사람과 절망에 빠진 사람들이 성직자를 찾아갔다. 그러나 오늘날 이들은 도움을 받기 위해 정신과 의사를 찾아간다. 이러한 사실은 의사에게 신체적, 심리적 질병을 넘어 환자를 단지 병자로서만이 아니라 한 인간으로서 이들의 요구에 반응해야

할 의무가 있음을 말해준다. 환자의 신체적, 심리적 측면보다 삶의
의미와 같은 영적 측면을 과대평가하는 것도 잘못된 것이지만, 환자
를 한 인간으로 대하고 이들의 삶의 의미의 문제에 반응하는 것이 의
사라는 직업의 한계를 위반하는 것이라고 생각하는 것 또한 잘못된
것이다.

3장

로고테라피, 인간에 대한 진정한 그림을 그리다

오늘날 우리는 과학이 분화되면서 세분된 과학 분야별로 제공되는 많은 자료들과 사실들 그리고 연구 결과들 앞에서 어떻게 인간에 대한 통일된 개념을 유지하고 회복시킬 것인가 하는 문제에 직면해 있다. 우리는 전문가의 시대에 살고 있지만, 전문가라는 사람들이 사실이라는 나무 때문에 진실이라는 숲을 더 이상 보지 못하는 경우가 종종 있다.

조현병(정신분열증)의 원인을 예로 들어보자. 조현병에 대해 생화학 분야에서 많은 사실들이 제공되고 있다. 마찬가지로 정신역동 분야에서 조현병이라는 정신증에 대해 발견한 많은 연구들이 발표되고

The Pluralism of Sciences and The Unity of Man: 국제통합연구센터(International Center for Integrative Studies)의 후원으로, 1966년 6월 30일 미국 콜롬비아대학교 교육학부의 호라스만 강단(Horace Mann Auditoriom)에서 있었던 강연.

있다. 또한 세계 속에 특정한 존재 양식으로서 조현병의 속성에 관한 글들이 많다. 아마도 여러분은 '세계-내적-존재(being in the world)'라는 말에 익숙할 것이다. 이는 정신의학 분야에 속해 있는 실존주의 학자들이 자주 사용하고 선호하는 표현이다.

현재 여러분은 실존주의자들만큼이나 실존주의의 분파가 많다는 것을 알고 있을 것이다. 그리고 모든 실존주의학자들의 한 가지 유일한 공통분모는 글을 쓸 때 두세 번째 문장에 '세계-내적-존재(being in the world)'라는 말을 사용한다는 사실이다. 그러나 세계-내적-존재라는 표현을 자주 사용한다고 해서 그것이 스스로를 진정한 실존주의자로 여길 수 있는 충분한 근거가 되지는 못한다.

그러나 이러한 문제와는 별도로 조현병에 관한 연구는 조현병에 대해 많은 사실들(그리고 조현병의 다양한 측면들)을 제공해왔다. 하지만 나는 여러분에게 어떤 사람이 조현병이 진정으로 무엇인지 알고 있다고 말한다면, 그 사람은 여러분을 속이는 것이거나 기껏해야 자기 자신을 속이고 있는 것이라고 감히 말하고 싶다.

현실에 대해 여러 가지 이질적인 그림들을 마주하게 된다고 해서 그 자체로 필연적으로 사실과 관련된 지식을 잃어버릴 위험은 없다. 현실은 그것에 내포되어 있는 것들이 다양한 측면에서 그려질 수 있으며, 이때 그려진 그림들은 서로 다를 수밖에 없다. 그렇게 서로 상이하고 다양하게 그려진 현실에 대한 각각 다른 그림들은 우리의 지식을 증진시키는 데 공헌한다. 예를 들어 입체경(stereoscopic vision)에 대해 생각해보자. 입체경을 통해 우리는 두 가지 다른 그림을 만나게 된다. 왼쪽 그림과 오른쪽 그림이다. 이 두 그림은 서로 다르다. 그렇지만 완전히 다른 이 두 그림을 하나로 합치면 하나의 완전한 그림이 완성된다. 따라서 현실에 대한 그림이 다르게 그려지더라도 이 그림들은 현실에 대한 지식을 잃어버리게 하는 것이 아니라 오히려 현실에 대한 진정한 모습이라는 지식을 얻을 수 있게 해준다. 현실에 대한 다른 그림들이 전체 현실의 일부로서 현실을 설명해주고 있기 때문이다.

따라서 전체적으로 새로운 차원, 즉 3차원 공간에서의 전체적인 차원은 이러한 그림의 차이를 통해 정확하게 완성될 수 있다. 이와 같이 조각들이 합해져 완성된 차원을 얻기 위해 심리학자들에게 전제되어야 하는 조건은 우리의 망막에 두 가지 다른 그림을 융합해야 한다는 것이다. 만약 두 가지 다른 그림을 융합하지 못한다면 결국 그림들이 뒤섞여버려 혼란에 빠지게 될 것이다.

오늘날 다양한 과학 분야에서 제공되는 세상에 대한 서로 다른 그림들을 하나의 통일된 세계관으로 통합하기 어렵다는 점에서 입체경에 관한 것은 인지(cognition)에서도 동일하게 적용된다. 역사의 바퀴를 되돌리거나 혹은 역사의 바퀴를 다르게 놓는 일을 전문가들의 도움 없이 할 수는 없다. 그 이유는 간단하다. 우리 시대의 연구 스타일이 우리가 팀워크라고 칭하는 특징으로 이미 각인되어 있기 때문이다.

그러나 진정으로 위험한 것은 전문가들 사이에 지식의 보편성이 부족하거나 상실되었다는 데 있지 않다. 진정 위험한 것은 전문가들이 지식의 전체성(totality)을 가장하고 이를 주장하는 데 있다. 이를 인간에 대한 이론들에 적용한다면 이와 같이 설명할 수 있을 것이다. 예를 들어 생물학 분야의 전문가가 전적으로 생물학 측면에서 자신이 인간존재, 즉 인간의 현상을 설명할 수 있다고 말한다면 그는 생물학주의(biologism)의 제물이 되어버린 것이다. 생물학이 생물학주의가 되는 순간 과학은 사상이 되어버린다. 마찬가지로 심리학자가 전적으로 정신역동의 관점에서 혹은 행동주의적 관점에서나 조건화된 반사작용의 관점에서만 인간의 전체 현상을 설명하려 한다면 그 순간 심리학은 심리학주의(psychologism)가 되어버린다. 마찬가지로 마르크스주의를 지향하는 사회학자가 역사의 모든 것과 인간 삶 그리고 인간존재의 모든 현상을 마르크스주의나 레닌 혹은 스탈린 이론에 따라 모두 설명할 수 있다고 말한다면 그 순간 사회학은 사회학주의(sociologism)가 되어버리고 만다.

이 모든 경우에서 과학은 더 이상 과학이 아니고 무슨 무슨 주의 혹은 사상이 되어버린다. 우리는 종종 과학자들이 점점 더 전문화되어가고 있어서 유감스럽다는 말을 듣게 된다. 과학자들이 전문화되는 것에는 어떤 위험도 없다. 실질적인 위험은 과학자들이 일반화(generalizing)하는 데 있다. 즉 이들이 앞에서 내가 이야기한 것처럼 배타적으로 자신의 전문적 지식만으로 모든 것을 해석하고 설명하려 함으로써 생물학을 생물학주의로 만들어버리고, 심리학은 심리학주의로, 사회학은 사회학주의로 만들면서 자신들의 전문지식과 발견을 지나치게 일반화하려고 한다는 데 진짜 위험이 있는 것이다.

여러분은 끔찍한(지나친) 단순화(terrible simplifying)라는 표현을 잘 알고 있을 것이다. 그러나 이 표현과 함께 끔찍한(지나친) 일반화(terrible generalizing)라는 표현이 있다. 끔찍한(지나친) 일반화의 예를 하나 들어보겠다. 이 말을 한 사람을 익명으로 하기 위해 책의 출처는 밝히지 않겠다. 불과 1년 전 출판된 책에서 저자는 인간을 "암호화된 정보를 유지하기 위해 거대한 저장용량을 지닌 컴퓨터에 활력을 불어넣는 연소 시스템에 의해 구동되는 복잡한 생화학적 매커니즘"이라고 정의했다.

신경학자로서 나는 인간의 중추신경계를 컴퓨터 고유의 메커니즘에 비유해 해석하고 설명하는 것은 말이 된다고 생각한다. 인간의 중추신경계를 컴퓨터 시스템에 비유해 설명하는 것에는 아무런 문제가 없다. 그러나 이때 저지를 수 있는 실수는, 컴퓨터가 단지 기계적인 모델이라는 사실을 우리가 잊어버릴 때, 즉 이것이 단지 비유라는 사실을 잊을 때 시작된다. 나도 이 비유를 이용해 설명해보겠다. 신경학적 측면에서 인간은 컴퓨터라고 말할 수도 있다. 그러나 인간이 단지 컴퓨터에 불과하다는 말에서부터 오류가 시작된다. 인간은 컴퓨터를 훨씬 뛰어넘는 그 이상의 존재다. 내가 말하고 싶은 것은 바로 인간이 차원적으로 컴퓨터 이상의 존재라는 사실이다.

우선 인간이 차원적으로 컴퓨터 이상의 존재라는 사실에 대한 결론을 내려보겠다. 과거에 허무주의는 '무(nothingness)'라는 말을 사용함으로써 그 정체를 드러냈다. 그러나 오늘날 나는 허무주의가 '단지 ~일 뿐(nothingbutness)'이라는 문구를 사용하면서 그 문구 뒤에서 가면을 쓰고 있다고 믿는다. 인간현상에 대한 이와 같은 가면적인 과학적 접근방법을 환원주의(reductionism)라고 한다. 환원주의는 인간현상을 동물적인 인간 이하의 하위적 현상(subhuman phenomena)으로 격하시킴으로써 인간현상으로부터 인간성(humanness)을 빼앗아버렸다. 다른 말로 나는 환원주의를 하위인간주의(subhumanism: 유인주의)라고 정의하고 싶다.

두 가지 예를 들어 내가 주장하고 있는 것을 설명하고자 한다. 예를 들어 사랑이나 양심과 같은 인간만의 고유한 현상을 환원주의학자가 해석하고 정의하는 경우를 우리는 종종 마주하게 된다. 사랑은 환원주의에 의해 성(sex)이 승화(sublimation: 방어기제 중 가장 성숙한 형태의 방어기제이나, 여전히 본능의 충동이 표출된 방어기제이다—옮긴이)된 것에 불과하다고 해석된다. 그러나 이는 불가능하다. 왜냐하면 성이 승화될 때마다(whenever sex is sublimated) 사랑은 필수 전제조건(required precondition)이기 때문이다. 즉 자아(Ego)란 자아가 타인을 향하고 지향할 때에만 자신의 본능을 해석할 수 있게 된다. 이렇게 자아가 타인을 향할 때에만 자아는 사랑스럽게 다른 사람에게 향하는 자신의 성(sexuality)을 진정으로 해석할 수 있게 된다.

사랑과 더불어 양심(conscience)은 인간만의 고유한 현상으로서, 초자아(superego)는 양심이라는 인간의 진정성 있고 진실된 현상과 동일한 것이 아니다. 초자아와 양심은 같은 것이 아니다. 왜냐하면 진정한 양심은 우리가 보통 초자아에서 고려하는 관습이나 전통, 가치들을 거부하고 반대하는, 미처 말하지 못했던 중요한 과제를 수행하기 때문이다. 양심이 항상 전통이나 가치를 반대하는 것은 아니다. 그러나 양심은 필요할 때 전통과 가치에 반대할 수 있기 때문에 초자아와 같을 수 없다.

이와 관련해서 여담 하나를 나누자면, 사실 우리 시대의 전통과 가치가 서서히 붕괴되고 사라지고 있다는 데는 일반적으로 모두 동의한다. 전통과 가치가 붕괴되고 사라지고 있다는 사실이 현대의 무의미의 현상을 상당부분 잘 설명해주고 있다. 정신의학 분야에서 환자들이 허무함에 대해 점점 더 고통을 호소하고 있다. 나는 이러한 현상을 '실존적 공허(existential vacuum)'라고 명명했다. 실존적 공허는 동물과는 상반되게 본능이 인간에게 무엇을 해야 할지 말해주지 않으며 오늘날 전통이 인간에게 책임을 가지고 무엇을 해야 하는지 말해주지 않는다는 데 연유하는 것 같다. 오히려 인간은 다른 사람들이 하는 것을 따라 하고 싶어하고(이를 순응주의라고 한다), 혹은 다른 사람들이 자신에게 원하는 것을 하려고 한다(이를 전체주의 혹은 순응주의라고 한다). 나는 앞에서 가치를 무의미와 관련해 이야기했다. 가치의 붕괴가 무의미를 더욱 가중시켰다고 말이다. 그러나 사실 가치는 의미와 같은 것이 아니라는 사실을 고려해야 한다. 나는 가치를 의미와는 대조적으로 의미가 일반화된 것(meaning universals: 보편적인 의미, 의미보편성)이라고 정의한다.

진정한 의미는 항상 고유하고 유일하다. 내가 의미라는 단어를 사용할 때 의미란 고유한 상황에서의 고유한 의미를 뜻한다. 어떤 상황의 의미는 시간에 따라 그리고 사람에 따라 바뀐다. 지금 이 순간 여러분과 내가 함께 있는 이 상황에 내재된 의미는 우리가 같은 시간, 같은 상황에 있다 하더라도 각각 다를 것이다. 지금 이 순간에 나의 의미는 한국말(프랭클 박사는 원문에서 '영어'라고 적었지만, 영어 본문을 한국말로 번역했기 때문에 한국말이라고 표현했다-옮긴이)이라는 낯선 언어로 번역된 것을 이용해 여러분에게 나를 이해시키는 것이다. 지금 이 순간 여러분의 의미는 내가 의미와 가치의 차이라는 추상적인 문제에 대해 설명하는 동안 말하지 않고 듣는 것이며, 잠들지 않도록 노력하는 것이다.

전통의 붕괴는 오직 가치에 영향을 미칠 수 있을 뿐 우리 삶 속에 사슬처럼 이어져 있는 모든 고유한 상황 속에 내재된 고유한 의미에는 영향을 미칠 수 없다. 즉 상황에는 가치나 전통 혹은 관습이 이야기하는 것과는 독립적으로 고유한 의미가 내재되어 있다. 그리고 각각의 모든 고유한 상황에서 고유한 의미를 발견하는 것은 오직 단 하나를 통해서만 가능한데, 그 하나가 바로 양심이다. 양심은 인간만이 가지고 있는 고유한 능력으로 모든 고유한 상황에 내재되어 있는 고유한 의미의 냄새를 맡고 이를 발견할 수 있도록 한다.

우리가 살고 있는 실존적 공허의 시대에 나는 교육의 과제가 과거처럼 지식이나 보편적 가치를 그저 전달하는 것이어서는 안 된다고 생각한다. 이 시대 교육의 역할은 인간의 양심을 정화하고 계발해 인간으로 하여금 사라지고 있는 전통과 가치에 직면하고 도전하도록 하는 것이며, 삶의 마지막 숨이 남아 있을 때까지 언제나 인간존재의 의미를 발견할 수 있도록 양심에 의지하도록 하는 것이다. 현시대의 교육은 젊은이들이 의미를 찾을 수 있도록 도와주는 것이 아니라 환원주의적 논리와 믿음 그리고 해석에 기초해 오히려 젊은이들 안에 실존적 공허를 강화시키는 경우가 종종 있다. 환원주의는 미국에서 인간을 사물화(reification of man)하는 현상에 대해 많은 부분을 설명해 준다. 인간을 사물화한다는 것은 마치 우리가 단순히 물건을 다루는 것처럼 인간을 그렇게 다룬다는 뜻이다. 그러나 인간을 사물화하는 데는 반드시 대가가 따른다. 미국의 젊은 사회학자인 톰슨(William Irwin Thompson)의 말을 인용하자면, 최근 그는 다음과 같은 글을 썼다. "인간은 의자나 책상처럼 존재하는 물건이 아니다. 인간은 살아 있다. 만약 자신의 삶이 의자나 책상과 같은 단순한 존재로 전락했다는 것을 안다면 인간은 자살하게 될 것이다."

이 말은 절대 과장이 아니다. 미국의 한 유명 대학에서 실존적 공허에 대해 강의를 한 적이 있는데, 강의를 마치자 그 대학 학생담당 학장이 일어나더니 나에게 이렇게 말했다. "프랭클 박사님, 박사님께서 실존적 공허라고 기술하신 것이 현재 저희가 심리상담센터에서 매일같이 직면하고 있는 문제입니다. 자살을 하거나 최소한 자살을 시도한 학생들의 명단을 박사님께 보여드릴 수도 있습니다. 이들이 박사님께서 실존적 공허라고 부르는 것으로 힘들어했던 것이 분명합니다."

보다시피 톰슨 박사는 과장하지 않았다. 미국의 사회학자이자 심리학자인 에디(Edward D. Eddy)는 학생들의 성격에 대학이 미치는 영향에 관한 책을 출판했는데, 책에서 이렇게 말했다. "캘리포니아에서 뉴

잉글랜드까지 대부분의 대학 캠퍼스에서 대화의 주제가 되는 것이 학생들의 무관심이다. 이는 교수와 학생 간의 토론에서 가장 자주 언급되는 주제이기도 하다." 책이 출판된 후, 캘리포니아 대학협의회가 매사추세츠공과대학(MIT)의 철학자인 스미스(Huston C. Smith) 교수를 초청해서 교육에 이어서 가치 차원이라는 주제로 나와 토론하는 자리를 마련했다. 이 토론 내용은 캘리포니아 대학협의회에서 영상으로 제작했고 지금은 미국 대학에서 찾아볼 수 있다.

토론이 시작되자 스미스 교수는 나에게 이런 질문을 던졌다. "우리가 대학에서 가치를 어떻게 가르칠 수 있을까요?" 이에 대해 나는 가치란 가르칠 수 없는 것이며 오로지 삶을 통해 살아내야 하는 것이라고 대답했다. 우리는 학생들에게 가치를 줄 수 없다고 말이다. 우리가 학생들에게 줄 수 있는 유일한 것은 오직 진리라는 대의나 연구에 헌신함으로써 그 모습을 모범으로 보여주는 것뿐이다.

다음으로 스미스 교수는 에디 교수가 책에서 설명했던 대학생들 사이에 널리 퍼져 있는 무관심과 지루함이라는 현상에 대해 이야기하기 시작했다. 그는 내게 이러한 현상에 대해 어떻게 생각하는지 그리고 우리가 이에 대해 무엇을 할 수 있는가를 물었다. 나는 그 자리에서 즉각적으로 이렇게 정의했다. 무관심이란 무언가를 솔선수범해서 시작할 수 없는 상태이며, 지루함이란 어떤 것에 흥미를 가질 수 없는 상태라고. 그리고 나서 나는 스미스 교수에게 인간에 대한 기계적이고 환원주의적인 관점에 기초한 가르침에 노출된 미국의 일반적인 학생들이 뭔가를 솔선수범해서 시작하고 무언가에 흥미를 가질 수 있을 것으로 어떻게 기대할 수 있겠느냐고 물었다. 만약 학생들에게 인간이란 본능과 자아 그리고 초자아 간의 주도권 쟁취를 위해 피 터지게 싸우는 전쟁터일 뿐이라고 가르친다면 학생들이 어떻게 무언가를 솔선수범해서 시작할 수 있겠는가? 또한 두 명의 저명한 미국 정신분석학자들이 의미와 가치는 반동형성이나 방어기제와 같은 것일 뿐이라고 말한 것처럼 의미와 가치를 환원주의적으로 해석해서 학생들에게 가르친다면 어떻게 보통의 젊은 대학생들이 어떤 대의에 흥미를 가질 수 있겠는가 말이다. 여러분이 반동형성 이론(reaction formation theory)에 대한 나의 생각을 읽은 적이 있는지 모르겠다. 그것은 다음과 같다. "나는 결코 나의 방어기제를 위해 살지 않을 것이며 반동형성을 위해서는 더욱이 내 목숨을 걸지 않을 것이다."

환원주의적인 가르침은 너무 쉽게 젊은이들의 순수하고 자연스러운 열정을 침해하고 잠식시켜버린다. 사실 나는 미국 젊은이들의 지칠 줄 모르는 열정에 깊은 감명을 받았다. 열정이 없다면 어떻게 그렇게 많은 젊은이들이 평화봉사단(Peace Corps: 미국에서 개발도상국가에 파견하는 봉사단-옮긴이)이나 청년을 위한 직업훈련센터(Job Corps) 등에 가입하겠는가. 이것만 봐도 나는 미국 젊은이들의 열정이 얼마나 대단한지 알 수 있다.

이제 당면한 실질적인 문제에 대해 이야기해보자. 환원주의에 직면해서 인간성을 보존하는 것이 어떻게 가능한가 하는 문제다. 이 문제는 다음과 같은 질문으로 요약된다. 우리에게 도전이 되는 과학의 다원주의에 직면해서 인간의 통일성을 우리는 어떻게 보존할 수 있을 것인가.

환원주의와 지나치게 일반화된 가짜의 과학적 주장들이 계속해서 성장할 수 있는 기름진 토양을 마련해준 것이 바로 이 과학적 다원주의다. 이는 두 명의 뛰어난 독일 철학자들이 각 개별 과학 분야에 제한적인 타당성(validity)을 할당하려고 시도한 덕분이다. 첫 번째 철학자는 존재론 분야의 니콜라이 하이트만(Nicolai Hartmann)이고, 두 번째 철학자는 철학적 인류학이라고 불리는 인류학 분야의 막스 셸러(Max Scheler)다. 이 두 철학자는 인간을 구성하는 다양한 계층(various strata)에 대해, 보다 정확하게 말하면 인간이 참여하고 공유하는 다양한 층에 대해 언급했다.

우선 하이트만은 인간을 구성하는 여러 가지 층을 개별적인 단일의 단계(step)들 혹은 수준(level)들로 나누어 신체적 단계, 심리적 단계, 마지막으로 인간만이 가지고 있는 고유한 영적 단계로 구성되어 있는 것으로 정의했다. 그러나 그는 영적이라는 말을 종교적 의미가 아니라 인간만의 고유하고 절대적인 현상이라는 개념으로 사용했다. 나는 심리적 그리고 신체적이라는 말과 대별해서 영적(noological: 프랭클 박사는 spiritual이라는 단어 대신 noological이라는 단어를 사용함으로써 영적이란 종교적인 뜻을 내포하고 있지 않음을 강조했다−옮긴이)이라는 단어를 사용한다.

막스 셸러는 인간이 신체적 단층, 심리적 단층과 개인적인(인간적인), 즉 영적인 축(axis)을 가지고 있다는 다소 상이한 견해를 가지고

무의미의 의미

있었다. 심리학과 생물학 등 개별 과학은 각각의 연구 영역 안에서 각각 연구대상에 한계가 있기 때문에(예를 들어 심리학은 마음을 연구하고, 생물학은 신체를 연구하듯이) 그 한계 안에서 과학으로서의 타당성을 가지고 있다. 니콜라이 하이트만과 막스 셸러는 인간 안에 몸, 마음, 영과 같이 다른 차원이 존재하며, 이들 간의 존재론적 차이가 있음을 인정했다.

그러나 이들의 접근방법에 대해 내가 문제라고 생각하는 것은 몸과 마음 그리고 영이 그 자체로 인간을 구성하지 않는다는 것이다. 이들은 우리가 인간을 구성하는 몸과 마음 그리고 영들 간의 존재론적 차이를 다루어야 할 뿐 아니라 또한 존재론적 통일성(혹은 단일성: anthological oneness)에 대해 다루어야 한다는 사실을 무시하고 이를 제대로 고려하지 않았다. 인간존재는 본질적으로 몸과 마음, 영과 같이 존재론적 차이가 공존하는 존재인 한편 다른 한편으로는 인류학적 통일성과 일체성의 존재다. 왜냐하면 몸과 마음 그리고 영은 인간존재 안에서 완전하게 하나로 결합되어(통합되어) 있기 때문이다.

심리학과 생물학의 틀에서 바라볼 때 인간은 일반적으로 폐쇄 시스템이라고 부르는, 즉 자극에 대해 반사하고 반응하는 닫힌 존재다. 인간은 어떤 면에서 정말 컴퓨터 같기도 하다. 그러나 차원적 존재론 측면에서 바라보면 이러한 인간의 폐쇄성은 더 이상 진정한 인간의 모습과 모순되지 않는다. 차원적 존재론이 몸과 마음 간의 문제나 결정론과 비결정론 간의 문제를 해결하지는 못한다. 그러나 왜 이러한 문제들이 필연적으로 풀 수 없는 문제인지를 설명해준다. 왜냐하면 인간의 일체성(unity), 즉 인간의 총체적으로 하나됨의 통일성 (혹은 단일성: oneness)은 우리가 인간을 투사하는 낮은 차원에서는 찾을 수 없기 때문이다. 인간의 통일성(단일성)은 인간만의 고유한 차원, 즉 영적인 차원 안에 자리해야 한다. 이러한 영적 차원은 우리가 이를 생물학이나 혹은 심리학의 관점에서만 다룰 때 각각 별개의 것으로 떨어져 나와 낮은 차원으로 끌려 내려가게 된다. 이와 같이 인간을 2차원으로 투사하는 경우 나타나는 폐쇄성은 3차원에서 바라보는 인간의 본질적인 개방성과 모순된다. 인간은 본질적으로 열려 있는 존재다. 이는 저명한 동물학자이자 통합연구 국제센터 지원이사회의 회원인 아돌프 포트만(Adolf Portmann)에 의해 입증되었고, 내가 앞에서 인용한 막스 셸러에 의해 입증되었으며, 독일의 유명한 인류학자이자 사회학자인 아르놀트 겔렌(Arnold Gehlen)에 의해 증명된 사실이다.

우리는 마치 인간을 폐쇄적인 존재로 여기는 이론들에 직면해 있고, 이는 주로 항상성의 원칙(homeostasis principle)에 기초한 동기 이론에서 그러하다. 항상성의 원칙은 고든 올포트(Gordon W. Allport), 쿠르트 골드슈타인(Kurt Goldstein), 에이브러햄 매슬로(Abraham Maslow), 샤롯데 뷜러(Charlotte Bühler)와 더불어, 저명한 이론 생물학자인 루드비히 베르탈란피(Ludwig von Bertalanffy)가 연구에서 보여주었듯이 더 이상 생물학에서조차 유효하지 않다.

인간이 된다는 것은 항상 자기 자신이 아닌 다른 어떤 것을 향하는 것이다. 따라서 자아실현이라는 개념도 이와 같은 인간존재의 핵심을 완전히 설명해주지는 못한다. 인간존재는 항상 자신의 존재 자체가 아닌 어떤 것을 가리키고 이를 향해 나아간다. 인간은 자아실현의 존재가 아니라 자기 자신을 넘어선 자기초월(self-transcendence)의 존재다.

불행하게도 항상성의 원칙은 여전히 교육 분야에 특히 미국의 교육 현장에 만연해 있다. 젊은이들은 교육자들로부터 어떻게 해서든 긴장을 없애야 한다고 배운다. 이상이나 가치, 성취해야 할 어떤 과제나 의미에 젊은이들을 직면시켜 긴장을 유발해서는 안 된다고 말한다. 그러나 나는 인간에게 진정으로 필요한 것은 긴장으로부터의 자유가 아니라 오히려 적당한 정도의 건강한 긴장을 유지하는 것이라고 주장한다. 적당한 정도의 건강한 긴장은 한쪽 끝에는 성취할 의미로 나아갈 인간을, 다른 한쪽 끝에는 인간이 성취해야 하는 자신만의 고유한 의미로 구성된 축 사이에서 만들어진다.

특히 우리가 살고 있는 실존적 공허의 시대이자 이른바 풍요로운 사회의 시대에는 젊은이들이 의미에의 직면을 회피하고 어떤 대가를 치러서라도 긴장을 없애도록 하는 것에 각별히 주의해야 한다. 왜냐하면 만약 젊은이들이 삶의 어떤 의미 있는 도전도 받지 못하고 어른 세대로부터 어떤 긴장에의 도전을 느끼지 못하게 된다면 그들 스스로 자체적인 긴장을 만들어내게 될 것이기 때문이다. 이러한 긴장은 예를 들어 스포츠와 같이 건전한 긴장의 모습으로 나타날 수도 있지만, 비트족(상식에서 벗어난 옷차림과 행동을 하는 사람들-옮긴이)이나 불량배, 혹은 불건전한 스릴과 흥분을 야기시키는 것과 같은 건강하지 못한 모습으로 나타나기도 한다.

자신 안에 일부러 긴장을 만들어내기 위해 조직폭력집단을 만들어 폭력적으로 서로 싸우며 경찰들과 대치하는 빈의 젊은이들은 영국의 모드(mods: 보헤미안 스타일의 옷차림을 즐기는 십대-옮긴이)와 폭주족과 같다. 미국에서는 젊은이들이 긴장을 야기하기 위해 무분별한 성관계를 가지기도 한다. 젊은이들이 만들어낸 이러한 긴장은 바로 어른세대, 특히 자신들의 교육적 확신으로 이미 구식이 되어버린 그래서 이미 학계에서조차 부분적으로 부정되는 항상성의 원칙에 기반하고 있는 교육자들이 없애버린 긴장인 것이다.

긴장을 없애거나 줄이는 것이 무조건 바람직하지 않다는 뜻이 아니라, 삶에서 긴장을 느끼지 못하면 이렇게 인간은 스스로 건강한 긴장이든 건강하지 않은 긴장이든 어떤 식으로든 자신 안에 긴장을 만들어내려고 한다는 말이다. 비록 인간은 성취해야 할 의미와 자신이 만나게 될 다른 존재에 열려 있지만, 인간 본연의 차원보다 낮은 차원에서는 인간이 폐쇄적인 존재로 보일 수밖에 없는 이유가 바로 여기에 있다.

마찬가지로 우리는 행동주의나 학습 이론 그리고 정신역동 이론이나 아들러의 개인심리학 이론이 자리하는 낮은 차원에서 발견한 것들이 다른 차원, 즉 인간만의 고유한 차원인 영적 차원에 들어간다 해도 왜 무효화되지 않는지 이해할 수 있다. 낮은 차원에서 발견된 것들은 영적 차원에 들어가게 되면 무효가 되는 것이 아니라 인간의 고유한 현상이라는 관점에서 오히려 재평가되고 재해석된다. 즉 발견된 모든 것들은 영적 차원에서 무효로 없어지는 것이 아니라 인간적인 것으로 회복되는 것(rehumanized)이다.

여기서 한 가지, 내가 보다 높은 차원, 보다 낮은 차원이라고 하는 말을 잘못 해석하지 않도록 주의하기 바란다. 보다 높은 차원이란 보다 낮은 차원을 포함하는 차원이라는 것 그 이상의 어떤 의미는 없다. 마치 정육면체가 정육면체의 기반을 형성하는 사각형을 포함하고 있듯이 말이다. 즉 인간은 어떤 의미에서 동물이다. 그러나 인간은 동물에서 멈추지 않는다. 인간은 동물의 특성을 가지고 있지만, 동시에 동물 이상의 존재다. 예를 들어 비행기는 2차원의 활주로에서 움직일 수 있는 능력을 가지고 있지만, 3차원의 하늘로 날아올랐을 때 비로소 비행기로서의 진정한 면모가 드러나고 그것이 날 수 있는 비행기임을 증명할 수 있다.

정의에 따르면 신경증이란 심인성 질병이다. 그러나 예를 들어 마음에 원인이 있는 것이 아니라 임상적으로 신체에 원인이 있는 신인성 신경증을 만나게 될 수도 있다. 광장공포증의 경우, 갑상선 항진에 그 원인이 있기도 한데, 이때는 심리적 원인에 의한 경우에 준해서 치료해서는 안 되고 생리적으로 약물로 치료를 해야 한다. 폐쇄공포증도 테타노이드(tetanoid: 파상풍균)의 신진대사 교란에 원인이 있는 경우가 많다. 따라서 이에 맞추어 치료를 해야 한다.

심인성 신경증이나 신인성 신경증과는 별도로 인간만의 고유한 차원인 영적 차원에 연유하는 영적 신경증(noogenic neuroses)도 있다. 영적 신경증이란 내가 명명한 것으로, 도덕적 갈등이나 초자아와 인간의 양심 간의 갈등과 같은 영적인 문제나 실존적 공허나 실존적 좌절로 인해 생기는 신경증을 말한다. 따라서 이때 필요한 것은 차원적 진단이다(프랭클 박사는 신경증을 증상뿐 아니라 원인을 포함시켜 새롭게 분류했다. 또한 증상과 원인을 몸과 마음의 2차원이 아닌 몸과 마음과 영의 3차원으로 나누어 신경증을 새롭게 분류했다. 이를 TTMD(Theory & Therapy and Mental Disorders)라고 부른다-옮긴이). 신경증의 병인이 다차원적이기 때문에, 증상학에서는 증상만으로는 그 원인이 무엇인지 알 수 없으며 그저 보다 낮은 차원에 그림자를 드리우게 된다. 병리학은 우리가 '파토스의 로고스(logos of pathos)', 즉 고통의 의미를 찾아야 한다는 것을 항상 명료하게 규명해주지 못한다. 즉 고통의 의미를 추구하는 존재로서의 인간이 실존적 공허나 좌절로 인해 경험하는 영적 신경증의 원인을 인간을 몸과 마음의 2차원의 존재로 바라보는 기존의 병리학에서는 밝혀내기 어렵다.

따라서 우리는 차원적 진단을 시작해야 하고 증상들을 있는 그대로 투명하게 보도록 노력해야 한다. 그러기 위해 우리는 항상 임상적인 증상학적 차원을 넘어서야 한다. 앞에서 언급한 것처럼 신경증의 원인이 반드시 심리적 차원에 있는 것은 아니기 때문이다. 영적 신경증의 경우 신경증의 진짜 원인은 다른 차원, 즉 보다 높은 차원에 숨겨져 있기 때문이다.

치료에도 동일한 개념이 적용된다. 몇 년 전 캐나다 몬트리올에서 열린 약물심리학회에서, 특히 의학과 정신의학이 기계화되어가고 있으며 환자들이 약물이나 전기쇼크를 이용한 치료로 말미암아 비인격화되고 있다는 경고가 제기되었다. 그러나 나는 그러한 위험은 결코 기술 자체에 있는 것이 아니라 그 기술을 적용하고 다루는 인간에게 있기 때문에 의학과 정신의학이 비인격화될 위험에 대해 크게 걱정할 이유는 없다고 본다.

내가 일하는 학과에서도 전기쇼크 치료를 자주 사용하는데, 예를 들어 이 기법은 심각한 내인성 우울증(주요 우울증. 호르몬 불균형으로 인한 생리적인 데 원인이 있는 우울증)의 사례에 사용된다. 또 약물치료는 심리치료와 연계해서 자주 이용되고 있다. 나는 이러한 전기쇼크 치료나 약물을 통한 치료에 의해 환자들의 존엄성과 인간성이 훼손되는 것은 결코 아니라고 생각한다. 한편 나는 약처방을 철저히 혐오하고 거부하며 전기쇼크 사용에 대해서도 반대하는 정신분석 심리학자(depth psychologists)들을 많이 알고 있다. 그러나 그들이 인간, 즉 자기 환자에 대해 가지고 있는 개념이 오히려 인간의 존엄성을 훼손하고 있는 것은 아닌가 생각한다.

차원적 존재론에 대한 논의의 결론을 내리기 위해 인간을 다른 차원에 투사하는 것에 대해 고려해보자. 조현병에서 나타나는 환청을 예를 들어 설명해보자. 조현병의 경우 단순한 조현병이든 복합적인 조현병이든 분열된 목소리를 듣는 것 같은 증상(환청)을 보인다. 그러나 동시에 같은 사람이 보다 높은 차원에서 거대한 역사적 업적을 성취할 수도 있다. 잔다르크(Joan of Arc)의 경우를 생각해보자. 역사학자들에게 잔다르크는 역사적으로 훌륭한 업적을 남긴 인물이다. 신학자들에게 그녀는 성녀였다. 그녀는 종교적인 체험과 만남을 경험했다. 차원적 존재론의 관점에서 내가 전달하고자 하는 것은, 그녀가 역사적으로 훌륭한 인물이고 성녀라는 사실이 정신의학적으로 그녀가 조현병 환자였다는 사실을 바꾸지는 못한다는 것이다. 마찬가지로 그녀가 조현병 환자였다는 것이 그녀가 역사적으로 훌륭한 업적을 남겼다는 사실을 없애버릴 수도 없다. 한 인간으로서 조현병 환자였던 그녀의 모습과 역사적 인물로서의 그녀의 모습은 서로 상충되지 않는다.

이상의 논의를 통해 우리는 더 낮은 차원에서 어떤 현상을 비추게 되면 그것이 무엇인지 파악하기에는 비추어진 현상의 모습이 불명확하게 애매모호하다는 내 말의 뜻을 이해할 수 있을 것이다. 이는 더 높은 차원의 인간적 혹은 인류학적 차원에 해당되는 것일 뿐 아니라 더 낮은 차원에서 묘사되는 신학적 차원에서도 마찬가지다(즉 인간현상을 낮은 차원에서 묘사하면 그것이 무엇인지 파악하기 어렵듯이, 신학적인 현상을 낮은 차원에서 묘사하게 되면 역시 그것이 무엇인지 파악하기 어렵다는 뜻—옮긴이).

과학은 투사를 이용해 일을 해야 한다. 즉 과학은 투사하지 않고서는 할 수 없다. 과학자는 현실이 본래적으로 담고 있는 다차원성, 즉 현실을 온전히 설명해줄 수 있는 현실의 여러 가지 차원을 언제나 폐쇄시켜야 한다. 즉 정신의학자는 잔다르크가 조현병 환자가 맞다고 계속 주장해야 한다. 과학자로서 정신의학자는 조현병 환자를 넘어서 그 뒤에 무엇이 숨어 있는지 결코 알 수 없다. 과학자로서의 정신의학자는 잔다르크를 단지 조현병 환자로만 볼 수 있을 뿐 조현병 환자라는 상태 뒤에 숨겨져 있는 것을 볼 수는 없다. 그러나 과학자는 투사를 통해 연구를 하더라도 그 상황에서 자신이 무엇을 어떻게 하고 있는지 인식해야 한다. 즉 지나치게 모든 것을 일반화하는 것을 삼가고 환원주의에 기초해 결론을 내리지 않기 위해서는 자신이 지금 투사에 의존하고 있다는 사실을 인식해야 한다. 비록 자신의 역할을 정신의학자로 제한할 수밖에 없다 하더라도, 이렇게 함으로써 여전히 그는 환원주의적 추론의 함정에 빠지거나 이에 따라 잘못된 추론을 하는 것을 멈출 수 있게 된다.

미국 피츠버그에 위치한 듀케인(Duquesne)대학의 롤프 폰 에카르츠베르크(Rolf von Erkartsberg) 교수는 자신의 박사논문 후속연구로, 20년 전 하버드대학을 졸업한 학생들 중 이른바 사회적 성공을 거둔 100명의 졸업생을 대상으로 연구를 진행했다. 연구 결과 100명의 졸업생들 중에서 상당수가 무가치와 무의미로 힘들어하고 있는 것으로 나타났다. 즉 이들 중 상당수가 사회적으로 성공을 하기는 했지만, 절망감의 실존적 공허에 빠져 있다는 것이었다. 그러나 절망스러운 상황에 처해 있지만 여전히 자신의 어려움을 극복하고 승리하는 사람들도 있다. 엄청난 성공에도 불구하고 실존적 절망에 빠져 있는 사람들도 있고, 비록 절망스러운 상황에 처해 있지만 자기 자신을 실현하는 사람들도 있는 것이다.

이에 대해 조금 더 자세히 설명해보겠다. 1년 반 전 샌퀜틴(San Quentin)에 있는 캘리포니아 주립교도소 소장이 내게 연락을 해왔다. 종신형 선고를 받은 〈샌퀜틴뉴스(San Quentin News)〉의 편집장이 나의 책《죽음의 수용소에서(Man's Searching for Meaning)》에 대한 리뷰를 썼다는 것이었다. 소장은 내가 그 사람을 만나 이야기하면 많은 도움이 될 것 같다고 했다. 그래서 나는 교도소를 방문해 그를 만났다. 그와 나눈 대화는 테이프에 녹음되어 수감자교육용으로 배포되었고, 그날 인터뷰한 내용은 〈샌퀜틴뉴스〉에 게재되었다. 그러고 어떤 일이 생겼느냐 하면, '빅터 프랭클 박사의 샌퀜틴 방문'이라는 제목으로 쓰인 이 글이 카번데일(Carbondale) 소재의 서던일리노이대학(Sounthern Illinois University)이 후원하는 전국 언론저널리즘 대회에서 1등을 차지하게 되었다. 이 기사는 150개 이상의 미국 교정기관이 내놓은 기사 중 최고 영예의 작품으로 선정되었다.

이것은 단지 서문에 불과하다. 이제 본론으로 들어가겠다. 나는 교도소 방문 당시 대화를 나눴던 편집장에게 축하메시지를 전하는 게 좋겠다는 주변의 조언을 듣고 그렇게 했다. 그러고 나서 답장으로 편지 한 통을 받았는데 이런 내용이 적혀 있었다. "빅터 프랭클 박사님, 제 기사에 대해 주변에서 비판의 소리가 있었습니다. '이론적으로는 좋지만, 삶이 그런 식으로 돌아가지는 않는다'는 비판입니다." 녹음된 대화 내용이 샌퀜틴 교도소 감방(동물 우리라고 부르는 게 더 나을 정도로 환경이 끔찍했는데, 많이들 알다시피 그곳에는 여전히 가스실이 남아 있었다)에 전달되었는데, 수감자들이 나와 편집장과의 대화에 대해 실제 삶은 그렇지 않다는 식으로 논평을 하더라는 것이었다(불과 몇주 전에 나는 그곳 수감자들에게 강의를 해야 했다. 그들이 이틀 후면 사형이 집행될 한 수감자들에게 특별히 몇 마디 해달라고 나에게 부탁을 했었다).

편지에서 편집장은 이렇게 말을 이어갔다. "저는 현재 저희의 상황과 저희가 처한 어려움들에 대한 글을 써서 '삶이 진실로 그런 방식으로' 돌아갈 수 있다는 것을 보여줄 계획입니다. 그리고 저는 사람들에게 교도소의 정확한 환경을 보여주고 싶습니다. 교도소란 절망감과 무가치에 깊이 빠져 있는 한 사람이 스스로 의미 있고 소중한 삶의 경험을 만들어갈 수 있는 장소라는 것을 말입니다. 사람들은 어쩌면 그러한 환경에 있는 사람이 절망을 승리로 바꾸는 변화가 가능하다는 것을 믿지 못할 수도 있겠지요." 그리고 그는 이렇게 결론을 내렸다 "그래도 저는 보여줄 겁니다. 변화가 가능할 뿐만 아니라 반드시 필요하다는 것을요."

샌퀜틴에서의 강의는 나에게 우리는 인간의 통일성(unity of man)만을 돌보아야 하는 것이 아니라 전체 인류의 통일성(unity of humanity)에 관심을 가져야 한다는 사실에 대한 깊은 울림을 주었다. 수천 년 전 인류는 중요한 발걸음을 내딛었다. 그것은 바로 일신론, 즉 하나의 신에 대한 믿음이다. 나는 오늘날 우리가 내딛은 또 다른 발걸음은 하나의 신에 대한 믿음이 아니라 인류에 대한 인식, 즉 인류는 하나라는 '단일인류주의(monoanthropism)'라고 생각한다. 만약 우리가 인류가 하나라는 것에 대해 확신을 한다면, 서양의 민주국가에서 우리는 자유를 만끽하고 있기는 하지만 아직 그에 대한 책임에 대해서는 온전히 인식하지 못하고 있다는 것을 깨닫게 될 것이다. 만약 책임 있는 삶을 살지 못한다면 자유는 방종으로 퇴보해버릴 것이라고 생각한다.

빅터 프랭클 박사와의 대화(강연 후 이어진 Q&A 내용이다)

질문: 자아실현과 대비해 인간은 자기초월을 위해 어떻게 해야 합니까?

답: 저는 자아실현의 개념을 비하하고 싶지는 않습니다. 매슬로와 개인적으로 연락을 하고 있고 그분을 정말 깊이 존경합니다. 우리는 둘 다 자아실현이 정말 훌륭한 것이라고 생각합니다. 그러나 자아실현은 인간이 삶의 의미를 실현하고, 자신의 고유한 삶의 상황에서 고유한 의미를 실현할 때만 성취할 수 있습니다. 삶의 의미를 실현하고 고유한 삶의 상황에서 고유한 의미를 발견하고 성취할 때 자아실현은 저절로 이루어지는 것입니다. 그러나 만약 자아실현을 직접적인 목적으로 삼거나 직접적인 의도를 가지고 성취하고자 한다면 오히려 자아실현은 방해를 받고 이루지 못하게 될 것입니다. 왜냐하면 자아실현은 자멸적인(self-defeating) 특성을 가지고 있기 때문입니다. 의미를 성취할 때에만 오직 나 자신을 실현할 수 있게 됩니다. 자아실현은 의도 자체가 아니라 의미 성취를 통해 얻을 수 있는 결과이기 때문입니다.

질문: 의미란 상황에 내재되어 있다고 말씀하셨습니다. 그렇다면 의미는 가치와 구분되는 것인가요?

답: 가치란 일반적으로 보편적 의미를 말하며, 보편적 의미로서의 가치로 인해 인간은 조금은 편안한 생활을 할 수 있게 된다고 말할 수 있습니다. 즉 의사결정을 할 때 우리는 보편적 가치의 안내를 받

기 때문에 일상생활에서 매 순간 쉬지 않고 실존적인 의사결정을 할 필요는 없으니까요. 최종적으로 인간은 양심의 안내로 의미를 발견하고 이를 성취하지만, 인간의 양심이 유한하기 때문에(양심이 유한하다기보다는 양심을 읽어내는 인간의 마음에 한계가 있기 때문에 인간의 해석이 유한하다고 하는 것이 더 옳다–옮긴이) 양심이 인간을 잘못된 의미로 안내할 수도 있습니다(역시 양심이 인간을 잘못된 의미로 안내한다기보다는 양심을 왜곡한 인간의 마음이 인간을 잘못 안내할 수 있다는 뜻이다–옮긴이). 양심은 창조적입니다. 왜냐하면 양심을 통해 인식한 의미가 사회에서 통용되는 보편적인 가치와 상반될 수도 있기 때문입니다. 즉 오늘 창조적인 양심을 통해 발견한 의미가 내일의 보편적 가치가 될 수 있기 때문에 인간은 새로운 가치를 창조할 수 있습니다.

질문: 고통을 통한 의미라는 박사님의 개념이 자학주의적인 위험을 가져오지는 않을까요?

답: 잠재적 의미란 피할 수 없는 불가항력적인 고통에만 해당되기 때문에 여기에 자학주의적 위험은 없습니다. 수술로 고통을 해결할 수 있는 치료가 가능한 암의 경우 불필요하게 고통이라는 십자가를 짊어지는 것은 의미가 아닙니다. 불필요한 고통을 짊어지는 경우는, 용기를 가지고 고통에 직면한다(heroism: 영웅주의)기보다는 얄팍한 자학주의적인 자기학대(masochism: 마조히즘)라고 할 수 있습니다. 뉴욕에서 한 신문광고 문구를 본 적이 있는데, 피할 수 없는 필요불가결한 고통(의미 있는 일로 바꿀 수 있는 기회를 제공해주는 고통)과 불필요한, 즉 피

할 수 있는 고통(어떤 의미도 찾을 수 없는 고통)의 차이를 그것만큼 확실히 보여주는 것은 없었습니다. 시 형식으로 된 그 문구는 다음과 같습니다.

> 운명이 당신에게 부여한 것을
> 소란 떨지 말고 조용히 인내하십시오.
> 그러나 빈대에게 항복하지는 마십시오.
> 돌아서서 저희에게 도움을 청하십시오.

즉, 피할 수 없는 고통을 용기 있게 참아내야 하며 그럴 때 피할 수 없는 고통은 결국 인간의 용기 있는 성취로 바뀔 것이라는 의미입니다.

질문: 영적 차원에 대한 박사님의 견해는, 정신과 의사가 영적 차원에서 실존치료를 시행할 능력이 없다는 것을 의미하는 것은 아닌지요?

답: 그렇지 않습니다. 정신과 의사에게 부여된 일은 더 높은 차원, 본질적으로 인간적인 영적 차원에 비추어 임상적 증상들을 투명하게 만드는 것입니다. 그러므로 영적 신경증을 다루는 것은 분명 정신과 의사의 일입니다. 독일의 유명한 가톨릭신자이자 정신과 의사인 겝자텔(Viktor van Gebstattel)은 사람들이 자신의 문제를 가지고 성직자에게서 정신과 의사로 옮겨가고 있다고 말했는데, 그의 말처럼 특히 우

리가 살고 있는 시대에 영적 신경증을 치료하는 일은 정신과 의사의 일이 되었습니다. 오늘날 정신과 의사는 성직자들을 대신하는 역할을 해야 합니다. 저는 이를 의학성직(medical ministry)의 역할이라고 칭했습니다. 어떤 정신과 의사도 "사람들이 실존적 문제, 철학적 문제, 영적인 문제로 힘들어하고 있어. 하지만 우리는 그러한 문제들을 다루고 싶지 않아. 그러니까 사람들은 성직자에게 가야 해. 하지만 만약 그들이 종교가 없는 비신자들이라면 나도 어쩔 수 없는 거지"라고 말하며 스스로를 정당화할 수는 없다고 생각합니다.

실존적이거나 철학적인 혹은 영적인 문제를 가진 사람들이 우리와 같은 정신과 의사를 찾아올 때 우리는 최선을 다해야 합니다. 이는 단지 저의 개인적 주장만은 아닙니다. 세계에서 가장 큰 의학협회인 미국의학협회에서도 '의사가 만약 환자를 치유할 수 없거나 환자의 고통을 완화시켜줄 수 없다면 환자를 위로하는 것이 의사로서의 의무다'라고 말하고 있습니다. 그러므로 영적 신경증 분야는 여전히 의학의 전문영역에 해당됩니다.

질문: 랍비 레오 백(Leo Baeck: 독일의 저명한 유대교 신학자-옮긴이)과 만난 적이 있느냐고 묻는 분이 두 분 있었는데요.

답: 저는 나치 수용소에서 랍비 레오 백을 만났습니다. 그와의 만남은 그저 단순한 만남이 아니었고 진정한 참만남이었습니다. 그 이후로 저는 그분과 계속 연락을 했습니다. 저와 겝자텔, 그리고 독일 베를린의 슐츠(J. H. Schultz)와 함께 신경 이론과 심리치료라는 다섯 권

으로 구성된 백과사전을 편집했는데, 이때 랍비 레오 백에게 유대주의와 심리치료 사이의 경계에 대해 저술해달라고 요청했었습니다. 그런데 랍비께서 원고를 작성하던 도중 런던에서 세상을 떠나셨죠. 그래서 안타깝게도 결국 원고를 완성하지 못하셨습니다.

질문: 박사님의 이론에 종교의 자리가 있습니까?

답: 정신의학 학파나 이론에 종교의 자리는 있을 수 없습니다. 왜냐하면 서로 차원이 다르기 때문입니다. 그러나 정신의학적 접근방법에 요구되는 한 가지는 보다 높은 차원을 향해 열려 있어야 한다는 것입니다. 정신의학은 폐쇄 시스템이 아닙니다. 정신의학은 열려 있어야 하고 따라서 종교를 가진 환자들을 불공평하게 대해서는 안 됩니다. 이들을 신경증과 심리치료에 대한 환원주의적 접근방법의 희생자로 만들지 말고 인간 본연의 모습으로 이해해야 합니다.

제가 이렇게 주장하는 데 다른 이유는 없습니다. 그저 제가 의학 학위를 취득할 때 히포크라테스 선서를 했기 때문이죠. 따라서 불가지론자(신의 존재를 증명할 수 없다고 믿는 사람들-옮긴이)를 포함한 모든 환자들에게 로고테라피가 열려 있어야 하고 종교가 없는 의사를 포함해서 모든 의사들이 로고테라피를 이용할 수 있어야 한다고 믿고 있습니다. 심리치료는 의학에 포함되어 있습니다. 최소한 오스트리아의 법에 따르면 그러합니다. 히포크라테스 선서는 로고테라피를 포함한 모든 심리치료에도 적용됩니다. 그러므로 저는 로고테라피가 모든 고통받는 인간존재에 열려 있어야 한다고 생각합니다.

질문: 박사님께서는 인간이 신이나 종교적 믿음 없이도 절망을 극복할 수 있다고 생각하십니까?

답: 제가 개인적으로 무엇을 믿느냐는 중요하지 않습니다. 저는 로고테라피라는 학파를 대표해서 이에 대해 말합니다. 로고테라피는 뭔가를 믿도록 하는 것이 아니라 이해하도록 하는 것입니다. 궁극적인 결정, 즉 종교적 세계관(혹은 삶의 철학)에 대해 찬성할 것인가 아니면 반대할 것인가 하는 결정은 가장 개인적인 결정으로서 의사가 아니라 전적으로 환자에게 달려 있는 것입니다. 로고테라피가 그것에 대해 답을 가지고 있지는 않습니다. 다만 로고테라피는 책임에 관한 교육이며, 따라서 로고테라피 치료자는 환자가 종교적 세계관에 찬성할 것인지 반대할 것인지에 대한 결정을 대신해주지는 않습니다. 그러므로 로고테라피 치료자는 환자를 대신해서 그러한 결정을 짊어질 위험이 모든 정신의학 학파 중에서 가장 적다고 할 수 있겠습니다.

질문: 박사님은 신의 개념을 어떻게 설명할 수 있습니까?

답: 로고테라피 치료자로서 그리고 정신과 의사로서 저는 물론 신의 개념을 설명할 수 없습니다. 설명하려고 하는 것 자체가 위험할 수 있습니다. 프로이트는 현존재분석(Daseinsanalysis)을 개발한 스위스의 저명한 정신과 의사 빈스빙거(Ludwig Binswanger)에게 보낸 편지에서 한 가지 적절한 예를 들었습니다. 프로이트는 자신이 평생 동안 자신의 관점을 큰 건물의 지하 바닥으로 제한해왔다고 말했습니

다. 즉 자신의 견해가 낮은 차원에 국한되어 있었다는 말입니다. 이는 가치를 저하시키는 표현이 아닙니다. 여기에는 어떤 가치판단도 들어 있지 않습니다. 다만 본질적인 인간의 차원을 포함시키지 못했고 따라서 보다 포괄적이고 인간적인 차원을 포함시키지 못했다는 뜻입니다. 그렇게 프로이트는 자신의 관점이 가지고 있는 한계를 인식했고 이런 점에서 그는 환원주의자는 아니었습니다. 편지 첫 문장에 "나는 그 건물 지하에서 내가 종교의 자리를 발견했다고 믿는다. 종교는 인류의 집단적 신경증이다"라고 쓴 걸 보면 프로이트는 단지 당대 환원주의의 희생자였을 따름인 것이죠.

질문: 박사님은 이 그림(절망과 의미를 수평의 축으로 하고 성공과 실패를 수직축으로 해서 교차시킨 그림을 가리킨다-옮긴이)에서 마지막 것을 의도적으로 십자가로 표시한 건가요?

답: 선생님이 아실지 모르겠지만, 저는 크리스천이 아닙니다. 이 그림이 십자가인 것은 그저 우연일 뿐입니다. 하지만 저는 그것이 십자가라 해도 개의치 않습니다. 한 걸음 더 나아가 차원적 존재론의 관점에서 봤을 때 저는 보다 높은 차원에서 이 그림이 십자가 모양이라는 우연은 보다 깊고 높은 의미를 가지고 있을 수도 있다고 말할 수 있겠습니다.

질문: 실존적 공허에 맞서 어떻게 싸울 수 있을까요? 박사님은 어떻게 환자에게 의미를 주실 수 있나요?

답: 저는 우리가 환자에게 의미를 주는 것은 아니라고 계속해서 말해왔습니다. 대신 환자들이 자발적으로 자신의 의미를 발견할 수 있도록 도와야 한다고 생각합니다. 왜냐하면 의미는 발견하는 것이지 주는 것이 아니기 때문입니다. 마치 현실을 투영검사법(projective test: 모호한 자극에 대한 반응을 통해 피검자의 성향을 파악하는 검사. 투사적 기법이라고도 한다-옮긴이)인 것처럼 어떤 것이나 일어난 일에 의미를 주거나 부여하거나 귀인하거나 하는 것이 아닙니다. 현실은 여러분이 소망하는 생각을 투사하거나 의미를 부여함으로써 우리의 내적인 것들을 표현하는 회색의 중립적인 화면이 아닙니다. 우리는 무작위로 의미를 줄 수 없습니다. 그렇게 한다면 우리가 답을 주는 것입니다. 결국 각각의 질문에 하나의 답이 있습니다. 각각의 문제에 단 하나의 유일한 해결책이 있으며, 마찬가지로 각각의 상황에 오직 하나의 의미가 있습니다. 그 상황에 딱 맞는 진정한 하나의 의미 말입니다. 현실이란 우리가 소망하는 생각을 투사하고 우리 자신을 표현하는 로르샤흐 잉크반점(Roschach blot: 스위스의 정신과 의사 로르샤흐가 개발한 성격 검사에 이용되는 것으로 좌우대칭의 잉크 얼룩-옮긴이)이 아니라 숨겨진 그림이며 우리는 거기서 의미를 발견해야 합니다. 저는 앞에서 의미를 주는 것은 답을 주는 것과 같다고 말했습니다. 이 말이 무슨 뜻인지 몇 년 전 신학대학에서 있었던 일을 예를 들어 설명해보도록 하겠습니다.

강의를 마친 후 참석한 사람들에게 카드를 나누어주고 질문이 있으면 카드에 직접 질문을 적도록 했습니다. 참가자들이 질문을 다 작성하자 신학자 한 분이 저에게 그 질문들을 건네주었습니다. 그런

데 그 신학자가 질문들을 건네면서 질문 하나를 빼버리려고 했습니다. 그래서 제가 그 이유를 물었습니다. 그랬더니 "질문지에 '프랭클 박사님, 박사님의 실존 이론에서는 600을 어떻게 해석하시나요?'라고 적혀 있는데 정말 말이 안 되는 질문이라서요"라고 대답했습니다. 그래서 제가 그 질문을 직접 읽어보았습니다. 그러고는 이렇게 말했습니다. "죄송합니다만, 저는 이 질문이 다르게 읽히는데요. '프랭클 박사님, 박사님의 실존 이론에서 박사님은 신(GOD)을 어떻게 해석하시나요?'라고 말이죠."

이게 바로 투영검사 아니겠습니까? 그 신학자는 '600'이라고 읽었고, 신경학자인 저는 '신(GOD)'이라고 읽었습니다. 의도치 않게 투영검사를 한 거였지요. 그래서 저는 그 질문을 이용해 빈대학에서 공부 중인 미국 학생들에게 투영검사를 해보았습니다. 학생들에게 슬라이드를 보여주고 어떤 뜻이라고 생각하는지 투표를 해보았지요. 믿으실지 모르겠지만, 9명의 학생이 '신(GOD)'이라고 읽었고, 다른 9명은 '600'이라고 읽었으며, 4명의 학생들이 '신(GOD)'과 '600' 사이를 왔다 갔다하며 헷갈려 했습니다. 제가 지금 전달하고자 하는 것은 질문에 정답은 오직 하나라는 것입니다. 바로 앞서 학생의 질문을 여러 가지로 해석했지만, 결국 진실된 답은 하나밖에 없었던 것처럼 말이지요. 신(GOD)이라는 것이 오직 하나의 정답이었던 것처럼 말입니다. 이 말은 삶의 모든 상황에는 오직 하나의 의미, 즉 상황에는 삶이 우리에게 발견하기를 바라는 오직 하나의 요청(a call)만이 내재되어 있다는 것입니다. 그래서 우리는 그 의미를 발견하도록 노력해야 합니다. 이제 제가 어떻게 의미의 정의에 도달했는지 이해하실 수 있으리라 믿습니다.

의미는, 그것이 질문을 하는 사람에 의한 것이든 아니면 끊임없이 실존적 질문을 묻는 삶에 의한 것이든 의사결정에 의해 실존적으로 답해져야 하는 것입니다. 그러나 이러한 의사결정은 무작위로 내려져서는 안 되며 책임 있게 내려져야 합니다. 즉 우리의 대답은 질문을 하고 있는 삶의 뒤에 서 있는 신이라 불리는 초인간적인 어떤 존재로부터의 부름(a call)입니다. 우리의 답은 실존적이고, 책임 있는 행동이어야 합니다. 지적이거나 이성적인 답이 아니라 행동이 바로 우리의 답입니다.

질문: 실존적 공허를 끝낼 수 있는 해결책은 무엇이라고 생각하며 이것이 어떻게 종교적 감정과 연결되어 있을까요?

답: 저는 의미는 발견하는 것이며 줄 수 없는 것이라고 분명하게 말해왔습니다. 의사는 절대로 환자의 삶에 의미를 주거나 부여할 수 없습니다. 최근 레트리히(Redlich)와 프리드먼(Friedman)이 책 한 권을 출간했는데 이 두 저자가 아쉽게도 로고테라피는 의미를 환자에게 주려고 시도하는 것이라고 책에 써버렸습니다. 오해는 어쩔 수 없나 봅니다. 심지어는 제 책을 받은 사람들이, "의미는 줄 수 없습니다. 의미를 의사가 부여해서는 안 됩니다. 의미는 환자 자신이 발견해야 하는 것입니다"라는 구절을 수년 동안 책에서 읽었음에도 여전히 이처럼 오해를 하고 있으니 말입니다. 만약 로고테라피 치료자가 자신이

답을 가지고 있다고 주장한다면, 그는 실수하는 것입니다. "사람들에게 무엇이 잘못된 것이고 무엇이 옳은 것인지 그리고 무엇이 의미 있는 것인지 무엇이 무의미한 것인지 내가 말해준다"라고 말한 것은 로고테라피 치료자가 아니라 에덴동산의 뱀이었습니다.

결론적으로 말씀드리면, 당장 삶의 어떤 의미도 찾을 수 없는 젊은이들을 위해 해야 하는 일은 바로 이것입니다. 우선 젊은이들이 실존적 공허라는 상황이 신경증의 증상은 아니라는 것을 인식하도록 해야 합니다. 그래서 실존적 공허를 느끼는 것이 수치스러운 것이 아니라 오히려 자랑스러워해야 하는 것이라는 것을 말이죠. 실존적 공허를 느낀다는 것은 바로 어딘가에 의미가 있다는 것을 전제하고 있는 것이기 때문에 실존적 공허의 느낌을 통해 우리는 의미를 찾아 나설 수 있게 됩니다. 특히 이는 젊은이들에게는 특권입니다. 따라서 의미가 인간존재에 본질적으로 내재되어 있다는 것을 그저 당연하게만 생각하지 말고, 존재의 의미라는 문제에 대해 질문하고 도전하도록 노력해야 합니다. 실존적 공허란 부끄러운 신경증이 아니라 자랑스러워해야 하는 인간성취입니다. 굳이 이를 신경증이라고 말한다면 아마도 이는 집단적 신경증일 것입니다. 집단적 신경증이란 인류 전체의 신경증입니다.

만약 젊은이가 의미에 대한 질문을 제기할 용기를 가지고 있다면, 그는 또한 의미가 자신에게 그 모습을 드러내기 시작할 때까지 기다릴 수 있는 인내를 가지고 있어야 합니다. 그리고 그때까지─만약 그가 실존적 공허라는 나락의 감정에 빠져 있다면 그는 자기 자신에게 이렇게 말해야 합니다. 이 무시무시한 경험은 사르트르(Jean Paul Sartre)가 《존재와 무(Being and Nothingness)》라는 책에서 너무나도 아름답게 기술했던 바로 그것이구나라고 말입니다. 그럼으로써 그는 자신의 실존적 공허라는 경험과 자기 자신 간에 거리를 둘 수 있게 됩니다.

인간존재의 특징이며 인간을 구성하는 두 가지 인간만의 고유한 특성이 있습니다. 첫 번째는 자기초월(self-transcendence)입니다. 이는 인간은 항상 자기 자신을 넘어서서 의미 있는 어떤 것이나 만나야 할 어떤 사람을 향할 수 있는 존재라는 것입니다. 두 번째는 자기와 거리두기(self-detachment)입니다. 이는 인간의 본질적이고 핵심적인 능력으로서 인간은 신체적, 심리적 차원, 즉 동물적 차원을 넘어설 수 있는 존재라는 것입니다. 인간이 완전히 자유로운 것은 아닙니다. 인간은 이미 결정되어 있는 것으로부터 자유롭지 않습니다. 따라서 인간의 자유란 유한적 자유입니다. 인간은 주어진 조건이나 환경으로부터 자유롭지 않기 때문입니다. 그러나 인간의 자유는 어떤 주어진 조건이나 환경에 직면하더라도 이에 굳건히 맞설 수 있는 잠재력에 있습니다.

인간의 자유에 관한 문제에 대해 스미스(Huston C. Smith)교수가 저와 인터뷰를 한 적이 있는데, 이때 저는 이렇게 말했습니다. "인간은 결정되어 있습니다. 그러나 범결정론적 존재는 아닙니다"라고 말이지요. 그러자 스미스 교수가 제게 이렇게 말했습니다. "프랭클 박사님, 박사님께서는 신경학과 정신과 교수로서 인간을 통제하는 어떤 주어진 조건과 환경이 있다는 것을 분명히 인식하고 계시지요?" 이에 저는 이렇게 대답했습니다. "예, 스마스 박사님. 맞습니다. 저는 신경학자이면서 정신과 의사입니다. 인간이 조건화되어 있다는 것에 대해 누구보다 잘 알고 있지요. 인간은 생리적, 심리적 그리고 사회적 조건에 종속되어 있습니다. 그러나 신경학자이며 정신과 의사라는 것과는 별개로 저는 또한 네 곳의 나치 수용소에서 살아나온 생존자입니다. 저는 수용소에서 믿을 수도 없고 예상하지도 못했던 엄청난 것을 목격했습니다. 인간이 아우슈비츠와 같은 최악의 상황에서도 자신이 처한 상황과 조건에 맞서서 얼마나 용감할 수 있는지를 말이죠."

무의미의 의미

4장

인간의 자유에 관하여

3년 전 모교인 빈대학에서 100주년 기념행사를 개최했다. 6번째 백주년 기념식이었다. 나는 그 자리에 강연 초청을 받았고, 강연에서 오랫동안 지속되어왔던 몸과 마음의 문제와 자유로운 선택(즉 결정론과 비결정론)이라는 두 가지 이슈는 풀 수 없는 것이라는 점과 왜 이 두 가지가 풀 수 없는 문제인지 그 이유에 대한 나의 의견을 피력했다.

몸과 마음의 문제는 다음 질문으로 귀결된다. '인간을 다양한 측면으로 정의하고 있는데 이러한 다양성 안에서 인간의 통일성(unity in diversity)을 어떻게 인식할 수 있을 것인가? 그리고 누가 인간 안에 다양성이 있다는 것을 부정할 수 있을 것인가?' 하는 문제다. 오스트리아의 동물행동학자 콘라트 로렌츠(Konrad Lorenz)는 양립할 수 없는

Determinism & Humanism: Reprinted from Humanitas: Journal of the Institute of Man, (7)1, 23-56, 1971.

두 개의 거대한 "신체적인 것과 심리적인 것을 가르는 벽은 넘을 수 없다. 과학적 연구가 정신물리학(psychophysics) 분야로 확장되었지만, 몸과 마음의 문제에 대한 해결책은 여전히 얻을 수 없었다"(《동물과 인간의 행동》이라는 책에서 발췌: Munich; 1965; pp.362 & 372)라고 말했다. 미래의 연구가 몸과 마음의 문제에 대한 해결책을 제시할 수도 있다는 희망에 대해, 독일의 이론물리학자 베르너 하이젠베르크(Werner Heisenberg)는 "우리는 몸의 움직임과 마음이 작동하는 과정 사이의 차이를 직접적으로 이해할 수 없을 것이다. 왜냐하면 과학에서는 현실을 개별적 차원으로 나누어 연구하기 때문이다"라고 말하면서 몸과 마음의 문제를 이해하는 것에 대해 비관적으로 바라보았다.

사실 우리는 과학의 다원주의라고 불리는 시대에 살고 있다. 이러한 시대에 각각의 개별 과학은 서로 다른 방식으로 현실을 그려내고 있기 때문에 과학 분야별로 그린 그림들이 서로 상반된다. 그러나 나는 이렇게 그림들이 서로 상반되고 모순되지만, 그림들 간의 이러한 모순이 현실의 통일성(unity of reality)과 모순되지 않는다고 생각한다. 이는 인간 현실(human reality)에서도 마찬가지다. 이를 증명하기 위해 각 과학이 말하자면 현실의 한 단면을 잘라낸다는 것을 상기해 보자. 이제 기하학에서 이 유추가 무엇을 의미하는지 살펴보도록 하겠다.

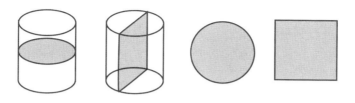

원기둥을 두 개의 단면으로 자르면 수평 단면에는 원기둥이 원으로 나타나고 수직 단면에는 원기둥이 사각형으로 나타난다. 그러나 알다시피, 아직까지 누구도 원을 사각형으로 바꾸지는 못했다. 마찬가지로 아직까지 누구도 인간의 신체적인 면과 심리적인 면 사이의 차이를 연결하는 데 성공하지 못했다. 덧붙이자면 독일의 자연철학자 쿠사누스(Nicholas of Cusa)가 명명한 반대의 동시성(Coincidence of Opposites: 상반되는 것들이 공존하는 것-옮긴이)은 단면 안에서 불가능하며 오직 보다 높은 차원(3차원의 공간)에서 몸과 마음을 모두 뛰어넘을 때만 가능하기 때문에 앞으로 누구도 단면적인 2차원에서 몸과 마음의 차원을 연결하지는 못할 것이다.

생리적 차원인 생물학적 단면 안에서 우리는 인간의 신체적 측면을 만나게 되고, 심리적 차원인 심리학적 단면에서 우리는 인간의 심리적 측면을 만나게 된다. 그러므로 생물학과 심리학이라는 이 두 가지 과학의 단면에서 각각 그려내고 있는 다양성에 직면하게 되지만, 단면만을 바라보게 되면 우리는 인간의 통일성을 잃어버리게 된다. 통일성이란 오직 인간적 차원(영을 포함한 3차원-옮긴이)에서만 가능하기 때문에 생물학이나 심리학을 이용해 인간 현실의 단면만을 바라보게 되면 그 안에서 통일성은 당연히 사라지게 되어 있다.

토마스 아퀴나스(Thomas Aquinas)가 인간을 정의한 것처럼 통일적 다양성(혹은 복합적 단일체: unitas multiplex)은 오직 인간적 차원에서만 가능하다. 여기서 통일성이란 '다양성 안의 통일성'이 아니라 '다양성에도 불구하고 통일성(unity in spite of diversity)'이라는 뜻이다. 인간존재가 다양성에도 불구하고 하나로 통합된다는 것이 인간의 개방성에도 마찬가지로 적용된다.

앞의 원기둥으로 돌아가서 이제 그 원기둥이 열려 있는 컵이라고 상상해보자. 이때 단면은 어떤 모습일까? 수평 단면은 여전히 닫힌 원이지만, 수직 단면에서 컵은 열려 있는 모습이다. 그러나 수평 단면과 수직 단면으로만 바라보았기 때문에 하나는 닫힌 원으로 하나는 열린 사각형으로 인식된 것이다. 이 두 단면을 원기둥의 컵모양으로 바라보게 되면 닫혀 있는 원과 열려 있는 사각형은 완벽하게 양립된다.

이는 인간에게 있어서도 마찬가지다. 인간 역시 종종 마치 조건반사(conditioned reflexes) 혹은 무조건반사(unconditioned reflexes), 조건화 과정(conditioning processes) 혹은 자극에 대한 반응(responses to stimuli)과 같은 인과관계(cause-effect relations)로 작동되는 폐쇄 시스템인 것처

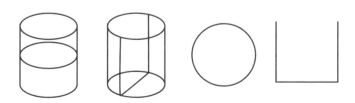

럼 그려진다. 그러나 인간은 막스 셸러(Max Scheler)와 아르놀트 겔렌 (Arnold Gehlen)이 제시한 것처럼, 세상으로 열려 있는 존재다. 또한 하이데거(Martin Heidegger)가 말했듯이 인간이란 '세계-내적-존재(Being in the world)'다. 내가 존재의 자기초월성이라고 불러왔던 것은, 인간이란 자기를 넘어선 어떤 것 혹은 어떤 존재와 관계하는, 즉 성취해야할 의미와 만나게 될 어떤 사람을 향하는 존재라는 인간존재의 근원적인 사실을 뜻한다. 만약 존재가 자기초월성을 실현하지 못한다면 존재는 결국 흔들리고 붕괴되어버릴 것이다.

이에 대해 비유를 들어 설명해보자. 눈은 자기 자신의 밖, 즉 눈 밖에 있는 세상을 지각하는 능력을 가지고 있다. 그러나 역설적으로 세상을 지각할 수 있는 눈의 능력은 자기 자신, 즉 눈 안에 있는 어떤 것도 지각할 수 없다. 예를 들어 만약 눈이 눈 자체를 보게 되면 눈은 백내장에 걸리게 되고, 이렇게 되면 세상을 볼 수 있는 능력에 손상을 입게 된다. 기본적으로 눈은 눈 이외의 다른 것을 보고 있는 것이다. 본다는 것 역시 자기초월적인 것이다.

앞의 도형에서 보았듯이 컵을 단면으로 자르면 수평 단면에는 폐쇄된 형태의 원모양이, 그리고 수직 단면에는 개방된 모양의 사각형이 나타난다. 이때 원모양의 폐쇄성과 사각형모양의 개방성은 컵이라는 차원에서 볼 때 서로 양립한다는 것을 알 수 있다. 이와 같이 존재의 자기초월성이라는 컵을 수평 단면과 수직 단면으로 각각 자르면, 마찬가지로 하나의 단면은 폐쇄적으로, 다른 한 단면은 개방적으로 나타난다. 따라서 인간의 초월성, 인간존재의 개방성이 한쪽 단면에서는 나타나고 다른 한쪽 단면에서는 나타나지 않는다는 것이 이해가 된다. 이때 폐쇄성과 개방성은 양립할 수 있게 된다.

나는 결정론과 비결정론도 마찬가지라고 생각한다. 인간적 차원, 즉 인간현상의 차원인 영적 차원에는 자유가 있다. 앞서 몸과 마음의 문제에 관해 우리는 '다양성에도 불구하고 통일성'이라는 문구로 끝을 맺었다. 자유로운 선택의 문제에 있어 우리는 '결정론에도 불구하고 자유로운(freedom in spite determinism)'이라는 문장으로 끝을 맺는다. 이 문구는 하르트만(Nicolai Hartmann)이 말한 '의존에도 불구하고 자율적인(autonomy in spite of dependency)'이라는 문구와 유사하다.

인간의 고유한 현상으로서의 자유는 인간을 모든 것에 대해 완전히 자유로운 존재인 것처럼 묘사하고 있다. 그러나 인간의 자유는 유한적인 자유다. 인간은 주어진 상황이나 조건으로부터 자유로울 수 없다. 그러나 인간은 주어진 상황이나 조건에 대해 굳건하게 일어설 수 있는 존재다. 한계 안에서 그러한 조건이나 환경에 압도되어 굴복할 것인가 말 것인가 하는 것은 전적으로 인간에게 달려 있다. 인간은 자유로운 선택을 통해 자신이 마주한 조건이나 환경을 넘어설 수도 있고, 또한 그렇게 함으로써 인간 차원, 즉 영적 차원을 열고 그 안으로 들어갈 수 있다. 신경학과 정신의학 두 분야의 교수로서 나는 인간이 신체적, 심리적, 사회적 조건이나 환경에 종속되어 있다는 것을 잘 알고 있다. 그러나 이 두 분야의 교수인 것 이외에도 나는 네 군데 나치 수용소의 생존자로서 또한 인간이 상상할 수 없는 최악의 상황에서조차 이에 대항하여 용감하게 맞설 수 있는 존재라는 전혀 예상치 못했던 사실을 목격했다.

프로이트는 이렇게 말한 적이 있었다. "다양한 배경을 가진 각기 다른 사람들을 똑같이 굶게 해보자. 배고픔이라는 피할 수 없는 충동이 커지면 모든 개인 간의 차이는 흐려질 것이고, 그 대신 채워지지 않은 배고픔의 충동이 모든 사람에게서 똑같이 표출될 것이다." 그러나 사실은 이와 반대였다. 굶주림 앞에서 짐승의 정체도 드러났고, 성자의 정체도 드러났다. 굶주림은 동일했지만, 사람들은 달랐다. 사실 칼로리는 중요하지 않았다.

궁극적으로 인간은 자신이 직면하는 조건이나 상황에 종속되는 것이 아니라 조건이나 상황이 인간의 결정에 종속된다. 의식적이든 무의식적이든 인간은 자신이 처한 상황에 맞설 것인지 아니면 굴복할 것인지, 자신이 직면한 상황이 자신을 결정하도록 허락할 것인지 말 것인지를 결정한다. 상황이 결정하도록 할 수도 있다. 그러나 상황이 자신을 결정하도록 하는 결정도 자신의 결정이라는 사실을 잊지 말아야 한다.

체코 출신의 미국 심리학자 마그다 아놀드(Magda B. Arnold)는 이 문제를 요약해 결론적으로 한 문장으로 표현했다. "모든 선택은 일어난다. 그러나 모든 선택은 선택자에 의해 일어난다(The Human Person, New York, 1954, p.40). 선택하지 않기로 한 것도 선택이며, 선택하지 않기로 한 선택도 선택자가 한 선택이라는 뜻이다. 자기 자신이 상황이나 조건을 결정하는 것이 아니라 상황이나 조건이 자신을 결정한다고 해도, 상황이나 조건이 자신을 결정하도록 한 결정 역시 자신이 한 것이다. 따라서 어떤 것도 인간이 선택하고 결정한 것이라는 뜻이다.

학제 간 연계된 통합적 연구는 연구별로 단면만을 보는 것을 넘어선다. 따라서 이러한 통합적 연구는 우리가 현실의 한 단면만을 보지 않도록 해준다. 자유로운 선택의 문제에 있어서 이러한 연구들은 또한 한편으로는 우리가 인간의 결정론적이고 기계론적인 측면을 부정하지 않으면서 동시에 다른 한편으로는 결정론적이고 기계론적인 측면을 초월한 인간의 자유를 인정할 수 있도록 해준다. 인간의 자유를 부정하는 것은 결정론(determinism)이 아니라 범결정론(pan-determinism)이다. 따라서 자유에 대해 말할 때 결정론과 비결정론(indeterminism)과의 대결이 아니라 오히려 결정론과 범결정론과의 대결에 대해 말하는 것이 옳다. 프로이트는 이론적으로 범결정론만을 지지했다. 실제 임상에서 프로이트는 예를 들어 정신분석의 목표를 환자의 에고(ego: 자아)에게 어느 쪽이든 선택할 자유를 주는 것이라고 정의했고, 이렇게 함으로써 변화하고 개선할 수 있는 인간의 자유에 대해 눈을 감아버렸다.

인간의 자유는 인간이 자신으로부터 자기를 떨어뜨릴 수 있는 (detach) 능력을 말한다. 자기와 거리두기라는 인간의 능력을 설명하기 위해 내가 자주 하는 이야기가 하나 있다.

제1차 세계대전 때 유대인 군의관이 폭격이 시작되자 자신의 친구이자 유대교에 배타적인 고위직 대령과 함께 은신처인 참호에 앉아 있었다. 그때 대령이 "너 두렵지? 아리아족이 셈족보다 우월하다는 또 하나의 증거야"라며 유대인 군의관을 놀려댔다(아리아족은 비아리아인인 유대인을 정계나 관계 그리고 경제계에서 몰아낸 민족이며 셈족은 유대인을 말한다—옮긴이). "예, 두렵습니다." 유대인 군의관이 말했다. "그러나 누가 더 우월합니까? 친애하는 대령님께서 저처럼 두려우셨다면 오래전에 도망쳤을 겁니다." 중요한 것은 우리의 두려움이나 공포 자체가 아니라 두려움이나 공포에 대한 우리의 태도다. 두려움이나 공포는 선택할 수 없지만, 태도는 우리가 자유롭게 선택하는 것이다.

심리적인 것에 대해 태도를 선택할 수 있는 자유가 있다는 것은 또한 심리적인 것의 병리적 측면에 대해서도 태도를 선택할 수 있는 자유가 있다는 것을 내포한다. 우리 정신과 의사들은 자신 안에 있는 병리적인 것에 대해 전혀 병리적이지 않은 태도를 취하는 환자들을 만나곤 한다. 나는 박해에 대한 망각적 신념으로 인해 자신이 적이라고 지목한 사람을 살해한 편집증 환자를 만난 적이 있다. 하지만 반대로 자신이 적이라고 지목한 사람을 용서한 편집증 환자를 만난 적도 있다. 자신이 적이라고 지목한 사람을 용서한 편집증 환자는 편집증이라는 질병의 발로로 행동을 한 것이 아니라 오히려 자신의 진정한 인간애로부터 편집증이라는 병에 반응한 것이다. 자살의 경우에도 우울증으로 인해 자살을 하는 사례도 있지만, 어떤 대의나 어떤 사람을 위해 자살에 대한 충동을 극복한 사례도 있다. 그들은 대의와 사람에 헌신함으로써 자살을 하지 않은 것이다.

나는 편집증이나 내인성 우울증과 같은 정신증(프랭클 박사는 조현증, 우울증, 내인성 우울증과 같이 생리적인 데 원인이 있는 심리적 어려움을 정신증으로 분

213
제2부 의미의 의미

류했다-옮긴이)은 신인성이라고 확신한다. 보다 구체적으로 말하면, 정신증의 병인은 생화학적이다. 하지만 신인성 정신증의 원인이 생화학적인 데 있다고 하더라도 이에 대해 숙명론적인 추론(인간이 통제할 수 없는 것에 대해 결국 이러저러하게 될 것이라고 미리 추측해버리는 것-옮긴이)을 해서는 안 된다고 생각한다. 숙명론적인 추론은 생화학이 유전적 기질에 기초하는 경우에서조차도 해당되지 않는다.

이러한 관점에서 나는 일란성 쌍둥이 형제의 사례를 보고한 요하네스 랑케(Johannes Ranke: 독일의 인류학자-옮긴이)의 말을 인용하고자 한다. 일란성 쌍둥이 중 한 명은 '주도면밀한(영민한) 범죄자(cunning criminal)'가 되었고, 다른 한 명은 '주도면밀한(영민한) 범죄학자(cunning criminologist)'가 되었다. 주도면밀함(영민함)은 타고난 유전기질의 문제일 수 있다. 그러나 범죄자가 될 것인지 아니면 범죄학자가 될 것인지는 사례에서와 같이 태도의 문제다. 유전기질이란 인간이라는 건물을 짓는 데 사용되는 재료에 불과하다. 이는 즉 건물을 짓는 건축가가 건물을 지을 때 사용할 수도 있고, 사용하지 않을 수도 있는 돌 같은 것이다. 그러나 건축가 자신은 돌로 만들어지지 않는다.

유전보다는 유아기(유아기 때 경험-옮긴이)가 명백히 삶의 과정에 더 영향을 미친다. 내 환자는 아니었지만 한 여성이 내게 편지를 쓴 적이 있다. 편지에서 그녀는 이렇게 말했다. "저는 실제로 콤플렉스가 있기보다 콤플렉스가 있어야 한다는 생각 때문에 더 고통받았습니다. 사실 저는 제 경험을 그 어떤 것과도 바꾸지 않을 것이며, 경험으로부터 많은 좋은 것들이 왔다고 믿습니다."

더욱이 어린 시절의 경험은 심리학자들이 생각하는 것만큼 종교생활에 결정적인 영향을 미치지 않는다. 신에 대한 개념이 아버지에 대한 이미지에 의해 전적으로 결정된다는 것은 절대 사실이 아니다. 종교생활을 제대로 하지 않는다고 해서 그것이 아버지에 대한 부정적인 이미지의 영향이라고 할 수는 없다. 아버지에 대한 이미지가 아무리 최악이라 해도 그것이 신과 건강한 관계를 맺는 것을 방해할 수 없다(Vikor E. Frankl, The Will to Meaning, New York and Cleveland, 1969, p.136 1). "진리가 너희를 자유케 하리라"라는 성서구절을 마치 종교적으로 신실하면 신경증으로부터 자유로울 수 있다는 말처럼 해석해서는 안된다.

그러나 반대로 신경증으로부터 자유롭다고 해서 그것이 신실한 종교적 삶을 보장해주지는 않는다. 3년 전 멕시코에 있는 베네딕토 수도회의 수도원을 운영하는 원장과 이 문제에 대해 토의를 한 적이 있다. 그는 수사들이 프로이트의 정신분석을 철저히 받아야 한다고 주장했다. 그런데 정신분석 결과 20퍼센트의 수사들만 수도원에 남게 되었다고 한다. 나는 정신과 의사들 또한 신경증적인 결함 여부에 따라 정신과 의사로서의 자격 여부를 심사한다면 과연 몇 명이나 정신과 의사가 될 수 있을지 그리고 정신과 의사로 남아 있을 수 있을지 궁금하다. 여러분 가운데 신경증적인 결함이 없는 사람이 있다면 여러분이 신학자든 정신과 의사든 내게 첫 번째로 돌을 던지라고 말하고 싶다.

정신과 의사가 숙명론적 관점을 가지고 있다면 신경증적인 특성을 가지고 있는 환자의 숙명론적 태도를 강화시킬 가능성이 높다. 이는 사회에서도 마찬가지다. 범결정론은 범죄자에게 핑곗거리를 제공한다. 범결정론 측면에서 보면 비난받아야 하는 것은 범죄자 자신이 아니고 그 사람 안에 결정되어진 메커니즘이다. 그러나 그러한 주장은 자멸적인 것(self-defeating)으로 판명된다. 즉 피고가 살인을 저지른 것은 자기 자신이 아니라 자신 안에 통제할 수 없는 어쩔 수 없는 메커니즘 때문이며 따라서 자신에게는 살인에 대한 어떤 자유도 책임도 없다고 주장한다면, 판사도 선고를 내릴 때 같은 주장을 할 수도 있다(즉 판결에 대한 책임이 자신에게 있는 것이 아니라 자신 안에 있는 메커니즘에 의한 것이라고—옮긴이). 실제 일단 판결을 통과하고 나면, 범죄자들은 자신이 정신역동 메커니즘이나 조건화 과정의 단순한 희생자로 간주되기를 원하지 않는다. 막스 셸러가 지적한 바와 같이 인간에게는 유죄판결을 받고 처벌받을 '권리'가 있다. 범죄자를 단지 환경의 희생자로 바라보면서 그의 죄를 변명해주는 것은 그에게서 인간으로서의 존엄성을 빼앗는 것이다.

죄를 짓는 것은 인간의 특권일 것이다. 물론 죄책감을 극복하는 것도 인간의 책임이다. 이는 내가 캘리포니아의 샌퀜틴(San Quentin) 교도소 소장으로부터 수감자들에게 강의 요청을 받았을 때 한 말이다. 당시 캘리포니아대학에서 편집자로 일하고 있는 조지프 패브리(Joseph B. Fabry)와 함께 교도소에 방문했는데, 그 이후에 가장 험악한 범죄를 저지른 이 교도소의 수감자들이 내 강의에 어떻게 반응했는지 나에게 전해주었다. 그에 따르면 한 수감자는 "프랭클 박사님과는 정반대로 많은 심리학자들은 항상 우리에게 어린 시절의 안 좋았던 일들에 대해 물었습니다. 그들은 언제나 우리에게 과거에 대해 물었죠. 우리 목에 매어 있는 맷돌 같은 과거에 대해 말입니다"라고 말했다고 한다. 그는 또한 이렇게 덧붙였다. "우리들 대부분은 심리학자가 말하는 것을 듣기 위해 온 게 아닙니다. 제가 여기에 온 것은 바로 프랭클 박사 역시 수감자였다는 것을 책에서 읽었기 때문입니다."(Joseph B. Fabry, The Pursuit of Meaning, Boston, 1968, p.24)

칼 로저스(Carl Rogers)는 연구를 통해 무엇이 '자유'를 구성하는가를 정의했다. 그의 제자인 켈(W. L. Kell)이 151명의 비행청소년을 대상으로 연구를 진행했는데, 연구 결과 이들의 행동은 가정환경, 교육수준, 사회 경험, 친구관계, 문화적 영향, 건강상태, 유전적 기질과 같은 요인들을 기초로 해서는 예측할 수 없는 것으로 드러났다. 단연 가장 정확한 예측 요인은 자기이해의 정도인 것으로 나타났는데, 자기이해의 정도와 행동 간의 상관관계가 0.84였다고 한다. 자기이해란 자기와 거리두기, 즉 자기 자신과 자기를 떨어뜨릴 수 있는 능력을 말한다. 그러나 범결정론은 자기와 거리두기라는 인간의 능력을 무력화시킨다.

범결정론에 반하는 결정론에 대해 살펴보기로 하자. 일단 범결정론의 원인이 무엇인지 우리 자신에게 물어보도록 하자. 나는 범결정론의 원인이 분별의 부재(lack of discrimination)에 있다고 말하고 싶다. 일례로 원인(cause)을 이유(reason)와 혼동하는 경우가 종종 있다. 원인과 이유의 차이는 무엇인가? 양파를 자를 때 눈물이 난다. 이때 흘리는 눈물에는 원인이 있다. 그러나 눈물을 흘린 이유는 없는 것이다. 암벽타기를 해서 1만 피드 높이까지 올라가면 압박감이나 불안감을 느낄 수 있다. 이때 압박감에는 원인도 있을 수 있고 이유가 있을 수도 있다. 산소 부족이 압박감의 원인일 수 있다. 그러나 만약 암벽타기를 하기에 충분할 정도로 장비를 잘 갖추지 않았거나 연습이 불충분한 경우라면 이때 느끼는 불안감에는 이유가 있는 것이다.

인간으로 존재한다는 것(being human)은 '세계-내적-존재(being in the world)'라고 정의할 수 있다. 세상에는 이유와 의미가 포함되어 있다. 그러나 만약 인간을 폐쇄 시스템으로 인식한다면 이유와 의미는 세상에서 빠져버리게 된다. 남는 것은 오직 원인과 결과뿐이다. 결과란 자극에 대한 조건화된(통제된) 반사나 반응이다. 원인이란 조건화하는(통제하는) 과정이나 충동 혹은 본능이다. 충동과 본능은 억지로 밀어내고(push) 강요하지만, 이유와 의미는 자연스럽게 끌어당긴다(pull). 만약 인간을 폐쇄적인 존재로 여긴다면, 오직 억지로 밀어내고 강요하는 충동이나 본능만 보이고 자연스럽게 끌어당기는 동기는 보이지 않을 것이다.

드레이크호텔(Drake Hotel)의 정문을 생각해보자. 로비 안쪽에는 '미시오(push)'라는 사인만 적혀 있고, 로비 밖에는 '당기시오(pull)'라는 사인만 적혀 있다. 인간도 드레이크호텔처럼 문을 가지고 있다. 인간은 창문이 없는 단세포 생물(단일 개체, 단자)이 아니다. 만약 심리학이 인간의 세상으로 열려 있는 개방성을 인식하지 않는다면 단자학(monadology: 독일의 철학자 로트프리트 빌헬름 라이프니츠의 철학으로 궁극적 실재

무의미의 의미

는 극소한 정신 물리적 실체인 단자로 구성되어 있다는 이론으로 인간의 자유의지까지도 과학적 논리로 이해하려는 근대적 세계관 형성에 많은 영향을 미쳤다—옮긴이)으로 퇴보하게 될 것이다.

세상에 열려 있는 존재의 개방성은 자기초월성으로 나타난다. 인간 내면의 자기초월성은 독일의 철학자 브렌타노(Franz Brentano)와 후설(Edmund Husserl)이 칭했던 인간현상의 '지향적(intentional)' 특성이 반영된 것이다. 인간현상은 '지향적 대상(intentional objects)'을 가리킨다(Herbert Spiegelberg, The Phenomenological Movement, Vol. 2, 1960, p.721). 이유와 의미는 바로 이러한 지향적 대상이다(현상학의 후설은 인간의 의식과 대상은 '지향적 관계(intentional relation)'를 맺고 있고, 지향의 주체인 의식과 지향의 대상은 서로 별개의 영역이 아님을 강조했다—옮긴이). 이유와 의미는 로고스(logos)로서 마음이 지향해야 하는 것이다. 만약 심리학이 그 이름값을 하려면 심리학의 두 반쪽인 마음(psyche)과 로고스를 모두 인식해야 한다.

존재의 자기초월성을 부정하게 되면 존재 자체가 왜곡되어버린다. 존재가 물질화되어버린다. 즉 존재의 자기초월성을 무시한다면 존재는 단지 물건에 불과한 것이 되고 인간존재는 비인격화되어버린다. 그리고 무엇보다 중요한 것은 주체가 대상이 되어버린다는 것이다. 이는 주체의 특성이 대상(객체)과 관계를 맺는 것이라는 사실에 연유한다. 즉 이유(reason)와 동기(motive)로 작용하고 기능하는 가치와 의미의 관점에서 지향적 대상(intentional object)과 관계를 맺는 것이 바로 인간의 특성 중 하나이기 때문이다. 한편, 자기초월성이 부정되고 의미와 가치로 향하는 문을 닫아버린다면 이유와 동기는 조건화 과정으로 대체되어버릴 것이며, 조건화 과정을 주도하는 '숨겨진 설득자(hidden persuader)'에 의해 인간은 조종당하고 말 것이다.

인간을 단지 물건으로 여기게 되면 인간을 마음대로 조종할 수 있게 된다. 이와 반대도 마찬가지다. 인간을 마음대로 조종한다는 것은 인간을 단지 물건처럼 취급하고 있다는 뜻이다. 즉 인간을 마음대로 조종하기 위해서는 우선 인간을 사물화(reification: 유물화 혹은 구상화라고도 번역됨-옮긴이)해야 하고, 결국에는 범결정론의 노선에 맞추어 인간을 교육해야 한다. 오스트리아의 생물학자 루트비히 폰 베르탈란피(Ludwig von Bertalanffy)는 "'풍요로운 사회'에서 확대되고 있는 경제는 인간을 조종하지 않고서는 살아남을 수 없다"라고 말했다. "오직 인간을 더 많이 스키너의 실험용 쥐처럼, 로봇처럼, 혹은 기계적으로 아무 생각 없이 물건을 구매하는 사람처럼 조종하고, 항상성에 적응한 순응주의자나 기회주의자처럼 취급해야만 이 거대한 사회가 그 어느 때보다 더 많은 국내총생산을 증가시키는 쪽으로 발전할 수 있다. 로봇으로서의 인간에 대한 개념은 산업화된 대량생산의 사회를 움직이는 강력한 힘이었다. 인간을 로봇처럼 여기는 것이 상업, 경제, 정치 그리고 여타의 광고나 선전 등 사회 전반의 각 분야 활동들을 움직이고 조종하는 기초였던 것이다."(일반체제이론과 정신의학(General System Theory and Psychiatry, in Silvano Arieti, ed., American Handbook of Psychiatry, Vol.3, pp.70 & 721))

원인은 이유와 혼동될 뿐 아니라 조건과도 혼동된다. 그러나 어떤 면에서 원인 자체는 조건이다. 원인은 엄격한 의미에서 필요조건

(necessary)이 아니라 충분조건(sufficient condition)이다. 필요조건뿐 아니라 가능조건(possible conditions)이라고 부르는 것도 있다. 발사물과 방아쇠(releases & triggers)를 예로 들어 설명해보자. 예를 들어 소위 심신질환(psychosomatic disease)이라고 불리는 것은 심리적인 데 원인이 있지 않다(프랑클은 심인성 신경증(pcycogenic neurse)과 심신질환(psychosomatic disease)을 구분했다. 심인성 신경증은 심리적 원인(cause)에 의해 생기는 신경증이지만 심신질환은 심리적 요인에 의해 야기(trigger)되는 장애다. 원인이 되는 것은 1차적이고 직접적인 반면 야기시키는 것은 2차적이고 간접적이라는 측면에서 차이가 있다-옮긴이). 즉 심신질환을 심인성 신경증과 혼동하는 경우가 많은데 사실은 심인성 신경증이 아니다. 심신질환은 심리적 요인이라는 방아쇠가 야기시킨(trigger off) 장애다. 이때 심신질환은 심인성 신경증과는 달리 직접적 원인이 심리적인 데 있는 것이 아니라 신체(생리적인 것)에 있지만, 심리적 요인이라는 방아쇠가 당겨져 신체적인 것(생리적인 것)에 근원적인 원인이 있는 증상이 밖으로 발사되도록(releases) 증상을 야기시킨 것이다. 따라서 나는 증상을 야기시킨다는 의미에서, 즉 증상을 일으킬 수 있는 가능성을 가진 조건이라는 의미에서 가능조건(possible condition)이라고 명명했다.

충분조건이란 현상을 만들고 유발하기에 충분한 조건을 말한다. 즉 현상은 본질적인 원인뿐 아니라 그 존재에 의해서도 결정된다. 이와 대조적으로 필요조건은 전제조건이다. 예를 들어 갑상선 기능 저하로 인해 지적 발달장애가 나타나는 경우가 있다. 이런 환자에게 갑상선 약을 주면 지능이 향상되고 올라간다. 그럼 이것이 내가 언젠가 리뷰해야 했던 책에서 말했듯이 지능이 갑상선 약에 불과하다는 뜻인가? 나는 갑상선 약은 그 책의 저자가 충분조건과 혼동한 필요조건에 불과하다고 말하고 싶다. 부신피질 기능 저하에 대해 살펴보자. 나는 부신피질 기능 저하 때문에 비인격화라는 장애가 발생하는 경우가 있다는 실험연구 결과를 두 개의 논문에서 발표했다. 만약 이때 환자에게 DOCA(desoxycorticosterone acetate: 부신피질 호르몬을 활성화시키는 데 직접으로 작용하는 약물-옮긴이)을 주면, 그는 다시 자신이 사람인 것처럼 느끼게 된다. 자아에 대한 감각이 회복된다. 그렇다면 이것이 자아가 단지 DOCA라는 약물에 불과하다는 뜻인가?

이 지점이 바로 범결정론이 환원주의로 바뀌는 지점이다. 원인과 조건의 차이를 분별하지 못하면 환원주의(reductionism)는 인간현상을 추론해서 인간 이하의 하부(sub-human) 현상으로 비하해버린다. 이런 점에서 환원주의를 하부인간주의(sub-humanism)라고 칭할 수 있다. 또한 인간 이하의 하부 인간현상으로부터 인간현상을 다시 역으로 추론하게 되면 이때 하부 인간현상으로부터 추론된 인간현상은 그저 부수적인 현상에 불과한 것이 되어버린다.

환원주의는 오늘날의 허무주의(nihilism)다. 프랑스의 철학자 사르트르의 실존주의는 책 제목에서 인용한 《존재와 무(Being and Nothingness)》를 중심에 두고 있는 것이 사실이다. 그러나 실존주의에서 배워야 하는 것은 '무(nothingness)'가 아니라 'nothingness'라는 단어 중간에 하이픈(-)을 추가한 '인간은 사물이 아니다(No-thingness)'라는 것이다. 즉 인간존재에 대한 비유물론이다. 인간은 여러 가지 물건들 중 하나가 아니다. 물건은 스스로를 결정하지 못한다. 그러나 인간은 자기 자신을 결정한다. 또한 자신을 밀어붙이는(push) 충동(drives)과 본능(instincts)에 의해 자신이 결정되도록 할 것인지 아니면 자신을 끌어당기는(pull) 이유(reasons)와 의미(meanings)에 의해 자신이 결정되도록 할 것인지를 결정한다.

어제의 허무주의는 '무(nothingness)'를 가르쳤다. 환원주의는 '…에 불과한(nothing-but-ness)'을 설교하고 있다. 환원주의에서는 인간을 컴퓨터나 '털없는 원숭이'에 불과한 존재로 본다. 인간의 중추신경계를 컴퓨터에 비유해 설명하는 것은 중추신경계를 이해하는 데 도움이 된다. 그러나 환원주의에서 무시하고 간과한 것이 있다. 그것은 바로 차원적 차이다. 예를 들어 인간만의 고유한 현상인 양심이 단지 조건화 과정의 결과에 불과하다고 여기는 환원주의에서의 양심에 관한 이론을 고려해보자. 카펫에 소변을 보고는 다리 사이로 꼬리를 말고 소파 밑으로 기어 들어가 숨는 강아지의 행동은 양심에서 나온 것이 아니라 예기불안(anticipatory anxiety), 즉 보다 구체적으로 말한다면 처벌이라는 공포스러운 기대에서 나온 것이고, 이러한 강아지의 행동은 조건화 과정의 결과다. 인간이 여전히 처벌에 대한 공포나 혹은 보상에 대한 소망에 의해 움직이는 한, 혹은 초자아를 달래기 위한 동기로 움직이는 한 양심은 작동하지 않는다.

오스트리아 출신의 동물행동학자로 동물행동학을 창시한 로렌츠(Konad Lozens)는 "인간의 도덕적 행동과 유사한 동물의 행동"에 대해 매우 조심스럽게 말했다. 이와 대조적으로 환원주의자들은 인간의 행동과 동물의 행동 간의 질적인 차이를 인식하지 못한다. 그들은 인간만의 고유한 현상이 존재한다는 사실을 부정한다. 그리고 그들은 인간만의 고유한 현상이 존재한다는 것에 대해서 어떤 경험적 근거를 가지고 부정하는 것이 아니라 선험적으로 근거 없이 그저 부정해버린다. 그들은 인간은 동물에게서 발견되는 모든 것을 가지고 있다고 주장한다. 잘 알려진 격언(토마스 아퀴나스의《진리론》이라는 유명한 책에서 인용한 말로 "지성에 있는 어떤 것도 감각에서 처음이 아니었던 것은 없다(nothing is in the intellect that was not first in the sense)"-옮긴이)을 응용한 것으로 "인간에게 있는 어떤 것도 동물에게서 처음 발견되지 않는 것이 없다"라는 말이 있는데 이는 인간에게 있는 모든 것은 동물에게서 처음 발견되었다는, 인간의 모든 것은 동물에서 시작되었다는 뜻을 담고 있다.

이 말과 관련해서 한 가지 떠오르는 이야기가 있다. 농담 같은 이야기인데, 어느 날 랍비(유대교 율법교사)에게 두 명의 교인이 찾아와서 의견을 물었다고 한다. 한 교인이 다른 교인의 고양이가 자기의 버터 5파운드를 훔쳐 달아나 먹어치웠다고 주장했다. 그러나 다른 교인은 자기 고양이는 버터를 좋아하지 않기 때문에 그럴 리가 없다고 주장했다. 이에 랍비는 두 사람에게 "그러면 고양이를 데려와보세요"라고 말했다. 그들이 고양이를 데려오자 랍비가 저울을 가져다달라고 요청하고는 이렇게 물었다. "고양이가 먹은 버터가 몇 파운드라고 했지요?" 그들이 "5파운드입니다"라고 답하자 랍비가 고양이를 저울 위에 올려놓았다. 그런데 고양이의 몸무게가 딱 5파운드였다. 저울을 확인한 랍비는 이렇게 말했다. "자, 제가 가지고 있는 것이 버터입니다. 그러면 고양이는 어디에 있는 걸까요?" 랍비는 만약 저울이 5파운드를 가리킨다면 그것은 5파운드의 버터여야 한다는 선험적 가정에서부터 시작했던 것이다.

환원주의자들도 이와 마찬가지 아닌가? 그들 역시 만약 인간 안에 어떤 것이 있다면 그것이 무엇이든 동물의 행동의 관점에서 설명할 수 있다는 선험적 가정에서 출발한다. 결국 그들은 인간 안에서 모든 조건화된 반사, 조건화 과정, 선천적 방출 메커니즘을 재발견하고 자신들이 무엇을 발견하든지 앞의 이야기에서 랍비가 말했듯이 "자, 여기 우리가 이걸 가지고 있지요. 하지만 인간은 어디에 있는 겁니까?"라고 말한다.

환원주의에 따른 교육의 폐해를 과소평가해서는 안 된다. 여기서 나는 그레이(R. N. Grey)와 그의 동료들이 64명의 의사들을 대상으로 한 연구를 언급하고자 한다. 64명의 의사 중 11명은 정신과 의사였다. 연구에 따르면 인본주의가 쇠퇴하면서 연구에 참여한 의사들이 의과대학에 다니던 학생 때에는 그들의 냉소주의가 대체로 증가했다고 한다. 의과대학을 졸업하고 난 후에야 비로소 냉소주의적인 태도가 바뀌기는 했지만, 불행하게도 모든 대상자들에게 그러한 반전이 일어난 것은 아니었다고 한다(개업 전후 의사의 냉소주의와 인도주의 태도에 관한 분석(An analysis of Physician's Attitudes of Cynicism and Humanitarianism before and after Entering Medical Practice, J.Med.Educat., Vol, 40, 1955. P. 760)). 아이러니하게도 이 연구 결과를 발표한 논문의 저자는 자기 자신을 '적응-제어시스템(adaptive control system)'에 불과한 인간으로 정의한 학자였다. 가치에 대한 또 다른 환원주의적 정의에 따르면 인간은 반동형성(reaction formations)과 방어기제(defense mechanism)일 따름이다. 이에 대한 나의 반응은 이러하다. 나는 나 자신에 대해 이렇게 말하고 싶다. 나는 반동형성을 위해 살지 않을 것이며, 나의 방어기제를 위해 죽지도 않을 것이라고 말이다. 이와 같이 환원주의적 해석은 가치에 대한 올바른 인식을 저해하고 잠식시킬 가능성이 높다.

이에 대해 예를 들어 설명해보자. 젊은 미국인 부부가 평화봉사단 자원봉사자로 아프리카에서 일을 마치고 완전히 소진되어 돌아왔다. 귀국 후 의무적으로 심리학자가 이끄는 그룹세션에 참가해야 했다고 한다. 그런데 그 그룹세션에서 심리학자가 이렇게 물었다. "왜 평화봉사단에 합류하신 건가요?" 부부는 이렇게 대답했다. "가난한 사람들을 돕고 싶었습니다." 그랬더니 심리학자가 "그럼 당신이 그들보다 우월하다는 말이군요. 그러니까 당신의 무의식 안에 당신이 우월하다는 것을 증명하고 싶은 욕구가 분명히 있다는 말이네요." 이에 그들은 이렇게 말했다. "음, 한 번도 그렇게 생각해본 적은 없었는데요, 심리학자이신 선생님이 확실히 더 잘 알고 계시겠지요." 그룹세션은 계속 진행되었다고 한다. 이 그룹에서는 참여자들의 이상주의와 이타주의를 그저 콤플렉스와 같은 심리적 장애로 해석하도록 세뇌했다고 한다. 작년에 내가 근무하는 빈의 병원에서 공부하던 풀브라이트 연구원(Fullbright Fellow)의 보고에 따르면 자원봉사자들은 그렇게 하는 것이 괴롭고 너무 싫었지만, 계속 질문을 하면서 '당신의 숨겨진 동기는 무엇인가'라는 게임을 진행했다고 한다.

무의미의 의미

그렇다면 과도한 해석(hyperinterpretation)에 대해 예를 들어보도록 하겠다. 가면을 벗기는 것은 전혀 문제가 될 것이 없다. 그러나 인간 안에 있는 진정으로 인간적인 것을 만나게 된다면 즉시 가면 벗기기를 멈추어야 한다. 만약 그러지 않는다면 벗겨지는 것은 오직 가면을 벗기려고 하는 심리학자 자신의 숨겨진 동기, 즉 인간의 위대함을 비하시키고자 하는 심리학자의 무의식적 욕구뿐일 것이다.

에디스 조엘슨(Edith Weisskopf-Joelson)과 그의 동료가 실시한 최근 연구에서 미국 대학생들이 가장 가치 있게 생각하는 것이 자기해석(self-interpretation)인 것으로 나타났다(대학생들의 9가지 가치에 대한 상대적 중요성 평가에 대한 연구(Relative Emphasis on Nine Values by a Group of College Students, Psychological Reports, Vol.24, 1969, p.299)). 미국에 팽배한 이러한 문화적 풍토는 평화유지단 자원봉사자들의 경우에서처럼 과도한 자기해석이 강박관념으로 발전하게 되는 위험뿐 아니라 집단적 강박신경증으로 발전할 위험성을 가중시켰다.

지금까지 우리는 원인과 이유의 차이, 그리고 필요조건과 충분조건 간의 차이에 대해서 살펴보았다. 이제 우리가 고려해야 하는 세 번째 차이가 있다. 작용을 하는 원인인 동력원인(efficient causes)과 의미와 목적이 되는 최종원인(final causes) 간의 차이를 분별해야 한다. 보통 충분조건으로 이해되는 것은 최종원인과는 반대되는 동력원인이다. 나는 최종 원인인 의미와 목적은 이에 적합한 과학적 방법에 의해서만 인식되고 그 모습을 드러낸다고 생각한다. 의미와 목적이 없다고 주장하는 범결정론자는 괴테의 말(《파우스트》에 나오는)을 인용하자면 '유기체적 존재(organic existence)'를 연구하는 사람과 같다.

진정으로 '빠진 연결고리(missing link)'가 있다. 많은 과학에서 기술하고 있는 세상에 바로 의미가 빠져 있다. 세상에 의미가 없기 때문에 빠져 있는 것이 아니다. 단지 과학이 의미에 눈이 가려져 있을 뿐이다. 지금까지 사실 의미는 많은 과학에서 보고 싶어하지 않는 탓에 회피되고 부정되어왔다. 비유하자면 모든 단면이 서로 모두 마주닿을 수 없듯이 모든 과학적 접근방법이 의미를 제시할 수는 없다. 수직 단면에 놓여 있는 곡선을 생각해보라.

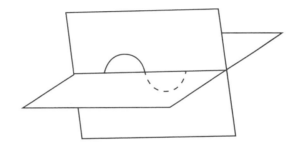

이 곡선을 수평 단면에서 보면 각기 떨어져 있는 세 점만 보이며, 이 세 점은 의미 있게 연결되어 있지 않다. 이 세 점이 의미 있게 연결되어 있는 것은 수평 단면의 위와 아래에 놓여 있다. 그러나 이것이 과학에서 말하는 무작위적 사건, 예를 들어 우연한 돌연변이와 같은 무작위적 사건의 경우와 같지 않은가? 곡선을 높은 차원과 낮은 차원에서 발견하지 못하듯이, 위에 있거나 아래에 있기 때문에 횡단면에서는 발견할 수 없는 보다 높고 깊은 숨겨진 의미가 있다는 것을 상상할 수 있지 않을까?

사실 모든 것을 의미 있는 용어로 설명할 수는 없다. 그러나 지금 설명할 수 있는 것은 적어도 왜 이것이 반드시 그러하느냐 하는 것이다. 이것이 의미에 대해서 사실이라면, 궁극적 의미에 대해서는 얼마나 더 그러하겠는가(즉 모든 것에 대해 의미로 전부 설명할 수 없다면 또한 모든 것의 궁극적인 의미를 설명할 수 없는 것은 당연하다는 뜻-옮긴이)? 의미가 포괄적일수록 의미는 더 이해할 수 없게 된다. 무한한 의미는 필연적으로 유한한 존재의 이해를 넘어선다. 과학을 내려놓고 지혜가 들어와야 하는 지점이 바로 여기다. 프랑스의 수학자이자 물리학자 블레즈 파스칼(Blaise Pascal)은 "가슴은 이성이 알지 못하는 자기만의 분별력을 가지고 있다"라고 말했다.

진실로 가슴의 지혜라고 부르는 것이 있다. 어떤 이는 이를 존재론적 자기이해(ontological self-understanding)라고 부르기도 한다. 거리에 있는 평범한 일반 사람들이 가슴의 지혜로부터 자기 자신을 이해하는 방식을 현상학적으로 분석해보면 인간은 자아(Ego), 본능(Id), 초자아(Superego) 간의 갈등으로 피 터지게 싸우는 전쟁터와 같은 존재 그 이상의 존재라는 것을 알게 된다. 미국의 로마가톨릭 주교 풀턴 신(Fulton J. Sheen)이 말한 것처럼 인간은 조건화 과정이나 충동 혹은 본능의 볼모나 노리개 그 이상의 존재다. 거리에 있는 보통의 평범한 사람들로부터 우리는, 인간이 된다는 것은 각자가 기회이자 도전인 상황에 끊임없이 직면하는 것을 의미하며 그 의미를 성취하기 위한 도전에 응함으로써 우리 자신을 성취할 수 있는 기회를 우리에게 제공하는 것임을 배울 수 있다. 각 상황은 우선 듣고, 그 다음 응답하라는 부름(call: 요청)인 것이다.

이제 곡선이 닫혀 있다는 점에 대해 살펴보도록 하자. 우리는 자유를 한정 짓는 결정론에서 출발해서 자유를 확장하는 인본주의에 대해 살펴보았다. 자유란 이야기의 한 부분이며 진실의 반쪽이다. 전체적인 그림을 현상하는 데 있어 현상의 양화(positive aspect)가 책임에 해당하고, 전체적인 그림 중 음화(negative aspect)는 자유에 해당한다. 자유는 만약 책임이 없다면 방종으로 흐르게 될 것이다. 그것이 바로 내가 미국 동부에 있는 자유의 여신상(Statue of Liberty)이 서부의 책임의 상(Statue of Responsibility)으로 보완되어야 한다고 제안하는 이유다.

5장
—
시간에 대한 인간의 실존적 책임

로고테라피에서는 인간의 마음은 선택할 자유가 있다고 가정한다. 이런 가정과 함께 로고테라피는 책임을 인간존재의 중심으로 옮겨 놓았다. 종종 묻는 질문이 있다. 바로 삶이 유한하고 일시적이라는 관점에서 볼 때 어떻게 책임이 인간존재의 기본적 특성이 될 수 있을까 하는 것이다. 만약 모든 것은 일시적으로 지나가는 것이라는 관점을 받아들인다면, 우리는 결국 미래는 (아직) 존재하지 않고 과거는 (이미 더 이상) 존재하지 않는다는 것만 볼 수 있는 지점에 도달하게 될 것이다. 이런 관점에서 보면 인간은 무에서 왔다가 무로 가는 존재다. 이에 따르면 인간은 무로부터 태어나서 무로 돌아가는 것에 대한 위협을 느끼는 존재다. 결국 무에서 시작해 무로 끝나게 될 상황

Time & Responsibility: Reprinted from Existential Psychiatry, 1, 361-366, 1966.

에 인간은 어떻게 존재의 의미를 발견할 수 있으며 책임 있는 선택을 할 수 있는 힘을 발견할 수 있을까?

실존철학은 현재라는 시점의 중요성을 강조하는 데서부터 시작한다. 반대되는 관점은 정적주의(quietism: 플라톤, 아우구스티누스가 주창했다-옮긴이)다. 정적주의에서는 현재가 아니라 영원을 진정한 현실로 여긴다. 정적주의에서는 영원을 동시에 존재하는 4차원의 영구적이고 경직된 미리 정해진 현실이라고 정의한다. 따라서 정적주의에서는 미래와 과거라는 현실을 부정할 뿐 아니라 시간이라는 현실 자체도 부정한다. 정적주의 관점에 따르면 시간이란 상상 속 어떤 것일 뿐이다. 즉 과거와 현재, 미래는 단지 인식상의 망상일 뿐이며, 실제로는 서로 옆에 존재하면서 서로 뒤를 잇는 것처럼 보일 뿐이라는 것이다.

이러한 정적주의적 관점은 필연적으로 숙명론으로 귀결된다. 즉 모든 것은 이미 존재하고 바꿀 수 없기 때문에 인간은 활동하지 않고 가만히 있게 될 것이라는 것이다. 정적주의의 존재의 영원성에 대한 믿음에서 나온 숙명론은 모든 것은 영원히 불안정하며 변화한다는 믿음에서 나온 실존철학의 비관주의와 짝을 이룬다.

로고테라피는 이러한 실존철학의 비관주의적 관점과 정적주의의 중간에 자리하고 있으며 고대 시간을 상징하는 모래시계와 비교해서 설명할 수 있다. 모래시계의 상단을 미래라고 하자. 아직 오지 않은 미래는 모래시계 상단에 있는 모래다. 모래시계 상단에 있는 모래는 현재라는 좁은 통로를 거쳐 과거라는 모래시계의 하단으로 내려간다. 실존철학에서는 현재를 상징하는 좁은 통로만 바라보는 반면 모래시계의 상단과 하단인 미래와 과거는 무시한다. 한편 정적주의에서는 모래시계를 총체적으로 바라보지만, 모래를 흘러내리지 않는 딱딱하고 변하지 않는 덩어리로 여긴다. 정적주의에서 모래는 그저 '존재'할 뿐이다. 로고테라피에서는 미래는 실현되지 않았지만 과거는 진실로 실현된 현실이라고 주장한다.

　　로고테라피의 관점은 모래시계의 비유를 통해 설명할 수 있지만, 모든 비유가 그러하듯이 시간을 모래시계에 비유하는 데도 한계가 있다. 그 한계는 모래시계와 시간 사이에 다른 점이 있다는 것이다. 그러나 모래시계가 가지고 있는 한계를 통해 우리는 시간의 진정한 중요성을 더 잘 설명할 수 있다. 우선 첫 번째 다른 점은 모래시계는 상단이 비워지면 거꾸로 돌릴 수 있지만, 시간은 거꾸로 돌릴 수 없다는 것이다. 시간은 되돌릴 수 없는 것이기 때문이다. 또 다른 차이는, 우리는 모래시계를 흔들어서 모래알들을 서로 섞을 수 있고 그러면 모래알들이 서로 관계하던 자리가 바뀌게 된다. 이는 우리가 부분적으로 시간에 대해서도 할 수 있는 것이다. 우리는 모래시계를 흔들어 미래를 바꿀 수 있고 또한 그럼으로써 우리 자신을 바꿀 수 있다. 그러나 과거는 고정되어 있다. 시간을 모래시계에 비유한 것으로 다시 돌아가보면, 모래시계에서 일단 모래가 현재라는 열려 있는 좁은 통로를 지나 흘러 내려가면, 모래는 마치 관리인에 의해 고정되거나 보존되는 것처럼 과거라는 자리에 단단하게 굳어버린다. 과거 안에 모든 것은 영원히 보존된다.

　　로고테라피에서는 일시적으로 지나가는 것들을 가능성, 즉 가치를 실현할 기회이며, 창조하고 경험하며 의미 있게 고통을 겪어낼 수 있는 기회라고 주장한다. 가능성이 일단 실현되고 나면 가능성들은 더 이상 지나가지 않고 지나간 것들은 과거의 일부가 된다. 즉 실현된 가능성들은 보존된다는 의미다. 가능성은 일단 실현되면 그 어떤 것도 이것을 바꿀 수 없다. 어떤 것도 실현된 것을 실현되지 않은 것으로 만들 수 없다. 이들은 영원히 보존된다.

그러므로 실존철학이 현재에 대한 비관론(pessimism of the present)을 강조하는 반면 로고테라피는 과거에 대한 낙관론(optimism of the past)을 강조한다. 과거의 일부로 존재하는(being part of the past) 사건에 대해 과거가 아니라 '존재하는(being)'를 강조한다. 과거의 일부가 된 사건이 개인의 삶 안에서 가지는 실질적인 의미는 무엇일까에 대해 생각해보자. 예를 들어 결혼한 지 1년 만에 남편을 잃은 여성이 있다고 상상해보자. 그 여성은 절망적이며 자신의 미래에 대해 어떤 의미도 찾을 수 없다. 만약 그녀가 더할 수 없이 행복했던 남편과의 1년의 시간을 보존해왔고, 그것이 과거라는 항상 안전한 장소에 잘 보관됐다는 것과 그 어떤 것도 그리고 그 누구도 그녀로부터 남편과의 행복했던 시간을 빼앗아갈 수 없다는 것을 깨닫는다면 이는 그녀에게 큰 의미가 있을 것이다.

그러나 누군가는 이러한 기억도 일시적인 것은 아닌가라고 물을지도 모르겠다. 예를 들어 "그 여성이 죽고 나면 누가 그 기억을 간직할 것인가?" 하고 말이다. 그러나 누군가 그것을 기억하느냐, 기억하지 못하느냐가 중요한 것은 아니라고 답하고 싶다. 마치 여전

무의미의 의미

히 존재하며 우리 안에 있는 어떤 것을 바라보느냐 바라보지 않느냐 혹은 그것에 대해 생각하느냐 생각하지 않느냐가 중요하지 않듯이 말이다. 왜냐하면 그것은 우리가 바라보느냐 바라보지 않느냐 혹은 그것에 대해 생각하느냐 생각하지 않느냐에 상관없이 존재하기 때문이다. 세상을 떠날 때 우리가 아무것도 가지고 갈 수 없다는 말은 맞지만, 죽는 날까지 삶을 통해 완성한 모든 것들은 묘지 밖에 영원히 남아 있다. 또한 앞으로도 계속 묘지 밖에 영원히 남아 있을 것이다. 비록 누군가 기억하지 못한다 하더라도 모든 것은 과거 안으로 들어가 그곳에 영원히 보존되어 있기 때문이다. 우리가 잊어버린 것, 우리의 의식에서 달아나버린 것들조차 모두 과거 속에 영원히 보존된다. 누구도 그것을 없애버릴 수 없다. 그것은 '존재'하며 세상의 일부로 남아 있다. 비록 모든 것을 우리가 의식적으로 기억하지 못한다 하더라도 그것은 여전히 존재한다. 그것들은 세상에 왔고 현실이 되었다. 기억할 수 있는 것만을 과거라고 여긴다면 그것은 실존적인 특성을 가진 과거를 우리가 주관적이고 심리학적으로 재해석하고 있다는 것을 의미한다.

모든 것이 일시적이라는 것은 사실이다. 사람, 우리가 낳은 아기, 위대한 생각, 아이를 탄생시킨 위대한 사랑, 이 모든 것들은 지나간다. 인간의 생애는 70년 혹은 80년 동안 지속될 것이며, 만약 그 생애가 좋은 삶(good life)이라면 그만큼 고생할 가치가 있다. 위대한 생각은 아마도 7초 동안만 유지될 수도 있다. 그러나 만약 그것이 좋은 생각이었다면 그 생각은 진실을 담고 있을 것이다. 그러나 아이나 위대한 사랑처럼 위대한 생각도 역시 지나간다. 모든 것은 일시적이다.

그러나 한편 모든 것은 영원하다. 뿐만 아니라 모든 것은 그 자체로 영원한 것이 된다. 따라서 우리는 이것에 대해 아무것도 할 필요가 없다. 그러나 우리에게는 책임이 있다. 자신의 선택의 결과로 무엇을 영원의 일부가 되도록 할 것인가를 선택할 책임이 우리에게 있는 것이다. 모든 것은 영원히 기록된다. 우리의 삶 전체, 모든 활동, 모든 경험, 그리고 모든 고통이 영원히 기록된다. 이 모든 것들은 기록되어 영원히 남는다. 위대한 철학자가 관조한 것처럼 세상은 우리가 해독해야 하는 암호로 적혀 있는 원고가 아니다. 세상은 우리에게 풀어내고 해독해야 하는 원고가 아니다. 우리는 세상을 해독해낼 수조차 없다. 세상은 우리가 해독할 수도 해독해야만 하는 원고가 아닌 우리 자신이 받아써야 할 기록이다.

이 기록은 드라마의 형태로 적혀 있다. 오스트리아 출신의 유대계 종교철학자 마르틴 부버(Martin Buber)가 말했듯이 마음은 혼자 하는 독백이 아니라 대화체로 기능한다. 세상은 드라마의 형태로 기록되는데, 왜냐하면 세상에 대한 기록은 우리 삶에 대한 기록을 담고 있고, 삶은 계속 우리에게 질문하고 있으며, 우리는 책임 있게 반응해야 하기 때문이다. 진실로 삶은 질문하고 답하는 시험과 같다.

영원히 기록된 것은 잃어버릴 수 없다. 이것이 위안이고 희망이다. 영원히 기록된 것은 또한 수정될 수도 없다. 이것은 일종의 경고이며 우리 자신에게 상기시켜주는 알림이다. 즉 과거라는 현실에 존재하는 것은 그 무엇도 빼앗아갈 수 없으며, 그것을 과거에 두고 계속 보관할 것인가는 우리에게 달려 있다는 것을 상기시켜준다. 이와 같이 로고테라피는 과거에 대한 낙관주의(실존철학의 현재에 대한 비관주의와 상반되는)와 미래에 대한 행동주의(activism: 실천주의. 영원성에 대한 정적주의의 숙명론과 상반되는)를 소개한다. 과거의 모든 것이 영원히 보존된다면, 이 모든 것은 우리가 현재 삶의 모든 순간에 무엇을 창조하기로 선택했느냐에 달려 있다. 우리가 선택한 것들이 과거의 일부가 될 것이기 때문이다. 우리의 선택으로 창조되는 것들은 무(nothingness)로부터, 즉 미래라는 텅 빈 공간으로부터 과거로 전해져 영원히 그 안에 보존되는 존재로의 창조인 것이다.

이것이 바로 왜 모든 것이 그렇게 일시적인지의 이유다. 모든 것들은 순간적으로 지나가버린다. 모든 것은 미래라는 무(nothingness)로부터 과거라는 현실로 도망가버리기 때문이다. 이는 마치 모든 것이 무에 대한 공포에 떨며, 미래에서 과거로 돌진해 존재하고자 하는 것과 같다. 이 때문에 현재라는 좁은 통로가 혼잡해진다. 거기서 모든 것들이 떼로 모여들어 밀치며 내려가기만을 기다리고 있다. 과거 안으로 들어가는 사건이든 우리의 경험이든 혹은 우리가 행한 의사결정이든 현재라는 통로에서 모두 영원(eternity)으로 내려가기를 기다리고 있다.

미래의 무에서 과거의 영원한 존재로 이어지는 현재라는 좁은 통로는 무와 존재의 경계선이다. 즉 현재는 영원의 경계선(borderline of eternity)인 것이다. 이로부터 영원은 유한하다는 결론이 나온다. 영원은 항상 현재의 순간, 즉 우리가 영원히 보관하고 싶은 것을 결정하는 그 순간으로 이어진다. 영원의 경계선은 우리 삶의 매 순간마다 우리가 선택하는 것 중에서 어느 것을 영원할 수 있도록 과거로 내려보낼 것인가에 대한 결정이 내려지는 장소다.

만약 우리가 이런 방식으로 시간을 바라본다면 '시간을 번다 (gaining time)'의 의미가 어떤 것을 미래로 미룬다는 뜻이 아니라는 것을 이해할 수 있다. 어떤 것을 미래로 미루는 것이 아니라 어떤 것을 안전하게 과거에 보관할 때 우리는 우리 자신을 위해서 시간을 번 것이다.

모든 모래알이 모래시계의 목을 통과해 다 내려가고 모래시계의 상단이 텅 비어버리면 결국 어떤 일이 일어날 것인가? 우리의 시간이 다하고 우리 자신의 존재가 그 마지막 지점, 즉 죽음에 이르렀을 때 무슨 일이 일어나는가?

죽음 안에서 모든 것은 바뀌지 않는 것이 된다. 어떤 것도 더 이상 변화할 수 없다. 사람은 아무것도 남기지 않고 자신의 몸과 마음에 대해 더 이상 어떠한 영향도 미칠 수 없다. 죽음 안에서 인간은 완전히 자신의 심리적, 신체적 자아(ego)를 잃어버린다. 남는 것은 진정한 자기 자신(self)뿐이다. 인간은 더 이상 자아를 가지지 못한다. '가지고 있던(has)' 어떤 것도 남기지 못한다. 오직 진정한 자기 자신(his self)으로 '존재(is)'할 뿐이다.

어떤 사람은 갑작스럽게 사고로 죽어가는 사람은 마치 엄청나게 빠른 속도로 지나가는 한 편의 영화처럼 자신의 전체 삶이 한순간에 주마등처럼 지나가는 것을 본다고 말한다. 만약 그러하다면, 죽음

속에서 인간은 그렇게 빠른 속도로 지나간 열차가 자기 자신이 되는 것이라고 말할지도 모른다. 그는 지금 자신이 살아왔던 삶 자체로 '존재한다(is)'. 자신에게 일어났던 것만큼 자기가 창조한 것만큼 자신이 삶의 역사인 것이다. 그러므로 자신이 자기 자신의 천국이며 자기 자신의 지옥이기도 하다.

이것은 인간 자신의 과거가 바로 진정한 자신의 미래라고 하는 역설로 이어진다. 죽어가는 사람에게는 미래가 없다. 단지 과거만이 있을 뿐이다. 죽은 것은 그의 과거'이다(is)'. 그는 삶이 없다. 그가 바로 자신의 삶이다. 그것이 그의 과거의 삶이라는 것은 중요하지 않다. 우리는 과거가 존재의 가장 안전한 형태라는 것을 안다. 이는 빼앗을 수 없다. 인간의 과거는 말 그대로 완벽하게 지나간다. 하나도 남지 않고 완벽하게 지나간다. 그러므로 인간의 삶은 완벽해지고 완전하게 완성된다. 인간의 삶은 오직 완성된 삶으로만 존재한다. 삶의 여정에서 오직 성취한 것만 모래시계의 좁은 통로를 통과하지만, 죽음 후에 지금 삶은 총체적으로 하나의 완성품이 되어 지나간다.

이는 두 번째 역설로 이어진다. 이 역설에는 두 가지 측면이 있다. 첫째, 나는 앞에서 우리가 어떤 것을 과거로 보냄으로써 이것이 현실이 되도록 한다고 말했다. 만약 그렇다면, 스스로를 현실(reality)로 만드는 것은 인간 바로 자신인 것이다. 자신의 삶을 완성함으로써 인간이 현실을 만드는 것은 바로 자기 자신이다. 두 번째, 인간은 태어나는 순간 현실이 되는 것이 아니라 죽음의 순간 현실이 된다. 왜냐하면 자기 자신은 '있는(is)' 어떤 존재가 아니라 '되어가는(becoming)'

존재이며, 오직 죽음의 바로 그 순간에 되어감의 존재가 완성되기 때문이다. 이때 인간은 스스로 완벽하게 현실이 된다.

일반적으로 인간은 죽음의 의미를 잘못 이해하고 있다. 아침에 알람시계가 울리면 우리는 화들짝 놀라면서 꿈에서 깨어난다. 이때 잠에서 깨면서 꿈을 계속 꿀 수 없기 때문에, 깨어남을 꿈의 세계에 대한 무서운 침입자(訛방꾼)로 여긴다. 그러나 우리는 알람시계가 우리를 일으켜 실제 존재하는 현실 세계로 깨워주었다는 것을 깨닫지 못한다. 죽을 운명의 우리 또한 마찬가지로 행동하는 것은 아닌가? 알람시계가 울리면 놀라 현실로 깨어나듯이, 죽음이 오면 놀라 깨어나는 것은 아닐까? 우리는 죽음이 우리를 자신의 진정한 현실로 깨어나게 한다는 것을 이해하고 있는가?

비록 사랑스러운 손이 우리를 잠에서 깨우지만－사랑스러운 손의 움직임은 그 어느 것보다 부드럽지만 우리는 손의 부드러움을 인식하지 못한다－ 우리는 이를 단지 꿈이라는 세계에 대한 끔찍한 침입자로만 느낀다. 마찬가지로 우리는 죽음 역시 우리에게 일어난 끔찍한 어떤 것으로 여기며 죽음이 진정으로 어떤 것인지 제대로 알아채지 못한다.

로고테라피에서는 시간과 책임 간의 관계를 긍정적인 것으로 여긴다. 우리의 책임은 진정으로 우리 삶의 기본적 특성이며, 삶의 의미는 인간존재가 본질적으로 일시적이라는 것에 의해 결코 파괴되지 않는다. 이에 반해, 의미 있는 삶의 기반이 되는 인간의 책임은 가능성만을 담고 있는 미래에서 현실을 간직하고 있는 과거로의 시간의 흐름

무의미의 의미

에 있다(가능성이라는 미래에서 과거라는 현실로 옮겨가는 과정은 의미 있는 삶에 대한 인간의 책임이다-옮긴이). 미래로부터 가능성을 선택하는 미래의 활동주의(activism)와 미래의 가능성을 현실로 만들어 과거라는 안전한 장소에 보관하는 과거에 대한 긍정주의(positivism)는 모두 인간의 책임인 것이다.

6장

고유하고 객관적인 삶의 의미

다른 곳에서 나는 계속 자기초월은 인간실존의 핵심이라는 사실을 구체적으로 설명해왔다. 자기초월이란 말 그대로 자기를 넘어서 어떤 것을 향하는 것을 의미한다. 다른 말로 인간은 삶의 의미와 목표에 이르고자 하는 특성을 가지고 있다는 것이다. 그리고 아우구스티누스주의자들(Augustinian)의 말을 빌리자면, 인간의 가슴은 인간이 삶의 의미와 목표를 발견하고 완수하지 못한다면 편하게 쉴 수 없다. 이 말은 신경증, 최소한 내가 영적 신경증이라고 부르는(Frankl, 1963) 것과 같은 신경증에 대한 이론과 치료에 대해 많은 것을 요약해준다. 그러나 인간의 기본적인 의미지향성, 즉 의미와 가치에 대한 인간의 원천적이고 자연스러운 관심은 서양 문화에 널리 퍼져 있는 지

What is Meant by Meaning?: Reprinted from the Journal of Existentialism, (VII)25, 21-28, 1966.

배적인 환원주의로부터 위협을 받고 있다. 환원주의는 인간의 의미와 가치에 대한 관심을 위협하면서 특히 젊은이들에게서 이상주의와 열정을 약화시키고 침식시킬 가능성이 있다. 환원주의 관점에서 인간은 소위 컴퓨터에 불과한 것으로 묘사된다. 그러나 "인간은 물건이 아니다." 미국의 사회철학자이자 문화비평가 톰슨(William Irwin Thompson)은 "인간은 의자나 책상과 같은 물건이 아니며, 살아있는 존재다. 만약 자신의 삶이 그저 의자나 책상과 같은 존재라는 것을 발견하면 인간은 자살하고 말 것이다"라고 말한다(1962). 그리고 그는 "만약 우리 문화에서 가장 높은 고등교육을 받은 사람들이 천재를 위장한 성변태자로 간주한다면, 만약 모든 가치들을 박식하고 지혜로운 과학자의 규범이 아니라 인간에 대한 집단적 규범으로 가상의 허구라고 계속 생각한다면, 만약 우리 문화의 대중들이 가치를 하찮게 여기고 대신 소비와 범죄 그리고 부도덕하고 음란한 행위에 탐닉하여 스스로를 잃어버린다면 어떻게 이에 대해 우리가 스스로 경종을 울릴 수 있을 것인가?"라고 말했다.

환원주의(reductionism) 자체는 상대주의(relativism: 모든 가치의 절대적 타당성을 부인하고, 경험과 문화, 환경 등 조건의 차이에 따라 가치판단이나 진실의 기준이 상대적으로 달라진다는 입장–옮긴이)와 주관주의(subjectivism: 사물에 대한 인식과 원리를 주관에 기초하여 사고하는 관점–옮긴이)를 추적해봄으로써 축소될 수 있을 것이다. 그렇다면 일부 사람들이 믿는 것처럼 의미와 가치가 상대적이고 주관적인지 우리 자신에게 자문해보라. 아마도 이 질문에 대해 의미와 가치는 둘 다 상대적이며 주관적이라고 답할 가능성이 높다. 그러나 의미와 가치는 상대주의와 주관주의 관점에서 의미와 가치를 인식하는 것과는 다른 방식으로 상대적이고 주관적이다.

그렇다면 어떤 의미에서 의미가 상대적인가? 의미는 특정한 상황에 처해 있는 특정한 사람과 관련된 것이라는 점에서 상대적이다. 의미는 두 가지 면에서 다르다고 말할 수 있다. 첫째, 의미는 사람마다 다르다. 둘째, 의미는 매일매일 다르다. 실제 시간별로 다르다. 내가 연설문을 읽으면, 그 상황은 나와 나의 청중을 하나로 묶어준다. 그러나 그 상황의 의미는 여전히 다르다. 그 상황에서 청중의 과제와 나의 과제는 다르다. 청중은 들어야 하고 나는 말해야 하는 것이다.

이 점에 대해 나는 상대성(relativity)이라는 말보다 고유성(uniqueness)이라는 말이 더 합당하다고 생각한다. 그러나 고유성이란 상황에 대해서만 해당하는 것이 아니라 전체적인 삶에도 해당한다. 삶이란 결국 수많은 고유한 상황들이 사슬처럼 연결된 것이기 때문이다. 그러므로 인간은 실존(existence) 측면에서 그리고 존재적 본질(essence) 측면에서 모두 고유하다. 인간은 결론적으로 대체할 수 없다는 점에서 고유한 존재다. 또한 인간 각자의 삶은 결코 되풀이될 수 없다는 점에서 고유하다.

따라서 삶의 보편적 의미(universal meaning)와 같은 것은 없으며, 개별 상황의 고유한 의미만 있을 뿐이다(Frankl, 1965a). 그러나 이러한 상황들 중에서 공통점이 있는 상황이 있으며 우리 사회 전반에 걸쳐 더욱이 역사 전반에 걸쳐 인간이 공유하는 의미도 있다는 사실을 잊어서는 안 된다. 이러한 의미들은 고유한 상황과 관련이 있다기보다는

무의미의 의미

인간의 조건(상황)과 관련이 있다. 그리고 이러한 의미들은 가치로 이해되는 것이다. 그리고 가치를 사회 혹은 인류가 직면해야 하는 전형적인 상황에서 구체화되는 의미, 즉 보편적 의미라고 정의할 수 있다.

가치 또는 의미의 보편성은 의미를 추구하는 인간의 노력을 경감시킨다. 즉 가치와 보편적 의미가 이미 존재하기 때문에 전형적인 상황에서 인간은 최소한 스스로 의사결정을 내릴 필요가 없어진다. 이미 존재하는 가치나 보편적 의미를 따르면 되는 것이다. 그러나 불행하게도 그에 대한 대가를 치러야 하는 경우가 발생하는데, 즉 고유한 상황에 내재한 고유한 의미와 사회에서 통용되는 보편적 의미라는 두 가지 가치가 서로 충돌하는 경우가 있다. 잘 알려진 바와 같이 이러한 가치 충돌은 가치 혼돈의 형태로 인간의 마음에 나타나며 영적 신경증 유발에 중요한 역할을 하게 된다.

고유한 상황들에 각각 내재된 고유한 의미들을 점이라고, 가치 혹은 보편적 의미를 원이라고 상상해보자. 원모양의 두 개의 가치는 서로 겹치지만 점모양의 고유한 의미들은 서로 겹치지 않는다는 것을 이해할 수 있다. 그러나 우리는 우리 자신에게 이 두 가지 가치가 진정 서로 충돌할 수 있는지 물어야 한다. 즉 2차원의 원으로 비유하는 것이 적절한지 자문해야 한다. 가치들은 3차원의 공에 비교하는 것이 더 적합하지 않은가? 3차원의 공간에서 두 개의 3차원의 공은 서로 겹쳐지지 않지만, 이들을 2차원의 단면에 투사시키면 서로 겹치는 두 개의 2차원의 원이 만들어진다. 마찬가지로 두 개의 가치가 서로 충돌하는 것처럼 보이는 것은 총체적인 차원을 무시했기 때문이며, 이 차원의 가치들 사이에는 위계적인 순서가 있기 때문이다. 막스 셸러(Max Scheler)에 따르면(1960), 가치들이라는 뜻에는 암묵적으로 어떤 하나의 가치를 다른 가치보다 선호함이 내포되어 있다. 그러므로 어떤 가치를 다른 가치보다 우위에 둔다는 것은 그 가치 자체를 다른 가치보다 우선순위에 두고 경험한다는 것이다. 즉 보다 높은 위계를 가진 가치는 낮은 위계의 가치를 포함하게 된다. 따라서 여기에서 가치들 사이에 충돌은 없다.

그러나 가치에 위계가 있다는 것(가치위계상 높은 위치에 있는 가치가 낮은 위치에 있는 가치를 포함한다-옮긴이)이 인간을 의사결정에서 면제시켜준다는 뜻은 아니다. 인간은 충동에 의해 강제되기도 하고 가치에 자연스럽게 이끌리기도 한다. 인간은 특정 상황 속에 내재된 가치를 따를 것인가 아니면 거절할 것인가를 결정할 수 있는 자유로운 존재다. 따라서 어떤 가치를 실현할 것인가 말 것인가는 자신에게 달려 있으므로 인간은 어떤 상황에서도 여전히 의사결정을 해야 한다. 도덕적, 윤리적 전통과 기준에 의해 가치가 전달되듯이 가치의 위계적 순서도 마찬가지로 도덕적, 윤리적 전통과 기준에 의해 전수된다. 그러나 전수된 가치와 가치위계는 여전히 인간의 양심(conscience)이라는 시험을 거쳐야 한다. 만약 개인이 양심에 복종하기를 거부하지 않고 양심의 소리를 억누르지 않는다면 말이다.

가치는 크게 세 가지 그룹으로 대별된다. 나는 이를 창조적(creative) 가치, 경험적(experiential) 가치, 태도적(attitudinal) 가치로 구분했다. 이 세 가지 가치는 인간이 삶의 의미를 발견할 수 있는 세 가지 주된 방법이다. 첫 번째 창조적 가치란 자신의 창조성으로 세상에 주는 것을 통해 의미를 발견하는 것이고, 두 번째 경험적 가치란 참만남과 경험과 같이 세상으로부터 받는 것(취한 것)을 통해 삶의 의미를 발견하는 것이며, 세 번째 태도적 가치란 바꿀 수 없는 운명에 용기 있게 직면하는 것을 통해 삶의 의미를 발견하는 것이다. 태도적 가치를 통해 인간은 여전히 의미를 발견할 수 있고, 그것이 바로 어떤 상황에서도 삶은 끊임없이 항상 의미를 가지고 있는 이유다. 창조적 가치와 경험적 가치가 박탈된 사람조차도 여전히 피할 수 없는 운명으로부터의 도전을 통해 의미를 발견하고 완성할 기회를 가질 수 있기 때문이다. 뭔가를 할 수 없고, 경험할 수조차 없다 하더라도 인간은 여전히 피할 수 없는 고통에 맞섬으로써 고통 안에 내재된 의미를 발견하고 성취할 수 있기 때문이다.

랍비 그롤(Earl A. Groll)을 사례로 들어보겠다. 그는 불치병으로 죽어가는 한 여성에게서 전화를 받은 적이 있다고 한다.

"'랍비, 어떻게 제가 죽음에 대한 생각과 죽음이라는 현실에 직면할 수 있을까요?' 그녀가 물었습니다. 그래서 우리는 수없이 많은 경우에 대해 이야기했고, 저는 랍비로서 유대교신앙 안에서 발견한 불멸에 대한 많은 개념들을 소개했지요. 한참을 생각한 후에 저는 빅터 프랭클 박사님의 태도적 가치에 대해 언급했습니다. 어떤 신학적 논의도 그녀에게 강렬한 인상을 주지 못했는데, 태도적 가치에 대해 이야기하자 그녀가 관심을 보였습니다(태도적 가치를 고안한 사람이 나치 수용소에서 생존한 정신과 의사라는 것을 알고 나서 그녀는 특히 태도적 가치에 대해 더욱

궁금해했다. 프랭클 박사님과 그의 가르침이 그녀의 생각을 사로잡았다. 왜냐하면 수용소의 생존자인 그는 고통을 이론적으로 어떻게 적용할 것인가를 넘어 그 이상을 알고 있었기 때문이다). 그녀는 바로 거기서 결정했습니다. 만약 그 고통이 진정 피할 수 없는 것이라면 자신의 병을 어떻게 어떤 방식으로 직면할 것인가를 자신이 결정해야 한다는 것을 말입니다. 그녀는 가슴이 찢어지는 아픔을 가진 주변 사람들에게 의지가 되는 사람이 되겠다고 결정했고, 그것을 실천에 옮겼습니다. 이 자체만으로도 정말 용기 있는 좋은 생각이고 행동이었지만, 시간이 지나면서 그녀의 행동은 목적을 가지게 되었습니다. 그녀는 내게 자신 있게 말했습니다. '저의 행동 중 영원히 사라지지 않을 한 가지 행동을 꼽으라면 아마도 제가 불치병이라는 적을 어떻게 직면했는가 하는 것일 겁니다. 비록 저의 고통은 견디기 힘든 것이지만, 저는 내적 평화와 만족감을 느낍니다. 이러한 내적 평화와 만족감은 전에는 전혀 알지도 경험해보지도 못했던 것입니다.' 그녀는 존엄하게 세상을 떠났고 그녀의 불굴의 용기는 우리 공동체 안에서 기억되고 있습니다."

나는 여기에서 굳이 로고테라피와 신학 간의 관계를 자세히 설명하고 싶지는 않다. 삶에 대한 종교적 철학을 지지하든 지지하지 않든 상관없이 원칙적으로 태도적 가치 개념은 누구에게나 해당되고 적용 가능한 것이라고 말하는 것으로 충분하다.

지금까지 우리는 의미가 어떤 점에서 상대적인가라는 질문에 대해 살펴보았다. 이제 의미가 주관적인가 하는 문제에 대해 다루고자 한다. 의미는 해석의 문제라는 말이 맞지 않은가? 그리고 해석은 항상

의사결정을 의미하지 않는가? 다양한 해석들이 가능하고 그중에서 선택을 해야 하는 상황들이 있지 않은가?

빈에서 발행되는 신문에서 읽은 이야기를 예로 들어 설명하고자 한다. 몇 년 전 담배가게 여주인이 깡패들의 습격을 당했다. 그 순간 그녀는 남편을 부르면서 소리를 질렀다. 그러자 깡패들은 남편이 커튼 뒤에 있는 것으로 생각했고, 바로 도망쳐버렸다고 한다. 그러나 실제 그녀는 남편을 부른 것이 아니었다. 아니, 남편을 부를 수도 없었다. 남편이 몇 주 전 세상을 떠났기 때문이다. 응급상황과 극심한 공포 속에서 그녀는 하늘에 기도를 했고, 남편이 마지막 순간에 자신을 구해줄 것을 하느님께 중재해달라고 간절히 애원했다고 한다.

이러한 일련의 사실들을 어떻게 해석할 것인가는 전적으로 우리 각자의 몫이다. 아마도 사람에 따라 깡패의 입장에서 보면 이해할 만한 오해라고 할 수 있다. 혹은 기도가 하늘에 닿아 응답을 받았다고 생각할 수도 있다. 이와 같이 사람에 따라서는 일련의 자연스러운 사실 뒤에 하늘로부터의 기적적이고 초자연적인 일이 숨겨져 있다고 해석할 수도 있다.

분명한 것은 본질적으로 별다른 의미가 없는 중립적인 것들에 인간이 의미를 부여한다(여기서 의미를 부여한다는 말에 주목해야 한다. 의미를 부여한다는 말은 의미를 발견한다는 말과 대조되는 말이다. 부여한 의미는 주관적인 의미이며, 발견한 의미는 객관적인 의미다. 로고테라피에서는 의미는 발견한다라고 하는 객관적 의미를 강조한다-옮긴이)는 것이다. 이러한 중립성 앞에서 현실이란 인간이 자신이 소망하는 생각을 투사하는 스크린과 같다. 로르샤흐

테스트(Rorschach blots)에서처럼 말이다. 그렇게 되면 의미는 단지 자기를 표현하는 수단이 되어버리고, 본질적으로 주관적인 것이 되어버린다. 그러나 실제 단 하나 주관적인 것은 우리가 세상에 접근하는 관점뿐이다. 그러나 이러한 관점의 주관성이 세상 자체의 객관성을 훼손시키지는 못한다. 인간의 인식은 만화경처럼 변화무쌍하지 않다. 만약 내가 만화경 안(into)을 들여다본다면 나는 만화경의 내부 이외에는 아무것도 보지 못할 것이다. 반대로 내가 만화경을 통해서(through) 본다면 나는 만화경 밖에 있는 것들을 볼 수 있게 된다. 그리고 만약 내가 세상을 바라본다면 나는 또한 내가 가지고 있는 관점 그 이상의 것을 보게 된다. 관점은 주관적일지라도, 관점을 통해 보이는 것(seen through)은 객관적인 세상이다. 사실 '통해서 보인(seen through)'이라는 말은 라틴어 'perspectum(관점)'이라는 단어의 뜻을 그대로 번역한 것이다.

'객관적(objective)'이라는 말은 아들러가 사용한 '초주관적(trans-subjective)'이라는 말로 대체할 수 있다. 객관적이라는 말은 초주관적이라는 말과 같은 말이다. 이는 우리가 사물에 관해 말하든 아니면 의미에 관해 말하든 역시 차이가 없다. 사물과 의미는 둘 다 '초주관적'이다. 의미는 발견하는 것이지 부여하거나 주는 것이 아니기 때문이다. 각각의 질문에는 하나의 답, 즉 오직 하나의 정답만이 존재한다. 각각의 문제에는 하나의 해결책, 즉 오직 하나의 올바른 해결책만 있을 뿐이다. 즉 각각의 질문에 오직 하나의 정답만이 존재하고, 각각의 문제에 오직 하나의 올바른 해결책만이 존재하듯이 각각의 상황에는 오직 하나의 의미만 존재한다. 이때 의미란 해당되는 상황에 딱 맞는 정답이 되는 진정한 의미인 것이다.

미국 전역을 순회하며 강의를 할 때 있었던 일이다. 강의를 마치고 질문 시간을 시작하기에 앞서 청중들에게 대문자로 질문을 적어 내도록 했다. 청중들이 질문을 적어 낸 후 한 신학자가 질문들을 나에게 넘겨주었는데 그중 하나를 빼려고 하면서 이렇게 말했다. "이 질문은 너무 말이 안 되네요. 누군가 알고 싶었나본데, '박사님의 실존 이론에서는 600을 어떻게 정의하십니까?'라는 질문이네요." 그러나 나는 그 질문을 다르게 읽었다. 실제 그 질문은 "박사님의 실존 이론에서는 GOD(신)를 어떻게 정의하나요?"라는 질문이었다. 대문자로 'GOD(신)'와 숫자 '600'을 구분하기 어려웠던 것이다.

이는 의도치 않은 우연한 투영시험이 아니었을까? 그 신학자는 '600'이라고 읽었고, 신경학자인 나는 'GOD(신)'라고 읽었다. 나는 나중에 이 질문을 슬라이드로 만들어 빈대학에서 공부하는 미국 학생들에게 보여주었다. 9명의 학생들이 '600'이라고 읽었고, 다른 9명의 학생들은 'GOD'라고 읽었으며, 4명의 학생들은 결정하지 못하고 '600'과 'GOD' 사이를 왔다갔다했다.

내가 보여주고 싶은 것은 그 질문을 읽는 방법은 유일하며 그 유일한 방법은 옳은 것이라는 사실이다. 그 질문을 읽는 방법은 유일했다. 즉 그 질문을 한 사람은 오직 한 가지만을 의도해서 썼고, 읽은 사람은 질문을 쓴 사람이 의도한 것을 읽어야 한다. 그것이 질문을 올바르게 읽을 수 있는 유일한 방법이다. 의미는 나에게 질문을 한 사람에 의해 혹은 질문을 담고 답을 요구하는 상황에 의해 의도된 것이다. 그러나 나는 영국인들이 나의 나라가 옳은지 그른지 말할 수 없듯이 내 답이 옳은지 그른지 말할 수 없다. 그저 나는 최선을 다해서 나에게 던져진 질문의 진정한 의미를 찾아내기 위해 열심히 노력해야 한다.

인간은 삶이 자신에게 묻는 질문에 자유롭게 답할 수 있는 존재다. 그러나 이때 자유를 방종과 혼동해서는 안 된다. 자유는 반드시 책임의 측면에서 해석되어야 한다. 인간은 질문에 올바른 답을 할 책임이 있으며 상황의 진정한 의미를 발견할 책임이 있다. 그리고 반복해 말하자면 의미는 발견하는 것이지 주는 것, 부여하는 것이 아니다. 인간은 의미를 만들 수 없고 발견해야 한다. 의미는 만드는 것이 아니라 발견하는 것이라는 점에 대해 크럼보와 마홀리크(Crumbaugh & Maholick, 1963)가 잘 설명해주고 있는데, 특히 이들은 어떤 상황에서 의미를 발견하는 것은 게슈탈트의 지각(Gestalt Perception)과 관련이 있다는 점을 강조했다. 게슈탈트(Gestalt: 형태주의)를 창시한 독일의 심리학자 베르트하이머(Wertheimer)는 아래와 같이 이 가정을 지지했다. '7+7=(   )'(상황)은 빈자리(의미)가 있는 공식이다. 이 공식(상황)의 빈자리는 다양한 방법으로 채울 수 있다. 14라는 숫자(의미)는 이 공식(상황)에서 구조적으로 요구되는 것으로, 공식(상황)에 딱 맞는 정답(진정한 의미)이다. 15라는 숫자(또 다른 의미)로 빈자리를 채울 수는 있지만, 15는 이 공식에 맞지 않는다. 15는 공식에 맞는 답이 아니다. 여기서 우리는 상황의 요구(demands of the situation)라는 개념, '요구됨

무의미의 의미

(requiredness: 특정 상황에서 필요불가결한)'이라는 개념을 가지게 된다. 명령(order)과 같은 '요구(requirements)'는 객관적인 특성을 가지고 있다 (Wertheimer, 1961).

의미를 발견하는 데 있어서 인간은 양심의 안내를 받는다. 양심은 인간의 직관적 능력(intuitive capability)이라고 정의할 수 있으며, 이는 인간으로 하여금 게슈탈트에서와 마찬가지로 상황에 숨겨져 있는 그 상황의 의미를 발견하고 감지할 수 있도록 한다. 이러한 의미는 고유한 것이기 때문에 일반적인 어떤 원리에 의해 찾을 수 있는 것이 아니며, 양심과 같은 직관적 능력이 상황 속에 숨겨져 있는(게슈탈트적) 의미를 알아차릴 수 있도록 하는 유일한 수단이다.

양심은 직관적일 뿐 아니라 또한 창조적(creative)이다. 때때로 개인의 양심은 자신이 속해 있는 사회에서 통용되는 것과는 반대되는 것을 하라고 개인에게 명령한다. 예를 들어 개인이 속해 있는 사회가 식인종 부족이라고 생각해보자. 이 부족에 속해 있는 개인의 창조적 양심은 특정한 상황에서 적을 죽이는 것이 아니라 적의 목숨을 살리는 것이 보다 의미가 있다는 것을 발견할 수 있다. 이런 식으로 그의 양심은 고유한 의미가 보편적 가치가 되는 대변혁을 시작할 수 있다.

오늘날 그 반대 현상도 일어난다. 오늘날 전통이 무너지면서 이 시대의 보편적 가치가 쇠퇴하기 시작했다. 그것이 바로 그 어느 때보다 많은 사람들이 공허함이나 삶에 아무런 목적이 없는 것 같은 '실존적 공허'에 빠져드는 이유다. 그러나 모든 보편적 가치가 사라진다 해도 삶은 여전히 의미가 있다. 왜냐하면 전통의 상실이나 보편적 가치의 결핍이 고유한 의미를 건드릴 수 없기 때문이다. 따라서 인간이 가치가 부재한 시대에 의미를 발견하려면 양심이라는 직관적 능력으로 자신을 완전무장해야 한다. 우리 시대에 교육의 첫 번째 과제는 바로 양심의 능력을 정화하는 것이다. 십계명이 더 이상 무조건적으로 받아들여지지 않는 시대에 살고 있는 인간은 자신의 삶을 구성하는 만 가지의 고유한 상황으로부터 올라오는 만 가지의 명령에 귀를 기울일 수 있는 방법을 그 어느 때보다 많이 익혀야 하기 때문이다. 그러한 명령들에 대해 인간은 오직 자신의 양심을 준거로 해야 하며 양심에 의존해야 한다.

진정한 양심(true conscience)이란 내가 이야기하는 '초자아적 가면도덕(superegostistic pseudomorality: 진정한 양심은 영의 차원의 핵심이며, 타고난 것으로 직관적(타고난) 도덕원리에 따라 움직이나 초자아는 후천적으로 학습된 것으로 가면도덕(혹은 유사, 가짜도덕)의 원칙에 따라 작용한다-옮긴이)'과는 아무런 상관이 없다. 진정한 양심은 조건화 과정(conditioning process)으로 처리할 수 있는 것이 아니다. 양심은 명백히 인간현상이다(Frankl, 1965b). 그러나 여기에 하나 더 덧붙여야 하는 것이 있는데 바로 양심이 '인간만의 고유한' 현상이라는 것이다. 양심은 인간이 가지고 있는 유한성으로 인해 인간의 조건에 영향을 받는다. 인간은 의미를 추구할 때 양심의 안내를 받을 뿐 아니라 때로는 양심에 의해 잘못 인도되기도 하기 때문이다(양심에 의해 잘못 인도되는 것이 아니라 양심의 소리를 듣고 실천에 옮기는 마음이 양심의 소리를 왜곡하게 되면 잘못된 길로 들어설 수 있다는 뜻이다-옮간이). 인간이 완벽주의자가 아닌 한, 그는 또한 양심의 오류를 받아들일 수 있어야 한다(양심의 잘못이 아니라 마음의 왜곡이다. 따라서 양심을 왜곡할 수 있는 마음을 가진 존재로서의 우리의 한계를 인정해야 한다는 뜻이다–옮긴이).

인간은 진정으로 자유와 책임의 존재다. 그러나 인간의 자유는 유한하다. 인간의 자유는 전능(omnipotence)하지 않다. 인간의 지혜 또한 전지(omniscience)하지 않다. 그리고 이것은 인간의 인지와 양심 모두에 대해서도 마찬가지다. 우리는 자신이 찾아 실현하고 있는 의미가 자기 삶의 진정한 궁극적 의미인지 아닌지 결코 알 수 없다. 아마도 우리는 죽을 때까지 알지 못할 것이다. 독일의 생리학자 에밀 뒤부아 레몽(Emil Du Bois-Reymond)이 "우리는 알지 못하고 또한 알지 못할 것이다"라고 말했듯이 말이다.

그러나 만약 인간이 자신의 인간성(human-ness)을 거스르지 않는다면 비록 인간으로서 잘못을 저지를 가능성이 있다는 것을 알고 있다 하더라도 양심에 따라야 한다. 잘못을 저지를 수도 있는 가능성이 시도해야 할 필요성(혹은 책임)으로부터 인간을 해방시켜주지는 않는다고 나는 말하고 싶다. 실수할 위험이 있다고 해서 그것이 시도해야 하는 과제로부터 인간을 면제시켜주지는 않는다. 고든 올포트(Gordon W. Allport)가 "우리는 반만 확신하면서도 동시에 온 마음을 다할 수 있다"라고 말한 것처럼, 인간은 어떤 일을 하는 데 있어서 그 일에 백 퍼센트 확신이 서지 않고 설사 실수하고 잘못할 가능성과 위험이 있다 하더라도 그 일에 온 마음을 다할 수 있는 존재다. 양심이 실수를 할 수 있는 가능성이 있다는 말은 다른 사람의 양심이 옳

255
제2부 의미의 의미

을 수 있다는 가능성을 내포한다(나의 마음이 양심을 왜곡해 실수를 할 수 있지만, 타인이 온전히 양심을 읽어서 올바른 결정이나 판단을 할 수 있다는 뜻이다–옮긴이). 따라서 이에는 겸손과 겸양의 마음이 필요하다.

의미를 찾으려면, 의미가 있다는 것을 확신해야 한다. 반면에 만약 내가 의미를 찾을 수 있을지 확신할 수 없다면 나는 포용력이 있어야 한다. 그렇다고 이것이 내가 다른 사람의 믿음을 공유해야 한다는 것을 의미하는 것은 아니다. 그러나 그것은 내가 다른 사람이 자신의 양심을 믿고 자기 자신의 양심에 순종할 권리가 있다는 것을 인정한다는 의미다. 이는 심리치료자들의 경우 심리치료자가 자신의 환자에게 가치를 부여해서는 안 된다는 말로 이어진다. 환자는 자신의 양심에 준거해서 이에 따라야 한다. 히틀러의 사례라 하더라도 이러한 중립성(neutralism)은 유지되어야 한다(가치의 중립성: 즉 히틀러의 악행에도 불구하고 우리는 그에게 우리의 가치를 부여해서는 안 된다는 것이다–옮긴이). 나는 히틀러가 만약 처음부터 양심을 자기 안에서 억누르지 않았다면 결코 그런 사람이 되지는 않았을 것이라고 확신한다.

물론 응급상황에서까지 심리치료자가 이러한 중립성을 유지할 필요는 없다. 환자가 자살의 위험에 직면했을 때는 적극적으로 개입을 하는 것이 맞다. 왜냐하면 잘못된 양심이 환자에게 자살을 하라고 명령할 수도 있기 때문이다(여기서도 역시, 잘못된 양심이 아니라 마음이 양심을 왜곡해서 잘못 해석하고 마음이 자살을 하라고 명령한다는 뜻이다–옮긴이).

이러한 가정 이외에도 히포크라테스 선서가 의사들로 하여금 환자의 자살을 예방할 것을 요구한다. 나는 자살 위험이 있는 환자를

무의미의 의미

치료해야 할 때마다 삶을 긍정하는 세계관을 가지고 환자에게 직접적으로 개입한 것에 대해 어떤 비난도 달게 받을 준비가 되어 있다. 그러나 원칙적으로 심리치료자는 환자에게 어떤 세계관도 부여해서는 안 될 것이다. 로고테라피 치료자 역시 예외는 아니다. 어떤 로고테라피 치료자도 자신이 해답을 가지고 있다고 주장해서는 안 된다. "여인이여, 너는 선과 악을 아는 하느님처럼 될 것이다"라고 말한 것은 뱀이었지 로고테라피 치료자는 아니었다.

제 3 부

존재에서
의미로의 여정

1장

인간존재에 대한 궁극적 질문

그동안 심리치료에는 커다란 변화와 발전이 있었다. 특히 인간에 대한 세계관에 커다란 변화가 있었는데, 인간을 욕구 충족에 주로 관심을 갖는 존재로 바라보는 인간에 대한 정신역동적 관점으로부터 잠재성 실현을 삶의 목표로 하는 자아실현의 존재로서의 인간에 대한 새로운 인류학적 세계관에 이르기까지 심리치료는 실로 괄목할 만한 전환기를 맞이했다. 또한 본능적 충동에 의해 완전히 결정되고 사회적 환경에 의해 조건화되는 인간존재라는 개념은 잠재성을 성취하는 존재로서의 인간에 대한 개념과 같이 다양한 인간 개념으로 바뀌어왔다. 즉 인간에 대한 재해석이 이루어진 것이다.

그러나 인간존재의 전체 현상은 너무도 거대하기 때문에 한 문장,

Logotherapy & The Challenge of Suffering: Reprinted from the Review of Existential Psychiatry and Psychotherapy, 1, 3-7, 1961.

즉 "나는 …이다(I am)"라는 문장 외에는 그 어떤 것으로 표현하거나 한정 지을 수 없다. 이 "나는 …이다(I am)"라는 문장은 처음에는 "나는 해야 한다(I must)"라는 뜻으로 해석되었지만(즉 '나는' 어떤 특정한 조건이나 결정요인, 충동, 본능, 유전적 기질 그리고 환경적 요인의 영향을 '받을 수밖에 없다("I am" forced by)'), 그 다음에는 "나는 할 수 있다(I can)"라는 문장으로 이해되었다(즉 '나는' 나 자신의 이런 또는 저런 면을 실현할 수 있다("I am" able to actualize)).

그러나 여기에 여전히 세 번째 개념이 부족하다. 왜냐하면 만약 우리가 총체적 차원에서 온전히 인간에 대한 올바른 관점을 얻고 싶다면, 우리는 위의 두 가지, 불가피한 필연성(necessities: 물리적, 환경적 요인으로 어쩔 수 없이 영향을 받을 수밖에 없는 숙명적인 존재로 가지게 되는 필연성-옮긴이)와 가능성(possibilities: 위에서 언급했던 자기 자신을 실현할 수 있는 가능성의 존재로서-옮긴이)을 모두 넘어서야 한다. 우리는 "나는 …이다(I am)"라는 전체 현상의 "나는 …해야 한다(I must)"와 "나는 …할 수 있다(I can)"라는 측면에 더하여 "나는 (마땅히) 해야 한다(I ought: 즉 책임을 가지고 옳은 일을 해야 하는 존재로서-옮긴이)"라고 불려야 하는 차원을 가져와야 한다. 내가 책임을 가지고 해야 하는 옳은 일(what I ought to do)이란, 바로 내 삶의 모든 상황에서 내게 도전이 되는 구체적인 삶의 의미들을 실현하는 것을 말한다. 즉 우리가 "나는 (책임을 가지고 옳은 어떤 일을) 해야 한다"라고 말하는 순간 인간존재의 객관적 측면인 의미(meaning)가 인간존재의 주관적 측면인 존재(being)를 보완하게 된다. 이렇게 했을 때만 우리는 자아실현을 강조하는 현시대의 추세를 올바르게

무의미의 의미

이해할 수 있게 된다. 즉 자아실현 자체가 목적이 되고 1차적 의도의 목적이 되면 자아실현이 달성될 수 없다는 사실을 말이다. 왜냐하면 인간이 만약 오직 부산물로서만 얻을 수 있는 것을 직접적으로 추구하면 결국 그러한 시도는 실패하게 될 것이기 때문이다. 인간은 자기 존재의 구체적인 의미를 성취했을 때만 비로소 자신을 실현하고 성취할 수 있을 것이기 때문이다.

매슬로(Abraham Maslow)가 제시한 자아실현에 대한 이론 자체에 나는 아무런 이의가 없다. 그가 자아실현이 목적이 되어서는 안 된다는 것을 충분히 고려했던 것으로 보이기 때문이다. 예를 들어 그는 이렇게 말했다. "나의 연구대상이 되는 사람들은 자아실현의 측면에서 볼 때 보통 일반 사람들보다 객관적이라고 할 수 있습니다. 그들은 자기중심적이라기보다는 문제중심적인 사람들입니다. 아주 강력하게 자신들 밖에 있는 문제에 초점을 맞추고 있지요. 자신들의 책임, 책무 혹은 의무가 그들이 느끼는 하나의 과제입니다. 이러한 과제는 개인적이지도 않고 이기적인 것도 아닙니다." 그래서 만약 내가 그에게 과감하게 자아실현은 인간의 1차적 의도도 아니며, 인간의 궁극적 목적지도 아니고 결과이거나 부산물이라고 말했다면 그는 분명히 나의 말에 동의했을 것이다.

그러므로 우리는 세계-내적-존재인 인간(Man's being in the world)에 대해 말할 때 세상 속에 의미가 존재한다는 것을 부정해서는 안 된다. 의미를 충분히 고려했을 때에만 우리는 인간존재의 주관적 측면을 인간존재의 객관적 측면으로 보완할 수 있게 된다. 그런 후에야 우리는 주관적인 자기(self)와 객관적인 세상(world) 사이의 긴장 안에서 확장된 존재를 인식할 수 있을 것이다. 그러나 세상을 단지 투사(projection)나 자기표현(self-expression)의 관점에서 이해하는 한 세상에 대한 어떤 개념도 적절하지 않을 것이다. 그리고 무엇보다 만약 세상을 투사와 자기표현의 장소로만 여긴다면 세상 속에서 인간이 성취해야 할 의미와 실현해야 할 가치가 실제 단지 인간의 부차적 혹은 2차적 합리화(secondary rationalization)나 승화(sublimations), 반동형성(reaction formation)에 지나지 않는 것으로 여긴다면(즉 인간이 성취해야 할 의미나 가치를 마음 차원에서의 초자아와 본능 간의 갈등과 긴장으로 인해 2차적으로 야기된 자아 방어기제인 합리화, 승화, 반동형성 정도로만 여긴다면-옮긴이), 어떤 누구도 인간이 자신의 삶의 의무를 다하면서 살 것이라고 기대할 수 없게 된다. 사실 이러한 가면적 가치(psedo-values: 유사 혹은 가짜 가치)를 개인의 내면에서 비인격적인 방식으로 일어나는 과정들이 그저 반사된 것(mirroring)으로, 혹은 그저 개인의 내면이 투사되고 표현된 것으로만 이해한다면 이러한 가면적 가치에는 세상과 삶에 대한 개인의 의무감(obligative character)이 완전히 결여된다. 우리는 세상을 본질적으로 그 이상의 것으로 바라봐야 한다.

우리는 대상에게 진정한 도전을 제시하는 세상의 객관성(objectivity of the world)을 고려해야 한다. 그러나 우리가 단순히 세상과 세상의 대상들–가치와 의미, 그리고 세상 속에 있는 대상이 우리에게 주는 도전을 포함해서–을 그저 자기표현(self-expression)으로 여기지 않는 것만으로는 충분하지 않다. 우리는 세상을 단지 우리 자신의 목적을 달성하기 위한 하나의 수단으로, 즉 본능적 충동을 만족시키거나 내적 균형의 회복을 위한, 항상성 회복을 위한 도구로 여기거나 혹은 자아실현이라는 목적을 달성하기 위한 수단으로 여기지 않도록 주의해야 한다. 만약 그렇게 여긴다면 그것은 세상을 중요하게 고려하지 않는 것이며, 결국 인간이 속해 있는 세상과 인간 간의 객관적인 관계를 본질적으로 파괴하는 것이다. 나는 감히 인간은 자신이 만나는 사람을 그리고 자신이 헌신하고 있는 어떤 대의를 목적의 수단으로 여겨서는 안 된다고 말하고 싶다. 만약 그렇게 여긴다면 인간은 자신이 만나는 사람들, 그리고 자신이 헌신하는 대의와의 진정성 있는 관계를 결국 파괴하고 말 것이다. 그리고 사람들과 대의가 인간 개인을 위해 이용되는 도구에 불과한 것이 될 것이며, 마찬가지로 그 자체로 어떤 가치도 가지지 못하게 될 것이다.

그러나 의미에 대해 말할 때 우리는 인간은 단지 자신의 창조적 노력이나 경험적 만남(experiential encounters), 혹은 일이나 사랑을 통해서만 자신의 존재의 의미를 실현할 수 있는 것은 아니라는 사실을 간과해서는 안 된다. 우리는 '삶의 3대 비극(Tragic Triad)'이라는 비극적 경험들이 인간의 삶에 본질적으로 내재되어 있다는 사실을 간과해서는 안 된다. 삶의 3대 비극이란 인간존재의 피할 수 없는 근원적 경험으로서 고통, 죄책감, 죽음을 말한다. 물론 인간은 인간이라면 누구나 경험할 수밖에 없는 이러한 피할 수 없는 삶의 3대 비극이라는 '실존적 사실들'에 눈을 감아버릴 수도 있다. 또한 치료자가 삶의 3대 비극을 피해서 그저 몸을 치료하거나 마음을 치료하는 것으로 도망쳐 숨어버릴 수도 있다.

여기서 '심리-치료(psycho-therapy)'란 마음과는 대조적으로 '영적(noetic)'이라는 본질적인 인간 차원의 보다 넓은 개념의 치료와는 반대되는 좁은 의미의 치료를 뜻한다. 영이라는 본질적인 인간의 차원에 대한 보다 넓은 개념의 심리치료가 바로 로고테라피이고, 로고테라피에서 우리는 '차원적 존재론(dimensional ontology)'이라 칭하는 것을 정립해왔다. 차원적 존재론에서는 더 이상 존재의 층(layer) 혹은 수준(level)이라고 말하지 않는다. 왜냐하면 존재를 층이나 수준이라고 말하는 것은 인간을 따로따로 층이나 수준으로 나누어 분리시킬 수 있다는 것을 의미하기 때문이다.

인간의 총체성(wholeness)과 통일성(unity)을 유지하기 위해서는 층이나 수준이라는 말 대신 차원(dimensions)이라는 말을 사용하고 신체적 차원, 심리적 차원, 그리고 독일어로 'geistig(영적)'이라고 하는 인간만의 고유한 차원인 영적 차원을 구분해야 한다. 독일어에서는 'geistig(영적)'이라는 단어가 초인간적 차원(suprahuman dimension)의 'geistlich(영적)'이라는 단어와 다르기 때문에 신체적, 심리적 차원과 대별하여 '영적'이라고 말해도 혼동이 없다. 영어에서는 일반적으로 영이라고 말하면 종교적 의미가 내포되는 것으로 이해하고 있지만, 로고테라피에서 영이라는 표현은 종교적 의미를 내포하지 않고 종교적 차원으로 들어간 것이 아니다. 그러므로 로고테라피에서는 신체적 차원과 심리적 차원과 더불어 '영적(noological)' 차원이라고 말하는 것을 더 선호한다(영적이라고 말할 때 spiritual이라고 하는 것보다 종교적인 의미를 배제한 noological을 더 선호한다는 뜻-옮긴이).

영적 차원(noological dimension)이란 인간을 인간이게 하는 차원을 말한다. 예를 들어 치료자가 환자의 죽음에 대한 공포를 진정시키기 위해 혹은 환자의 죄책감을 안정시키기 위해 노력하는 경우들이 이에 해당된다. 그러나 고통이라는 특별한 문제에 있어서 나는 환자들이 결코 고통 자체 때문에 절망한다고 생각하지 않는다. 대신 절망은 고통에 의미가 있는가에 대한 의구심에 그 뿌리가 있다. 인간은 고통의 이유를 아는 한 어떠한 고통도 기꺼이 어깨에 짊어지고 갈 준비가 되어 있다. 그러나 궁극적으로 이러한 의미는 단지 머리만으로는 이해할 수 없다. 혹은 좀 더 구체적으로 말해서 궁극적인 의미는 차원적으로 유한한 존재로서의 인간이 이해할 수 없는 것이다. 나는 이러한 사실을 초의미(super-meaning: 궁극적 의미)라는 단어로 제시했다. 초의미란 인간과 세상을 초월하기 때문에 이성적인 사고과정에 의해서는 이해할 수 없다. 이는 인간 내면의 깊은 곳에서 내가 누구인가의 중심에서 발현되고 총체적인 인간의 존재에 뿌리를 둔 헌신적인 행위에 의해 이해할 수 있다. 즉 우리가 다루어야 하는 것은 지적이거나 이성적인 사고과정이 아니라 '존재에 대한 기본적 신뢰(basic trust in being)'라는 전적으로 실존적인 행위인 것이다.

이제 존재의 의미(meaning of being) 혹은 실존의 로고스(logos of existence)는 본질적으로 인간의 지적 능력을 초월한다는 것을 깨닫는다면 우리는 '로고'-테라피(logo-therapy)가 도덕적 설교뿐 아니라 '논리적 추론(logical reasoning)'과도 거리가 멀다는 것을 이해할 수 있을 것이다. 무엇보다 심리치료자는 로고테라피 치료자를 포함해서 교사나 설교자가 아니며 화가와 비교되어서도 안 된다. 즉 치료자의 역할은 자신이 세상을 보는 대로 환자에게 세상에 대한 그림을 전달하는 것이 아니라 환자로 하여금 있는 그대로의 세상을 볼 수 있도록 도와주는 것이다. 그러므로 그는 화가라기보다는 안과 의사와 비슷하다.

또한 의미와 가치에 있어 특별히 중요한 것은 일반적인 삶의 의미가 아니다. 삶의 일반적인 의미를 찾는다는 것은 장기를 두는 선수가 전체 장기판을 두고 "무엇이 최고의 수인가요?"라고 묻는 질문에 비교할 수 있다. 장기판에서 구체적인 상황과 무관한 수는 없다. 이는 인간존재에 있어서도 마찬가지다. 인간은 오직 자기 삶의 구체적인 의미만을 추구할 수 있다. 구체적인 의미는 사람에 따라, 매일매일, 시간에 따라 바뀐다. 또한 이러한 구체적인 의미는 추상적으로 인식되는 것이 아니라 각각의 경우에 언어화하거나 말로 표현할 필요조차 없을 정도로 은연중에 즉각적으로(즉 직관적으로-옮긴이) 인식된다. 심리치료에서 구체적인 의미는 소크라테스 대화법으로 알려진 산파적 대화(maieutic dialogue: 산파가 아기가 나오는 것을 돕는 역할을 하듯 로고테라피에서 산파적 대화란 내면의 '로고스'라는 아기가 나오도록 조력하는 대화법이다-옮긴이)의 질문을 통해 인식할 수 있다. 다음 대화 내용은 상담소에서 나의 조교가 이끌었던 정신역동적 집단심리치료에서 있었던 산파적 대화 사례다.

나는 조교가 집단상담을 하고 있을 때 우연히 그곳에 참여하게

무의미의 의미

되었다. 조교는 그때 갑작스럽게 아들을 잃은 한 여성의 사례를 다루고 있었다. 그녀에게는 아들이 한 명 더 있었다. 그런데 그 아들은 소아마비를 앓고 있었다. 그녀는 자신의 운명에 대해 비통해하고 있었다. 자신의 삶에서 더 이상 의미를 찾을 수 없었기 때문이다. 그 그룹에 우연히 참석하게 된 나는 여성의 이야기를 듣고 나서 즉흥적으로 그녀에게 80세인 자신이 임종 직전에 침대에 누워서 사회적 성공으로 가득 찬 자신의 삶을 상상해보도록 했다. 그러고는 그 상황에서 어떤 느낌이 드는지 표현해도록 했다. 자, 이제 그녀의 내면에서 그녀가 경험한 것을 직접 들어보자─이 내용은 내가 테이프에서 인용한 것이다.

"저는 백만장자와 결혼을 했습니다. 부로 가득 찬 편안한 삶이었습니다. 정말 삶을 원없이 누렸지요. 많은 남자들과 연애도 했고요. 하지만 이제 저는 여든 살입니다. 제게는 자녀가 없어요. 사실 제 삶은 실패한 것입니다." 그런 다음 나는 다시 그녀에게 장애를 가진 아들을 둔 엄마로서 80세가 되어 임종 직전 침대에 누워 자신의 삶을 회상하는 모습을 상상해보도록 요청했다. 그러자 그녀가 이렇게 말했다. "저는 평화롭게 제 삶을 되돌아봅니다. 제 자신에게 이렇게 말할 수 있을 것 같습니다. 저는 아이를 갖기를 소망했고, 그 소망은 이루어졌습니다. 저는 최선을 다했습니다. 제 아들을 위해 정말 최선을 다했어요. 아들은 비록 장애를 가지고 있고 몸이 마비된 상태였지만, 저는 제 아들을 키우고 보살폈습니다. 제가 그렇게 하지 않았다면 제 아들은 보호기관으로 보내졌을 겁니다. 저는 제 아들이 보다 풍요로운 삶을 살 수 있도록 노력했습니다."

거기서 나는 그룹 전체에게 한 가지 질문을 했다. "소아마비에 대한 혈청을 얻는 데 사용되는 원숭이가 자신의 고통이 무엇을 위한 것인지 이해할 수 있을까요?" 그룹이 일제히 대답했다. "절대로 이해할 수 없죠." 그 다음 나는 이어서 질문 하나를 더 했다. "인간은 어떠합니까? 인간의 세상은 본질적으로 원숭이의 세상을 초월합니다. 그것이 바로 원숭이가 자신의 고통의 의미를 인식할 수 없는 이유입니다. 고통의 의미는 동물의 세상에서는 발견할 수 없으니까요. 오직 인간의 세상에서만 고통의 의미를 발견할 수 있습니다." 그런 다음 다시 그들에게 물었다. "여러분은 인간 세상이 우주 발전의 종착역과 같은 것이라고 확신합니까? 우리는 인간 세상을 넘어선 세상, 즉 우리가 경험하고 있는 고통의 궁극적 의미라는 질문에 답을 해줄 수 있는 그리고 이러한 초의미(super-meaning)에 대한 인간의 탐색이 성취될 수 있는 어떤 세상이 존재한다는 것을 인정해야 하지 않을까요?"

나는 이 질문을 제기할 수밖에 없었다. 이 질문에 대한 답은 참여자들의 몫이었다. 이후 참가자들은 각각 개인적으로 다양하게 이 질문에 답했지만, 아무도 부정적으로 답하지는 않았다.

인간존재에 대한 궁극적인 질문은 일상을 살아가는 평범한 많은 사람들이 이야기하는 것이며 지속적으로 치료자가 직면하게 되는 질문이다. 그러나 반드시 환자와 이 질문에 대해 첨예하게 논쟁하고 토론할 필요는 없다. '로고스(logos)'는 논리(logic)보다 깊은 것이기 때문이다.

2장
—
심리치료에서 로고테라피의 역할

핵심적 인간 차원으로서의 영

심리치료에서 새롭게 개발되는 모든 이론들은 어느 것이나 필연적으로 정신분석과 개인심리학에 기초한다. 이러한 기초를 마음에 새기는 것이 우리의 의무다. 그러나 그들이 시작한 건물에는 한계가 있다. 그 건물이 아무리 높더라도 건물의 기초 위에 더 높은 빌딩을 짓는 것은 우리의 의무이자 특권이다.

심리치료 이론은 심리학주의(psychologism)에 의해 심각하게 훼손되어왔다. 심리학적 결론을 가장하여 논리적 추론을 제쳐놓는 것이 심리학주의의 특징이다. 모든 것을 심리학적으로 해석하면서 심리치료자는 오직 마음만을 고려한다. 이러한 심리치료자에게 영적인 것이란 존재하지 않는다. 심리학주의 이론에 빠져 있는 심리치료자에게 영적인 것은 적어도 독립적이고 자율적인 시스템(차원)으로 인식되지 않는다. 신체적-심리적 차원으로 구성된 존재(psycho-somatic unity: 신체적-심리적 단일체)로서의 인간 전체성에 대한 잘못된 개념은 인간을 단지 몸과 마음으로 구성되어 있는 존재라고 주장함으로써 심리학주의에 지대한 공헌을 했다.

그러나 로고테라피의 관점에서 볼 때 몸과 마음으로 구성된 존재로서의 인간에 대한 관점은 인간을 진정한 인간이게 하지 못한다. 몸과 마음만으로 구성된 실체가 인간의 총체성을 구성하지는 못하며 인간의 진정한 모습을 그려낼 수 없다. 진정한 인간의 총체성이란 핵심 요소로서 영적인 차원을 포함해야 한다. 더욱이 영적 차원은 인간의 통일성에 있어 가장 우선하는 1차적 구성요소다.

정신분석은 항상 두드러지게 '심리학적(psychological)'이었다. 인간에게서 오로지 쾌락 추구와 본능 결정론 외에는 아무것도 보지 않는 경향이 있기 때문이다. 정신분석에서는 가치추구와 의미지향성이 빠져 있다. 이제 정신분석 심리치료자가 분석에서 의미나 가치를 고려하지 않으면 모든 관련 현상은 어떤 식으로든 모호해진다. 독일의 철학자이자 정신과 의사 폰 겝자텔(von Gebsattel)은 "모든 것을 그저 심리학적으로만 해석하는 배타적인 심리치료가 황혼기에 접어들면서 모든 고양이들을 회색으로 바꾸어버렸다"(1, p.34)라고 말했다(즉 분석에서 의미와 가치를 배제시킴으로써 모든 현상들을 구분할 수 없는(이해할 수 없는) 애매모호한 것으로 만들어버렸다는 뜻-옮긴이).

슈트라우스(Erwin Straus)는 '억압(repression)', '승화(sublimation)', '검열 (Censor: 잠재의식에 의한 억압)'과 같은 기본적인 정신분석적 개념들이 가지고 있는 본질적 모순에 대해 처음으로 이야기한 학자 중 한 명이다. 셸러(Scheler)는 정신분석을 '연금술'이라고까지 칭했다. 정신분석이 본능으로부터 선함과 사랑을 만들어내려고 한다는 것이다. 그러나 본능으로부터 선함과 사랑을 만들어낸다는 개념은 자기모순적이다. 강이 자가발전소를 건설한다는 말을 들어본 사람이 있는가?

심리치료 이론이 그동안 의미와 가치에 대해 무시해왔기 때문에 이런 이유로 로고테라피 이론이 특별히 의미와 가치를 더욱더 강조할 수밖에 없었다. 프로이트는 그 자신이 정신분석에서의 의미와 가치의 결핍을 미연에 방지하지는 못했지만, 그 스스로 정신분석에 의미와 가치가 결핍되어 있다는 것에 대해 의구심을 가졌음은 틀림없다. 그는 한 곳에서 정상적인 사람은 자신이 생각하는 것보다 훨씬 비도덕적일 뿐 아니라 자신이 아는 것보다 훨씬 도덕적이라고 말했다. 또 다른 곳에서 그는 치료자에게 도덕적인 도구를 이용해서 사람들이 도덕적으로 고려하고 있는 것들을 치료해야 한다고 조언하기도 했다.

정신분석 심리치료자들은 자신들이 의식하지 못한 채 무의식적으로 꽤 오랫동안 도덕적인 것에 대해 관심을 가지고 치료해왔던 것 같다. 우리의 의견으로는 실존적 재조정을 포함하는 경우(예를 들어 도덕적인 것을 고려하는 것-옮긴이)에만 최종적인 분석이 효과적이라고 생각한다.

심리치료와 로고테라피

　새로운 심리치료는 인간 안의 영적인 것을 무시하는 모든 심리학 이론들과 대조적으로 수립되어야 한다. 직접적으로 영적인 것을 지향해야 한다. 이에는 두 가지 방향이 있다. 하나는 '영적인 것으로부터(from the spiritual)' 또는 헤겔 철학의 용어로 '객관적인 영(objective spirit)'에서, 즉 로고스(logos)에서 파생된 심리치료다. 다른 하나는 '영적인 것을 향하는(toward the spiritual)' 것을 목표로 하는, 즉 '주관적인 영(subjective spirit)', 즉 존재(Existenz)를 향한 심리치료다. 첫 번째 경우가 로고테라피이고, 두 번째 경우가 실존분석(Existenzanalyze)이다.

　영적인 것이 이들의 하부구조에 추가되어야 한다. 영적인 것은 본질적으로 이 완벽하게 통합된 체계에 속한다. 아들러와 프로이트는 또 다른 방식으로 상호보완적이다. 첫 번째, 정신분석에서는 인간존재에서 성적 결정론(sexual determinism)을 주로 고려했다. 이후 개인심리학에서는 '사회적 관심(social interest)'을 주로 다루었다. 하지만 둘 다 한 가지를 간과했다. 정신분석과 개인심리학은 둘 다 사랑이라는 근원적이고 총체적인 인간현상의 한 측면만을 기초로 개발된 것이다.

　빈스방거(Ludwig Binswanger)는 있는 그대로 완전한, 어떤 것으로 축소되지 않는(intact & undiminished) 전혀 퇴색되거나 사라지지 않는 사랑의 개념을 자신의 현존재분석(Daseinanalyse)의 한가운데 놓았다. 그는 하이데거 철학에서 인간존재(human Dasein: 인간 현존재)를 전적으로 조르게(Sorge: 하이데거 실존철학의 개념으로 영어로는 근심, 걱정, 관심, 슬픔이라고

무의미의 의미

번역되나, 한국어로는 '마음씀'이라고 번역된다고 함–옮긴이)의 존재로 해석하는 것에 반대했다.

실존분석(Existential Analysis)은 이러한 이전의 이론들을 보완하고 재정비하여 이전의 이론들이 가지고 있던 한계를 초월해 인간에 대한 보다 진실된 완벽한 그림, 즉 본질적으로 영적인 존재로서의 '인간 존재'에 대한 보다 완벽한 그림을 완성하는 것을 목표로 한다. 인간에 대한 보다 완벽한 그림을 완성하는 것은 집의 지붕까지 없애버리면서 새로운 집을 짓겠다고 하는 것이 아니다. 보다 완벽하고 진실된 인간에 대한 그림을 완성하겠다는 것은 기존의 기초를 유지하면서 집이 얼마나 지어졌든지 간에 바로 거기에서 집을 완성하는 작업을 계속하겠다는, 멈추지 않겠다는 뜻이다. 우리는 하나의 지붕 아래 '완전한 집'을 짓는 것을 목표로 했다.

이론들이 서로 보완적이기 때문에 개별 심리치료들을 하나로 모을 가능성은 얼마든지 있다. 개별적 심리치료들을 한 자리에 수렴하여 모으기 위해서는 각각의 심리치료 이론 대표자들 간에 협력이 반드시 필요하다. 이와 같이 모든 심리치료를 한 곳에 모으기 위해서는 심리치료라는 광활한 땅을 모든 방향과 차원에서 측정해야 한다. 만약 이러한 협력이 연구 분야에서도 이루어진다면 이론과 특히 임상에 훨씬 더 포괄적인 심리치료가 적용될 수 있을 것이다. 여기서 가장 적합한 방식은 절차를 절충하는 것이다.

모든 심리치료자가 모든 치료방법을 다룰 수는 없다. 한편 모든 치료방법이 모든 사례와 모든 환자에게 효과적일 수도 없다. 이러한 이유 때문에 심리치료의 교육훈련에서 융통성을 가질 필요가 있다. 심리치료는 두 개의 미지의 것으로 구성된 공식과 같다 $-\Psi$ (Psi)=X+Y. 여기서 X는 언제나 변화하며 예상할 수 없는 변수인 의사가 어떤 사람인가(personality of the doctor) 하는 것이고, Y는 환자가 어떤 사람인가(individuality of the patient)라는 변수다(이 공식에서 Psi는 구체적인 심리치료 기법을 뜻한다-옮긴이).

실존과 초월성

심리치료는 프로이트 시대 이후 두 단계로 발전해왔다. 첫 번째 단계는 본능에 의해 결정되는 자동반사적 존재(Automatism)에서 스스로 결정하는 존재(Existence)로의 단계이고, 두 번째 단계는 스스로 결정하고 선택하는 자율적 존재(Autonomy)에서 자기 자신을 넘어서는 초월적 존재(Transcendence)로의 단계다.

이 두 단계들은 필연적인 것이었는데, 첫 번째 단계는 인간이란 절대로 순수 본능과 자동반사만으로 그려낼 수 없는 존재라는 것이며, 두 번째 단계는 인간에 대한 완전한 그림은 인간이 그저 자율적으로 어떤 것을 내재하고 있는 존재라는 틀을 뛰어넘는 존재라는 것이다. 다행스럽게도 오늘날 초월성이라는 개념을 인간 본성을 설명하는 데 포함시키거나 심지어 인간의 질병의 본질을 설명하는 데 적용할 때조차도 이를 이제는 그리 귀에 거슬리게 여기지 않는다. 아인슈타인(Einstein)과 같은 과학자는 이러한 태도를 다음과 같이 간단히 표현했다. "종교 없는 과학은 한 발로만 걷는 것과 같고, 과학이 없는 종교는 앞을 보지 못하는 것과 같다."

인간의 초월성은 고려하지 않고 단지 내재성(immanence: 이는 철학적 사유의 개념 중 하나로 초월성과 반대되는 개념으로 받아들여지고 있고 모든 것은 서로 관계 맺음을 통해 존재하며, 그런 관계를 넘어서 초월적으로 존재하는 것은 없다는 뜻을 담고 있다고 함–옮긴이)이라는 관점에서 인간을 해석하려는 편협하고 헛된 노력의 뿌리는 무엇인가? 그들은 왜 인간을 자동기계는 아니지만 그럼에도 불구하고 절대적으로 자율적인 본성(autonomous)의 존재라고 간주하는가? 이러한 질문은 "인간의 자기애성은 세 가지 사건으로 인해 심각한 충격을 받았다"라는 프로이트의 주장으로 우리를 이끈다. 첫 번째 충격은 코페르니쿠스의 지동설로 인한 것이고, 두 번째는 다윈의 진화설로 인한 것이며, 세 번째는 프로이트 자신의 정신분석으로 인한 것이라는 것이다.

첫 번째 충격의 경우 인간이 우주의 중심이 아니라는 사실을 알게 되면 왜 인간의 자존감이 흔들려야 하는지에 대해 전혀 증명하지 못했다. 인간이 우주의 중심이 아니라는 사실 자체가 인간의 진정한 가치를 결코 떨어뜨릴 수 없다. 이 사실에 의해 흔들린다는 것은 괴테가 지구의 중심에서 태어나지 않은 것 때문에 혹은 칸트가 지구의 북극이나 혹은 남극에 살지 않았다고 실망하는 것과 같다.

어찌되었든 흥미로운 것은 천문학이 지구 중심에서 태양 중심으로 바뀌는 역사적인 변혁의 순간과 철학이 신 중심에서 인간 중심으로 바뀌는 역사적인 변혁의 순간이 동시에 일어났다는 것이다. 그렇다면 프로이트의 견해에서 볼 때 코페르니쿠스의 지동설은 인간의 의식에 진정으로 엄청난 충격을 주었음에 틀림없다.

아들러의 용어로 말하자면, 이러한 충격은 일종의 행성인의 열등감(planetarian feeling of inferiority: 말하자면 우주의 중심이 아닌 지구라는 행성에 살고 있는 존재라는 것에 대한 열등감–옮긴이)이라고 할 수 있을 것이다. 그리고 만약 지동설이 인간의 의식에 엄청난 충격이며 열등감을 불러일으켰다면 이러한 열등감에 대해 과도한 보상을 요구했을 것이다. 인간은 자신이 우주의 중심에서 던져진 것처럼 느꼈고, 그래서 스스로 신 대신에 자신을 존재의 중심에 세웠다. 이와 같은 자기신격화는 최근 유럽에서 퍼지고 있는 허무주의의 원천과 관련이 있는 것 같다. 모든 우상숭배는 결국 인간을 절망에 이르게 한다. 오스트리아의 정신과 전문의 루돌프 알러스(Rudolf Allers)의 말을 빌리자면, 인간이 가치의 위계에 어긋나는 죄를 저지르는 바로 그 지점에서 모든 우상숭배는 그 대가를 치르게 된다는 것이다. 이에 대해 한 가지 적절한 예를 들어보겠다.

과거 나치 독일은 '피와 땅(Blood and Soil)'이라는 나치의 인종주의를 신성화했다. '피와 땅'이라는 슬로건이 불러온 가치체계는 '순수 혈통의 아리아 민족만이 위대하다'라는 나치의 절대적 원칙과 배타적인 법이었다. 그리고 어떤 일이 일어났는가? 이 가치체계는 정확히 '피와 땅'의 상실이라는 결과를 초래했다. 독일은 독일 땅의 상당 부분을 잃어버렸고, 가장 좋은 '피'인 시대의 청년들을 잃어버리게 되었다. 통계에 의하면 독일에서 1924년에 태어난 100명의 남성 중 37명만이 건강하게 생존했다고 한다. 이는 스위스에서 1924년에 태어난

100명의 남성 중 87명이 건강하게 생존한 것과는 매우 대조적이다.

심리치료는 이러한 허무주의와 오늘날 인간의 절망에 직면해 있다. 이는 심리치료의 범위가 일반적으로 다루었던 영역에서 이제는 생각하지 못했던 영역으로 확장되고 있다는 것을 의미한다. 1945년 빈이 폭격으로 완전히 파괴되고 거리가 온통 파편으로 뒤덮였을 때, 오스트리아 정신과 의사 오토 카우더스(Otto Kauders)는 후배 신경과 전문의들에게 심리학 강의를 하는 데 최선을 다했다. 그는 그 과정을 얼마 동안밖에 계속할 시간이 없었지만, 시간을 내어 영감을 주는 잊을 수 없는 대담한 아이디어를 제시했다. 그는 이 점을 분명히 해야 한다고 생각했다. 심리치료는 신경증 환자에게 다소간 무해한 안도감을 주는 것에 스스로 만족해서는 안 된다는 것, 심리치료는 심리치료가 가지고 있는 이러한 한계를 넘어 심리치료에 도전이 되고 있는 대중적인 영적 고통(spiritual mass-misery)에 스스로 직면해야 한다는 것이다.

신경증과 가면 신경증

심리치료의 범위를 대상과 기능의 측면에서 확장하는 문제는 매우 조심스럽게 몇 가지 차이를 구분함으로써 명확히 이해할 수 있다. 만약 신경증을 심리치료의 대상이라고 여긴다면 좀 더 정확히 말해서 신경증의 치료를 심리치료의 과제라고 여긴다면 이러한 관점에서 신경증은 심인성 질병(psychogenic illnesses)이다. 그러나 심인성 질병은 기능성 질병(functional illnesses: 프랭클은 이를 의학적으로 내과적인 호르몬 이상으로 인한 신경증이라 정의했음-옮긴이)과 다르다. 내분비 호르몬 관련 기능성 질병에 관한 연구가 활발하게 진행되고 있는데, 이러한 기능성 질병은 엄밀한 의미에서 심인성 신경증이 아니다. 연구를 통해 우리는 갑상선 항진증으로 인해 발생하는 광장공포증의 경우가 상당히 많다는 것을 알아냈다. 우리는 또한 부신피질의 기능 저하가 비인격화(de-personalization) 및 주의산만과 집중력 약화와 같은 많은 증상들의 원인일 수 있다는 것을 밝혀냈다. 이러한 사례들은 실제로 심인성이 아니라 기능성이기 때문에 가면 신경증(pseudneuroses: 유사 혹은 가짜 신경증이라고도 함-옮긴이)이라고 불러야 한다.

더욱이 진정으로 신경증적이 아닌 모든 질병에 대해서도 동일한 구별이 이루어져야 한다. 이에는 마음에서 비롯된 진정한 심인성 사례(genuine case)의 문제뿐 아니라 2차 신경증(secondary neuroses)이라고 부르는 것도 포함된다. 이러한 범주에 속하는 대표적 사례가 바로 예기불안(anticipator anxiety)의 메커니즘이 원래 심인성에 그 원인이 있지 않은 질병을 야기시키는 경우다.

예를 들어 의사의 무분별한 제안으로 인해 혹은 미디어의 영향으로 특정한 질병에 대해 예기불안이 일어나고 이러한 예기불안이 바로 불안해했던 그 질병을 야기시키는 경우다. 이러한 신경증을 '의원신경증(Iatrogenic neuroses: 프랭클 박사는 이를 치료자나 치료기법에 의해 야기되는 신경증이라 정의함-옮긴이)'이라고 한다.

심리치료는 이러한 신경증의 경우에도 효과가 있는데, 심리치료의 치료범위가 심인성(심리적인 것에 원인이 있는)에만 국한되어 있지 않기 때문이다. 이는 오래전부터 알려져온 사실이다. 기관지 천식이나 협심증은 엄밀한 의미에서 심인성 질병이 아니지만, 둘 다 심리치료가 상당한 효과를 보인다. 마지막으로 블로흐(Bloch: 사마귀를 성공적으로 치료할 수 있는 방법을 고안한 의사-옮긴이) 이후로 심리치료를 통한 사마귀의 치료 가능성이 알려졌다. 비록 사마귀가 심리적인 것에서 비롯된 것은 아니지만 말이다(블로흐 이후 최면술을 보조적으로 이용한 심리치료를 통해서 사마귀를 성공적으로 제거했다는 연구 결과가 많이 발표되었다고 한다-옮긴이).

고통과 질병

영적 신경증도 가면(유사 혹은 가짜) 신경증이라고 할 수 있다. 왜냐하면 영적 신경증의 경우 마음의 질병이 아니고 영적인 고통(spiritual distress)에 그 원인이 있기 때문이다. 성숙의 과정에서 경험하게 되는 실존적 위기는 신경증 같은 병리적 증상을 띠지만, 이를 병이라고 진단할 이유는 없다. "어떻게 성숙해가고 있는 모든 것이 병이라고 생각할 수 있는가?(Georg Trakl: 오스트리아의 시인. 표현주의적 시작으로 유명하다-옮긴이)"

어떤 영적인 문제나 윤리적 갈등을 겪고 있는 사람이 불면에 시달리거나 불안해하거나 혹은 심하게 땀을 많이 흘린다고 해서 실제 신경증을 가지고 있다고 말할 수는 없다. 따라서 신체적으로 혹은 심리적으로 고통을 경험하고 있다고 해서 신경증으로 여기고 전통적인 심리학적 관점에서 마음에 문제가 있다고 판단하여 치료한다면, 이는 존재의 본질과 진리를 탐구하고자 하는 인간의 본질적 열망인

'형이상학적 욕구(metaphysical need)'를 억압하게 되는 결과를 가져올 수 있다. 이렇게 되면 교육은 그저 인간의 형이상학적 욕구를 경시하는(metaphysical levity) 쪽으로 흘러갈 수 있다(Max Scheler). 또한 고통을 경험하는 사람들에게 단순히 약물을 처방해 치료하고자 하는 것(somatotherapy)은 인간의 근원적인 형이상학적 욕구를 억압하는 것일 뿐 아니라 신경안정제로 형이상학적 욕구를 그저 달래는 것에 불과한 상황이 될 것이다.

영적 신경증과 심인성 신경증 간의 분명한 차이를 명심하면서 우리는 심리치료가 가지는 기능의 범위를 확대할 필요성을 인식해야 한다. 독일의 병리학자이자 인류학자 루돌프 피르호(Rudolf Virchow, 1821~1902)는 이렇게 말했다. "정치는 넓은 의미의 의학이다." 오늘날 우리는 이 문장을 다시 이렇게 바꾸어야 할 것 같다. "정치는 넓은 의미의 정신의학이다"라고 말이다(루돌프 피르호는 정치학과 의학을 완전히 분리하는 것이 불가능하다고 주장하면서 의학은 사회과학이며, 정치학은 넓은 의미의 의학이라고 말했다. 즉 의학이 단지 인간의 질병에 대한 연구뿐 아니라 사회를 이해해야 한다는 의미에서 은유적으로 이렇게 말했다고 한다. 따라서 정치가와 의사는 그 역할이 다르지만, 사회적 고통과 상처에 대해 서로 협력해 치유해야 할 책임이 있다는 것을 강조했다-옮긴이).

제8회 스칸디나비아 정신의학회(1946)에서 노르웨이 법무장관이 설립한 정신의학위원회가 한 가지 연구 결과를 발표했다. 노르웨이의 파시스트 정치가인 크비슬링(Quisling)을 따르던 5만 명의 추종자들 가운데 중풍 환자, 편집증 환자, 편집증적 사이코패스 환자의 비율이 노르웨이 일반 국민들보다 250퍼센트 정도 높게 나타났다고 한다. 어떤 사람들은 모든 정치지도자들에 대해 일련의 정기적인 정신과적 검사가 필요할 것 같다고 주장했다.

　나는 사실 우리 시대의 영적 병리(spiritual pathology)라는 문제에 대해 할 말이 많다. 최소한 한 가지는 명확히 짚고 넘어가고 싶다. 영적 병리에 관한 문제는 오로지 다윈의 생존투쟁(Darwin's Struggle for Existence)을 넘어서서 그리고 크로포트킨(Kropotkin)의 상호부조(Mutural Help: 만물은 돕는다)를 넘어서서 존재의 의미를 위한 투쟁(struggle for meaning of existence)과 존재의 의미 발견에서의 상호부조(mutural help in finding this meaning)를 지향하는 심리치료에 의해서만 완화될 수 있다는 것이다(러시아의 지리학자이며 무정부주의자이고 철학자였던 크로포트킨은 다윈주의의 적자생존의 진화론을 비판하고 만물이 서로 돕는다는 상호부조(Mutural Help)가 생존경쟁보다 진화의 중요한 원동력이라고 주장하고 이를 과학적으로 입증함-옮긴이).

　영적 병리에 대한 심리치료는 인간과 세상에 대한 인본주의적 이해를 바탕으로 해야 한다. 인조인간주의(homunculism)가 아니라 인본주의(humanism)가 시대의 허무주의(nihilism)에 맞서야 한다. 인조인간주의는 인간 안의 진정한 인간성(homo humanus)을 무시한다. 인조인간주의는 전적으로 기술자로서의 인간에 집중하거나 혹은 추론하고 생각하는 존재로서의 생각하는 존재(homo sapiens)로서의 인간에만 집중한다. 또한 인간은 자유로운 선택을 할 수 없는 오직 유전기질과 환경의 부산물에 불과하다고 주장한다. 심지어 인조인간주의에서는 인간을 머리를 들고 직립할 수 있는 일종의 고등 포유류로 여긴다.

심리치료가 진정으로 그 역할을 하고 심리치료로서의 목적을 달성하기 위해서는 인간에 대한 진정한 그림의 틀 안에 '고통을 감내하고 이겨낼 수 있는 존재로서의 인간(homo patiens)'을 위한 자리를 남겨놓아야 한다. 그리고 고통을 감내하고 이겨낼 수 있는 존재로서의 인간에 대해 이해하기 위해서는 우선 고통의 의미에 대한 이해가 선행되어야 한다. 고통이란 의미를 발견할 수 있는 가장 높은 가능성을 지니고 있으며, 따라서 인간은 고통을 통해 가장 긍정적인 것을 성취할 수 있다. 고통에는 본질적으로 의미가 내재되어 있기 때문이다(Paul Polak).

고통의 의미

심리치료는 인간이 쾌락을 즐기거나 혹은 하루 일과를 수행할 수 있게 하는 것으로 만족해서는 안 된다. 심리치료는 또한 바로 인간이 고통을 견뎌낼 수 있도록 해야 한다. 이 문장은 점술가의 웃음거리나 혹은 현대 서구 심리학의 유행어인 '도피주의(escapism)'로 치부되어서도 안 된다. 진정한 도피란 현실을 회피하는 것이며, 자신이 처한 현실로부터, 예정된 필연적 고통으로부터, 그리고 고통을 의미로 채울 가능성으로부터 달아나버리는 것이다. 고통받을 용기가 부족한 사람은 무엇보다도 신경증 환자다. 그는 감히 고통을 거부한다. 그를 단면적이고 피상적인 인간에 대한 개념을 대변하는 "담대히 자신의 지성을 사용할 용기를 가져라"라는 칸트의 정언명령(the imperative)만으로는 도울 수 없다. 그에게는 또 다른 정언명령, 즉 "담대하게 고통을 감수할 용기를 가져라(dare to suffer: pari aude)"라는 정언명령이 필요하다. 이 정언명령은 인간은 의미 있게 고통을 경험할 수 있으며 또한 고통을 의미로 채울 수 있다는 고통받는 인간(homo patiens: suffering man)의 개념과 일치한다.

모든 시대마다 그 나름의 신경증을 가지고 있으며 이에 따른 심리치료가 필요하다. 우리 시대는 아직까지 심리치료의 범위와 목적에 고통에 대한 인간의 능력을 포함시키지 않았다. 그러나 우리 세대는 고통의 시대를 살고 있으며, 인간에 대한 가장 깊은 가치 타락을 경험하고 있다. 아마도 우리는 이러한 경험만으로도 영적인 존재로서의 인간을 인정할 수 있는 길로 돌아설 수 있는 방법을 발견할 수 있을 것이다.

새로운 심리치료와 새로운 심리치료의 영적인 존재로서의 인간에 대한 개념은 회의실 책상이나 처방전을 쓰는 책상에서 탁상공론식으로 만들어지지 않았다. 전쟁포로 수용소와 수용소의 방공호, 폭탄구멍과 같이 가장 절망적인 삶의 현장이라는 학교에서 탄생했다. 만약 인간이 이러한 시대적 변화에 실제로 참여하지 않았다면 인간은 "생이 먼저이고 철학은 나중이다"라는 오래된 격언이 왜 더 이상 적용되지 않는지 그 이유를 이해하기 위해 르네상스 시대의 소설들을 읽어야 했을지도 모른다.

수용소와 같은 극단적인 상황에서 궁극적 질문은 삶의 의미 발견에 관한 것이었고 죽음의 의미를 어떻게 이해할 것인가에 관한 것이었다. 극단적 상황에서 인간은 스스로 삶의 의미와 죽음의 의미에 대해 묻고 답하지 않을 수 없다. 그럼으로써 인간은 허리를 펴고 똑바로 서서 앞으로 걸어 나가 인간으로서 존엄하고 가치 있는 죽음을 맞이할 수 있었다. 실제로 정말 중요했던 것은 "생이 먼저이고 철학은 나중이다"였다. 이러한 극단적 상황을 50년 전 만들어진 이론으로 설명하려고 한다면 이는 중요한 것을 놓치는 것이다. 이러한 상황을 어떻게 인간의 콤플렉스와 열등감으로 설명할 수 있겠는가? 콤플렉스와 열등감으로는 도저히 설명할 수 없으며 콤플렉스와 열등감으로 이러한 상황을 설명하려는 시도 자체가 무용하고 무가치한 일일 것이다.

이러한 상황을 실존적으로 어떻게 극복하느냐 하는 문제는《죽음의 수용소에서》라는 로고테라피 책에서 다루고 있다. 이 책에 대해 미국인 한 분이 서평을 썼는데, 그의 책 리뷰에서는 한 가지만을 중요한 것으로 다루었다. 리뷰는《죽음의 수용소에서》라는 책에 담긴 경험들이 어떻게 인간의 자아발달 단계상 초기의 구강기나 성욕의 발달단계로 퇴행했는가를 분명히 보여준다는 것을 추론하는 데 초점을 맞추고 있었다. 이 책의 리뷰에 대해 유럽의 젊은 정신과 의사는 종전 바로 직전에 수용소에서 자신이 경험한 것을 다음과 같이 기술했다. 그때 당시 그에게 사형선고가 이미 내려졌다고 한다. 그러나 다행히 마지막 순간에 사형선고가 철회되었고, 자신의 죽음이 확실시되는 마지막 몇 시간 동안 그는 자신과 대화할 기회를 가지게 되었다고 한다. 이때 그는 자신 안에서 어떤 구강기적 성욕에 대한

무의미의 의미

문제나 오이디프스 콤플렉스, 혹은 그 어떤 열등감의 문제는 하나도 발견할 수 없었다는 것이다. 오로지 그의 마음속은 실존적 문제에 대한 생각, 즉 실존적 분석에 대한 생각으로 가득 차 있다는 것을 확인할 수 있었다고 한다.

로고테라피는 우리 시대에 이러한 심리적 욕구, 즉 실존적 문제에 답하려고 노력한다. 현대를 살아가는 인간은 신체적, 심리적 존재 그 이상의 존재로 인식되어야 한다. 영적 존재로서의 인간의 존재를 무시해서는 안 된다. 인간은 단지 유기체에 지나지 않는 존재가 아니다. 인간은 인간이다. 비록 정신적으로 아픈 사람이라 하더라도 그는 영적 존재인 인간이다. 영적 존재로서의 인간의 가치는 심리치료의 현장에서 반드시 존중되어야 한다. 인간 자신뿐 아니라 인간의 삶에 대한 극악무도한 행위는 이제 더 이상 반복되어서는 안 된다. 쪼갤 수 없는 총체적 존재로서의 모든 인간존재의 개별성(individuality: 쪼갤 수 없는 총체적이고 고유한 존재로서의 인간-옮긴이)과 인간의 초월성(transcendentality)을 전제하는 심리치료만이 우리 시대의 실제 심리치료 현장에서 각 개인의 존엄성을 지켜줄 수 있다.

개인의 인간으로서의 존엄성은 절대로 더럽혀질 수도 침해될 수도 없는 것이다. 왜냐하면 인간의 존엄성은 어떤 의미에서 무한하기 때문이다. 탈무드에서 처음으로 "누구든지 한 영혼을 파괴하는 사람은 온 세상을 파괴하는 것과 같고, 한 영혼을 구하는 사람은 온 세상을 구하는 것과 같다"라고 말했던 그 시대만큼 인간은 존엄하다.

온 세상을 파괴할 수 있는 가능성이 오늘날만큼 이렇게 절박하게 일촉즉발인 적은 없었다. 또한 인간 개인에 대한 실질적인 존중에의 필요성이 이렇게 요구되었던 때도 없었다.

무의미의 의미

3장
—
거인의 어깨 위에서

사랑의 의미에 대해서

만약 일반적으로 삶에 의미가 없다면 특별히 사랑의 의미에 대해 이야기하는 것도 의미가 없을 것이다. 사랑에 대한 것은 출산에서도 마찬가지다. 만약 삶이 무의미하다면 출산 또한 똑같이 무의미할 것이다.

우리 시대의 문제는 바로 많은 사람들이 사회에 만연한 무의미라는 감정에 사로잡혀 있다는 것이다. 무의미란 우리 시대가 앓고 있는 집단적 신경증의 가장 두드러진 증상이다. 무의미에는 공허한 느낌

On the Shoulders of Giants: 본 논문은 1986년 9월 11일 파리에서 열린 제9회 국제가족학회(International Congress for the Family)의 오프닝 강의에서 발표되었으며, 1987년 로고테라피학회지(International Forum for Logotherapy 10(Spring/Summer 1987): 5-8)에 게재되었다. 또한 본 논문은 웬디 패브리 뱅크스(Wendy Fabry Banks)에게 헌정된 기념 논문이었다. 웬디 패브리 뱅크스는 로고테라피를 미국에 전파하는 데 지대한 역할을 한 조지프 패브리(Joseph Fabry)의 딸이며, 《죽음의 수용소에서(Man's Search for meaning)》 책을 자신의 아버지에게 선물함으로써 아버지에게 로고테라피를 처음으로 알렸다고 한다.

이 동반된다. 1955년 나는 '실존적 공허(existential vacuum)'를 기술하고 표현했고 실존적 공허는 그야말로 전 세계로 확대되고 확산되었다. 산업화된 우리 사회는 모든 욕구를 만족시키려고 애쓰고 있으며, 심지어 우리의 소비지향적인 사회는 모든 욕구를 만족시키기 위해 욕구를 만들어내려고까지 한다.

그러나 인간의 모든 욕구 중에서 가장 인간적인 욕구인 삶의 의미를 찾고자 하는 욕구는 전혀 채워지지 않고 있다(실제 프랭클 박사는 삶의 의미를 찾고자 하는 것을 욕구라고 말하는 것을 지양했다. 프랭클 박사는 의미에의 의지를 결핍되어 채워져야 하는 욕구가 아니라, 영적 차원의 인간을 움직이는 진정한 동기, 열망으로 보았다-옮긴이). 사람들은 살아가기 위한 충분한 수단(live by)을 가지고 있다. 그러나 무엇을 위해 살 것인가(live for) 하는 삶의 목적이나 의미는 가지고 있지 않은 듯하다. 이는 특별히 젊은 세대에서 가장 눈에 띄게 나타나는데, 구체적으로 우울증, 공격성, 중독과 같은 집단적 신경증(mass neurotic)의 징후로 나타난다. 자살 성향이나, 폭력적 행동, 약물에 대한 의존도 등 의미의 부재와 상실로 인해서 나타나는 증상들에 대해 경험적인 증거들이 많이 있다.

동기 이론

우리가 어떻게 우리 시대의 불안과 좌절을 극복할 수 있을 것인가? 우리가 좌절을 극복하고자 한다면 우리는 첫 번째로 동기에 대해 이해해야 한다. 우선 빈의 대표적인 두 심리치료 학파가 우리에게 무엇을 가르치는지부터 살펴보도록 하자. 프로이트의 정신분석

무의미의 의미

심리치료에 따르면 인간의 행동은 쾌락의 원칙(pleasure principle)에 의해 움직이며, 아들러의 개인심리학 심리치료에 의하면 인간은 우월성을 추구하고자 하는 의지에 따라 움직인다. 알려진 바와 같이 그러나 이 두 가지 심리치료 학파의 동기 이론은 인간을 기본적으로 내적 심리 상태(intrapsychic conditions)에 관심을 가진 존재로 바라본다. 즉 이 두 심리치료에서는 인간을 내적 균형을 유지하거나 열등감과 우월감 등과 같은 심리 상태에 관심을 가진 존재로 인식한다. 그러나 그것은 인간에 대한 진정한 그림이 아니다. 사실 인간이 된다(being human)는 것은 자기 자신 너머에 도달하는 것을 의미한다. 즉 인간이란 자기 자신이 아닌 다른 어떤 것을 향해 나아가는 존재이며, 성취해야 할 의미나 사랑할 타인을 위해 나아가는 존재인 것이다. 다시 말해서 인간은 항상 자기 자신을 초월하는 존재다. 그리고 만약 이러한 인간의 자기초월성을 인식하지 못한다면 심리학은 단자론(monadology)으로 퇴보하고 말 것이다. 한마디로 말해 자기초월(self-transcendence)이란 실존의 핵심(essence of existence)인 것이다.

그렇다면 자아실현(self-actualization)은 어떠한가? 자아실현은 정말 가치 있는 것이다. 그러나 결국 우리는 자기초월을 통해서만 자아실현에 도달할 수 있다. 자아실현이라는 개념을 존재의 심리학(psychology of being)의 초석으로 삼은 매슬로(Abraham Maslow)는 자신의 일기장에 이렇게 적었다. "나는 자아실현이 중요한 어떤 일에 대한 투신과 헌신을 통해 가장 최선으로 달성될 수 있다는 그의 말에 확신을 가졌다."(Maslow, 1965) 사실 나는 자아실현이란 자기초월의 부산물이라고 말하고 싶다.

이는 쾌락이나 행복에도 마찬가지다. 미국 독립선언의 절대적 권리인 행복추구권은 사실 하나의 모순이다. 왜냐하면 행복이란 추구할 수 없는 것이며, 단지 수반되는 것이기 때문이다. 말하자면, 행복이란 우리가 지지하는 어떤 대의나 사랑할 사람에 대한 헌신을 통해 의도하지 않고 자연스럽게 얻게 되는 결과물인 것이다. 한편 쾌락을 직접적으로 의도해서 목적으로 성취하고자 할 때 쾌락은 자멸적(self-defeating)이 된다. 이는 성적 신경증에서 쉽게 목격할 수 있다. 남성 환자가 자신의 발기 능력을 과시하고자 하면 할수록 그는 더욱더 발기불능으로 끝을 맺게 된다. 여성 환자가 자신이 완벽하게 오르가즘을 경험할 수 있다는 것을 스스로 확신하려고 노력하면 할수록 그녀는 불감증을 경험할 가능성이 높다. 이를 치료할 수 있는 방법은 자기 자신을 내어줌으로써 자신을 잊어버리는 것이다.

여기서 다시 의미에 대한 문제로 돌아가보자. 인간의 가장 기본적 관심은 힘이나 권력에 대한 의지가 아니며, 또한 쾌락에 대한 의지도 아닌 의미에의 의지, 즉 의미를 찾고자 하는 인간의 노력이다. 그런데 오늘날 의미에의 의지가 너무도 많이 좌절되고 있다. 그러나 인간은 의미뿐 아니라 또 다른 것이 필요하다. 인간은 자신의 삶의 의미를 완성한 사람들의 이야기와 모델이 되는 사람들, 최소한 그런 삶을 살려고 노력한 사람들의 이야기와 모델이 되는 사람들이 필요하다. 바로 여기서 가족에 대한 문제가 나온다. 왜냐하면 나는 가족이란 타인을 위해, 즉 서로를 위해 삶으로써 삶의 의미를 완성하는 것이 어떤 의미인지를 보고 목격할 수 있는 일생의 기회가 되는 곳이라고 생각하기 때문이다. 가족은 구성원들 간에 서로 자기초월이 시현되는 무대인 것이다.

사랑과 성

대체로 가족생활(family life)은 사랑에 의해 시작된다. 또는 상호간의 성적 끌림이라는 잘못된 사랑으로 시작되더라도 적어도 사랑이라는 이름으로 시작된다. 이는 한 가지 질문을 제기한다. 즉 사랑과 성과의 관계는 무엇인가 하는 질문이다. 즉 보다 구체적으로 인간의 성(human sex)이란 무엇인가 하는 것이다. 성이란 성을 초월한(meta-sexual), 즉 사랑의 표현일 때만 진정으로 인간의 고유한 것이 된다. 인간의 성이란 단지 성적인 행위가 아니며, 사랑이 몸으로 표현된 것이다. 따라서 나는 성을 '사랑이 육화된 것(incarnation of love)'이라고 말하고 싶다.

그러나 인간의 성은 그 자체만으로는 인간적인 고유한 사랑의 표현이 될 수 없다. 성이란 오직 인간적인 사랑의 표현으로서 인간이 본질적으로 내재하고 있는 자기초월성에 참여하게 됨으로써 진정한 사랑이라는 자기초월적 행위로 거듭나게 되는 것이다.

〈표 1〉은 성에 대한 심리적 성숙의 단계를 발달단계별로 나타낸 것이다. 첫 번째 단계는 알버트 몰(Albert Moll: 독일 정신과 의사이자 신경학자로 성과학(sexology)을 창시했다. 20세기의 가장 영향력 있는 성과학자로 알려져 있다-옮긴이)이 '부기빼기(detumescence: 알버트 몰은 성적 충동의 근원적이고 1차적

인 과정으로 이완 혹은 부기빼기가 성적 충동의 첫 번째라고 설명했다. '부기빼기'란 개인이 통제하기 힘든 인간의 기본적 충동으로 어떤 신체기관이 부풀었다가 원래의 상태로 다시 돌아가는 것을 말한다—옮긴이)'라고 명명한 단계로서 성적 충동으로부터 올라온 긴장을 해소하고자 하는 단계다. 이 단계에서는 상대 파트너와 어떤 친밀한 관계도 맺지 않는다. 그저 성적 긴장을 없애기 위해 자위를 하는 단계다. 만약 필요하다면 진동기와 같은 도구를 이용해 성적 긴장을 제거할 수도 있는 단계다. 이 단계에서 모든 성적 행위의 목표는 오직 긴장을 해소하는 것이다.

그러나 프로이트는 충동은 목적을 가지고 있을 뿐 아니라 대상이 있다고 주장했다. 성행위에 있어서 대상이란 바로 상대 파트너를 말한다. 그러나 이 단계에서 상대 파트너는 자신의 성적 충동을 만족시키기 위한 수단에 불과하며 단지 도구로 이용되고 따라서 대체가 가능하다. 이는 문란한 성교라는 결과를 낳기도 한다. 더욱 안 좋은 것은 파트너가 무명의 아무나여도 상관이 없다는 것이다. 마치 매춘과 같은 경우처럼 말이다. 성적 신경증으로 고통을 경험하는 환자가 "여성을 대상으로 한 자위행위"라고 말할 때 이러한 성행위와 그 행위의 관계 속에는 인간의 자기초월성이 결여되어 있다.

성의 심리적 단계 중 성숙의 세 번째 발달단계에 가서야 이러한 인간 이하의 성적 행위를 극복할 수 있다. 이 단계에서는 상대 파트너를 더 이상 대상으로 보지 않고 주체, 즉 한 인간으로 보게 된다. 이마누엘 칸트(Immanuel Kants)의 유명한 정언명령의 두 번째 버전이 있다는 것을 잊지 말자. 그것은 '인간을 절대로 목적의 수단에 불과한

294
무의미의 의미

둔스 스코투스 (Don Scotus)	고유한 주체로서의 인간(Person-I)	인간(Human)
칸트 (Kant)	주체적 존재로서의 인간(Subject)	
프로이트 (Freud)	대상으로서의 인간 (Object)	유인적
알버트 (Albert)	목적으로서의 인간 (Goal)	하부적(sub-human) 인간

<표 1> 성의 심리적 성숙 발달 단계
(The Development of Stages of Psychosexual Maturation)

존재로 여겨서는 안 된다'는 것이다.

성적 성숙 단계 중에서 가장 높은 단계에서는 상대방의 인간적인 면만을 보는 것이 아니라, 고유하고 유일한 존재로 바라보게 된다. 고유성 혹은 유일성(uniqueness)이란 어떤 사람을 그 누구와도 비교할 수 없는 하나밖에 없는 존재로 여기는 것이다(둔스 스코투스(Duns Scotus)는 고유성을 자신의 학문적, 철학적 체계의 중심에 두고 고유성을 'haecceitas(개별성, 특성, 이것임(thisness))'이라는 뜻의 대상의 고유함이라는 말을 만들었다. 둔스 스코투스는 영국 스코틀랜드의 스콜라 철학자이자 신학자로 중세 철학을 점차 르네상스로 인도하는 중요한 계기를 마련했고 프란치스칸 신학적 성향으로 사랑을 기초로 하여 사랑의 빛으로 받은 새로운 사고의 종합을 이루었다고 한다-옮긴이).

이 단계에서야 비로소 우리는 사랑의 영역으로 들어갈 수 있다. 오직 사랑만이 다른 사람의 고유성을 알아차릴 수 있게 해주기 때문이다. 그리고 사랑하는 사람만이 그 상대를 누구와도 비교할 수 없고 누구와도 대체 불가능한 존재로 인식할 수 있기 때문에 사랑이야말로 일부일처제의 관계를 가장 확실하게 보장해줄 수 있으며, 관계를 지속할 수 있도록 보장해줄 수 있는 가장 강력한 힘을 가지고 있다.

의미는 무조건적이다

앞에서 우리는 사랑의 의미와 삶의 의미에 대해 살펴보았다. 사랑은 의미로 가는 하나의 길임에 틀림없다. 그러나 사랑만이 의미로 향하는 오직 하나의 길은 아니다. 즉 사랑이 삶의 의미를 찾는 데 있어 유일한 필요불가결한 전제조건은 아니다. 출산(precreation)에 대해서도 마찬가지다. 중국의 오래된 격언에 삶의 여정 중에 인간은 책 한 권을 써야 하고, 아들 하나는 있어야 하고, 나무 한 그루는 심어야 한다는 말이 있다. 그렇다면 나는 어떠한가? 나는 지금까지 27권의 책을 저술했다. 그러나 아들은 없고 딸 하나만 있을 뿐이다. 그리고 내 생애에 한 그루의 나무도 심어본 적이 없다.

그렇다면 나는 삶을 헛되이 산 것인가? 삶의 의미가 진정으로 결혼 여부나 혹은 자녀의 유무에 달려 있는가? 만약 그렇다면 삶이 얼마나 빈약할 것인가? 실제 삶은 의미로 채워질 수 있는 많은 가능성으로 가득 차 있다. 삶에는 수많은 의미의 가능성이 있을 뿐 아니라 의미는 무의미라는 감정과는 반대로 삶에 무조건적으로 의미가 있다고 우리 귀에 대고 속삭인다. 즉 삶의 모든 상황에는 무조건적으로 의미가 있다. 심지어는 가장 처참하고 비극적인 상황에서도 삶은 의미가 있다. 그렇지 않으면 결혼을 했건(*have been married*: 여기서 프랭클 박사는 'have(가지고 있다)'를 이탤릭체로 강조했다. 그 이유는 가지고 있다(have)란 여전히 소유 상태로 존재 자체가 아니라는 것을 강조한 것이고, 가지고 있는 것을 잃을 수 있고 상처받을 수 있으나 존재 자체는 잃어버리거나 상처받을 수 없다는 의미에서 '결혼'이라는 것은 가지고 있는 것이지 본질적인 존재는 아니라는 것을 강조하려 했던 것이다-옮긴이), 배우자를 잃었건(have lost) 혹은 자녀가 있건(have the children) 아니면 자녀를 잃었건(have lost) 여전히 삶은 의미를 발견할 수 있다는 것을 이해할 수 없을 것이다.

삶이 의미의 가능성으로 가득 차 있고 더구나 삶의 의미가 무조건적이라는 것을 아직도 믿지 못하는 사람들을 위해 아래의 대화를 소개하고자 한다. 이 대화는 내가 독일의 로마가톨릭 주교 게오르크 모저(Georg Moser)가 저술한 책에서 인용한 것이다.

제2차 세계대전이 끝나고 몇 년 후 한 의사가 유대인 여성을 검진했는데, 그녀가 금으로 도금된 자녀의 치아로 만든 팔찌를 끼고 있었다. 의사가 말했다. "정말 아름다운 팔찌네요." 그러자 그녀가 대답했다. "예, 정말 아름답죠. 이 치아는 미리암(Miriam)의 것이고, 이 치아는 에스더(Esther)의 것이고 이것은 사무엘(Samuel)의 것이에요." 그녀가 나이순으로 두 딸과 아들의 이름을 언급했다. "9명의 아이들이 모두 나치 수용소의 가스실에서 세상을 떠났습니다." 충격을 받은 의사가 물었다. "어떻게 그 팔찌를 하고 다니실 수 있습니까?" 그녀가 조용히 대답했다. "저는 지금 이스라엘에서 고아원을 운영하고 있습니다." 그 의사는 자신의 아내를 잃었고, 그 유대인 여성은 자녀들을 잃었다. 그러나 성경의 아가서에 적혀 있듯, 사랑은 죽음만큼 강하다.

4장
—
강의실에서 수용소로

잘 알려진 정신과 의사가 이렇게 말한 적이 있다. 서양의 인간에 대한 관점(Western Humanity)이 성직자로부터 의사에게로 돌아섰다고 말이다. 다른 정신과 의사는 오늘날 수많은 환자들이 성직자에게 가지고 가야 할 문제들을 의사들에게 가지고 오고 있는데, 그런 환자들을 성직자들에게 보내려고 노력했지만, 환자들이 그 문제를 가지고 성직자에게 가려 하지 않는다고 불평했다. 실제 우리는 환자들이 존재의 의미와 같은 문제를 가지고 계속 의사들을 찾아오고 있다는 것을 알고 있다. 우리 의사들은 철학을 의학에 적용하려고 시도하지만 의사들에게 철학적 문제들, 즉 자신의 삶에 대한 문제들을 가지고 오는 사람은 바로 환자 자신이다.

From Lecture Hall to Auschwitz: Reprinted from the Ampleforth Journal 70, 247-257, 1965.

이러한 문제에 직면하고 있는 의사들은 현재 자신들이 코너에 몰리고 있다고 말하곤 한다. 이는 일편 맞는 말인 것 같다. 이제 의학, 특히 정신의학은 환자들이 가지고 오는 삶의 철학적이고 실존적인 문제라는 새로운 세상을 살펴보지 않으면 안 되는 입장에 놓여 있다. 그러나 이러한 문제에 직면해 오늘날 의사들은 그 문제들을 단지 자신이 배운 의학적 지식으로 한정지음으로써 이러한 철학적 실존적 문제들을 쉽게 해결하려 하거나 앞에서 언급한 것처럼 이러한 새로운 질문으로부터 도피하려고 한다. 예를 들어 마치 인간의 영적 고통이나 존재의 의미를 추구하고자 하는 노력이 심리적 현상이나 병리적 현상에 불과한 것이라고 여기면서 심리학 분야로 도피할 수도 있다는 말이다.

인간은 신체적, 심리적, 영적 차원에서 산다. 그러나 심리학주의 (psychologism)는 세 번째 차원인 영적 차원을 무시한다. 영적 차원이 진정으로 인간을 인간이게 함에도 불구하고 말이다. 인간의 삶의 의미에 대한 관심과 질문은 삶에 있어 당연히 물어야 하는 질문이며, 질문 자체가 어떤 질병이나 신경증의 징후는 아니다. 오스발트 슈바르츠(Oswald Schwarz, 오스트리아 빈의 비뇨기과 외과의사로, 철학과 심리학에 관심이 많았으며 성심리학자이기도 하다. 심리학에 대한 관심으로 그는 아들러의 개인심리학에 입문하게 되었고, 1925년에는 《심리학적 원인과 신체적 증상에 대한 심리치료(psychological origin & psychotherapy of physical symptoms)》라는 책을 저술했다. 아들러 심리학파 학자로서 그는 모든 행동을 성취와 증상이라는 두 가지로 구분하고 어떤 행동을 성취인가 증상인가로 판단할 때 우리는 인간을 총체적 존재로 보고 인간의 전체적인 삶의 상황을 고려해야 한다고 주장했다-옮긴이)가 말한 '성취와 증상(achievement and symptom)' 간의 차이를 구분해 진단하는 것은 오직 영적인 사람에 의해서만 가능하다. 어떤 경우에도 자신의 삶의 의미에 대한 우려나 영적 고뇌는 사실 심리적 질병과는 아무런 관련이 없다.

정신분석 심리치료에서는 쾌락의 원칙을 이론의 기반으로 내세우고 있고, 개인심리학에서는 인정욕구(Geltungssbreben: desire to nake one's worth felt-옮긴이)를 이론의 기반으로 삼고 있다. 쾌락에의 원칙은 쾌락에의 의지(will to pleasure)라고 말할 수 있고, 인정욕구는 권력이나 힘에 대한 의지(will to power)와 같다.

그러나 우리는 어디에서 인간에게 가장 깊은 영감을 주며 인간의 깊은 곳까지 파고드는 것을 들을 수 있는가? 때로는 무의식적이고 때로는 억압되기도 하지만, 삶에 가장 많은 의미를 주고 많은 가치를 실현하도록 하는 본질적인 곳은 어디인가? 이것이 바로 내가 의미에의 의지라고 부르는 것이다. 심리치료는 모든 인간의 현상 중에서 인간을 가장 인간답게 하는 의미에의 의지(동물은 존재의 의미에 대해 절대 걱정하지 않는다)를 인간의 의지박약으로, 복합적인 병리 현상으로 바꾸어버렸다. 인간의 영적 차원을 무시하고 이에 따라 의미에의 의지를 무시하도록 강요받는 치료자는 자신이 가지고 있는 것 중 가장 가치 있는 자산 하나를 내어주는 것이다. 왜냐하면 치료자가 불러일으켜야 하는 것은 바로 의미에의 의지이기 때문이다. 치료자가 환자에게 호소해야 하는 것이 바로 이 의미에의 의지이기 때문이다. 우리는 내적 그리고 외적인 가장 열악한 상황에서도 살아남기 위해

300

무의미의 의미

삶을 지속하라는 호소는 오직 그러한 상황에서도 생존하는 것이 의미가 있는 것처럼 느껴질 때에만 가능하다는 것을 거듭 보아왔다. 무엇보다 구체적이고 개인적인 사명, 즉 존재의 의미가 오직 그 한 사람에 의해서 실현될 수 있을 때 인간은 가장 처참한 삶의 상황에서도 생존할 힘을 얻게 된다. 우리가 잊지 말아야 하는 것은 모든 사람은 세상에서 고유한 하나밖에 없는 존재이며, 인류역사를 통틀어 개인은 각자 한 명의 유일하고 고유한 존재라는 사실이다.

나는 나치 수용소에서 자살하려고 하는 남성과 여성을 만났을 때 느꼈던 진퇴양난의 상황을 기억한다. 그들은 내게 똑같이 이렇게 말했다. 자신들은 삶에서 더 이상 아무것도 기대할 것이 없다고 말이다. 그 순간에 필요했던 치료는 코페르니쿠스의 지동설처럼 태양이 지구 주위를 도는 것이 아니라 지구가 태양의 주위를 돌고 있다는 사고의 대전환적인 치료였다. 나는 자살을 생각하는 동료 수감자들에게 이렇게 물었다. 우리가 해야 할 질문이 우리가 삶으로부터 무엇을 기대하는가라는 질문인지 아니면 삶이 우리로부터 무엇을 기대하고 있는가라는 질문인지라고 말이다. 나는 삶이 그들로부터 무엇인가를 기다리고 있다고 제안했다. 실제로 수용소에 수감되어 있는 여성에게는 수용소 밖에서 자녀가 그녀를 기다리고 있었고, 남성에게는 아직은 완성되지는 않았지만 그가 저술해서 출판하기를 기다리고 있는 책들이 그를 기다리고 있었다. 목표는 그것에 의미가 있을 때만 삶의 목표가 될 수 있다.

이제 나는 심리학과 심리학을 의학적으로 적용한 심리치료가 과학의 영역에 속하며, 따라서 가치에 관심을 두지 않는다는 주장에 맞설 각오가 되어 있다. 그러나 나는 심리치료 중에서 가치와 무관한 심리치료는 없으며 단지 가치를 보지 못하는 심리치료만 있을 뿐이라고 생각한다. 영적 차원을 인정할 뿐 아니라 실제 영적인 것으로부터 시작하는 심리치료가 바로 로고테라피다. 로고스(logos)는 '영적 차원'을 뜻하며 '의미'라는 뜻이다. 독일 정신과 의사인 리처드 크레머(Richard Kraemer)는 로고테라피에 대해 이렇게 말했다. "지금까지 영은 마음(심리)의 적으로 여겨졌다(독일의 철학자이자 심리학자 루트비히 클라게스(Ludwig Klages)가 저술한 책에서 인용). 그러나 이제 영은 마음의 건강을 위해 함께 싸우는 동료 전사가 되었다. 이제 우리는 세 개의 군대, 즉 신체치료(somatotherapy: 생리적 치료-옮긴이), 심리치료(psychotherapy) 그리고 로고테라피(Logotherapy)와 함께 질병을 공략하고 있다." 그의 말은 맞는 말이다.

기존의 심리치료를 대체하는 것이 물론 로고테라피의 목표가 아니다. 로고테라피의 목표는 기존의 심리치료를 보완하는 것이다. 즉 로고테라피는 인간에 대한 개념을 보완해 인간에 대한 완전한 그림을 완성시키고자 한다. 본질적으로 영적인 차원을 인간에 대한 그림에 포함시켜 그 그림을 완성시키는 것이다. 첫 번째로 영을 지향하는 심리치료는 환자가 실제 질병이 아니라 영적인 고통 때문에 의사를 찾는 사례에 필요하다. 물론 원한다면 신경증이라는 용어를 가장 넓은 의미로 확장하여 영적 고통을 경험하는 환자도 신경증이라고 말할 수 있다(신경증으로 포함시킬 수 있다-옮긴이). 이는 삶의 의미를 찾고자 하는 노력이 실패한 것에 대한 절망감을 신경증이라고 부를 수도 있다는 이야기다. 이러한 절망감으로 인한 신경증은 실존적 신경증(existential neurosis: 프랭클 박사는 실존(existential)과 영적(spiritual)을 같은 의미로 사용한다고 밝히고 있다. 따라서 실존적 신경증은 영적 신경증과 같은 말이다-옮긴이)으로 임상적(병리적) 신경증(clinical neurosis)과는 다른 것이다. 성적 좌절이-최소한 정신분석 심리치료에 따르면- 신경증의 결과를 가져오는 것처럼 의미에의 의지 또한 좌절되고 이것이 병리적인 것이 될수 있다. 즉 의미에의 의지가 좌절되면 신경증으로 이어질 수 있다는 것이다. 빈의 폴리클리닉 병원의 신경학 외래심리치료과 과장은 전체 신경증 중 12퍼센트 정도가 실존적 신경증이었다고 말했다. 독일 튀빙겐대학 신경정신과 외래심리치료과에서 발표한 보고서(크래츠머 교수의 지도하에 시행됨)에서 폴하르트(Ruth Volhard)와 랑거(D. Langer) 역시 전체 신경증 환자들 중에서 약 12퍼센트 정도가 실존적 신경증 환자로 밝혀졌다고 보고했다.

실존적 신경증의 경우 로고테라피가 이에 딱 맞는 1차적 심리치료다. 실존적 신경증 이외에도 로고테라피는 여타의 신경증 치료에 사용될 수 있는 심리치료다. 즉 특별히 심인성 신경증에 적용되는 심리치료의 경우도 로고테라피를 적용할 때 더욱 성공적으로 마무리될 수 있다.

따라서 의미에의 의지의 좌절로 인한 실존적 좌절에서 비롯된 실존적 신경증에 로고테라피가 가장 적합한 심리치료임은 물론 생리적 원인에 의한 신인성 신경증이나 심리적 원인에 의한 심인성 신경증의 경우에도 로고테라피는 효과적으로 사용될 수 있다. 그러나 또한 딱히 치료라고 할 수는 없지만, 로고테라피가 필요한 경우가 있다. 이를 의학적 영적 돌봄(medical spiritual care)이라고 한다. 의학적 영적 돌봄은 신경과 의사나 정신과 의사뿐 아니라 모든 의사가 사용할 수 있다. 예를 들어 외과 의사에게 영적 돌봄이 필요한 경우가 있다. 수술이 불가능한 경우나 혹은 환자가 다리를 절단하게 되어 장애를 가질 수밖에 없는 경우에 그러하다. 마찬가지로 정형외과 의사의 경우도 장애를 가진 환자를 치료해야 할 때 의학적으로 영적 돌봄이 필요하다. 미관이 손상된 환자를 치료하는 피부과 의사의 경우 혹은 불치병 환자를 치료하는 의사의 경우도 영적 돌봄이 필요하게 된다.

그리고 위의 모든 환자들을 치료하는 데 있어서 심리치료가 지금까지 목표로 해왔던 것 이상으로 더 시급한 목표가 있다. 지금까지 심리치료의 목표는 환자가 일할 수 있는 능력과 삶을 즐길 수 있는 능력을 회복하는 것이었다. 그러나 의학적 영적 돌봄의 목표는 고통을 견뎌낼 능력에 초점이 맞추어져 있다. 그러므로 우리는 매우 흥미로운 문제에 직면해 있다. 그 문제는 가능성을 실현하는 것에 대한 것으로 구체적으로는 어떻게 삶의 의미를 발견하고 가치를 실현할 것인가 하는 문제다. 이를 나는 창조적 가치(creative values), 즉 어떤 일을 성취함으로써 삶의 의미를 발견하는 것이라고 지칭해왔다. 그러나 또한 경험적 가치(experiential values)를 실현함으로써 삶의 의미를 발견할 수 있다. 즉 진선미를 경험함으로써, 유일하고 고유한 사람을 만나고 그 사람을 경험함으로써 우리는 삶의 의미를 발견할 수 있다. 고유한 존재인 인간을 만나고 경험한다는 것은 바로 그 사람을 사랑한다는 의미다. 그러나 어떤 활동이나 창조적인 일을 통해 삶의 가치를 실현할 수 없고 어떠한 경험을 통해 삶의 의미를 발견하기 힘든 가장 처참한 상황에서도 인간은 자신이 짊어지고 인내해야 하는 운명과 고통에 맞섬으로써 여전히 삶의 의미를 발견할 수 있다. 이러한 상황 속에서도 인간에게는 가치를 실현할 마지막 기회가 주어진다.

그러므로 삶은 마지막 숨이 남아 있는 순간까지 의미가 있다. 피할 수 없는 삶의 고통에 대한 태도를 통해 가치를 실현할 가능성은 마지막 순간까지 여전히 존재하기 때문이다. 나는 이러한 가치를 태도적 가치(attitudinal values)라고 칭한다. 운명에 담대히 맞서 고통에서 의미를 발견하는 것은 인간이 이룩할 수 있는 가장 높은 수준의 가치실현인 것이다. 그러므로 창조적 가치와 경험적 가치를 실현하는 것을 포기해야 하는 상황에서조차 인간은 여전히 삶의 의미를 발견하고 이를 실현할 수 있다.

한 가지 예를 들어 이에 대해 설명하고자 한다. 내가 일하는 정신과의 간호사 한 분이 악성 종양으로 고통스러워하고 있었는데, 개복수술로 종양을 제거하려 했으나 결국 수술조차 불가능한 것으로 밝혀졌다. 절망감에 빠져 있던 그 간호사가 나에게 방문을 요청했다. 나는 그녀와의 대화를 통해 그녀가 겪는 절망의 원인이 질병 자체보다는 더 이상 일을 할 수 없다는 것에 있다는 것을 깨닫게 되었다. 그녀는 무엇보다 간호사로서 자신의 일을 사랑했으나 이제는 더 이상 일을 할 수 없다는 것에 대해 더 절망했던 것이다.

내가 뭐라고 말해야 할까? 그녀의 상황은 사실 절망적이었다. 그럼에도 나는 그녀에게 하루에 8시간을 일하든 10시간을 일하든 일하는 시간이 그리 중요한 것은 아니라고 설명했다. 그것은 많은 사람들이 할 수 있는 일이니까 말이다. 그러나 그녀가 지금까지 그렇게 열심히 해왔던 것처럼 비록 지금은 일을 할 수 없지만, 여전히 절망하지 않는 것, 그것은 아무나 할 수 있는 것은 아니라는 점을 강조했다. 그런 다음 내가 그녀에게 이렇게 물었다. "간호사로서 선생님께서 돌보며 선생님의 삶을 헌신했던 수천 명의 아픈 모든 환자들에게 선생님이 지금 부당한 것은 아닌가요? 만약 선생님께서 아프거나 혹은 치료가 불가능한 사람들의 삶이, 즉 일을 할 수 없는 사람들의 삶이 아무런 의미가 없는 것처럼 지금 그렇게 행동하신다면 말이죠." 나는 계속 말을 이어갔다. "만약 선생님이 선생님의 상황에서 절망하신다면 그래서 마치 삶의 의미가 하루에 얼마나 많은 시간을 일할 수 있느냐에 달려 있는 것처럼 여기신다면 그것은 아프고 치료가 불가능한 병을 가진 모든 사람들에게서 사랑할 권리와 존재해야 할 정당한 이유를 빼앗는 것이 될 겁니다."

고통에서 의미를 발견하는 것, 즉 태도적 가치를 실현하는 것은 물론 고통이 피할 수 없거나 고통으로부터 도망갈 수 없을 경우에 해당된다. 내가 지금까지 기술한 접근방법이 여전히 의학의 영역에 속해 있다고 말할 수 있는가라는 질문은 어쩌면 당연한 질문이며, 나는 이와 같이 확장된 의학은 더 이상 순수과학의 영역에 속할 수 없다는 사실로 비난을 받을 수도 있다고 생각한다. 나는 자연과학적 접근방법이 반드시 필요하다는 것을 인정한다. 예를 들어 발을 절단한다든가 하는 경우에 당연히 자연과학적 접근방법이 필요하다. 그러나 나는 또한 이렇게 묻고 싶다. 어떻게 순수한 자연과학이 의사들이 다리 절단 수술 이후에 심지어는 절단 수술을 하기도 전에 이미 고통스러워하는 환자들이 자살하는 것을 예방할 수 있도록 도울 수 있을 것인가? 위대한 정신과 의사인 듀보이스(Dubois)는 이렇게 말했다. "물론 이런 모든 것들 없이도 의사는 여전히 모든 것들을 관리할 수 있고 그는 여전히 의사다. 그러나 수의사와 우리를 구분짓는 유일한 것은 바로 환자라는 사실을 깨달아야 한다. 그러므로 의학적 처치를 하는 의사로서 우리는 더 이상 아무것도 할 수 없는 상황에서도 의학적 영적 돌봄을 통해 여전히 의사로서 일할 수 있다는 사실이 남아 있다. 그리고 나는 이러한 의학적 영적 돌봄이 여전히 의학의 영역에 속한다고 확신한다. 요제프 2세(Franz Joseph II) 황제가 헌납한 오늘날까지도 여전히 빈에서 가장 큰 대학종합병원으로 남아 있는 병원에는 이렇게 적혀 있다. '아픈 이들에 대한 돌봄과 위로(Saluti et solatio aegrorum; the Care and Consolation of the Sick)'라고 말이다."

의사가 환자를 위로하는 것이 얼마나 쉬운가. 이와 관련해 한 가지 사례를 나누고자 한다. 내 동료 의사의 사례다. 나이가 좀 있는 그 동료 의사는 2년 전 아내를 잃고 슬픔을 여전히 극복하지 못해서 나를 찾아왔다. 그는 정말 행복한 결혼생활을 했었고 아내를 잃고 나서 매우 우울한 상태였다. 내가 그에게 물었다. "만약에 선생님이 먼저 돌아가시고 아내가 살아 계시다면 어땠을까요?" 그러자 그가 이렇게 대답했다. "정말 끔찍했을 겁니다. 생각조차 할 수 없을 정도로 정말 힘들었을 거예요. 아내가 얼마나 고통스러워했을지요." 그래서 내가 이렇게 대답했다. "그래요. 아내는 고통을 받지 않아도 되네요. 아내를 고통으로부터 구한 사람이 바로 선생님입니다. 물론 지금 선생님께서는 그 대가를 치르고 계신 거죠. 살아서 아내를 그리워하면서요." 그 순간 아내를 그리워하는 마음은 의미를 발견한 것이다. 희생의 의미를 발견한 것이다.

나는 앞서 "인간이 삶으로부터 무언가를 기대하는 것이 아니라 삶이 인간으로부터 기대하는 것이 무엇인지를 이해해야 한다"고 말했다. 이 말은 이렇게 설명할 수 있다. 최후의 보루로 인간은 내 삶의 의미가 무엇인지 물어서는 안 되며, 자신이 시험중에 있다는 것을 깨달아야 한다고 말이다. 질문의 주체는 내가 아니라 바로 삶 자체다. 다만 자기 자신이 바로 시험중에 있는 사람이라는 것을 인식해야 한다. 삶이 자신에게 문제를 부여한 것이고 책임을 지고 문제에 직면하여 답하는 것은 바로 자신에게 달려 있다.

삶은 하나의 과제이며, 종교가 있는 사람은 자신의 존재를 그저 단순히 하나의 과제로 경험하는 것이 아니라 하나의 사명(mission)으로 경험함을 통해서 종교와 무관한 사람과는 다르게 행동할 수 있다. 즉 종교가 있는 경우 자신의 삶의 사명의 원천인 존재, 즉 삶의 과제의 주인을 경험할 가능성이 보다 높기 때문이다. 수천 년 동안 이러한 사명의 원천을 신이라고 불러왔다.

앞에서 나는 로고테라피가 다른 심리치료를 대체하는 것이 아니라 보완하는 것이라고 말했다. 마찬가지로 의학적 영적 돌봄 역시 결코 성직자가 담당해온 영혼의 치유를 대체하고자 하는 것은 아니다. 그렇다면 의학적 영적 돌봄과 성직자의 영적 돌봄 간에는 어떠한 관계가 있는가?

나의 대답은 간단하다. 심리치료의 목적은 영혼('spiritual'은 '영'으로, 'soul'은 '영혼'으로 번역하여 구분함. 여기에서 영혼으로 번역한 'soul'은 언제나 건강한 '영'과 대별하여 마음(mind)으로 이해하는 것이 합당할 것으로 보임~옮긴이)을 치유하는 것(heal the soul), 즉 영혼을 건강하게 만드는 것이다. 반면 종교의 목적은 심리치료의 목적과 본질적으로 다르다. 즉 종교의 목적은 영혼을 구원하는 것(save the soul)이다. 따라서 심리치료에서의 영적 돌봄과 종교에서의 영적 돌봄은 많은 차이가 있다.

만약 목적이 무엇인가를 묻기보다 결과가 무엇인가를 묻는다면, 즉 영적 돌봄에 따른 부산물이 무엇인가에 대해 묻는다면 우리는 종교에서의 영적 돌봄은 정신건강위생적인(psychohygienic) (예방적) 효과가 있다고 말할 수 있을 것이다. 이는 종교가 인간에게 영적 기지(spiritual anchor)와 그 어떤 곳에서도 찾을 수 없는 안전감을 제공해주기 때문이다. 그러나 놀랍게도 심리치료 역시 의도한 것은 아니지만, 부가적으로 유사한 결과를 가져온다. 비록 심리치료자가 관여하는 것은 아니지만, 아니 관여해서도 안 되겠지만, 다시 일을 하거나 혹은 삶을 즐길 수 있는 능력을 회복하는 차원을 넘어서서 심리치료가 믿음의 생활을 할 수 있도록 하는 결과를 가져올 수 있다. 심리치료

과정에서 의사가 의도하거나 목표로 한 것은 전혀 아니지만 신앙을 다시 회복하게 되는 경우가 있다.

그러나 이러한 결과는 절대로 처음부터 심리치료의 목적이 될 수 없고, 의사는 자신의 철학이나 믿음을 환자에게 강요하지 않도록 항상 조심해야 한다. 철학이나 가치에 대한 개인적 견해를 절대로 환자에게 전이(혹은 역전이)해서는 안 된다. 로고테라피 치료자는 환자가 자신의 책임을 의사에게 혹시 떠넘기려고 하는지 조심스럽게 살펴야 한다. 로고테라피는 궁극적으로는 책임에 대한 교육이다. 그리고 이러한 책임을 가지고 환자는 독립적으로 자신의 존재에 대한 구체적인 의미를 향해 나아가야 한다.

우리는 특별히 현대를 살아가는 인간의 영적 고뇌를 보살피는 심리치료, 특히 로고테라피의 관점에서 심리치료의 필요성과 가능성에 대해 살펴보았다.

이제 순수한 임상적(clinical) 영역인 일반적인 신경증과 초임상적(meta-clinical) 영역인 실존적 신경증을 넘어서 범임상적(para-clincial) 영역이라고 할 수 있는 우리 시대의 병리인 집단적 신경증(collective neurosis)에 대해 살펴보자. 우리 시대의 집단적 신경증은 네 가지 증상으로 나타나는데 아래 간단히 기술하고자 한다.

첫 번째 증상은 하루하루 삶에 대해 아무런 계획이 없는 태도다. 이 시대의 인간은 어쩌면 이러한 태도를 가지고 살아가는 데 익숙해지고 있는지도 모르겠다. 지난 제2차 세계대전 이후 인간은 이러한 태도를 학습했고 불행하게도 아직 바꾸지 않고 있다. 사람들이 전쟁

무의미의 의미

이 끝난 후 미래의 계획을 세우면서 이러한 무계획적인 삶의 방식에 익숙해진 것은 어느 정도 이해가 되기도 한다. 하지만 현대를 살아가는 평범한 사람들이 "내가 왜 행동해야 하지 혹은 내가 왜 계획을 세워야 하지? 얼마 있지 않아 원자폭탄이 떨어질 것이고 모든 것을 싹 쓸어버릴지도 모르는데"라고 말한다면 이는 이제 더 이상 말이 안 되는 것이다. 여타의 다른 예기불안(anticipatory anxiety)처럼 핵전쟁이 일어날지도 모른다는 예기불안은 모든 공포와 마찬가지로 위험하다. 예기불안은 실제 불안하게 여기는 것이 현실이 되게 하는 경향이 있기 때문이다.

두 번째 증상은 삶에 대한 숙명론적 태도다. 이 역시 제2차 세계대전으로부터 학습된 것이다. 전쟁의 경험으로 인간은 뭔가에 떠밀렸고 흩어져 방황하며 어디로 가야 할지를 모르고 표류하게 되었다. 숙명론적 태도를 가지고 있는 사람은 일상 속에서 어떤 것을 계획하는 것조차 불필요하다고 느끼면서 계획한 행동들을 실행하는 것이 불가능하다고 여긴다. 그리고 그저 스스로를 외부 환경이나 내면의 신체적, 심리적 조건으로부터 만들어진 결과물이라고 느낀다.

세 번째 증상은 집단적 사고다. 인간은 스스로 대중 속에 안주하기를 원한다. 집단적 사고 속에서 인간은 그저 대중이라는 물속에 빠져 익사해버린 것이다. 즉 이런 사고에 빠져 있는 경우 인간은 자유롭고 책임이 있는 존재로서의 자신을 포기하게 된다.

네 번째 증상은 광신(fanaticism)이다. 집단주의자들이 자기 자신의 인격(personality)을 무시하는 반면 광신주의자들은 다른 사람의 인격을 무시한다. 즉 다른 사람들이 다르게 생각할 수 있는 존재라는 사실을 무시해버린다. 다른 사람들을 고려하지 않고 오직 자신의 의견만 옳다고 여긴다. 즉 자신의 의견은 바로 집단 전체의 의견이 되는 것이다. 실제로 그의 의견은 집단의 의견이고 그는 사실 어떤 의견도 가지고 있지 않다. 즉 집단의 의견이 그를 가진 것이다.

일반적인 갈등과 마찬가지로 양심의 갈등은 실존적 신경증의 결과를 가져옴으로써 병리적인 것이 될 수 있다. 따라서 우리는 인간이 양심의 갈등을 잘 다룰 수 있다면 어떻게 인간이 광신과 집단적인 사고를 피할 수 있는지 이해할 수 있다. 집단적 신경증을 겪고 있는 사람이 양심의 소리에 다시 귀를 기울일 수 있게 되고 집단적 신경증으로부터의 고통을 진심으로 경험할 수 있게 될 때 집단적 신경증을 극복할 수 있게 될 것이다. 이와 같이 진정한 양심의 소리를 듣게 될 때 자연스럽게 집단적 신경증은 사라지게 될 것이다.

몇 년 전 나는 한 회의에서 이것을 주제로 발표를 한 적이 있다. 그곳에 전체주의 국가에서 살아온 동료 한 명이 있었다. 강의가 끝난 후 그가 나에게 다가와서 이렇게 말했다. "우리는 이러한 현상에 대해 아주 잘 알고 있습니다. 우리는 이것을 '관료 병(functionary disease)'이라고 부릅니다. 일부 당간부들은 늘어나는 양심의 부담으로 인해 결국 신경쇠약에 빠지게 되고, 그러고 나서야 자신들의 정치적 광신을 치유하게 됩니다."

광신은 슬로건의 형태로 구체화되고, 이는 다시 연쇄반응을 일으킨다. 광신과 같은 이러한 심리적 연쇄반응은 원자폭탄의 기초를 형성하는 물리적 연쇄반응보다 실제 훨씬 위험하다. 왜냐하면 물리적 연쇄반응은 심리적 연쇄반응이 선행되지 않았다면 결코 행동으로 옮길 수 없는 것이기 때문이다. 그러므로 신체적인 (전염성) 유행병이 전형적인 전쟁의 결과라면, 우리 시대의 영적 병리, 즉 심리적 유행병은 전쟁을 유발하는 잠재적 원천이라고 말할 수 있을 것이다.

궁극적으로 앞의 네 가지 증상 모두는 인간의 책임에 대한 공포와 자유로부터의 도피로 거슬러 올라갈 수 있다. 책임과 자유는 인간의 영적 차원을 구성한다. 그러나 현대인은 영적인 것에 피로감을 느끼고-이것이 현대인의 특징이다- 이러한 피로감은 아마도 자주 인용되었지만 제대로 정의되지 않는 허무주의(nihinism)의 본질일 것이다. 이러한 허무주의는 집단 심리치료(collective psychotherapy)로 대응해야 한다. 프로이트는 한번은 대화 중에 이렇게 말했다. "인류는 항상 인류가 영을 가지고 있다는 것을 알았다. 나의 과제는 인류가 본능 또한 가지고 있다는 것을 증명하는 것이었다." 그의 말은 맞는 말이다.

그러나 나는 지난 시간 동안 오히려 인류는 인간이 본능 혹은 충동을 가지고 있다는 것을 지겨울 정도로 세뇌시켜왔다고 느낀다. 그리고 오늘날 인간에게 영이 있고, 인간은 영적인 존재라는 것을 상기시키는 것이 더욱 중요한 것으로 보인다. 그리고 심리치료 자체는 특히 집단적 신경증에 직면하여 인간이 영적 존재라는 이 사실을 기억해야 한다. 그리고 이제 우리는 심리치료에서 인간 개념에 대한 문제에 직면하고 있다. 모든 형태의 심리치료가 각각 인간에 대한 개념을 가지고 있다. 비록 항상 의식적으로는 아니더라도 말이다. 그러나 무의식적으로 가지고 있는 인간에 대한 개념을 의식화하는 것은 바로 우리에게 달려 있다. 혹은 프로이트로부터 배운 우리는 무의식이 얼마나 위험할 수 있는지 직시해야 하지 않겠는가? 우리는 무의식, 즉 인간에 대한 암묵적인 개념을 분명하게 의식화해야 한다. 우리는 무의식적인 것을 사진의 필름을 현상하듯이 명확하게 보일 수 있게 해야 한다. 왜냐하면 심리치료자의 인간에 대한 개념이 어떤 상황하에서는 내담자의 신경증을 더욱 강화시킬 수도 있기 때문이다. 특히 심리치료자의 인간에 대한 개념이 전적으로 허무주의에 바탕하고 있을 경우 더욱 그러할 것이기 때문이다.

인간존재를 그 자체로 특징 짓는 세 가지 요소가 있다. 그것은 바로 인간의 영성, 인간의 자유 그리고 인간의 책임이다. 인간의 영성은 어떤 것으로부터 수반되는 부차적인 현상이 아니다. 인간의 영성은 영적이 아닌 어떤 것으로부터 유래될 수 없고 그것에 의해 설명될 수도 없다. 이는 어떤 것으로 축소할 수도 어떤 것으로부터 추론할 수도 없는 것이다. 영적인 삶이란 어떤 것에 의해 방해를 받거나 통제를 받을 수 있지만, 어떤 것에 의해 만들어질 수 있는 것은 아니다. 건강한 신체적 기능이 영적인 삶을 펼치는 데 있어 중요하다. 신체적 건강이 영적인 삶의 조건이다. 그러나 신체적으로 건강하다고 해서 그것이 영적인 삶을 일으키거나 그것이 영적인 삶을 만들어내지는 못한다.

〈타임〉 지에 실린 광고를 통해 이에 대해 예를 들어 설명해보자. 몇 년 전에 〈타임〉 지에 실린 내용이다. 유머가 넘치는 한 분이 아래와 같이 적어 넣었다. '실업. 반짝거리는 마음이 완전한 자유를 얻는다. 그러나 신체적 생존을 위해 어느 정도의 적당한 월급은 지급되어야 한다.' 신체적 건강과 심리적 건강은 영적인 삶을 펼치는 데 있어 하나의 환경이며 조건이다.

자유란 세 가지에 직면해서의 자유를 의미한다. (1) 본능 (2) 유전적 기질 (3) 환경 이렇게 세 가지다. 분명한 것은 인간이 충동을 가지고 있는 것이지 충동이 인간을 가지고 있는 것은 아니라는 점이다. 우리는 우리 안에서 충동이 일어나는 것을 통제할 수는 없다. 그러나 통제할 수 없이 일어나는 충동에 대해 아니오라고 거절할 수 있는 자유의 존재다. 인간인 우리는 선택의 자유를 가지고 있는 존재로서 충동에 대해 예 혹은 아니오라고 답할 수 있는 존재라는 사실을 명심해야 한다. 인간은 충동에 직면해 선택할 자유를 가지고 있다.

유전적 기질에 관해 대규모로 실시된 연구는 인간이 유전적 기질에 직면해서 얼마나 자유로운 존재인지를 보여주었다. 특히 쌍둥이에 관한 연구에서 동일한 유전적 기질을 타고난 쌍둥이가 얼마나 다른 삶을 살 수 있는지를 보여주었다. 나는 해외에 있는 한 여성 심리학자로부터 받은 편지 한 통을 보관하고 있는데, 그녀에 따르면 그녀의 성격은 쌍둥이 언니와 모든 면에서 완벽하게 동일하다고 한다. 같은 스타일의 옷을 좋아하고 좋아하는 작곡자도 같고 선호하는 남성 스타일도 같다고 한다. 그러나 한 가지 다른 점이 있는데, 자신은 정상적으로 삶을 실현한 삶을 살고 있는 반면 쌍둥이 언니는 신경증으로 고통받고 있다는 것이다.

한편, 환경의 경우 우리는 환경이 우리를 만들지 못한다는 것을 잘 알고 있다. 모든 것은 환경으로부터 인간이 무엇을 만드느냐에 달려 있다. 즉 환경에 대해 인간이 어떤 태도를 취하느냐에 따라 모든 것이 달라진다. 나는 수용소라는 동일한 환경에 직면해 어떤 사람은 돼지가 되고 어떤 사람은 거의 성자의 모습이 되는 것을 목격했다. 미국의 정신과 의사 로버트 리프턴(Robert J. Lifton)은 북한의 전쟁포로 수용소에 있는 미국 군인들에 대해 이렇게 쓰고 있다. "그곳에 있는 군인들 가운데는 이타적 행동의 모범이 되는 사람들과 생존을 위해 가장 원시적인 형태의 투쟁을 하는 사람들 이 두 부류의 사람들이 모두 있었다."(1954)

그러므로 인간은 결코 유전적 기질이나 환경으로부터 만들어진 부산물이 아니다. 인간은 스스로 결정하는 존재다. 따라서 진정한 교육이란 의사결정을 할 수 있는 능력을 기르는 것이 되어야 하며 나아가 우리가 의미에의 의지라고 부르는 것뿐 아니라 인간의 의지에의 자유를 지향하는 방향으로 나아가야 한다. 심리치료 또한 의사결정의 능력, 즉 인간이 자신의 태도를 자유롭게 선택할 수 있는 능력을 기를 수 있도록 돕는 데 목표를 두어야 한다.

이제 영성과 인간의 자유의 뒤를 잇는 세 번째 요소인 책임 (responsibility)에 대해 살펴보도록 하자. 인간이 무엇에 대해 책임이 있다는 말인가? 우선 인간은 양심에 대해 책임이 있다. 양심은 또한 축소될 수도 감소할 수도 없는 인간의 본질적(핵심적: 인간을 인간이게 하는-옮긴이) 현상이며 인간의 부차적 활동이 아니다.

언젠가 세계적으로 유명한 정신분석 심리치료자와 함께 레스토랑에 앉아 이야기를 나눈 적이 있었다. 그가 강의를 마친 직후였고, 우리는 그의 강의 내용에 대해 토론을 하고 있었다. 그는 양심과 같은 본질적 현상이 존재한다는 것에 대해 거부하는 입장을 취하고 있었다. 토론을 하다가 그가 갑자기 내게 양심이 도대체 무엇이냐고 물어왔다. 나는 아주 간단히 이렇게 대답해주었다. "양심은 오늘 저녁 박사님께서 그렇게 훌륭한 강의를 우리에게 전달하도록 해준 것입니다." 그러자 그가 화를 내며 내게 소리쳤다. "그건 그렇지 않습니다. 저는 제 양심에서 이 강의를 한 것이 아닙니다. 단지 저의 자기애성을 즐기기 위해서 한 것이에요!"

오늘날 현대 정신과 의사들은 스스로 "진정한 도덕성은 초자아라는 개념에 기초할 수 없다"(Weiss, F.A. (1952), Amer. J. Psychoan., p.41)라는 결론을 내렸다.

따라서 우리는 어떤 다른 현상으로 축소되거나 연역적으로 어떤 현상으로부터 끄집어낼 수 없는 두 가지 근원적인(original) 현상에 직면하고 있다. 첫 번째 현상은 인간의 영성(man's spirituality)이고, 두 번째 현상은 인간의 책임이다. 이 두 가지 현상에 직면하여, 역동적 혹은 유전적인 것에 대한 사색만으로는 충분하지 않다. 충동은 스스로를 억압할 수 없다. 그러나 또한 인간은 스스로에 대해 책임질 수 없다(예를 들어 유전적인 기질과 같은 것을 인간이 선택할 수 없기 때문에 그러한 것들에 대해 인간 자신에게 책임을 물을 수 없다는 뜻-옮긴이). 하지만 최소한 그것이 다는 아니다. 양심 뒤에는-비록 인간에게 종종 알려지지는 않았지만- 초인간적 권위(extra-human authority)가 있다. 프로이트가 이렇게 말한 적이 있다. "인간은 자주 자신이 믿고 있는 것보다 훨씬 비도덕적일 뿐 아니라 자신이 생각하는 것보다 종종 훨씬 더 도덕적이다." 여기에 나는 인간은 종종 자신이 알고 있는 것보다 훨씬 종교적이라는 말을 덧붙이고 싶다. 이 시대에 사람들은 내적으로 투사된 아버지의 상보다는 인간의 도덕성에서 보다 많은 것을 본다. 즉 투사된 아버지의 상보다 종교에서 더 많은 것을 본다. 그리고 사람들은 종교를 인류의 일반적인 강박신경증으로 간주하는 것을 오랫동안 중단했다.

나는 인간은 스스로에 대해 느끼는 것보다 훨씬 더 종교적이라고 말해왔다. 그러나 우리는 종교를 본능으로부터 올라온 것으로 여김으로써 본능적 충동을 추적하려는 실수를 범해서는 안 된다. 융을 따르는 사람들조차 이러한 잘못을 피하지는 못했다. 그들은 종교를 집단적 무의식으로 혹은 원형(archetypes)으로 여겼다.

한번은 강의를 마치고 난 후 종교적 원형과 같은 것이 있다는 것을 인정하지 않느냐는 질문을 받은 적이 있었다. 모든 원시적인 사람들이 궁극적으로 신이라는 동일한 개념에 다다른다는 것은 놀라운 일이며 따라서 결국 그것은 신이라는 원형의 도움으로만 설명할 수 있는 것 아니냐는 질문이었다. 그래서 나는 내게 질문을 한 사람에게 이렇게 물었다. 4라는 숫자에 원형과 같은 것이 있느냐고 말이다. 그는 내 질문을 바로 이해하지 못했다. 그래서 내가 또 이렇게 말했다. "자, 여기 보세요. 모든 사람들이 2 더하기 2는 4가 된다는 것을 각자 독립적으로 발견합니다. 어떻게 사람들이 모두 각각 2 더하기 2는 4라는 것을 알고 있는지를 설명하는 데는 어떤 원형도 필요치 않습니다. 2 더하기 2는 실제 아무튼 4가 되니까요. 따라서 인간의 종교를 설명하기 위해 굳이 우리에게 거룩한 어떤 원형이 필요치는 않을 겁니다. 신은 실제 존재하니까요."

궁극적으로 책임이 스스로에 대해 책임을 질 수 없듯이 충동이 스스로를 억압할 수 없다. 우리는 단지 우리 자신보다 훨씬 높은 어떤 존재에 대해 반응할 수 있을 뿐이다. 만약 본능(Id)에서 자아(Ego)를, 본능이나 자아에서 초자아를 도출한다면, 우리가 그려내는 그림은 인간에 대한 올바른 그림이 아니라 어떤 면에서 그저 인간에 대한 캐리커처(Caricature: 희화된 그림)에 불과할 것이다. 이것은 자아가 초자아라는 신발끈으로 본능이라는 늪에서 스스로를 끌어내는 뮌히하우젠(Baron Münchhausen)의 허풍처럼 들린다(뮌히하우젠은 독일 작가 루돌프 라스페(Rudolf Erich Raspe)가 쓴 소설 속 등장인물인 독일 귀족을 가리킨다-옮긴이).

우리가 만약 인간에 대한 진정한 개념을 제시하지 못한다면 그리고 인간을 그저 인조인간으로 여긴다면 우리는 인간을 허무주의 손에 맡기게 되는 것이다. 결국 신경증을 심화시키게 되고 인간을 파괴시킬 위험에 처할 수 있다. 현대의 인조인간주의는 연금술사들의 금고라는 레토르트(retort: 증류기)에서 만들어지는 것이 아니다. 우리가 인간을 자동기계로, 마음기계로, 본능으로 똘똘 뭉친 존재로, 충동과 반응의 볼모로, 단지 본능과 유전기질, 환경의 산물로 여기는 곳이라면 어디서든 만들어진다. 간단히 이야기해서 우리가 생리적 정보만으로 인간을 오직 생리적 존재인 것으로 결론 내린다면, 혹은 심리적 정보만을 가지고 인간을 오직 심리적 존재인 것으로 결론 내린다면 인간을 결국 유전적 기질이나 환경의 부산물로 여기게 되는 것이고 허무주의의 희생자로 만들게 될 것이다.

내가 머물렀던 두 번째 수용소 아우슈비츠(Auschwitz)에서 나는 이와 같은 생물학주의(biologism)에 대해 잘 알게 되었다. 그곳은 생물학주의가 아우슈비츠의 가스실이라는 결과를 가져왔고, 인간은 유전적 기질과 환경의 부산물에 불과하다는 이론은 결국 마치 그 시대에 독일 나치가 '피와 땅(Blood and Soil)'이라고 말하고 싶어했던 것과 마찬가지로 아우슈비츠라는 비극적인 결과를 가져오고야 말았다.

나는 아우슈비츠, 트레블링카(Treblinka), 그리고 마이다네크(Majdanek)의 가스실을 나치 정부가 만들거나 혹은 베를린에서 만들어진 것이라고 생각하지 않는다. 가스실은 분명히 허무주의 과학자와 허무주의 철학자의 책상에서 그리고 그들의 강의실에서 이미 예정되고 준비된 것이었다고 확신한다.

5장

현대의 집단적 신경증에 답하다

내 강의 주제는 우리 시대의 질병(Disease of our Time)이다. 이제 여러분은 이 강의를 한 정신과 의사에게 맡겼고, 따라서 여러분이 내게 '현대인에 대한 한 정신과 의사의 의견'에 관한 강의를 기대하고 있지 않을까 자문한다. 그렇다면 내 강의 주제는 '인류의 신경증'에 관한 것이어야 하지 않을까? 혹자는 인류의 신경증이라는 주제에 이끌려 《신경증의 조건 – 우리 시대의 질병》이라는 책을 집어들 수도 있을 것이다. 이 책의 저자는 바인케(Weinke)이며, 이 책은 53년, 즉 1953년이 아니라 1853년에 출간되었다.

신경증적 조건, 즉 신경증은 정확히 말해 이 시대만의 질병은 아니다. 독일 튀빙겐대학 크레치머(Kretschmer) 신경과의 히르슈만

Collective Neuroses of the Present Day: Reprinted from Universitas(English Edition) 4, 301-315, 1961.

(Hirschmann) 교수는 통계적으로 지난 수십 년간 실제 신경증은 증가하지 않았다는 연구 결과를 발표했다. 바뀐 것이 있다면 신경증의 양상, 즉 신경증의 증상이라는 것이다. 그러나 이러한 맥락에서 불안증이 상대적으로 현저히 줄어들었다는 것을 발견한 것은 놀라운 일이다. 그러므로 불안이 우리 시대의 가장 두드러진 질병이라고 말하는 것은 옳지 않다고 할 수 있겠다. 사실 지난 수십 년뿐 아니라 지난 수세기 동안 불안이 그리 증가하지 않았음을 확인할 수 있다. 미국 작가 프레이한(Freyhan)은 적어도 수세기 전에 불안과 불안의 이유가 현시대보다 훨씬 더 많았다고 주장하며, 불안과 마녀재판, 종교전쟁, 국가 간의 이주, 노예무역, 대규모 전염병의 유행과의 연관성을 지적했다.

그렇다면 신경증 발병률이 실제로 증가하고 있다는 인상을 주는 것은 무엇 때문인가? 나는 그 이유가 심리치료에 대한 욕구가 증가했기 때문이라고 생각한다. 실제로 최근에는 사람들이 예전에 성직자를 찾아갔어야 하는 문제를 가지고 이제는 정신과 의사를 방문하고 있다. 이제 사람들은 성직자를 찾아가지 않는다. 이에 따라 의사들은 내가 의학성직(medical ministry)이라고 칭하는 것에 내몰리고 있다.

신경증뿐 아니라 정신증도 마찬가지로 사실은 지금까지 별로 증가하지 않았다. 놀랍게도 발병률은 그대로 유지되고 있다. 정신증 역시 발병률이 증가한 것이 아니라 증상의 양상이 달라진 것이다. 이에 대해 가면 우울증(masked melancholy)을 예로 들어 설명해보겠다. 한 세대 전만 해도 가면은 강박적 양심의 가책 때문에 쓴 것이었다. 즉 가면은 강박적 죄책감과 자기 비난의 도구였다. 오늘날 그러나 증상학은 건강 염려증과 생장적 질병(vegetative troubles: 삶을 유지하는 데 필수적인 신체기능(생장기능)이 교란되어 어려움을 경험하는 병으로 기본 생존기능이 동물적 기능보다 하위인 식물적 기능에 가깝다고 해서 붙여진 이름. 기본적으로 수면 장애와 식욕 저하 등 생명 유지에 영향을 미치는 기본적인 생물학적 증상이 따른다-옮긴이)이 지배적이다. 따라서 이러한 경우를 이제는 생장적 우울증(vegetative depressions)이라고 한다(일반적으로 생장적 근긴장 이상증(vegetative dystonia)은 유행병이 될 정도로 대중화되었다).

오늘날 우울 증상(melancholy)은 망각적 사고와 함께한다. 흥미로운 것은 망각적 사고의 내용이 지난 수십 년 동안 바뀌어왔다는 사실이다. 환자의 망각적 사고는 시대정신에 의해 형성되고 변화한다. 그러므로 시대정신이 정신증 환자의 정신적 생활 안으로 깊이 들어온 느낌이다. 마인츠(Mainz)의 크란츠(Krantz)와 스위스의 오렐(Orell)은 오늘날 우울한 망각적 사고가 전처럼 죄책감, 즉 신 앞에서 인간이 느끼는 죄책감이 아니라 몸에 대한 걱정, 즉 신체적 건강이나 신체의 활동에 대한 걱정으로 인해 훨씬 더 많이 발생한다고 말했다. 그렇다면 우리는 죄에 대한 우울한 망상이 어떻게 질병이나 가난에 대한 공포로 대체되어왔는지에 주목할 필요가 있다. 우리 시대에 우울한 환자는 자신의 도덕성보다는 재정적인 상태를 훨씬 더 걱정한다.

신경증과 우울증의 통계에 대해 간단히 살펴보았는데, 이제 자살률에 대해 살펴보자. 자살률이 시간이 지나면서 바뀐 것을 알 수 있지만, 실제로는 평범한 사람들이 기대하는 것과는 반대로 바뀌었다.

전쟁과 위기 상황에서 자살의 수가 감소한다는 것은 경험적으로 잘 알려진 사실이다. 만약 그 이유를 설명해달라고 한다면 나는 한 건축가가 나에게 말했던 것을 인용하고 싶다. 낡은 구조를 가장 잘 받치고 이를 강하게 할 수 있는 최선의 방법은 이 구조 위에 무거운 것을 올려서 하중을 높이는 것이라고 한다. 실제 심리적 하중과 신체적 하중, 간단히 말해서 셀리에(Hans Selye: 유명한 내분비계 생리학자)에 따르면 현대 의학에서 스트레스라고 알려진 것이 반드시 항상 어떤 병리의 원인이 되거나 질병을 만들어내는 것은 아니다.

신경증 환자의 사례에서 우리는 스트레스로부터 해방되는 것이 잠재적으로는 스트레스가 가중되는 것만큼이나 병을 일으킬 수 있다는 것을 경험을 통해 안다. 온힘을 다하고 최선을 다할 수밖에 없는 상황의 압박을 받으면서도 엄청난 고통을 감수해야 했던 전쟁포로, 나치 수용소 수용자와 난민들은 갑작스럽게 자신들이 받았던 엄청난 스트레스에서 풀려나자 오히려 정신건강 예방 차원에서 굉장한 위험에 처하게 되었다. 이러한 현상은 잠수함병 혹은 잠수부병('the bends' or caisson disease)에서 동일하게 나타난다. 물속에서 엄청난 수압에 눌려 있던 사람이 갑자기 수면 위로 올라오면 특히 신체적으로 위험한 상태에 빠지게 되는 경우와 같다.

다시 신경증의 발병률이 임상적으로 증가하지 않았다는 사실로 돌아가보자. 실제 임상적(병리적) 신경증이 집단적인 것이 되지는 않았으며 전체적으로 인류를 삼켜버릴 정도로 위협적이지는 않았다. 그러나 또한 우리가 조금 더 조심스럽게 고려해야 하는 것이 있다. 즉 집단적 신경증이라고 명명한 것은 이것이 마치 신경증과 유사한 특성을 가지고 있기 때문이다. 그러나 임상 병리적 신경증과 같지는 않다. 이러한 한계를 명확히 하면서 이제 현대를 살아가는 사람들의 특징이라고 할 수 있는 집단적 신경증에 대해 살펴보도록 하자. '집단적' 신경증은 나의 경험에 따르면 아래 네 가지 중요 증상으로 나타난다.

[1] 삶을 향한 하루살이적 태도다. 지난 전쟁에서 인간은 그날그날 하루하루 살아야 한다고 배웠다. 다음 날이 밝는 것을 자신이 볼 수 있을지 전혀 알 수 없었다. 그러나 전쟁 이후에도 이러한 하루살이적 태도가 여전히 우리에게 남아 있고 이러한 태도는 오늘날 원자폭탄의 위험이라는 것으로 정당화되고 있는 것 같다. 사람들은 아직 1950년도의 분위기에 사로잡혀 있는 듯하다. 그때 슬로건은 "내 뒤의 원자폭탄(after me the atomic bomb)"이었다. 이러한 분위기에 아직까지 사람들은 사로잡혀서 미리 계획을 세우거나 혹은 명확한 목표를 가지고 자신의 삶을 관리하고자 하는 생각을 포기한다.

[2] 다음으로 삶에 대한 숙명론적 태도다. 삶을 하루하루 살아가는 사람은 이렇게 말한다. "삶의 계획을 세울 필요가 없잖아. 어느 날인가는 원자폭탄이 폭발할 거잖아"라고 말이다. 숙명론적인 태도를 가진 사람은 이렇게 말한다. "그것은 심지어 가능하지도 않아." 숙명론적인 태도를 가진 사람은 스스로를 외부 환경이나 내적 상태의 놀잇감으로 여기는 경향이 있고 이에 따라 이것저것에 핑계를 대고 변명한다. 현대의 다양한 인조인간주의의 가르침에 따라 이것저것에 죄

책감을 전가시키는 것이다. 그는 스스로를 환경이 만들어낸 부산물이며, 자신의 신체적 심리적 기질, 즉 자동적 반사나 충동이 만들어낸 부산물이라고 느낀다.

자동적 반사나 충동의 산물이라는 관점은 가장 잘 알려진 정신분석적 해석으로 숙명론을 선호하는 사람들의 주장을 지지해왔다. 심리치료의 역할이 '가면을 벗기는 것(unmasking)'이라고 여기는 정신분석과 같은 무의식적(심층) 심리치료(depth psychology)는 신경증 환자들의 평가절하 성향에 제일 잘 맞는다. 동시에 우리는 현재 캐나다에 거주하는 유명한 정신분석가 카를 슈테른(Karl Stern)이 한 말을 외면해서는 안 된다. 그는 "불행하게도 환원주의적 철학이 정신분석적 사고에서 가장 널리 알려진 것이다. 환원주의적 철학은 영적인 모든 것들을 경멸하고 돈과 일 그리고 사회적 지위를 매우 중요하게 생각하는 부르주아 계층의 사람들과 잘 어울린다"라고 말했다. 이 시대 보통의 신경증 환자들의 경우 잘못 인식된 정신분석의 도움을 받으면서 프로이트의 천재성과 그의 개척자적 업적에 대한 존경심으로 특별히 종교에 관한 모든 것을 너무 쉽게 경멸해버린다. 그러나 우리는 프로이트 자신도 자신이 살았던 시대의 자녀이며 시대정신에 무관할 수 없었다는 사실에 눈을 감아서는 안 된다. 사실 무엇보다 프로이트가 종교를 망상이나 강박적 신경증으로 여기고 신을 아버지에 대한 상으로 여겼다는 그 자체가 바로 그가 살았던 시대의 정신을 드러낸 것이었다.

그러나 수십 년이 지난 오늘날에도 카를 슈테른이 경고하는 위험을 절대 평가절하해서는 안 된다. 이상의 모든 것들을 고려할 때 프로이트는 결코 영적이고 도덕적인 모든 것을 무시한 사람은 아니었다. 인간은 자신이 믿고 있는 것보다 훨씬 비도덕적일 뿐만 아니라 스스로 자신에 대해 생각하는 것보다 훨씬 도덕적이라고 그가 말하지 않았던가? 우리는 다음과 같은 것을 추가하여 이 문장을 완성해야 할지도 모르겠다. 인간은 자신이 알고 있는 것보다 무의식적으로 훨씬 종교적이다. 이 말에서 프로이트를 배제해서는 안 된다고 생각한다. 그는 자신이 자기 자신에 대해 알고 있는 것보다 무의식적으로 훨씬 종교적이었을 것이다. 프로이트가 "우리의 신 로고스(our God Logos)"라고 언급한 적이 있었다.

　　정신분석학자들조차 프로이트의 책 제목인 《문명 속의 불만 (Civilization and its discontents)》을 암시하는 '인기 속의 불만(Popularity and its discontent)'이라고 부를 수 있는 무언가를 느끼고 있다. 이제 콤플렉스(complex)라는 단어가 우리 시대의 표어가 되었다. 미국의 정신분석학자들은 이미 분석에서 모든 기본적 기법 뒤에 따라오는 이른바 자유연상이 오랜 시간 동안 더 이상 그 말처럼 진정으로 자유롭지 않은 것이라고 불평을 하고 있다. 환자들은 심지어 치료를 받으러 오기도 전에 정신분석에 대해 지나치게 너무 많은 것을 알고 있다. 꿈을 해석하는 치료자는 더 이상 환자의 꿈조차 의존할 수 없게 되었다(왜냐하면 예를 들어 환자들이 심지어 의사가 기대하고 있는 꿈을 꾸어 가지고 올 가능성도 있기 때문에 이미 꿈조차도 환자의 순수한 꿈이라고 여길 수 없으니, 의사가 환자의 꿈을 더 이상 신뢰할 수 없을 것이라는 뜻-옮긴이). 환자들은 또한 의사가 좋아할 만한 관점을 이미 가지고 있고 그것을 의사의 해석에 끼워 맞춘다. 이는 유명한 분석가가 주장한 말이다. 〈미국심리치료학회지(American Journal of Psychotherapy)〉 편집장이자 유명 정신분석가인 구데일(Gutheil)이 지적한 바와 같이 이제 프로이트의 정신분석 치료자들의 환자들은 항상 오이디프스 콤플렉스에 관한 꿈을 꾸며, 아들러의 개인심리학 치료자들의 환자들은 권력 갈등에 관한 꿈을 꾸고, 융의 분석심리학 치료자들의 환자들은 원형(archetypes)이 가득한 꿈을 꾸고 있다고 한다.

[3] 이상에서 간단하게 심리치료와 정신분석에 대해 살펴본 후 이제 다시 현대를 살아가는 인간이 가지고 있는 집단적 신경증의 특성으로 돌아가서 네 가지 증상 중 세 번째 증상에 대해 살펴보고자 한다. 세 번째 증상은 바로 집단적 사고(collective thinking)다. 집단적 사고는 일상생활을 하는 평범한 사람이 대중 속으로 함몰되어 가능한 한 눈에 띄지 않으려고 할 때 나타난다. 물론 우리는 대중(mass)과 공동체(community) 간의 본질적인 차이를 간과해서는 안 된다. 공동체가 진정한 공동체가 되기 위해서는 고유한 특성을 지닌 사람이 필요하고 사람은 활동의 영역으로서 공동체가 필요하다. 그러나 대중은 이와 다르다. 집단적 사고에서 대중은 개인의 자유를 억압하고 개인을 평준화시켜버린다.

[4] 집단주의적 사고를 가진 사람은 한 존재로서의 자기 자신의 인격을 거부한다. 네 번째 증상으로 고통을 경험하는 신경증 환자를 우리는 광신주의자(fanatic)라고 한다. 광신주의자는 다른 사람의 존

재를 부정한다. 어떤 누구도 그를 설득할 수 없다. 자기 자신의 의견 이외에 어떤 의견도 듣지 않는다. 그러나 사실 그에게 자신의 의견은 없으며 그저 대중의 의견을 표현할 따름이다. 그 자신이 어떤 의견을 가지고 있는 것이 아니라 대중의 의견이 그를 가지고 있는 것이다.

앞에서 언급한 첫 번째 두 가지 증상들, 즉 하루살이처럼 사는 태도와 숙명주의적 태도는 서양에 더 널리 퍼져 있으며, 반면 뒤의 두 증상, 즉 집단적 사고와 광신주의적 태도는 동양에 더 많이 퍼져 있는 것 같다.

현시대에 이러한 집단적 신경증이 어떻게 이렇게 널리 퍼지게 되었는가? 나는 함께 일하는 동료 연구원들에게 최소한 임상적으로는 건강해 보이는 환자들과 기질적인 신경학적 불편함으로 치료를 받은 환자들을 대상으로 실험을 하도록 요청했다. 이들 환자들이 앞에서 언급한 네 가지 증상들을 어느 정도나 가지고 있는지 알기 위해 환자들에게 네 가지 질문을 던졌다.

첫 번째 질문은 하루하루 살아가는 하루살이 태도에 대한 것이었고, 질문은 "어느 날 원자폭탄이 떨어져서 모든 것이 전부 끝나버린다면 그래도 여전히 행동하는 것이 가치 있다고 생각합니까?"였다. 두 번째 질문은 숙명론적 태도에 대한 것으로 "당신은 인간이 외적 그리고 내적 힘과 권력(예를 들어 외부 환경이나 유전적 기질-옮긴이)의 산물이자 노리개라고 믿습니까?"였다. 세 번째 질문은 집단적 사고에 대한 경향을 벗겨내려고 의도한 질문으로, "당신은 자기 자신을 눈에 띄지 않게 하는 것이 최선이라고 생각합니까?"였다. 그리고 마지막으로 네 번째 질문은 좀 짓궂은 질문이었는데, "당신은 만약 어떤 사람이 자신의 동료에 대해 가장 좋은 의도를 가지고 있기만 하다면, 자신의 목표를 달성하기 위해 어떤 도구를 사용해도 괜찮다고 생각합니까?"였다. 실제 광신론적 정치와 인간적 정치 간의 차이는 이것이다. 광신주의자들은 목적이 수단을 정당화한다. 즉 목적을 위해서라면 어떤 수단을 사용해도 괜찮다고 생각한다. 그러나 우리는 가장 거룩하고 신성한 목적이라 할지라도 그 목적을 달성하기 위해 무엇이든 수단으로 사용할 수 있다는 생각을 한다면 그것 자체가 신성모독이 될 수 있다는 것을 잘 알고 있다.

아무튼 실험에 참가한 모든 사람들 중 오직 단 한 사람만이 모든 집단적 신경증으로부터 자유로운 것으로 나타났고, 50퍼센트 이상의 사람들이 세 가지 증상을 가지고 있는 것으로 나타났다. 나는 2년 전 북미와 남미에서 집단적 신경증에 관한 주제로 토론을 한 적이 있었는데, 그들이 나에게 집단적 신경증의 문제가 단지 유럽에만 국한된 것은 아니지 않느냐고 물었다. 나는 이렇게 즉답했다. 유럽 사람들이 이러한 집단적 신경증 증상에 대해 보다 심각한 위험에 빠질 수 있으나 그러한 위험은 전 세계적이며, 사실 전 세계는 허무주의로부터의 위험에 처해 있다고 말이다. 실제 앞의 네 가지 모든 증상들은 자유를 두려워하고 책임으로부터 도망가려는 것에서 비롯되었다고 볼 수 있다. 그러나 자유와 책임은 인간을 영적 존재일 수 있게 하는 것이다. 내 생각에 허무주의는 영에 지치고 피곤한 것이라고 정의되어야 한다. 이와 같이 허무주의가 세계적으로 물결치며 그 힘

무의미의 의미

을 확장해나가자 유럽은, 말하자면, 진행중인 영적 지진을 초기 단계에서 감지한 지진 관측소가 되었다. 아마도 유럽인들이 허무주의에서 뿜어져 나오는 독가스에 보다 더 민감한 것 같다. 그러므로 유럽인들이 시간이 아직 있을 때 해독제를 만들 수 있게 되기를 희망할 뿐이다.

나는 허무주의가 단지 '아무것도 아닌(nothing: nihil) 것'만을 이야기하는 철학이 아니라는 점 또한 말하고 싶다. 즉 허무주의는 무존재(no being)만을 말하는 철학이 아니다. 허무주의는 어떤 존재에도 의미가 없다는 삶을 향한 태도다. 허무주의자들은 존재, 그리고 무엇보다 자신의 존재를 무의미하다고 여기는 사람들이다. 그러나 이와 같이 학문적이고 이론적인 허무주의와는 별개로 또한 실질적으로 허무주의가 삶을 통해 분명하게 드러난다. 이것은 오늘날 그 어느 때보다 분명하며, 따라서 이는 집단적 신경증과 관련하여 논의되어야한다. 실제 자신의 삶이 무의미하다고 여기는 사람들이 있다. 그들은 존재의 어떤 의미도 발견하지 못하고 자신의 존재가 무가치하다고 여긴다.

그러나 인간에게 본질적으로 내재하고 있는 것은 정신분석 심리치료에서 강력하게 주장하는 쾌락에의 원칙만이 아니다. 이를 우리는 쾌락에의 의지라고 한다. 또한 인간에게 본질적으로 내재하고 있는 것은 아들러의 개인심리학에서 병리적 신경증으로 설명하고 있는 권력이나 힘에 대한 충동뿐만이 아니다. 나는 인간이 쾌락의 의지나 권력에의 의지에 의해 움직이는 것이 아니라 의미에의 의지로 움직인다고 생각한다. 의미에의 의지란 인간 내면 깊은 곳에 자리한 본성적 의지로서 자신의 존재에 대한 보다 높은 궁극적 의미를 향한 노력이며 투쟁이다.

　의미에의 의지는 좌절될 수도 있다. 이를 실존적 좌절(existential frustration)이라고 한다. 실존적 좌절은 신경증의 주요 원인으로 알려진 성적 좌절과는 다른 것이다. 나는 실존적 좌절이 오늘날 과거의 성적 좌절만큼이나 신경증이 발생하는 데 매우 큰 역할을 하고 있다고 생각한다. 실존적 좌절에 의해 야기되는 신경증을 나는 영적 신경증(noogenic neuroses)이라고 부른다. 그러나 나는 모든 신경증이 영적인 것에 원인이 있다고는 절대 주장하지 않을 것이다. 그러나 신경증이 진정으로 영적인 것에 문제가 있는 것이라면, 즉 신경증의 원인이 심리적인 콤플렉스나 트라우마에 있는 것이 아니라 영적 갈등(spiritual conflicts)과 윤리적인 문제에 있다면, 영적인 것에 뿌리가 있는 그러한 신경증은 영적인 심리치료가 필요하며 그것이 바로 내가 로고테라피라고 부르는 것이다.

　로고테라피는 기존의 심리치료 개념과는 다른 치료다. 그러나 영적인 것에 원인이 있지 않고 심리적인 것에 원인이 있는 심인성 신경증의 경우에도 로고테라피가 적용된다. 퍼듀대학의 에디스 조엘슨(Edith Joelson) 교수는 자신의 저서《빈의 정신의학 학파(Viennese School of Psychiatry)》에서 "전통적 심리치료는 치료관행이 병리에 대해 발견한 것들을 기반으로 해야 한다고 주장했지만, 특정 요인들이 어린 시절에 신경증을 유발할 수 있으며, 완전히 다른 요인이 성인기에 신경증을 완화시킬 수 있습니다(예를 들어 어린 시절에 입은 상처나 트라우마가 신경증의 원인이 될 수 있지만, 성인기에 하게 된 건강한 경험이 이러한 신경증을 치유하는 데 도움이 될 수 있다는 뜻-옮긴이). 환자가 불안에 대해 윤리적 가치와 지지체계와 같은 효과적이고 사회적으로 수용 가능한 방어체계를 계발하는 것을 돕는 것이 신경증의 원인(뿌리)을 밝히려는 것보다 비록 그것이 치료의 야심찬 목표는 아닐지라도 보다 더 현실적인 것으로 보입니다"라고 말하고 있다.

동시에 나는 의미에의 의지, 즉 존재의미에 대한 인간의 최고의 열망을 성적 본능과 같은 수준에 놓고 싶지 않다. 나는《킨제이 보고서》(Kinsey Report: 남성의 성적 행동(1943)과 여성의 성적 행동(1953)으로 나누어 두 권으로 출간된 인간의 성적 행동을 다룬 책이다. 알프레드 킨제이와 워델 포메로이가 집필했다-옮긴이)의 판매부수에 대해 노먼 빈센트 필(Norman Vincent Peale: 미국인 목사이며 긍정적인 사고로 유명하다. 베스트셀러《긍정적 사고의 힘(Power of Positive Thinking)》을 저술했다-옮긴이)에게서 질문을 받고 답하는 서점의 점원처럼 이렇게 말해야 할 것 같다. "종교가 성보다 올해 훨씬 더 인기가 있습니다"라고 말이다.

아들러의 개인심리학은 신경증이 발생하는 데 열등감이 얼마나 중요한 역할을 하는지 우리에게 잘 알려주었다. 그러나 나는 오늘날 다른 것이 신경증을 유발하는 데 더 중요한 역할을 한다고 생각한다. 그것이 바로 무의미라는 것이다. 이는 다른 사람보다 덜 가치 있는 존재라고 느끼는 그런 정도의 느낌이 아니라 삶에 더 이상 어떤 의미도 없다는 느낌이다. 오늘날 사람들을 위협하는 것은 바로 삶이 무의미하다는 근거 없는 주장이다. 이러한 상태를 또한 내적으로 느끼는 실존적 공허(existential vacuum)라고 한다.

그렇다면 잠재된 이런 실존적 공허 상태가 언제 분명하게 그 모습을 드러내는가? 바로 지루한 상태(state of boredom)일 때다. 아르투어 쇼펜하우어는 인간이란 욕망과 지루함의 두 극단 사이를 끊임없이 오가도록 운명지어진 존재라고 말했는데, 그가 무슨 뜻으로 그렇게 말했는지 이해가 된다. 실제 지루함은 오늘날 우리에게는 물론 정신과 의사에게 욕망 심지어는 성적 욕망이 던지는 문제보다 더욱 중요한 문제를 던지고 있으며, 우리는 지루함이 던지는 문제에 직면해야 하고 이를 풀어내야 한다.

정신건강의 예방적 위생적 측면에서 위협이 되고 있는 지루함의 문제는 점점 더 중요한 이슈가 되어가고 있다. 기계화라 불리는 2차 산업혁명은 일반 노동자들에게 보다 많은 여가시간을 허락했다. 그러나 사람들은 그 많은 자유시간에 무엇을 해야 하는지 알지 못했던 것 같다.

하지만 나는 기계화로 인해 더 큰 위험이 있다고 생각한다. 기계화가 인간의 자신에 대한 이해에 영향을 미칠 것이며 인간을 위험에 빠뜨릴 수 있다는 것이다. 인간은 자기 자신을 생각하고 계산할 줄 하는 기계에 비유함으로써 자신을 잘못 이해하기 시작했다. 기억해야 할 것이 있다. 처음에 인간은 자신을 창조주, 즉 신의 이미지에 따라 만들어진 창조물이라고 이해했다. 그 다음 기계의 시대가 왔고 이때 인간은 자신이 창조한 기계의 이미지에 따라 스스로를 창조주로 여기기 시작했다. 라메트리(La Mettrie)는 이를 인간기계론이라고 정의한다《인간기계론(L'homme machine)》은 프랑스의 의사이자 철학자인 쥘리앵 오프루아 라메트리(Julien Offray de La Mettrie)가 저술한 책으로 1747년에 출판되었으며, 유물주의 철학을 바탕으로 한 작품이다. 라메트리는 책에서 데카르트가 주장한 동물은 단지 기계에 불과하다는 주장을 인간에게로 확장시켰으며 영의 존재를 거부했다–옮긴이).

이제 우리는 인간을 생각할 줄 알고 계산할 줄 아는 기계로 여기는 시대를 살고 있는 우리 자신을 발견한다. 이미 1954년판 〈빈 신경학 학회지(Viennese Journal of Neurology)〉에 한 스위스 정신과 의사는 "전자컴퓨터는 불행하게도 인간의 마음에 대해서는 말할 수 없고, 멈추지 않고 비교적 잘 작동한다는 점에서만 인간 마음과 다르다"라는 글을 발표했다. 여기서 우리는 잠시 멈추고 이 말에 숨겨져 있는 인조인간주의(homunculism)의 위험을 인식할 수 있어야 한다. 바로 인간이 스스로 자신을 "…이외에 아무것도 아닌' 존재로 잘못 이해하고 잘못 해석할 위험이 도사리고 있다는 점을 직시해야 한다.

이전에 생물학주의(biologism), 심리학주의(psychologism), 사회학주의(sociologism)라는 세 가지 인조인간주의는 인간에 대해 왜곡된 상을 가진 왜곡된 거울을 들고 있었으며, 그 거울에 따르면 인간은 반사작용에 의한 자동화의 존재이며 충동덩어리의 존재이고 심리적 메커니즘 혹은 단순히 경제환경의 산물일 뿐이었다. 그러나 인조인간주의는 시편 작가가 천사보다 조금 못한 존재라고 불렀고 천사들 바로 아래 놓았던 인간(시편 5장 6절–옮긴이)으로 인간을 간주했다. 어쨌든 인간의 존재는 이미 제거된 것이었다. 우리가 잊지 말아야 하는 것이 있다. 인조인간주의가 역사를 만들 수 있다는 것이다. 아니 이미 역사를 만들었다. 우리가 기억해야 하는 것은, 인간을 유전 기질이나 환경의 산물로 여기는 개념이 '피와 땅(Blood and Soil)'이라는 말이 그랬던 것처럼 어떻게 우리를 역사적 재난으로 몰고 갔는지 하는 것이다. 나는 인간에 대한 인조인간주의적 개념이 아우슈비츠(Auschwitz), 트레블링카(Treblinka), 마이다네크(Majdanek)의 나치 수용소로 향하는 길과 직결되어 있다고 믿는다. 기계화로 인해 인간의 이미지가 붕괴되어버리는 일은 아직은 멀리 있는 위험처럼 보인다. 그러나 결국 의사로서 우리의 과제는 가능하다면 언제든지 그리고 마음의 병뿐 아니라 우리 시대의 영적 질병을 포함해서 질병을 인식하고 치료뿐만 아니라 이러한 질병을 예방하는 것이며, 그럼으로써 우리의 경고의 목소리가 울리도록 해야 한다.

나는 앞에서 자신의 삶을 가치 있는 삶으로 만들어주는 존재의 의미에 대해 알지 못하는 상태인 실존적 좌절이 신경증으로 발전할 수 있다고 말했다. 약 25년 전 나는 실업 신경증(neurosis of unemployment)이라는 것에 대해 기술했었다. 최근에 또 다른 형태의 실존적 좌절이 점점 더 시급해졌다. 바로 퇴직자들의 심리적 위기다. 이는 앞으로 노인학의 한 분야인 노인심리학 혹은 노인정신의학에서 다루어야 할 것이다.

삶이 어떤 목표를 향해 간다는 것은 매우 중요하다. 전문적인 일을 더 할 수 없을 때 다른 삶의 과제를 발견하고 찾아야 한다. 나는 심리적 건강을 예방하는 가장 우선시되고 가장 중요한 길은 인

336
무의미의 의미

간에게 구체적인 의미의 가능성을 제공함으로써 삶의 의미를 찾을 수 있도록 동기를 부여하는 것이라고 생각한다. 이는 또한 전문적인 일이 아닌 일에서도 당연히 존재한다. 어떤 것도 삶의 과제에 대해 아는 것만큼 효과적으로 인간이 생존하고 건강을 지키도록 도울 수 있는 것은 없다. 따라서 우리는 제112회 미국정신의학회(American Psychiatrical Society) 회의에서 퍼시벌 베일리(Percival Bailey)가 강의에서 최근에 인용했던 하비 거싱(Harvey Gushing)의 "삶을 견뎌낼 수 있는 유일한 방법은 항상 완성할 어떤 과제를 가지고 있는 것이다"라는 말 속에 담긴 지혜를 이해할 수 있다(하비 거싱(1869-1939)은 미국의 저명한 신경외과 의사이며, 퍼시벌 베일리(1892-1973)는 미국의 신경병리학자이자 신경외과 의사이고 정신과 의사다-옮긴이).

나는 수십 년 전 조현증 연구에 지대한 공헌을 하고 조현병에 관한 이론을 창시한 빈의 정신의학과 교수인 90세의 요제프 베르체(Josef Berze, 1866-1957)의 책상 위에서 읽히기를 기다리며 쌓여 있는 책만큼 그렇게 많은 책이 쌓여 있는 책상을 본 적이 없다. 연금수령자의 영적 위기는 소위 영구적 실업 신경증이라고 말할 수 있다. 그러나 또한 영구적이지 않고 주기적인 실업 신경증이 있다. 이를 일요 신경증(Sunday Neurosis)이라고 한다. 일요 신경증이란 주중에 바쁘게 지내던 일상이 일요일에 갑자기 멈추면서 내적으로 공허한 느낌이 갑자기 드러날 때 자신의 삶에 목적이 없다는 것을 의식하게 되는, 즉 실존적 공허를 경험하게 되는 우울증이다.

일반적으로 실존적 좌절은 겉으로 모습을 드러내지 않고 잠재해 있으며 보통 가면을 쓰고 있다. 실존적 좌절은 여러 가지 다양한 가면을 쓰고 변장을 하고 있다. 우선 나는 '관리자 병(Manager's disease)'에 대해 생각한다. 의미에의 의지가 좌절되면 좌절된 의미에의 의지는 권력에 대한 의지로 대신 채워진다. 광적인 지나친 열정으로 뛰어드는 전문적인 일은 그 자체로 목적처럼 보인다. 그러나 실제로 그것은 목적을 위한 수단이며, 자기 마취의 수단인 셈이다. 옛 학자들이 '공간외포(horror vacui)'라고 했던 '빈 공간에 대한 공포'는 물리학에만 존재하는 것이 아니라 심리학에도 존재한다. 인간은 내적 공허 상태인 실존적 공허 상태를 두려워하며 그래서 일이나 쾌락으로 도망쳐 버린다. 혹은 좌절된 의미에의 의지의 자리를 권력에의 의지가 채우게 된다. 권력 혹은 힘에 대한 의지는 경제적 의지, 즉 돈에 대한 의지와 같이 가장 원초적인 형태를 취하기도 한다. 돈에 대한 의지와 같이 가장 원초적인 권력 혹은 힘에 대한 의지가 의미에의 의지가 좌절된 자리를 차지하고 들어가게 된다.

관리자 병과는 다르게 작용하는 '관리자 부인 병(Mrs. Manager's disease)'에 대해서도 언급을 해야 할 것 같다. 관리자들은 해야 할 일이 너무 많아서 자기 자신과 잠시 시간을 가질 여유조차 없는 반면, 많은 관리자들의 부인들은 할 일이 별로 없어 시간이 너무 남아돌아서 그 시간에 무엇을 해야 할지 모른다. 이러한 실존적 좌절에 직면한 이들 또한 자기 자신을 마취시키려고 노력한다. 남아도는 시간을 마약을 하거나 알코올의 힘을 빌려서 채우려고 한다. 남편들의 일에 대한 광기를 그들은 알코올 중독과 같은 음주에 대한 광기로 대신

한다. 내적 공허로부터 도피하여 칵테일 파티로 도망간다. 칵테일 파티로만 도망가는 것뿐 아니라 모여서 쓸데없이 수다 떨고 험담하는 모임으로 도망치기도 한다.

이들의 좌절된 의미에의 의지는 남편들의 경우와 마찬가지로 권력에의 의지에 의해서가 아니라 쾌락에의 의지로 채워진다. 여기서 쾌락이란 물론 성적 쾌락이 될 수도 있다. 우리는 실존적 좌절이 성적 보상으로 이어지는 경우를 자주 본다(실존적 좌절의 자리를 성적 욕구 충족으로 채운다는 뜻. 그러나 이러한 시도가 결코 성공적일 수는 없다-옮긴이). 성적 좌절의 뒤에는 실존적 좌절이 배경으로 깔려 있다. 성적 충동은 실존적 공허 상태에서 더욱 만연해진다.

일에 대한 광기나 음주에 대한 광기, 험담에 대한 광기 그리고 게임에 대한 광기 이외에도 우리는 내적 공허감과 실존적 좌절을 극복하려는 또 다른 것을 알고 있다. 그것은 속도에 대한 광기다. 나는 세계적으로 널리 퍼져 있는 한 가지 오해를 풀고 싶다. 그것은 바로 우리 시대의 속도에 관한 것이다. 우리 시대의 속도는 가능할 수밖에 없었지만, 반드시 기술적 진보에 의해 생성된 것은 아니며, 물리적인 차원에서만 질병의 근원이다. 사실 지난 수십 년 동안 전염병으로 사망하는 사람들이 이전보다 훨씬 적은 것으로 알려져 있다. 이러한 '사망률 적자(deficit of death)'는 그러나 치명적인 교통사고로 충분히 메워졌다.

심리적 차원에서는 그러나 입장이 다르다. 우리 시대의 속도가 우리가 흔히 생각하는 것처럼 결코 병을 양산하지는 않았다. 오히려 반대로, 나는 우리의 삶의 속도, 즉 삶의 조급한 서두름은 결코 성공적 시도는 아니지만, 실존적 좌절감으로부터 스스로를 치유하기 위한 하나의 시도라고 생각한다. 삶의 목표에 대해 알지 못할수록 인간의 삶의 속도는 더욱 빨라진다. 즉 삶의 목표에 대해 확신이 들지 않으면 이를 해결하기 위해 삶의 속도를 더욱 높인다는 것이다. 나는 엔진의 소음과 함께 실존적 공허를 몰아내려는 시도가 이렇게 급격하게 증가하는 동력화(motorization)를 배후에서 가속화시켰다고 생각한다.

무의미한 느낌뿐 아니라 열등감 역시 동력화로 보상될 수 있다. 동력화로 벼락부자가 된 수많은 사람들의 행동은 바로 동물심리학자 혹은 (그들 자신이 오늘날 스스로 지칭하듯이) 비교행동학 연구자들이 말하는 그저 사람들에게 인상을 주려고 하는 행동(behavior intended to impress)을 상기시키지 않는가? 열등감을 보상하고 채우기 위해 자주 이용되는 도구가 있다(빅터 프랭클 박사가 아래 언급했듯이 이러한 노력이나 시도 역시 결코 성공적일 수 없다-옮긴이). 그것은 사회학자들이 말하는 명품 소비(prestige consumption)다. 나는 관리자 병의 고전적인 증상을 가지고 있는 대사업가 환자를 알고 있다. 그의 삶은 온통 오직 한 가지 욕구로 가득 찼다. 과도하게 일하고 결국 스스로 건강을 해치는 지점까지 이르게 하는 것이다. 그는 스포츠용 경비행기를 가지고 있지만, 그것에 만족하지 못하고 제트비행기를 가지고 싶어했다. 그의 실존적 공허는 너무나 커서 오로지 초고속 비행기로만 극복될 수 있지 않을까 싶었다.

우리는 삶 속에서의 허무주의와 인간에 대한 인조인간적인 이미지로 인해 오늘날 인간에게 정신위생적 위험(psychohygienic)이 있다고 말했다. 심리치료는 인간에 대한 인조인간주의적 이미지로부터 벗어날 수 있을 때 이러한 위험을 떨쳐버릴 수 있을 것이다. 만약 인간을 충동에 의해 움직이는 존재로 혹은 본능의 충동과 초자아의 충동 간의 갈등을 타협함으로써 만족하고자 하는 존재로만 인식한다면 우리에게는 인조인간주의와 인간에 대한 캐리커처(caricature: 희화된 그림)만이 남게 될 것이다.

인간은 충동에 의해 움직이는 존재가 아니다. 인간은 스스로 결정하는 존재다. 인간은 자유로운 존재다. 또한 인간은 책임의 존재다. 책임이란 우리가 반응하고 책임져야 할 어떤 대상이 있다는 뜻을 내포한다. 우리가 책임을 져야 할 것은 바로 개인적 삶의 과제와 삶의 요구(삶이 우리에게 기대하는 것-옮긴이)를 성취하는 것이며, 우리 모두가 각자 완수해야 할 고유하고 개인적인 의미를 실현하는 것이다. 인간은 자기 자신을 완수하고 실현할 뿐 아니라 구체적인 가치를 성취하고 실현한다. 그러한 가치는 오직 자신에 의해서만 성취될 수 있다. 인간은 자신을 둘러싼 세상 안에 있는 구체적인 과제를 성취할 때만 비로소 자기 자신을 실현할 수 있다. 그러므로 자아실현은 목적이나 의도 자체가 아니라 결과인 것이다.

이는 쾌락의 원칙에 대해서도 마찬가지로 적용된다. 만약 쾌락을 최종 목적으로 여긴다면 결국 얻지 못할 것이다. 왜냐하면 쾌락은 얻으려고 하면 오히려 얻지 못하게 되는 자기모순적이고 스스로를 반대하는 특성을 가지고 있기 때문이다. 우리는 이러한 현상을 성적 신경증에서 자주 찾아볼 수 있다. 쾌락을 얻으려고 노력하면 할수록 성적 쾌락을 더욱 얻을 수 없게 된다. 반대도 마찬가지다. 고통으로부터 도망가려고 하면 할수록 새로운 고통이 추가되어 고통에 더욱 깊게 빠져들게 된다.

　에디스 조엘슨 교수는 로고테라피에 관한 나의 최근 논문에서 로고테라피가 미국정신건강운동(American Mental Health Movement)을 보완할 매우 중요한 것을 포함하고 있다고 지적했다. 그것은 바로 로고테라피가 인간이 고통 중에서도 의미를 발견하고 성취할 수 있는 가능성을 가진 존재이며, 고통을 통해 가장 높은 가치를 성취할 수 있는 가능성을 제시했고 이것을 미국의 정신건강운동에 포함시켜야 한다는 것이다. 이것이 바로 내가 확신하는 것이며 최근에 나는 계속 이를 강조하려고 노력해왔다. 그러나 에디스 조엘슨 교수는 고통 중에서도 의미를 발견할 수 있는 가능성에 대해 특히 북미인들이 알아야 한다고 생각했다. 왜냐하면 북미인들은 인간의 고통을 건강하지 못한 것으로 심지어는 심리적 신경증으로 여기는 경향이 있기 때문이다. 이런 잘못된 생각은 인간을 도망자로 만든다. 즉 인간은 자신이 피할 수 없는 주어진 고통으로부터 도망간다. 결국은 절대로 도망갈 수 없음에도 불구하고 말이다. 그러고는 스스로 새로운 불필요한 고통을 짊어진다. 오늘날 인간은 자신의 주어진 환경이나 피할 수 없는 것들 때문에 고통스러울 뿐 아니라 자신은 고통받는 자이며 따라서 자동적으로 자기 자신을 신경증 환자라고 여기는 믿음 때문에 고통스럽다.

우리는 쾌락에의 의지와 권력에의 의지뿐 아니라 의미에의 의지도 존재한다는 것을 안다. 이제 우리는 보다 멀리 봐야 한다. 우리는 창조적 어떤 행위를 통해 삶의 의미를 발견할 수 있을 뿐 아니라 이를 넘어서 진, 선, 미, 친절, 문화에 대한 경험을 통해 의미를 발견할 수 있다. 또한 고유하고 유일한 인간과의 만남을 통해, 즉 사랑을 통해 의미를 발견할 수 있다. 우리는 이와 같이 창조적 행위를 통해 그리고 사랑이라는 경험을 통해서뿐 아니라 고통을 통해서도 의미를 발견할 수 있다. 더 이상 주어진 상황(운명)을 행동으로 바꿀 수 없을 때 중요한 것은 바꿀 수 없는 환경(운명)에 대해 올바른 태도를 취하는 것이다. 우리가 더 이상 통제할 수 없고 아무것도 할 수 없는 것을 우리는 받아들여야 한다. 우리의 피할 수 없는 운명적인 것을 창조적으로 다시 만드는 데는 용기가 필요하다. 진정으로 우리가 피할 수 없는 고통에 대해 용기를 가지는 것이다. 피할 수 없고 바꿀 수 없는 운명에 대해 우리에게 필요한 것은 겸손이다.

그러나 인간존재의 의미는 고통뿐 아니라 죄책감과 죽음으로부터 위협을 받는다. 우리의 죄책감의 원인이 되는, 즉 우리에게 책임이 있는 것을 더 이상 바꿀 수 없다. 그러나 죄책감 자체는 회복할 수 있는 것이며, 모든 것은 우리 자신에 대한 올바른 태도, 즉 진정한 회개에 달려 있다. 죽음은 어떠한가? 죽음이 우리 삶의 의미를 완전히 지워버릴 수는 없지 않은가? 죽음은 삶의 의미를 절대로 지워버릴 수 없다. 지나간 것은 잃어버리는 것이 아니라는 점을 잊지 말아야 한다. 지나간 것은 일시성으로부터 해방되어 안전하게 보관되는 것이다. 일반적으로 인간은 그저 일시성만을 생각하고 과거라는 풍성한 창고를 간과한다. 과거라는 창고에는 인간이 한 모든 행동, 기쁨 그리고 일생 동안 겪었던 고통들이 고스란히 보관되어 있다.

그러므로 우리는 모든 삶은 모든 상황에서 그리고 마지막 숨이 남아 있는 순간까지 의미를 가지고 있다는 것을 알 수 있다. 삶의 마지막 순간까지 삶은 의미를 간직하고 있다. 이는 아픈 사람의 삶에서도 마찬가지다. 비록 심리적으로 아프다 할지라도 말이다. 살 가치가 없는 삶이란 존재하지 않는다. 그리고 정신분석 심리치료가 지닌 문제는 정신적 질병으로 공격할 수 없고 이로 인해 부정할 수도 없는 영적 존재로서의 인간을 숨긴다는 것이다. 외부 세계와의 의사소통의 수단이 질병 때문에 온전히 제 기능을 하지 못할 뿐이지 한 인간으로서의 본질은 파괴될 수 없다. 그리고 만약 인간으로서의 본질이 파괴될 수 있는 것이라면 정신과 의사가 되는 것은 무의미할 것이다.

7년 전 제1회 세계정신의학협회(WPA: World Congress of Psychiatry)에 참석하기 위해 파리에 있을 때 베르나트(kukuruz Pere Beirnaert)가 나에게 정신과 의사로서 바보도 성인이 될 수 있다고 생각하느냐고 물었다. 나는 그렇다고 분명하게 대답했다. 그러나 그것은 그 이상이다. 나는 그에게 바보로 태어나는 것이 끔찍한 일이지만, 바보라는 사실은 내적 태도에 의해 자기 자신을 도덕적으로 증명할 수 있는 하나의 기회가 될 수 있으며, 그것은 성자와 다를 바 없는 것이라고 생각한다고 말했다. 물론 사람들 심지어는 정신과 의사조차도 외부 세상을 향해 자신을 표현할 가능성이 정신적 병으로 인해 막혀 있기 때문에 거의 아무것도 눈치 채지 못할 수 있다. 오직 신만이 얼마나 많은 성자들이 바보라는 가면 뒤에 숨겨져 있는지 알 수 있다. 그런 다음 나는 베르나트에게 이러한 가능성에 의심을 품는 것이 지식인들의 자기기만이 아니겠느냐고 물었다. 인간의 성스러움(saintliness)이나 혹은 도덕성에 대한 자격이 인간의 지적 수준에 달려 있다고 가정하는 것은 아니냐고 말이다. 예를 들어 지능이 90 이하이면 성자가 될 가능성이 없다고 말하는 것은 아닌가 하고 물었다. 그리고 다른 한 가지는 어린아이가 어떤 인격을 가지고 있으며, 어떤 사람인지 의심할 수 있겠는가 하는 것이다. 또 뭐가 바보란 말인가? 어린아이와 같이 행동한다고 해서 그 사람이 여전히 어린아이인가?

그러므로 나는 가장 비참한 삶에서조차 의미가 있다는 것을 의심할 어떤 이유가 없다는 것을 보여주고자 소망한다. 모든 삶에는 절대적인 의미가 있다. 그리고 우리는 삶의 의미에 대한 절대적인 믿음이 필요하다. 이러한 믿음은 그 어느 때보다도 인간이 실존적 좌절과 의미에의 의지의 좌절, 그리고 인간존재에 대한 의미를 완성하지 못하고 실존적 공허감으로부터 위협을 받고 있는 이 시대에 반드시 필요한 것이다.

심리치료가 올바른 철학에서 시작하고 올바른 철학을 선택한다면, 심리치료는 삶의 의미, 모든 삶의 의미에 절대적 믿음을 가질 수 있다. 그러므로 우리는 월든 프랭크(Waldon Frank)가 한 미국 학술지에 쓴 글을 이해할 수 있다. 그는 로고테라피가 프로이트학파와 아들러학파의 무의식적이고 잘못된 철학적 가설을 의식적인 철학으로 대체하려는 모든 노력을 증명해 보였다고 말했다. 실제로 프로이트학파와 아들러학파는 각자 자신들만의 철학을 가지고 있으며, 특히 북미 지역에서 현대 정신분석학은 세상에 대한 개념이 없고 가치의 위계가 없는 무의식의 심리치료는 존재할 수 없다는 것을 이미 이해했고 이에 동의했다. 정신분석 심리치료자가 자신의 무의식적 인간상을 의식하게 만드는 것이 무엇보다 훨씬 더 중요하다. 모든 사람의 정신분석 심리치료자는 인간에 대한 무의식적 상을 무의식 상태로 두는 것의 위험성을 깨달아야 한다. 자신이 인간에 대한 희화화한 그림에서 시작했고 그것이 인간에 대한 진정한 상이 아니라는 것과 따라서 자신의 인간에 대한 상을 수정해야 한다고 인식하는 것이 과거의 영향으로 오랫동안 왜곡되었던 인간에 대해 가지고 있는 자신의 상을 바로 잡을 수 있는 유일한 길이다. 그것이 바로 내가 실존분석과 로고테라피를 통해 시도해왔던 것이다.

로고테라피는 기존의 심리치료를 대체하는 것이 아니라 이를 보완한다. 그럼으로써 인간에 대한 기본적 이미지를 진정한 인간에 대한 총체적 이미지로 모든 차원을 포함하는 인간의 존재로 새롭게 인식하는 것이다. 그렇게 하는 것이 인간이 속해 있는 현실, 즉 존재에 합당한 것이라고 생각한다.

희화화된 잘못된 인간에 대한 상을 바로잡고자 하는 것에 대해 여러분이 나를 비난할 수도 있다는 것을 잘 알고 있다. 어쩌면 그러한 비난 속에 정말 뭔가 비난받을 만한 것이 있을 수도 있다. 내가 정말 편향적일 수도 있다. 또한 수많은 이론들과 무의식적 현대 심리 치료의 철학적 배경이라고 지칭되는 허무주의나 인조인간주의를 심각한 위험으로 느끼는 것이 어쩌면 나의 지나친 과장일 수도 있다. 또한 어쩌면 내가 정말 허무주의에 대해 너무 민감하게 반응하고 있는지도 모른다.

만약 그렇다면 여러분의 이해를 부탁드린다. 내가 이렇게 허무주의에 대해 지나칠 정도로 민감한 이유는 바로 나 자신이 내 안에 있었던 허무주의를 극복해야 했기 때문이라는 것을. 그것이 바로 내가 어디에 숨어 있든 허무주의 냄새를 잘 맡을 수 있는 이유일 것이다. 그리고 만약 내가 가르치고 있는 분석학파의 관점에서, 아니 실존주의자로서 자기분석을 한 것에 대해 이야기를 해도 된다면 한 가지 하고 싶은 말이 있다. 다름이 아니라 나는 다른 사람들의 눈에 있는 티끌을 아주 잘 볼 수 있을 것 같다는 말이다. 왜냐하면 나는 내 눈의 들보를 빼내야 했기 때문이다.

빅터 프랭클과 로고테라피의 발자취

알렉산더 버트야니Alexander Batthyany

1923-1927: 개인심리학에서 로고테라피로

1926년 21세의 청년 의대생이었던 빅터 프랭클은 의학심리학회 (Academic Society for Medical Psychology)의 한 강의에서 처음으로 로고테라피(Logotherapy)라는 단어를 사용했다. 이후 10년 동안 빅터 프랭클은 그가 설립에 도움을 준 청소년 상담센터와 빈의 정신병원인 로젠휘겔(Rosenhügel), 마리아 테레지엔 쇠슬(Maria Theresien-Schössl), 슈타인호프(Steinhof)에서 정신의학과 신경의학 전문의 수련의로서의 경험을 바탕으로 오늘날 로고테라피와 실존분석으로 알려진 독립적 심리치료를 발전시켰다.

Viktor E. Frankl & The Development of Logotherapy & Existential Analysis: 본 글은 빅터 프랭클 박사의 기록보관소 보조연구원인 데이비드 할로웰(David Hallowell)이 독일어를 영어로 번역하고, 앤드루 탈론(Andrew Tallon)이 편집한 것임.

1920년대에 프랭클은 자신이 심리치료 학파나 정신의학 학파를 창시할 것이라고는 전혀 생각지 않았다. 1926년 당시 그는 알프레드 아들러의 개인심리학 틀의 기반이 된 신경증에 대한 이해를 보완할 수 있는 치료적이고 이론적인 프로그램을 개발하는 것에만 관심을 가지고 있었다. 즉 프랭클은 환자들의 삶에 대한 치료자의 관점이 치료의 성공 여부에 지대한 영향을 미칠 수 있기 때문에 치료자들이 환자들을 도울 수 있는 보다 나은 방법을 개발하고 싶어했다.

> 충고만으로는 지적이고 분별 있는 비관주의자가 제대로 먹고 운동을 하도록 도울 수 없다. 그의 총체적 안녕에 대해 그의 철학이 그에게 그렇게 할 이유를 제공하지 않기 때문이다. 여기서 우리는 우선 추가적인 치료의 근거를 제공하기 위해 그가 어떻게 치료를 평가하는지에 먼저 영향을 미쳐야 한다. 즉 신경증에 대해 논의하는 것에 대한 가치를 그가 어떻게 평가할 것인가에 영향을 미쳐야 한다(Frankl, 1925, 250).

이러한 치료 모델 틀 안에서 프랭클은 또한 구체적인 현상학적 접근방법을 이용해 신경증에 대해 연구했고, 이에 따른 신경증의 분류체계를 개발했다(e.g., Frankl, 1926a). 그는 개인심리학 학파 내에서 삶에 대한 신경증적 성향을 현상학적 연구를 통해 발표한 최초의 몇 사람 중 한 명이었다.

흥미롭게도 이때 그가 개발한 분류체계는 현대 로고테라피로 발전하지 못했다. 비록 프랭클이 1926년 당시의 생각과 관찰 내용 중 일부를 '이 시대의 심리학'이라는 글에 발췌문으로 사용하기는 했지만 말이다(Psychology of the Times; Frankl, 1949). '이 시대의 심리학'이라는 글에서 제2차 세계대전 상황에서 형성된 비정상적 현상을 기술했다면, 분류체계는 신경증을 기술하는 것을 목표로 했다. 따라서 이들은 좁은 의미에서 진단과 치료를 연결했던 것이다.

프랭클이 자신이 개발한 분류체계를 더 이상 사용하지 않은 데는 몇 가지 이유가 있었다. 첫 번째 이유는 분류체계를 개발하고 몇 년 후 그가 독립적 심리치료인 로고테라피와 실존분석을 개발했기 때문이다. 따라서 신경증에 대한 분류체계는 지금보다 광범위하게 적용되는 새로운 로고테라피와 실존분석에 비해 상대적으로 그 중요성이 떨어졌다. 두 번째 이유는 프랭클이 자신이 개발한 새로운 형태의 치료가 더욱 폭넓게 적용될 수 있다는 점을 감안할 때 모든 유형학(typology)과 진단체계의 도식화에 한계가 있음을 인식했기 때문이다.

그럼에도 프랭클이 만든 진단분류체계는 지속적으로 주목받는 연구주제로서 기존의 진단체계와는 차별적인 진단적 근거를 제시했다. 예를 들어 현대 로고테라피의 틀에서는 지적 신경증 환자(intellectual neurotic)의 사고 패턴(모든 것에 대해 비판적인 태도를 가지고 삶에 대해 부정적인 사고 패턴)을 영적 신경증이 성격특이적 양상으로(personality-specific forms) 표현된 것으로 볼 수 있다. 로고테라피의 틀은 환자 자신의 개별적 특성(individuality)을 전형화된 기존의 체계 안에서 하나의 특정한 유형으로 분류하려는 유혹에서 벗어나 치료에 있어서 보다 열려 있는 구체적인 가이드라인을 제공한다. 《심리치료의 실제》라는 책에

무의미의 의미

기술한 사례연구를 살펴보면 프랭클 자신이 분류체계를 개발하고 10년 후에 자신의 분류체계로 돌아가 사례연구에서 자신이 개발한 진단체계를 꽤 자주 언급하고 있음을 볼 수 있다.

치료를 시작하기 전에 신경증에 관해 이야기를 나누는 것이 가치 있다는 것을 환자가 인식할 필요가 있다고 프랭클은 생각했다. 따라서 프랭클은 치료의 성공 여부는 전적으로 환자가 얼마나 기꺼이 치료에 참여하고자 하는가 하는 환자의 의지와 통찰에 달려 있다는 것을 '사람과 질병(Person and Disease)'이라는 말로 개념화했다. 이는 사실 완전히 새로운 것은 아니다. 대부분의 치료자들은 환자들이 모두 동일하게 동기부여가 된 상태에서 치료를 시작하는 것은 아니라는 것을 잘 알고 있다. 그러나 새로운 것은 프랭클이 삶에 어떤 지향성(태도)과 방향성을 가지고 있느냐 하는 동기에 차이가 있고 왜 그런 차이가 있는지를 이해했고, 여러 가지 다른 동기들을 신경증과는 독립적인 것으로 보고 이를 치료에 십분 고려하려고 했다는 점이다.

> 우리가 병리적이라고 부르는 것이 또한 사실이 아니다라는 것에 대해서는 선험적으로 전혀 합의가 이루어지고 있지 않다. 그러나 우리가 전문적 의견이나 평가를 통해서 부적응적이라고 – 예를 들어 개인심리학의 표현을 빌리자면 – 판단한 것이 진정 본질적으로 뭔가 잘못되었다는 것을 의미하는지는 확실하지 않다(Frankl, 1926a, ix).

즉 환자가 삶의 의미에 대해 의구심을 갖는다고 해서 그것을 심리적 장애나 증상이 표현된 것이라고 결론을 내려서는 안 된다. 특정한 상황과 어떤 특정한 삶의 철학하에서 삶의 의미에 대해 의구심을 갖는 것은 상당히 이성적이며 논리적으로 일관성이 있을 수 있다. 따라서 만약 환자의 삶에 대한 질문을 병리적 증상으로 해석한다면 신체적 혹은 심리적 질병을 성공적으로 치료한다 하더라도 환자의 전체적인 삶의 상황을 바꿀 수 있다는 희망은 없다. 이러한 생각을 바탕으로 프랭클은 신경증 환자가 가지고 있는 삶을 향한 지향성(태도)과 환자의 심리 상태를 서로 떨어뜨려서 보려고 했다. 환자의 심리 상태는 병리적 특성을 가지고 있을 수 있지만, 환자의 삶에 대한 지향성(태도)은 그렇지 않을 수 있다는 것이다. 즉 환자의 심리 상태가 병리적이라고 해서 반드시 환자의 삶에 대한 지향성(태도)이 병리적이지는 않다는 것이다. 만약 삶의 의미에 대한 환자의 의구심을 오직 하나의 증상으로만 의사나 치료자가 다룬다면 치료자 입장에서 증상이라고 여긴 환자의 삶에 대한 의구심은 치료될 수 없을 것이며, 지속될 수밖에 없다. 그 이유는 바로 삶의 의미에 대한 의구심이 본질적으로 질병의 증상은 아니기 때문이다.

한편 어떤 특정한 삶에 대한 지향성(태도)이 분명히 기존의 증상을 더욱 악화시킬 수 있으며 혹은 처음부터 치료의 성공 가능성을 침해할 수 있다. 성공적으로 치료를 끝낸 후에도 특정한 삶에 대한 지향성(태도)이 다시 나타날 위험이 높다. 그것이 바로 치료에서 환자를 건강한 세계관으로 이끌고 환자들이 존재에 대한 긍정적 접근방법의 가능성을 알아차릴 수 있도록 치료 전후에 보살핌의 단계가 반드시 필요한 이유다.

프랭클의 젊은 시절 스승이며 멘토였던 루돌프 알러스(Rudolf Allers: 오스트리아의 정신과 전문의로 정신분석학 창시자인 지크문트 프로이트학파의 첫 번째 멤버였다-옮긴이)는 또한 "모든 심리치료의 목적은 […] 인간과 세상 간의 화해"라고 정의했다(Allers, 1963/2005,12). 원래 가지고 있었던 질병의 증상이 어느 정도 완화되거나 혹은 완전히 치료된다 하더라도 사람과 세계 간의 화해가 자동적으로 이루어지는 것은 아니라고 믿는 데는 그만한 이유가 있다. 성공적으로 치료가 끝난 이후에도 질병의 흔적이 모든 환자들의 생애와 삶의 역사로 학습되어 하나의 증거로 남기 때문이다. 또한 그것이 환자들의 삶의 철학을 바꿀 수도 있다는 사실에 연유한다. 동시에 환자가 삶에서 경험한 것이나 삶 속에서 학습한 것을 없애버리는 것이 정신의학이나 심리치료의 목표가 될 수는 없다. 우선 아무리 윤리적이고 올바른 심리치료라 하더라도 그 치료의 틀 안에서 환자의 삶의 경험과 삶에서 학습한 것들을 전부 빼내버리는 것이 가능할 것인가가 의문이다. 만약 그럴 수 있다 해도 그러한 목표나 행위는 인간과 인간의 존엄성(Person and Dignity)에 대한 로고테라피의 이해와 상반된다. 더욱이 치료가 종료된 후에 환자가 자유롭고 품위 있는 그리고 현실적인 삶을 향해 나아가고 이를 바탕으로 더욱 풍성한 삶을 살아갈 수 있도록 이끄는 것이 심리치료의 과제로 여전히 남아 있다.

1923년 프랭클은 처음으로 기존의 병인학이 가지고 있는 질병에 대한 관점이 제한적이며 잘못된 부분이 있다는 것을 관찰했다. 즉 병인학은 더 이상 심리적 원인이나 신체적 원인에 국한되어서는 안 되며 질병의 원인이 인간의 영적이고 철학적 차원에 자리하고 있다는 것이었다. 당시 십대였던 프랭클은 "나는 의학적-임상적 의미에서가 아니라 진정한 의미의 영적 질병(spiritual disease)의 가능성에 대해 말했다. 왜냐하면 나는 마음이 아니라 영에 대해 말하고 있기 때문"이라고 말했다(Frankl, 1923). 당시 프랭클이 관찰한 것은 이후 연구를 통해 실증적으로 확인되었다(e.g., Moomal, 1989; Stewart, et al., 1993; Testoni & Zamperini, 1998; McHoskey et al., 1999).

이미 대학생으로서 그리고 심지어 고등학교 때부터 프랭클의 초기 이론이 심리학으로 발전될 것으로 기대되었으며 수십 년이 지난 후에야 '인지 혁명(Cognitive Revolution)'으로 알려진 기간 동안 과학 분야에서 받아들여졌다. 오늘날 심리학계에서 존경받는 연구프로그램은 인간의 관심과 태도 그리고 관점들을 다양하게 고려해야 한다는 점에 대부분 동의하고 있다. 몇 개의 모델만이 고집스럽게 아직도 인간의 영적 동기를 무시하고 환원주의적 관점에서 인간을 '…에 불과한' 존재로 이해하고 인간의 영적 동기를 충동이나 행동적 개념화로 대체하려 애쓴다.

우리는 프랭클이 초기에 가졌던 영적인 것과 인간적인 것에 대한 지향성(태도)이 첫 번째 두 스승인 프로이트와 아들러에 대한 그의 충성도를 잠식시키는 데 일조했으리라고 추측할 수 있다. 동시에 그는 영과 마음 간에 경계의 선을 긋는 것이 얼마나 중요한 것이었는지 처음에는 제대로 인식하지 못했던 것 같다. 또한 그는 짧은 기간 동안이지만 그의 첫 번째 스승인 프로이트와 아들러의 영향 아래 있었을 가능성이 있다. 〈국제정신분석학회지(International Journal for Psychoanalysis)〉에 실린 프랭클의 첫 논문은 독창적인 사상가로서의 젊은 프랭클의 면모를 여실히 보여주었다. 논문에서 그는 긍정적인 얼굴 표정과 부정적인 얼굴 표정을 성교와 메스꺼운 반응이 이어진 것으로 설명하려고 했다. 따라서 그가 얼마나 근원적인 인간의 문제를 정신역동적인 기질로부터 추적하려고 했는지 알 수 있다. 긍정과 부정에 영적인 어떤 것이 있을 수도 있다는 것을 완벽하게 부정하면서 말이다.

> 우리는 지적 긍정 혹은 부정의 상징으로 관련된 머리의 움직임을 해석하는 방식으로 긍정적인 얼굴과 부정적인 얼굴 표정의 기원을 찾을 수 없다. [⋯] 따라서 우리는 이를 설명하기 위해 두 가지 기본적인 생명 본능인 자양본능(nourishment instinct)과 성적 본능을 언급할 것이다(Frankl, 1924).

로고테라피와 실존분석의 창시자가 이러한 정신역동적 사고를 가지고 있었다는 것을 인정하기란 쉽지 않다. 그러나 국제정신분석학회에 논문을 출판한 직후 프랭클은 프로이트의 정신분석과 거리를 두기 시작했고 결국 아들러의 개인심리학으로 돌아서게 된다. 폴 페더른(Paul Federn: 오스트리아 출신 미국 심리학자이자 의사, 정신분석학자. 자아심리학과 정신증 치료 이론으로 잘 알려져 있다-옮긴이)의 지도 아래 정신분석 수련

(정신분석 수련은 정신분석가가 되기 위한 필수적되인 수련 과정이다. 이 과정에서 수련

생은 환자로서 많은 시간 정신분석을 거치게 된다–옮긴이)을 성공적으로 시작하

지 못했을 뿐 아니라 프랭클이 정신분석으로부터 고개를 돌린 데는

여러 가지 이유가 있었을 것이다.

그 첫 번째 이유는 아마도 프랭클이 철학에 대해 깊은 관심을 가지

고 있었고 철학 분야의 사람들과 활발하게 사회적으로 연계되어 활

동한 것 때문에 정신분석에서는 외면당한 것이다. 프랭클이 정신분석

을 떠나서 처음으로 쓴 논문들은 모두 철학적인 것들이었다. 더욱이

프랭클은 곧바로 정신분석적 모델이 인간 마음의 일부만을 기술하고

있으며, 치료라는 틀 안에서 마음을 있는 그대로 인정하고 기술하는

것이 아니라 정신분석이 지속적으로 환자의 철학적 관심과 형이상학

에 대한 관심을 병리적인 것으로 여기는 위험을 인식했던 것이다.

위와 같은 생각은 프랭클이 개인심리학 학파에서 처음 발표한 논

문에 잘 드러나 있다. 첫 번째 논문을 발표하고 불과 1년 만에 프랭

클은 다른 논문 하나를 발표했는데, 그 논문은 이후 이어지는 프랭

클의 생의 작업의 다양한 행로를 예측하게 해주는 논문이었다.《심리

치료와 세계관》이라는 책에서 그는 아래와 같이 말하고 있다.

신경증 환자는 행복할 수 없다. 왜냐하면 자신이 삶 안으로 성장

하지 못하고 있기 때문이다. 자신의 삶을 경시하고 가치 없는 것으로

여기며 삶을 증오하고 있기 때문이다. 심리치료자의 과제는 환자의

삶에 대한 사랑과 공동체를 추구하는 의지를 회복시키는 것이다. 아

직 연구를 통해 실증적으로 입증된 것은 아니지만, 치료자는 삶의 가치에 대해 환자와 이야기를 나누는 과정에서 사랑과 공동체라는 삶의 중요한 가치를 환자가 인식하고 쉽게 받아들이도록 도울 수 있다 (Frankl, 1925).

앞의 글에서 언급한 신경증 환자에 대한 견해를 담은 문장과 심리 치료자의 과제에 대한 프랭클의 견해를 담은 문장의 차이는−두 가지 대조적인 견해가 정반대라고 할 수는 없다− 부분적으로 이 두 문장이 3년의 간격을 두고 쓰였다는 것으로 설명할 수 있을 것이다. 3년의 시간은 프랭클이 영적 차원에 대해 원래 가지고 있었던 생각으로 되돌아갔던 시간이었다. 그는 영적 차원으로 되돌아갔을 뿐 아니라 영적 차원을 개인심리학의 틀 안에서 보다 근원적으로 넓고 깊이 있게 치료에 활용하려고 했다.

1926년 프랭클은 아들러의 개인심리학 학파에서 활발하게 활동했다. 특히 카페 실러(Café Siller)에서 열린 개인심리학 토론 모임에 정기적으로 참여했고, '개인심리학의 발전'을 위한 학회지 〈일상의 인간 (Person in Everyday life)〉의 편집장으로 활발하게 활동했다. 같은 해 9월 프랭클은 뒤셀도르프에서 열린 국제개인심리학학회에서 핵심적인 논문을 발표하기도 했다.

그 즈음 아마도 프랭클은 초기 멘토인 루돌프 알러스를 만나게 되었던 것 같고 루돌프 알러스 역시 프랭클과 마찬가지로 프로이트와 결별한 상태였다. 1925년 초쯤부터 프랭클은 아들러학파와 연계했고 1925년에서 1926년 사이에는 빈대학의 생리학 연구소에서 알러스를 도왔다. 당시 알러스는 색에 대한 지각의 감각적, 생리적 측면에 대한 연구를 진행하고 있었다. 1924년 알러스는 그의 철학에 대한 관심으로 인해 차후에 생체심리학(psychosomatics)을 창시한 오스발트 슈바르츠(Oswald Schwartz)와 함께 개인심리학 학파의 인류학 분과 의장직을 맡고 있었다.

한편 이때부터 정통 개인심리학과의 개념적 내용과 관련한 갈등이 시작되었다. 아들러의 이론에 대해 두 가지 근본적인 비판이 있었는데 그 비판은 개인심리학의 인류학적 영역을 담당했던 알러스, 슈바르츠 그리고 프랭클로 구성된 그룹에서 표출되었다. 그들의 비판을 요약하자면 개인심리학의 그림이 1차원적이라는 것이다. 첫 번째로 그들은 아들러가 신경증을 단일적 인과관계로 설명하고 있다는 점에 대해 비판했다. 즉 아들러는 신경증이 절대적으로 소속감과 권력 그리고 성공하고자 하는 욕구 간의 갈등에서 비롯되는 것이라고 보았다. 두 번째로 그들에게 개인심리학의 광범위하고 철학적이고 인류학적인 시스템이 위태롭게 보였는데, 그 이유는 아들러가 가치를 1차적으로 개인의 사회적 유용성과 심리적 유용성의 관점에서 바라봄으로써 규칙과 가치 간의 차이를 명확하게 하지 못했기 때문이다 (Allders, 1924:10ff). 규칙은 반드시 그런 것은 아니지만, 이상적인 경우에 가치의 실현 가능성을 기술한다. 게다가 사회적 합의가 가지는 강제성을 강조함으로써, 때때로 가치가 아닌 것을 가치화할 수 있는 규범이라는 개념을 제시했다.

그러나 가치에 대한 건강하고 인류학적인 인식론의 관점에서 볼때 개인은 공동체에만 책임이 있는 것이 아니라 그것을 넘어서서 자신의 가치와 직관 그리고 양심에 책임이 있다. 특히 이는 개인이 가지고 있는 가치가 사회 전반에 깔려 있는 규범이나 혹은 가치의 효율성에 반하는 경우 더욱 그러하다. 이러한 철학적 토론을 반추하면서 알러스는 이렇게 말했다.

> 만약 통계치를 어떤 경계를 결정하는 근거로 이용되는 것을 거부한다면 추가적인 설명은 필요치 않을 것 같다. 만약 정상적인 현상이 주목할 만한 다수에게서 나타난다면 이때 평균은 정상과 일치하는 것이 틀림없다. 그러나 이것은 어떤 통계치를 사용하기 전에 '정상'에 대해 명확히 할 필요가 있음을 의미한다. 전체 인구의 99퍼센트에게서 폐결핵이 나타났다면 나머지 1퍼센트는 '정상'인 것이다. 인간의 모든 다른 측면에서와 마찬가지로 이는 질병에 있어서도 그러하다. 도덕성에 대한 통계치가 무엇이 정상적인 도덕성인지에 대한 증거를 제공할 수 없다. 통계치가 담고 있는 의미를 제대로 해석하기 위해서는 정상적인 도덕성이 무엇인지에 대해 먼저 정의해야 한다(Allers, 1963/2005:123).

알러스와 슈바르츠와 마찬가지로 프랭클은 첫 번째로 개인심리학을 내부로부터 개혁하고 싶어했으며 개인심리학을 보다 확고한 철학적 인류학적 기반 위에 놓고 싶어했다(Frankl, 2002:43). 1927년 뒤셀도르프에서 열린 개인심리학 학회에서 프랭클은 신경증을 요인들의 배열(arrangement of factors)로만 기술하지 않고 인간에 대한 진정한 표현으로 묘사하면서 정통 개인심리학에 대한 기반을 버렸다. 개인심리학의 인류학적인 분파와 아들러 간의 틈이 더욱 벌어지게 된 것이다. 이는 곧바로 아들러학파와의 공개적인 결별로 이어졌다.

> 1927년 저녁 대중 앞에서 이미 결정된 알러스와 슈바르츠의 개인심리학회로부터의 퇴출 건이 발표되었고 이유가 공표되었다. 그날 모임은 빈대학 역사연구소의 대강의실에서 열렸는데, 몇 명의 프로이트학파 사람들이 강의실 뒷자리에 앉아 그 광경을 비웃듯 지켜보고 있었다. 이제 그들은 아들러가 빈의 정신분석학회를 떠날 때 프로이트가 아들러에게 했던 것과 똑같은 것을 아들러가 하려는 것을 보고 있었던 것이다(Frankl, 2002:24f).

1927년 프랭클의 스승이자 멘토인 루돌프 알러스와 오스발트 슈바르츠가 개인심리학회로부터 퇴출되고 몇 달 후 프랭클 역시 개인심리학에 대해 비정통적 관점을 가지고 있다는 이유로 아들러의 극히 개인적인 뜻에 따라 개인심리학 학회로부터 퇴출되었다.

1927-1930: 청소년에 대한 관심과 돌봄

프랭클에게 있어서 개인심리학으로부터 분리되어 나온 것은 그 당시 빈에서 그래도 가장 자유로운 심리치료 학파였던 아들러학파가 내부적으로 개혁될 수 있을 것이라는 희망을 상실한 것이기도 했지만, 이보다 그에게는 아들러나 그의 가까운 동료들과 함께 개인심리학의 임상적 발전에 대해 자신의 생각을 나눌 중요한 장소를 상실한 것을 의미했다.

그러나 동시에 아들러학파로부터의 퇴출은 프랭클과 그의 멘토들에게 바로 그 다음 해부터 새로운 도전의 계기가 되었다. 퇴출되고 난 후 프랭클은 실제 현장에서 상담을 하면서 임상적으로 소중한 경험들을 수집하기 시작하는 매우 왕성한 활동의 시간을 가지게 된 것이다. 1926년 프랭클은 이미 많은 글을 통해 청소년들에 대한 심리적 돌봄의 중요성에 대해 강조해왔다(e.g., Frankl, 1925b, 1926c). 프랭클은 빈에서 삶에 지쳐 있는 사람들을 위해 빌헬름 보너(Wilhelm Borner: 오스트리아 출신 철학자–옮긴이)가 세운 상담센터에 많은 자극을 받았다. 이와 비슷한 상담센터가 개인심리학자들과 초창기 오스트리아의 사회정신의학에 속해 있는 사람들에 의해 이미 빈에서 설립되기는 했지만, 이러한 상담센터들은 일차적으로 학부모와 교사들을 위한 것이지 청소년들을 위한 것은 아니었다. 심리적 돌봄에 있어서 청소년에 대한 관심과 우려는 전혀 반영되지 않았던 것이다.

청소년 심리학에 정통한 사람들은 청소년 문제의 가장 결정적이고 핵심적인 원인이 무엇인지 잘 알고 있다. 사실 이 시대는 성숙한 판단력을 키울 수 있도록 청소년을 도와야 하는 사람들이 오히려 청소년들과 갈등관계에 있으며, 청소년들이 이러한 갈등에 대해 이야기를 나누고 자신들을 힘들게 하는 삶의 문제를 공개적으로 토로할 기회를 청소년들에게 주지 않고 있는 것 같다. 어린 자녀와 부모의 관계에서 뿐 아니라 청소년과 교사의 관계에서 특히 부모나 교사가 본보기를 보여주지 않는다면 청소년들이 가슴에 있는 것들을 부모나 교사와 진솔하게 나눌 수 없을 것이며, 그들로부터 어떤 충고도 받아들이지 않을 것이다. 그들은 그저 그 자리에 서서 아직 미성숙하고 지식이 부족한 친구들에게 의존하면서 홀로 버려진 채 근심만 하고 있다. […] 우리는 청소년 상담센터가 얼마나 시급한지 인식하고 있으며, 청소년 상담센터를 설립할 방법을 모색하고 있다. 가능한 한 빠르고 신속하게 그리고 적극적으로 청소년 상담센터 설립에 대해 토론하고 설립을 실현하기 위해 노력하고 있다. 왜냐하면 이 일은 시간을 다투는 중요한 삶의 문제이기 때문이다(Frankl, 1926b:8).

아들러학파에서 함께했던 동료들과 함께―이들 중에는 루돌프 알러스, 아우구스트 에이콘(August Aichorn), 빌헬름 보르너(Wilhelm Borner), 휴고 루카스(Hugo Lukacs), 어윈 벡스베르크(Erwin Wexberg), 루돌프 드라이커스(Rudolph Dreikurs), 샤롯데 뷜러(Charlotte Bühler)가 포함되어 있었다― 개인심리학파에서 탈퇴한 후 프랭클은 자신이 스스로에게 한 요청에 응답(부응)했다.

처음에는 1928년 빈에서 그리고 뒤이어 빈 그룹의 모델을 따서 6개 다른 유럽 도시에서 청소년 상담센터를 설립했다. 프랭클이 조직한 청소년 상담센터는 심리적 어려움을 겪고 있는 청소년들에게 무료로 그리고 익명으로 심리상담을 제공했다. 상담은 자원봉사자들의 아파트나 사무실에서 이루어졌으며 빈 레오폴트슈타트(Leopoldstadt)의 체르니가세(Czernigasse) 6번지에 있는 프랭클의 부모님 아파트에서도 상담이 이루어졌다. 이 아파트 주소는 청소년 상담센터를 대표하는 주소로 모든 출판물이나 광고에 기재되었던 주소다.

상담센터는 그야말로 매우 성공적이었고, 많은 청소년들이 상담센터를 찾았다. 이는 프랭클이 청소년 무료 상담센터를 설립해 그 시대에 빈에서 부족했던 것을 채웠다는 점에서 그리 놀랍지 않다. 그 당시 상담센터가 얼마나 성공적이었으며 얼마나 필요했던가에 대한 정보는 나중에 프랭클 박사의 논문에 게재되었다. 프랭클은 논문에서 청소년 상담가로서 자신의 활동에 대해 요약해 보고했다. 이들 논문에서 프랭클은 그가 상담했던 900개 사례를 언급했으며(Frankl, 1930; Frankl, 1935a; Fizzotti, 1995) 동시에 빈 청소년들의 상황에 대해 진지하게 평가했다. 논문에 따르면 상담센터를 찾은 청소년들 중 최소한 20퍼센트는 삶에 대해 만성적으로 피로감과 지루함을 느끼고 있으며 자살에 대한 생각을 하고 있었다(Frankl, 1930).

1930년 프랭클은 특히 성적표를 받기 직전과 직후에 청소년의 자살률이 급증한다는 데 주목했다. 이에 따라 같은 해 프랭클은 특별히 학기가 끝나는 기간에 맞춰 학생들을 상담하기 위한 첫 번째 특별 캠페인을 시작했다.

빈에 있는 청소년 상담가들은 특히 성적표가 배부되는 날 전후뿐 아니라 배부되는 날에 상담서비스를 제공할 목적으로 상담센터를 설립했습니다. [⋯] 만약 단 한 명의 학생이 찾아온다 할지라도 이러한 노력은 가치가 있을 것입니다. 이러한 노력은 분명히 열매를 맺을 것이며 빈이 외국의 복지프로그램 개발에 모범적인 새로운 모델로서 역할을 하게 될 것입니다. 우리는 빈에 있는 학교 공무원들이 이러한 우리의 새로운 캠페인을 수용해주신 것에 대해 매우 기쁘게 여깁니다. 시의원 텐들러(Tandler)는 '빈의 어떤 아동도 절대 굶주려서는 안 된다'라고 말한 적이 있습니다. 우리는 여기에 '빈에 있는 어떤 아동이나 청소년도 자신들 곁에 누군가 서 있다는 것을 모른 채 심리적 고통을 겪어서는 안 된다'라고 덧붙이고 싶습니다. 이러한 염원과 정신으로 우리의 전체 학기말 캠페인이 성공하기를 기원합니다(Frankl, 1931).

1930년 캠페인을 시작한 첫해 이 캠페인은 대대적인 성공을 거두었다. 학생들의 자살률이 급격히 감소했다. 그리고 수년 만에 처음으로 1931년 빈에 자살한 학생은 한 명도 없었다고 한다. 이러한 결과에 대해 매스컴이 프랭클의 경험에 지대한 관심을 가지게 되었다. "빈의 상담센터를 설립한 젊은 의사 빅터 프랭클 박사의 훌륭한 생각이 이러한 학생상담센터를 존재하게 했다(Dienelt에서 인용: 1959)"라고 1931년 7월 13일 빈 신문의 편집장이 말했다.

프랭클은 1930년부터 '젊은 의사'였다. 그는 의학 공부를 성공적으로 마쳤고 그 당시 빈에서 가장 유명한 정신병원 네 군데에서 정신의학과 신경학 전문의 과정을 시작했다. 여기서 그는 보다 깊은 통찰을 얻을 수 있었고 아직 초기 단계에 있었던 로고테라피와 실존분석의 근간을 형성하는 데 도움을 주었던 환자들과 직접적으로 접촉할 수 있었음에 감사했다. 그는 〈일상의 인간〉이라는 학회지를 발간할 때와 청소년 상담센터에서 활동하는 동안 위기 예방과 심리적 위생에 1차적으로 관심을 가지고 있었다. 그 이후 그는 정신의학 분야로 치료의 영역을 확장했다.

당시 그의 동기 이론이 이미 얼마나 성숙했었는지는 1933년에 그가 한 일에서 드러난다. 그 당시 프랭클이 한 일의 역사적인 중요성이 지금까지도 로고테라피 연구에서 상대적으로 별 관심을 받지 못했다. 그때 프랭클이 한 작업에서 사실은 로고테라피와 실존분석의 모든 기본적 개념들을 찾을 수 있다. 프랭클은 실업에 대한 심리적 고통과 영적 고통에 대해 언급했고, 이를 사회적, 경제적으로만 해석한 것이 아니라 의미에 대한 인식이 결핍된 것에 상당 부분 그 원인이 있는 것으로 여겼다. 프로이트와 아들러가 여전히 중심에 두었던 쾌락에 대한 능력과 일할 수 있는 능력이라는 치료 목표와 더불어 바꿀 수 없는 운명에 직면해서 고통을 겪어낼 능력이 보완적인 치료의 목표로 등장한 것이다.

무관심하고 우울하며 신경증적인 특성을 가진 청소년들에게 결여된 것은 일 자체나 어떤 전문적 활동들이 아니라—물론 이는 아무리 강조해도 지나치지 않겠지만— 의미 있게 사는 것에 대한 인식이다. 청소년은 일과 빵을 달라고 부르짖는 것처럼 최소한 삶의 목적에 대해,

삶의 목표에 대해, 존재의 의미에 대해 큰소리로 외쳐야 한다. 나를 찾아오는 젊은이들은 절망감 속에서 나에게 자신들을 잡일로라도 바쁘게 해달라고 요청하거나 혹은 내 앞에 엉뚱한 제안을 하곤 했다(그 당시 나는 아파트에서 상담을 하고 있었고 대기실에 많은 사람들이 대기하고 있었는데, 상담을 받던 청소년 중 한 명은 상담이 끝나면 한 번도 빠지지 않고 항상 대기실을 청소했다). 한편 그러나 우리는 진정한 영웅이라고 불러야 하는 청소년들을 알고 있다. 그들은 굶주리면서도 아무런 대가 없이 기관에서 일한다. 예를 들어 그들은 도서관에서 자원봉사자로 일을 하기도 하고 성인교육센터에서 행정 업무 봉사를 한다. 그들은 어떤 대의나 생각 혹은 보다 나은 미래를 위한 노력에 혹은 실업의 문제를 풀 수 있는 새로운 세상에 헌신함으로써 자기 자신을 실현하고 있다. 그들은 넘쳐나는 자유시간을 가치 있는 일로 채우고 있다. 나는 우리가 젊은 세대를 과소평가하고 있다고 느낀다. 우리는 청소년이 충분히 고통을 겪어낼 능력을 가지고 있으며(모든 것에도 불구하고 우리는 쾌활한 얼굴을 한 많은 청소년을 만날 수 있다) 그들이 성취해낼 수 있는 능력을 가지고 있다는 것을 과소평가하고 있는 것 같다(Frankl, 1933).

같은 논문에서 우리는 처음으로 피할 수 없는 고통에 직면해서 태도적 가치와 치료가 가능한 고통 앞에서의 창조적 가치, 그리고 심리적인 것이 아니라 영적으로 제한되어 겪게 되는 고통인 영적 신경증에 대한 개념들을 발견할 수 있다. 또한 실존적 공허의 치료법으로서 소크라테스 대화법에 대해서도 같은 논문에 처음으로 소개되어 있다.

무의미의 의미

이러한 마음으로 나는 낙담한 젊은이들에게 하루에 8시간씩 직장에서 나이든 상사를 위해 일하고 고되게 회사를 위해 일하는 것이 살만한 가치가 있는 삶을 만든다고 믿고 있는지 묻는다. 그들의 대답은 '아니오'이다. 그리고 나서 나는 그들에게 그들의 답이 긍정적으로 의미하는 것이 무엇인지를 설명해준다. 전문적인 일이 삶을 의미 있게 만드는 유일한 기회를 제공하는 것은 아니라고 말이다. 하루 몇 시간을 일하고 어떤 직장을 갖느냐 하는 것들을 소명(vocation and calling)으로 잘못 인식하고 있으며, 이러한 인식이 이들의 무관심하고 얼어붙은 심리 상태의 영적 기초를 형성하고 있는 것이다. […]

청소년들에게 조언을 해주는 사람들이 청소년의 경제적 상황을 바꾸어줄 수 없다는 것은 안타까운 일이다. 그들이 할 수 있는 것은 경제적 상황에 대한 그들의 태도에 영향을 미치는 것이다. 따라서 조언자는 청소년들이 자신이 처해 있는 상황에 적응할 수 있도록 도와야 한다. 즉 욕구를 참을 수 있는 능력을 배양하도록 노력하고 가능하다면 욕구를 참을 수 있는 능력을 개선하도록 도와야 한다(Frankl 1933).

1930-1938: 젊은 의사-정신의학 임상 현장에서의 로고테라피

이렇듯 프랭클은 이론적 기반과 치료적 도구를 가지고 의학 전문의 과정을 시작했다. 1933년 저술한 논문에서 그는 이미 심리적으로 건강하지 않은 사람들이 겪고 있는 피할 수 없는 고통의 문제에 대해 깊은 관심을 보이기 시작했다. 슈타인호프 정신병원에서 프랭클은 심리적 질병을 가진 환자들의 정신병리적 고통과 만나게 되었다 (그는 우선적으로 우울증 환자들에게 몰두했다). 그곳에서 그는 병리적인 차원을 넘어선 영적 차원, 즉 전에 그가 실업 상태의 젊은이들을 상담할 때뿐 아니라 그가 전에 치료가 끝난 후 사후치료에 있어서 매우 중요한 요소로 기술했던 영적인 자원의 효과를 관찰할 수 있었다 (Frankl, 1933).

그때 정신과에서의 임상 경험이 오늘날 우리가 알고 있는 것처럼 그에게는 로고테라피와 실존분석에 대한 첫 번째 실질적 시험이었고, 실제 로고테라피와 실존분석이 그때 이미 탄생했다는 것은 나중에야 알게 된 것 같다. 어떻게 로고테라피와 실존분석이 탄생하게 되었는지, 그 대장정의 과정을 온전히 이해하려면 우리는 그때 당시 프랭클의 상황을 이해해야 한다.

한 젊은 의사는 한때 자신의 스승이었던 프로이트나 아들러 중 그 누구도 인정하려 하지 않았던 것을 발견했던 것이다. 즉 프랭클은 인간의 영적 차원이 상담과 치료 과정에서 도움이 될 수 있다는 것과 그 이유는 영적 자원이 상대적으로 질병과 독립적이며, 질병으로 인해 억압된 일상을 살더라도 마지막 순간까지 인간은 여전히 자유롭다는 것을 발견한 것이다. 젊은 의사인 프랭클은 신경증 환자, 자살 위험이 있는 학생들, 그리고 실업 상태에 있는 젊은이들과 같이 다양한 문제를 가지고 있는 사람들을 상담하고 치료하는 과정에서 영적 자원이 효과가 있다는 근원적 원리를 관찰하게 되었다. 결과적으로 그는 경험을 통해 피할 수 없고 스스로 통제할 수 없는 심리적 혹은 사회적인 것들(운명이라는 단어로 표현) 중 그 어떤 것도 사람에게서 영적인 자유를 빼앗아갈 수 없다는 것을 깨닫게 되었다. 또한 경험을 통해 그는 인간의 실존적 자유가 인류학적인 경험적 사실일 뿐 아니라 심리적 혹은 사회적 운명으로부터 위협을 받고 있는 환자들의 자율성과 자기확신 회복을 가능하게 해준다는 사실을 확인할 수 있었다. 따라서 임상적으로 인간의 실존적 자유에 대한 인식과 경험이 매우 효과적일 수 있다는 것을 깨닫게 되었다. 이러한 깨달음과 환자의 선택의 자유를 회복하는 것을 목표로 개발된 치료 기법을 가지고 프랭클은 사회적으로 그리고 심리적으로 한계를 가지고 있으면서 생리적으로 나타나는 질병을 가진 환자들 안으로 발걸음을 내딛게 된 것이다.

영적 차원이 상대적으로 운명과는 무관하다는 그의 인식이 생리적 질병을 가진 환자들에게서도 확인될 수 있을 것인가? 이 질문에 대한 답은 최소한 그 당시에는 불확실했다. 내인성 우울증(주요 우울증. 호르몬 이상으로 인한 생리적 원인에 의해 발생하는 우울증-옮긴이)의 생리적 요소는 신경증과 영적 차원들 간의 관계에 대해 이야기를 나누는 것을 불가능하게 만들었다. 더욱이 그 질문은 "매우 심각하고 만성적인 우울증으로 고통을 경험하고 있는 환자들에게 이미 그들이 가지고 있는 과장된 죄책감을 악화시키지 않으면서도 개인이 각자 가지고 있는 책임감에 호소하고 그렇게 함으로써 어떻게 그가 이러한 환자들의 영적 차원을 평가할 수 있을 것인가?"라는 또 다른 질문을 가

369
빅터 프랭클과 로고테라피의 발자취

져왔다.

이 문제에 대한 하나의 해결책으로 프랭클은 한동안 치료적인 것보다는 현상학적인 것에 몰두했다. 즉 그는 아주 조심스럽게 환자들을 관찰했다. 관찰 결과를 바탕으로 그는 환자들이 자신의 스승이라고 썼고, 이때 그는 정신분석과 개인심리학에서 배운 것들을 잊어버리기로 결심하고 환자로부터 다시 시작하기로 마음먹게 되었다 (Frankl, 2002:52). 그 이후로 프랭클은 자신의 스승이나 멘토 대신 직접적인 정신의학적 혹은 심리치료적 기법을 넘어서서 환자들을 치유하고 회복시킬 수 있는 방법을 개발하기 위해 환자들에게 의지하기 시작했다.

그 결과 그는 다시 한 번 질병을 초월한 그의 영적 모델이 질병의 유무와는 무관하다는 것을 입증할 수 있게 되었다. 프랭클은 인간의 영적 자원이 실제 우울하고 무관심하며 신경증적인 환자뿐 아니라 안정기에 들어선 정신증 환자들이 자신의 질병에 대해 스스로 선택하고 책임을 질 수 있음을 받아들일 수 있도록 도울 수 있다는 것과 결국 이것이 역으로 질병 자체에 영향을 미친다는 것을 자신의 회복한 환자들에게서 확인할 수 있었다.

이에 대한 설명으로 프랭클은 차후에 '병리탄력성(Pathoplastic)'이라는 표현을 고안하게 된다. 병리탄력성이란 환자가 질병이 드러나는 증상의 특성에 영향을 미칠 수 있으며 (어느 지점까지) 심리적 질병의 그림자에 가려졌던 존재를 새롭게 하는 데 영향을 미칠 수 있는 능력을 가지고 있다는 것이다.

운명적인(피할 수 없는) 질병과 자신이 자유롭게 선택한 반응 사이의 갈등의 영역에서 프랭클의 자유에 대한 확고한 개념이 올라온다. 프랭클은 인간에게 우발적으로 혹은 우연하게 발생하는 사건들을 자유를 방해하는 장애물이 아니라 자유를 북돋는 자극이라 정의했다. 특히 내적 혹은 외적인 환경이 통제할 수 없을 정도로 불가항력적인 상황에서 그 진가를 발휘하는 자유는 단지 이론적으로 말하는 어떤 능력이거나 철학적 관심의 대상이 아니라 삶의 현장에서 실제 생생하게 드러나는 것이며, 심지어 생리적으로 어쩔 수 없는 운명적인 상황에 직면했을 때조차 임상적으로 여전히 생생하게 남아 있다는 것이다.

이 모델은 응용 치료에 중요한 결과를 가져온다. 한 가지 이유는 질병에 대한 환자의 태도가 질병에 영향을 미치고 특히 장기적으로 영향을 미치기 때문이다(이는 충분히 입증된 것으로, 예를 들어 단계별로 증상이 나타나는 질병을 가진 환자들과 같이 새롭게 나타나는 증상에 직면해서 자기 자신을 돌볼 책임을 가지고 있는 환자의 경우에 환자의 태도가 질병에 중요한 영향을 미친다는 것이 입증되었다). 두 번째 이유는 환자가 자기 자신과 질병과 관련이 있는 사건들 간에 거리를 둠으로써 환자 자신이 단지 증상을 수동적으로 짊어지고 도움을 찾는 사람이 아니라 어느 정도까지는 의사와 협력자로서의 역할을 할 수 있기 때문이었다.

> 그러나 만약 환자의 자율성−심지어는 의사에 대한 자율성−이 보호되지 않는다면 자유와 책임을 보장할 수 없다(Frankl 1986:223).

환자와 의사 간의 협력관계에 있어 현실적 경계선을 세워야 하는 것은 당연하다. 예를 들어 질병을 관리하면서 서로 협력하기 위해서는 환자의 질병에 대한 근본적 이해가 선행되어야 한다. 하지만 급성 단계에 있는 정신증 환자는 일반적으로 질병에 대해 근본적으로 이해하지 못한다. 더욱이 환자와 의사 간의 협력관계는 의사가 환자를 협력자로서가 아니라 치료자로서 만나게 되는 경우, 예를 들어 의학적 치료에 대해 처방을 내려야 하는 경우에는 멈추어야 한다. 프랭클은 사회에서 허구적으로 로맨틱하게 잘못 인식된 치료의 민주화(환자를 협력자로서 치료에 참여시키는 치료가 마치 매우 민주적인 것처럼 착각하는 것-옮긴이)에 관심을 두지 않고, 오히려 환자의 개인적인 핵심(personal core)을 파악하고 환자가 질병과 치료 과정에 긍정적인 영향을 미치도록 하면서 이 과정이 치료적으로 진행되도록 했다. 예를 들어 내인성 우울증(주요 우울증)의 경우 환자와 의사 간에 협력관계는 별 의미가 없다. 어느 정도 치료 효과가 나타날 때까지는 환자는 모든 것을 의사에게 맡기고 의사가 전적으로 치료해야 한다.

우리는 환자들이 어느 정도 건강해지는 지점까지 그들을 끌어올려야 한다. 우리는 환자가 스스로 우울을 자신들의 주위에서 쫓아내고 가능하다면 그들이 우울증이 정확히 내인성이라는 것을 받아들임으로써(내인성이란 생리적인 호르몬의 불균형이 원인이라는 뜻. 따라서 환자 자신의 의지와는 상관이 없음-옮긴이) 우울증을 객관화시키고 우울증으로부터 자기 자신을 거리를 두고 떨어뜨릴 수 있는 지점까지 이끌어야 한

무의미의 의미

다. 이는 우울증의 증상이 너무 심하지 않은 경우에 가능하다. 다른 모든 것들이 동일하다면 환자가 내인성 우울증으로부터 자기 자신을 거리를 두고 떨어뜨릴 것인지 아니면 우울증에 굴복할 것인지 하는 것은 내인성 우울증 자체에 달려 있는 것이 아니라 환자의 실존적인 측면에 달려 있다. 환자 자신이 자신의 질병에 영향을 미치며 항상 질병의 결과를 함께 만들기 때문이다(Frankl 1986:237).

프랭클이 슈타인호프 정신병원에서 전문의 수련 과정을 거치면서 발견한 것 중 가장 중요한 것은 생리적 운명에 직면하더라도 영적 자유(spiritual freedom)가 지닌 효능을 확인한 것이었다. "영적 자유는 항상 질병의 결과를 함께 만들었다." 그러나 그것은 어떻게 그리고 어떤 기준에 의해 함께 형성되었나? 이 질문을 던지면서 프랭클은 운명과 자유라는 문제에 집중했다가 다시 신경증을 논의하는 것에 대한 가치의 문제에 관심을 가지기 시작했다. 정신증을 앓고 있는 환자의 경우, 고립된 상태에서가 아니라 질병에 대한 환자의 입장을 함께하면서 질병에 대해 논의하는 것에 대한 가치를 인식하는 것이 가장 효과적인 것으로 나타났다. 핵심적으로 중요한 것은 환자가 자신의 자유를 행사할 준비가 되어 있느냐 하는 것이었다. 만약 그렇다면 어느 정도나 자신들이 가지고 있는 자유를 발휘할 수 있을 것인가 하는 것이 중요했다. 현실에서 고통이라는 시험에 직면하는 환자의 자유는 로고테라피의 두 가지 개념과 관련이 있다. 첫 번째는 바꿀 수 없는 운명 앞에서 인간이 고통을 겪어낼 능력이고, 두 번째는 인간의 의미에의 의지, 즉 고통을 수용할 수 있게 하는 그 이상의 어떤 것이 있음을 믿고 어려운 삶의 환경을 이겨낼 수 있는 인간의 능력인 의미에의 의지다.

1933년 실업 상태인 청소년들의 영적 고통에 대한 논문에서 이미 프랭클은 존재의 의미가 있다는 것을 아는 것이 우울증이나 자포자기, 무관심으로부터 보호해준다는 것을 강조했다. 프랭클은 슈타인호프 병원에서 자살을 시도한 우울증 환자들에게서 이러한 사실을 확인할 수 있었다.

> 언제 폐쇄병동에서 환자를 퇴원시킬 것인지에 대해 조언을 해야 하는지 혹은 이밖에도 환자를 입원 치료하기 위해 초기에 상담을 하는 동안 지금까지 정확하게 환자의 자살 위험 심각성이 어느 정도인지 평가해야 했기 때문에 나는 효과적이라고 입증된 진단평가도구를 개발했다. 이 진단평가도구를 이용해 지속적인 자살 위험을 진단할 수 있었고 또한 자살 경향이 가장된 것인지 아닌지를 진단할 수 있었다. 처음에 우리는 각각의 환자에게 여전히 자살 의도가 있는지에 대한 질문을 던진다. 환자가 진실을 말할 때든 아니면 단지 실제 자살 의도를 유포한 경우든 모든 경우에 환자들은 우리의 첫 번째 질문을 부인할 것이다. 거기에서 우리는 두 번째 질문을 환자에게 한다. 그것은 좀 잔인하게 들리는 질문이다. 즉 왜 더 이상 자살하려고 하지 않느냐라고 묻는 것이다. 그러면 진정으로 자살하려는 의도를 가지고 있는 환자의 경우 일반적으로 즉시 자살을 하지 않은 일련의 이유들

을 이야기하고 모든 것이 자신이 스스로 목숨을 버리는 것에 반대한다는 반론을 제시한다. 즉 자신은 여전히 자신의 병을 치유할 수 있으며, 환자는 자신의 가족들을 생각해야 하고, 자신이 종사하고 있는 전문적인 일을 생각해야 하며, 아직 여전히 종교적으로 많은 의무가 있다는 등을 자살을 반대하는 이유로 제시한다. 한편 자살 의도를 가장하는 환자들의 경우 두 번째 질문을 하면 자신들의 자살 의도가 거짓이라는 것이 드러난다. 즉 그들은 왜 자살을 하지 않느냐는 말에 아무런 대답을 하지 못하고 당황하는 반응을 보인다. 즉 환자는 실제 자살에 대한 의도가 없기 때문에 왜 더 이상 자살을 하지 않느냐는 다소 황당한 질문이 이들을 당황하게 만들기 때문이다(Frankl, 1947:121).

프랭클은 슈타인호프 병원에서 전문의 수련을 받는 동안 로고테라피의 중심이 되는 또 다른 개념을 개발했다. 이는 환자의 개인적 특성(personhood)에 대한 것이라기보다는 의사의 자기 자신에 대한 인식에 관한 것이었다. 프랭클이 이해하는 의료행위란 특히 의사가 활발하게 연구를 진행하는 경우 환자를 단지 연구의 대상으로 여기는 것이 아니라 고유한 한 개인으로 인식하는 과학자로서의 역할을 고수하는 것이다. 환자를 고유한 한 사람으로 인식하는 의사와 연구자는 프랭클의 인간의 가치에 대한 기본적인 이해를 고려할 뿐 아니라, 환자에 대한 이러한 관심은 새로운 진단과 치료적 발견의 길을 열어 임상적 측면에서 매우 중요하다.

프랭클의 심리치료뿐 아니라 인간의 얼굴을 한 인간적인 정신의학에 대한 관심은 1935년에 발표한 논문에서 그의 행동 지침으로 표현되었다. 이 논문에서 프랭클은 슈타인호프 정신병원에서 함께 일하는 동료들과 조직한 활기찬 욤키푸르 축하행사(Yom Kippur: 대속죄일, 유대인들이 1년에 한 번 하느님께 속죄받는 날로 정한 날-옮긴이)에 대해 보고하고 있다. 프랭클이 오스트리아에서 정신의학의 개혁이 시작되기 수십 년 전에 이미 이와 유사한 일을 시작했다는 것은 괄목할 만하다.

> 환각 증상을 보이는 환자는 지속적으로 자기 자신과 대화를 하며 멍하게 아무런 목적 없이 복도를 돌아다닌다. 랍비가 그들에게 다가가서 '사람을 섬기는 것은 신을 섬기는 것이다'라고 독일어로 이야기를 시작한다. 랍비는 그들에게 이 말의 의미를 설명한다. 그러면 그들이 주의를 기울인다. 이런 식으로 한 시간을 계속하고 다음 날에는 6시간을 계속한다. 이렇게 함으로써 그는 환자들이 자신들에게 필요한 것을 이룰 수 있도록 도왔다. 망각의 세계로부터 환자가 벗어나도록 돕고, 새로운 것에 지속적으로 주의를 기울이도록 하며, 환자가 스스로 자신을 통제할 수 있게 돕는 것이다. 이를 위해서는 많은 공감과 융통성, 인내, 대인관계 기술이 필요했다(Frankl, 1935c:7).

인간의 영적 차원이 직접적으로 질병의 영향을 받지 않지만, 인간이 심리적, 신체적 기질로 인한 질병에 영향을 받는다는 프랭클의 기본 전제는 실제 임상에서 인간의 파괴할 수 없는 존엄성과 인격을 인식함으로써 환자들이 자신들이 겪고 있는 낯선 경험들을 최소한 인내할 수 있도록 하는 데 아무런 제약 없이 자유롭게 적용할 수 있다. 오히려 의사의 최대 목표이자 최고 과제는 최선의 가능한 진료를 중심으로 기저질환 자체를 치료하는 것이었다. 이러한 관점에서 우리는 1933년 무렵 프랭클이 한 말을 상기할 필요가 있다. "필요하다면 언제든지 욕구를 참아내고, 가능하다면 언제든지 이를 치료하라(to bear […] need, whenever it is necessary and to remedy it, whenever possible)."

심리적 질병을 가진 환자들은 특히 질병이 급성기에 있을 때 치료가 아니라 '참는 것'이 더 가능하다는 것을 발견한다. 프랭클의 관점에서 무엇보다 중요한 의사의 과제는 항상 심리적 질병을 치료할 수 있는 새롭고 보다 나은 치료법을 탐색하는 것이다. 1939년 그는 신경증에 대한 약물치료가 어떻게 신경증 환자들의 심리치료를 보조할 수 있는지에 대한 논문을 발표했고, 논문에서 연구 결과를 함께 발표하면서 현대 유럽의 정신약물학 분야에 기념비적인 한 걸음을 내딛었다(Frankl, 1939a). 이어서 그는 독창적이고 선구적인 연구를 실시했는데, 그 연구에서 그는 일반 감기약인 마이오스케인(Myoscain)을 현대의 항불안 약물에 대한 선구적 약물로 소개했다. 이 내용은 마이오스케인과 함께 포장된 패키지 삽입물에 아래와 같이 적혀 있다.

"유럽에서 불안 완화를 위한 첫 번째 보충제로 빅터 프랭클 박사가 소개한 것으로 우울한 상태와 함께 일어나는 불안 각성과 불안 신경증(기대불안, 시험불안 등), 그리고 말더듬 증상 등에 효과가 있을 것으로 보인다."

1938-1945: 그럼에도 불구하고 삶에 예라고 답하라

1938년 오스트리아가 강제 병합으로 나치 독일로 편입되던 해에 프랭클은 〈심리치료의 영적 문제에 대해서〉라는 제목의 논문을 발표했고 그 논문에서 그는 실존분석(Existential Analysis)이라는 말을 만들었을 뿐 아니라 자신의 이론을 광범위한 문제에 적용했다.

> 인간존재의 보다 높은 차원을 포함하고 '무의식(심층)의 심리학(depth psychology)'이라는 말과 상반되는 '영의 심리학(height psychology)'이라는 이름을 얻을 수 있는 치료는 어디에 있는가? 이를 다른 말로 하면 인간의 마음의 영역을 다루면서도 인간존재 전체를 충분히 고려하고 그에 따라 실존분석이라고 할 수 있는 광범위한 심리적 사건과 구체적인 신경증 현상에 대한 이론은 어디에 있는가 하는 것이다(Frankl, 1938:36).

이 논문과 후속 논문인 〈철학과 심리치료(Philosophy and Psychotherapy)〉에서 프랭클은 1933년경부터 로고테라피의 출처로 돌아가 그가 지금까지 심리치료 분야에서 발표했던 논문들을 광범위하게 확장시켰다. 처음으로 우리는 이 작업에서 체계적으로 완성된개념으로서의 로고테라피와 실존분석의 동기 이론인 인간의 의미지향성이라는 개념을 발견할 수 있다.

우리는 또한 이 논문에서 처음으로 프랭클이 세 가지 범주의 가치에 대해 언급했음을 발견할 수 있다. 이 세 가지 가치를 프랭클은 나중에 의미 발견에의 세 가지 길로 정의했다. 여기서 우리는 또한 로고테라피와 실존분석의 몇 가지 기법이나 방법들에 대해 처음으로 기술된 것을 만날 수 있다. 또한 프랭클은 심리치료는 이미 정해져 있는 인간에 대한 이미지를 가지고 심리적으로 아픈 환자를 몸과 마음 그리고 영을 하나로 통합한 관점으로 바라봐야 한다고 주장했고, 그것이 프랭클이 주창하는 심리치료의 핵심이었다(Frankl, 1939b). 결국 프랭클은 인간존재의 고결함에 투신하는 것을 가치 있게 여겼고, 정신병을 앓고 있는 사람일지라도 온전한 존재로서 얼마나 존귀한가에 가치를 두었다. 그는 이것을 이탤릭체로 적어 특히 강조했다.

프랭클은 나치가 정신병을 앓고 있는 환자들을 체계적으로 말살하려고 하던 바로 그 시기에 이 글을 썼다. 그리고 여기서 그는 10여 년 전 고통스러워하는 빈의 청소년들을 위해 했던 것처럼 간청을 한다. 처음에는 혼자서 나중에는 빈대학 정신병동 원장인 오토 푀츨(Otto Pötzl)의 도움으로 가짜 진단서를 만들어 수많은 유대인 정신병 환자들을 히틀러와 시라흐(Schirach)의 안락사 프로그램으로부터 보호해 빈의 말츠가세(Malzgasse)에 있는 유대인 요양원으로 안전하게 피신시켰다(Neugebauer, 1997). 그 당시에는 요양원에 정신병 환자를 수용하는 것이 금지되어 있었다.

나는 지금 요양원에서 정신병 환자를 수용하는 것을 금지하는 규정을 무시했고 가짜 의료기록을 발행해서 위험에 빠졌던 요양원의 관리인을 보호했다. 조현병(정신증)은 기능적 뇌질환(organic brain illness)인 실어증으로 바꾸었고, 우울증은 실제 정신증을 포함하지 않은 열로 인한 일시적 섬망으로 바꾸었다. 한번은 요양원에 머물고 있는 환자 한 명이 있었는데, 그 환자는 조현병과 관련하여 치료가 필요했기 때문에 개방병동에서 메트라졸 충격(Metrazol Shock therapy)으로만 치료가 가능했었다. 만약 그 치료 요법이 없었다면 자살의 위험은 없었지만, 우울한 단계가 지속되었을 것이다(Frankl, 2002:60).

위의 문장에서 "자살의 위험은 없지만 지속되는"이라고 프랭클이 언급한 것이 테레지엔슈타트(Theresienstadt: 체코에 위치한 나치 강제수용소-옮긴이)로 이송되기 전 그가 마지막으로 한 신경생리학적 치료였다. 나치의 인종차별법 때문에 그는 강제로 정신과 의사와 신경의로서 첫 번째 정신과 의원 개원을 포기해야 했고, 그 이후 1939년부터 로스차일드 병원의 신경의학과 전담의로 임명되었다. 그 자리는 그와 그의 직계가족들이 당분간은 수용소로 이송되는 것을 막아줄 수 있는 자리였다.

프랭클은 비록 어떤 누구도 20세기 유럽에서 벌어질 것이라고 예측하지 못했던 공포에 직면하게 될 것이었지만, 로스차일드 병원에서 의사로서의 직무를 계속 수행할 수 있었다. 슈타인호프 병원의 자살병동에서 그는 의사로서 자신의 의무는 생명을 보호하고 구하는 것이며, 그것이 자신의 의학적 책임을 다하는 것이라고 생각했다. 열악해지는 생활 여건과 추방에 대한 불안에 직면한 빈의 수많은 유대인들이 스스로 목숨을 끊었다. 특히 병원에서 직면하는 의학적 도전은 실로 엄청난 것이었다. 어느 날은 하루에 열 명 이상의 사람들이 자살을 시도해서 로스차일드 병원으로 이송되기도 했다. 프랭클이 여러 곳에서 표현했듯이 그는 자살에 관해 진심으로 확신을 가지고 이렇게 말했다. "치료적으로 가능한 모든 것을 해야 한다(Frankl, 1942)." 프랭클은 수면제를 먹고 가장 심각한 상태에 빠져 있는 환자에 대해서도 환자의 목숨을 살리기 위한 자신만의 기법을 개발했다. 이런 경우 그는 국소적으로 해독제를 주입하여 혈액-뇌 장벽을 둘러쌌다. 그러면 이미 병원 의료진이 죽은 것으로 포기한 상태라 하더라도 환자는 짧은 시간 동안에 소생할 수 있었다. 프랭클은 이 방법을 더 이상 발전시키지는 못했다. 왜냐하면 1942년 그가 가족들과 아내와 함께 테레지엔슈타트 강제수용소로 이송되었기 때문이다(Batthyany, 2006).

수용소로 이송되기 전 프랭클은 로고테라피와 실존분석에 대한 그의 첫 번째 책인《의료성직(Medical Ministry)》의 원고를 완성했으며, 비록 이 책이 그가 수용소에서 풀려날 때까지 출간되지는 못했지만, 나중에 영어로 '영혼을 치유하는 의사(The Doctor and The Soul)'라는 제목으로 출간되었다. 1942년 초판을 보면 프랭클이 자살해독제에 대한 희망에 얼마나 헌신했는지 알 수 있다. 심지어는 표면적으로는 도망칠 구멍이 전혀 보이지 않고, 희망이란 마치 그저 기적처럼만 보이는 절대적 절망의 상황에서도 그는 자살을 예방하고 이를 치유하는 해독제에 희망을 두었다. 사실 이러한 무조건적 희망은 또한 고통, 죄책감, 죽음이라는 삶의 3대 비극으로부터 의미를 발견할 수 있다는 가능성을 포함하여 무조건적인 존재의미에 대한 믿음을 지킨 것이다(다음 인용글은 《영혼을 치유하는 의사》의 첫 번째 버전의 타이핑된 원본 원고의 두 사본 중 하나에서 가져온 것이다. 일반적으로 알려진 바와 같이 프랭클은 아우슈비츠의 소독실에서 원본을 분실했다. 두 개의 사본이 빈에 남아 있었다. 하나는 1942년 프랭클의 어린 시절 친구이자 등반 친구인 후버트(Hubert Gsur)가 '군대의 전복과 쿠데타 미수'라는 죄목으로 사형선고 집행을 기다리던 중 감옥으로 밀반입되었다. 후버트가 가지고 있던 사본이 어떻게 되었는지는 알려져 있지 않다. 그것은 아마도 교도소 행정부에 의해 파기되었을 것이다. 다른 사본은 전쟁 중에 폴 폴락(Paul Polak)이 보관하고 있다가 프랭클이 빈으로 돌아온 후 프랭클에게 돌려주었다. 아래 인용문은 빅터 프랭클의 사유지와 문서보관소에 보관되어 있는 이 사본에서 가져온 것이다).

절망스러운 상황이라는 유죄판결이 내려진 상태에서 자살을 하는 수많은 사람들 중 단 한 사람만이 잘못된 것으로 판명되더라도−즉 그들이 결국 탈출구를 찾았다면− 모든 자살 시도자들은 틀린 것이다. 왜냐하면 그들 모두에 대한 절망적이라는 유죄판결은 바꿀 수 없고, 어떤 사람에 대한 유죄판결이 정당했던 것인지 알 수 없으며 심지어 결국 그 사람이 궁극적으로는 살아남지 못한다 할지라도, 어떤 누락된 사건을 통해 유죄판결이 잘못이라는 것이 나중에 증명될지는 아무도 미리 알 수 없기 때문이다(Frankl, 1940/42:83).

위의 글을 쓰고 난 직후 프랭클은 가족과 아내와 함께 테레지엔슈타트 수용소로 이송되었다. 여동생 한 명만 이송되지 않고 호주로 망명할 수 있었다. 우리는 프랭클의 자서전을 통해 그가 가장 절망스러운 어려운 때에도 스스로 당당히 서고 아마도 더 중요하게는 다른 사람들을 도우려고 노력함으로써 무조건적인 희망에 대한 자신의 주장을 강화시켰음을 알 수 있다. 얼마 전 프랭클과 함께 수용소에 있었던 수용자의 글이 발견되었는데 그 글에는 프랭클이 무조건적인 의미에 대한 믿음을 수용소에 있는 다른 수용자들과 나누었다는 이야기가 적혀 있다. 그리고 그 글에는 그렇게 가장 공포스러운 환경에서도 프랭클이 사람들에게 의사로서, 친구로서 그리고 한 사람으로서 위로자로서 노력했다는 내용이 함께 적혀 있다.

테레지엔슈타트 강제수용소에 있던 대다수 의사들처럼 프랭클에게도 환자들을 돌보는 한 병동에 대한 책임이 맡겨졌다. 거기서 그는 자유주의 유대교를 창시한 독일의 랍비인 레오 백(Leo Baeck)을 만나게 되었다. 같은 수용소에 있던 수용자들에게 강의와 설교를 통해 용기를 북돋고 마음을 나누었던 랍비는 수용자들에게 강의를 해줄 것을 프랭클에게 부탁했다. 프랭클의 강의를 알리는 카드가 아직까지 그대로 보존되어 있다. 그때 당시 프랭클은 안내 카드에 아래와 같은 모토를 적었다

"자신에게 삶의 과제가 있다는 것을 자각하는 것만큼 인간으로 하여금 외적인 어려움이나 내적인 고통을 극복하도록 하는 것은 세상에 없다."

진료과장인 에리히 문크(Erich Munk)와 조교였던 카렐 플라이쉬만

(Karel Fleischmann)의 도움으로 프랭클은 테레지엔슈타트 수용소에서 이동 심리상담소를 만들었다. '쇼크 스쿼드(Shock Squad)'라고 불린 이동 심리상담소는 의사와 자원봉사자들로 구성되었고, 가능한 곳이면 어디든지 찾아가 심리적 고통을 겪는 수용자들에게 편안함과 도움을 주고 치료했다. 쇼크 스쿼드는 무엇보다 테레지엔슈타트 수용소에서 약하고 절망에 빠진 수용자들에게 관심을 기울이고 이들에게 집중했다. 노인, 병자, 심리적으로 아픈 사람들, 그리고 열악한 생활 환경에 놓인 사람들은 수용소의 사회계층에서도 최하층에 있는 사람들이었다.

자원봉사자들은 또한 수용소에 새로 입소한 사람들의 충격을 완화하는 일을 중요하게 여겼다. 프랭클과 자원봉사협력자들은ー그중에는 랍비로 선임된 최초의 여성 레지나 요나스(Regina Jonas)도 포함되어 있었다ー 테레지엔슈타트 게토(유대인 강제 거주지역)의 거주자들에게 보내질 때마다 그곳에 있는 사람들이 지고 있는 어깨의 무거운 짐을 덜어주기 위해 자살 위험이 있는 사람들을 찾아내어 삶을 되돌릴 수 있는 대화의 기회를 요청하곤 했다(Frankl, 1993). 청소년을 위한 무료 심리상담센터에서와 마찬가지로 수용소에서 프랭클의 고통받는 사람에 대한 헌신적인 노력은 그 결과를 낳았다. 테레지엔슈타트 수용소에서 자살률이 현저하게 줄어들었던 것이다(Berkley, 1993:123f).

수용소에 있는 수년 동안 프랭클은 전쟁이 끝날 때까지 네 군데 수용소에 수용되어 있었다. 그 수용소들은 그에게는 이별의 공간이었다. 아버지, 어머니, 아내, 장모님, 형 그리고 그의 첫 번째 책인《영혼을 치유하는 의사》의 원고를 몇 달 만에 그곳에서 모두 빼앗겨버렸다.

1945년 3월 5일, 프랭클은 마지막 수용소인 튀르크하임(Türkheim)으로 옮겨졌다. 튀르크하임은 다카우(Dachau) 수용소의 분소로서 원래 병든 수용소 수감자들을 위한 요양캠프로 건립되었다. 프랭클은 그곳에서 의사로 봉사하기 위해 의사로 등록했고 다른 임무를 하면서 발진티푸스 열병동에 배치되었다. 오랜 수감생활로 그는 많이 쇠약해졌고, 발진티푸스에 걸리는 것은 시간문제였다. 그곳에서 결국 그는 발진티푸스 열병에 걸렸고, 병에 걸리자 아우슈비츠 수용소에서 빼앗겼던《영혼을 치유하는 의사》라는 책의 원고를 다시 쓰기 시작했다.

> 개인적으로 내가 확신한 것은, 아우슈비츠에서 잃어버렸던 원고를 다시 쓰기로 한 결정이 최소한 내가 생존하는 데 공헌을 했다는 것이다. 나는 발진티프스에 걸려 혈관허탈(vascular collapse)로 쓰러지지 않기 위해서 밤새도록 깨어 있으려고 노력했다. 그곳에 수감되어 있던 동료가 내 40번째 생일 선물로 쓰다 남은 몽당연필 한 자루를 선물로 주었고, 종이 몇 장을 몰래 훔쳐다 주었다. 나는 고열 때문에 힘들었지만, 그 종이에 속기로 휘갈겨 적었고, 그의 도움으로 나는《영혼을 치유하는 의사》라는 책을 다시 쓸 생각을 할 수 있었다(Frankl, 2002:76f).

1945-1997: 로고테라피의 체계화와 타당성에 대한 연구

1945년 4월 27일 미국 군인들의 도움으로 수용소에서 풀려난 프랭클은 바트뵈리스호펜(Bad Wörishofen)에 있는 바바리안 헬스센터(Bavarian health resort)에서 수용소에서 풀려난 사람들을 위한 군인 병원의 캠프담당 의사로 임명되었다. 거기서 그는 약 두 달 정도 주임 의사로 일했고, 1945년 여름 빈으로 무사히 귀환했다. 빈으로 돌아오자마자 그는 '강제수용소의 심리학에 관하여(On the Psychology of Concentration Camps)'라는 원고를 수정 확장해 집필하고 그의 첫 번째 책인《영혼을 치유하는 의사》를 재구성해 집필하기 시작했다. 이 책의 새 판에서 프랭클은 로고테라피와 실존분석을 체계적으로 제시하고, 신생의 독립적인 심리치료 학파를 창시했다. 이때 개발된 새롭고 독립적인 심리치료가 바로 로고테라피이며, 의미에의 의지, 인간의 자유와 존엄성 그리고 책임을 치료적 효능의 가장 중심에 두었던 로고테라피는(Frankl, 1946a), 향후 프로이트와 아들러의 뒤를 이어 빈의 3대 심리치료 학파로 알려지게 되었다(Soucek, 1948).

곧이어 프랭클은 자서전인《죽음의 수용소에서(Man's Search for Meaning)》를 쓰기 시작했다. 1946년 봄《심리학자의 수용소에서의 경험(A Psychologist Experiences the Concentration Camp)》이라는 제목으로 빈 출판사(Viennese publishing house Jugend & Volk)(Frankl, 1946b)에서 처음 출간되었다. 현재와 같은 '죽음의 수용소에서'라는 책 제목은 사실 몇 년 후 붙여진 것이다. 처음에 프랭클은 자신의 수용번호를 필명으로 해서 이 자전적 책을 출판하려고 계획했었다. 그러나 곧 마음을 고쳐

먹고 책을 무기명으로 출판하기로 했다. 프랭클은 심리학적 노출주의(psychological exhibitionism)에 대해 강한 반감을 가지고 있었다(Frankl, 1994a). 프랭클의 본래 목적은 분명히 책에 그저 자기 자신의 운명에 대해 기술하는 것이 아니었다. 사실 그는 수용소에서의 개인적인 경험과 함께 로고테라피와 실존분석의 중심 메시지를 담고자 했다. 즉 고통, 죄책감, 죽음이 인간존재의 무조건적인 의미를 빼앗아갈 수 없다는 것, 그리고 수용소와 같은 최악의 환경에 직면해서도 인간은 "비극을 승리로 바꿀 수 있다"는 것(Frankl, 1994b), 가장 절망적인 상황에서도 인간의 실존적 자유(Existential Freedom)의 최종적이고 결정적인 핵심은 여전히 인간에게 남아 있다는 것, 또한 자유란 그럼에도 불구하고가 아니라 혹은 인간이 통제할 수 없는 우발적 상황에도 불구하고가 아니라, 그러한 상황 안에서 그리고 그러한 상황을 통해서 완벽하게 그 힘을 발휘한다는 핵심 메시지를 책에 담으려고 했다.

우리는 지금까지 어느 세대도 만난 적 없는 사람들을 만났다. 그렇다면 인간은 무엇인가? 항상 자신이 누구인지 무엇인지를 결정하는 인간은 수용소의 가스실을 발명한 존재다. 그러나 동시에 인간은 허리를 펴고 똑바로 서서 스스로 기도를 올리며 가스실로 들어가는 존재다.

프랭클이 전쟁 후에 쓴 첫 번째 책《영혼을 치유하는 의사》는 출간 3일 만에 즉시 완판되었고 넘쳐나는 수요에 힘입어 1946년과

1948년 사이 5판이 발행되었다. 반면 《죽음의 수용소에서》《심리학자의 수용소에서의 경험》는 처음에는 판매가 부진했다. 3,000권이 팔리고 난후 출판사가 2판을 발행했고, 2판을 발행할 때 《영혼을 치유하는 의사》의 저자라는 높은 인기도를 이용하려고(이 책에서도 저자의 이름은 책 안쪽에 적혀 있었다) 저자의 이름을 책표지에 적기도 했다. 그러나 2판도 판매가 매우 부진해 프랭클이 수백 권의 책을 할인 구매해 수용소협회에 기증했고, 그 이후에도 책의 재고가 많이 남아서 모두 폐기해버리기까지 했다고 한다.

프랭클 자신이 인기 있는 강사였고 토론이나 라디오 방송에서 책을 언급했음에도 불구하고, 전쟁 이후 빈에서 처음에 이 책이 그렇게 팔리지 않은 데는 여러 가지 이유가 있었을 것이다. 아마도 중요한 이유 중 하나는 책을 처음 출간할 때 붙인 '심리학자의 수용소에서의 경험'이라는 제목 때문이 아니었을까 싶다. 아마도 그러한 이유 때문에 프랭클이 나중에 책 제목을 수정한 것은 아닌가 싶다. 아무튼 처음이자 마지막으로 프랭클은 해당 책의 내용 자체는 변경하지 않으면서 책 제목을 바꾸었다.

십 년이 지난 후에야 뒤늦게 미국에서 당시 미국심리학회 회장 고든 올포트(Gordon W. Allport)가 이 책을 널리 알리면서 미국판으로 출간되었고, 이때부터 실제 사람들에게 널리 알려지게 되었다. 1959년 '죽음의 수용소에서 실존주의로(Death-Camp to Existentialism)'라는 제목 하에 영어로 번역 출간되었다. 1963년에는 '죽음의 수용소에서(Man's Search for Meaning)'라는 제목으로 비아콘 출판사(Beacon Press in Boston)

에서 출간되었고(Frankl 1959/1963), 매우 빠른 속도로 세계적 베스트셀러가 되었다. 그 이후로 150회 이상 재판되어 천만 권이 판매되었다. 워싱턴 국회도서관에서 이 책은 미국에서 가장 영향력 있는 열 권의 책 중 한 권으로 선정되기도 했다. 이에 대해 프랭클은 아래와 같이 회고록에 적었다.

> 내가 쓴 모든 책들 중에서 익명으로 출판할 것이고, 절대로 개인적인 성공을 가져다주지는 못할 것이라고 확신하면서 썼던 이 책이 베스트셀러 심지어는 영어로 번역되어 베스트셀러가 되었다는 것이 특이하지 않은가?(Frankl, 2002:84f)

1946년 2월 프랭클은 빈에 있는 폴리클리닉(Vienna Polyclinic)의 신경과 과장에 임명되었다. 거기서 그는 은퇴할 때까지 25년간 근무했다. 그곳에서 치과에 근무하고 있던 엘레놀 쉬빈트(Eleonore Schwindt)를 만났고 얼마 안 있어 그들은 결혼했다. 몇 년 후에 미국의 저명한 철학자 니들먼(Jacob Needleman)이 빅터와 엘레놀의 결혼과 이들의 결혼생활에 대해 언급하면서 "그녀는 빛이 호위하는 따뜻함이다"이라고 말했다. 1947년 딸 가브리엘(Gabriele)이 태어났다.

프랭클의 많은 책들과 논문들은 그 이후에 계속 출간되었고 그 중 한 권이 《심리치료의 실제(Psychotherapy in Practice)》다. 《영혼을 치유하는 의사》에 뒤이어 출간된 이 책은 로고테라피와 실존분석에 대해 가장 상세하게 소개한 책 중 하나로 진단과 치료의 안내서로서는 첫 책이며, 로고테라피를 어떻게 적용할 것인가를 소개한 책이었다 (Frankl, 1948). 뒤이어 수많은 책들과 논문들이 출간되었으며, 이 책들과 논문에서 프랭클의 로고테라피와 실존분석 이론과 임상적인 관점이 더욱더 심화되었다. 또한 이러한 출간물들을 통해 로고테라피와 실존분석을 일반 대중이 널리 응용할 수 있게 되었다.

생애 동안 프랭클은 32권의 책을 출간했다. 이 책들은 31개 언어로 번역되어 출간되었다. 그리고 프랭클의 33번째 책인 《신에 대한 탐색과 의미에 대한 질문(The Search for God and the Question of Meaning)》은 2004년 처음으로 미출간 원고 상태로 발견되었고 최근 프랭클 탄생 200주년을 기념해 출간되었다(Frankl, 2005a).

또한 최근에 프랭클의 딸인 가브리엘 베슬리 프랭클(Gabriele Vesely-Frankl) 박사가 프랭클의 34번째 책을 출간했는데, 이 책은 프랭클이 1923년부터 1942년까지 초기에 저술한 책들을 편집한 선집이다.

《영혼을 치유하는 의사》가 처음 출간되었을 때 로고테라피와 실존분석은 독일어를 쓰는 나라에서 큰 반향을 불러일으켰고 1960년대 후반부터 국제적으로 학계에서 인정을 받기 시작했다. 그리고 세계 각국에서 프랭클은 발표, 세미나 강의 요청을 받았다. 더불어 미국에서 프랭클의 영향력이 점점 커지게 되었다. 댈러스와 피츠버그에 있는 대학에서 객원교수로 초청했음은 물론 보스턴의 하버드대학에서도 프랭클을 객원교수로 초청했다. 캘리포니아에 있는 유나이티드 스테이트 인터내셔널 대학(The United States International University)은 특별히 프랭클을 대표해서 연구소를 설립하고 로고테라피와 실존분석

교수직을 마련했다. 5대륙의 200개 대학에서 프랭클을 강의에 초청했다. 대학 캠퍼스 내에서 프랭클의 과학적 연구가 집중적으로 확산되면서, 로고테라피와 실존분석의 연구방법론 분야가 더욱 발전하게 되었다. 수많은 과학적 연구들이 실증적으로 진행되어 로고테라피의 기본 원칙들과 개념들의 임상적 효과가 입증되었다. 지난 30년 동안 600개의 실증 연구가 프랭클의 심리치료 모델의 타당성을 검증했고 프랭클의 임상적 치료적용 사례가 심리학 학술지와 정신의학 학술지에 다수 게재되었다(Batthyany & Guttman, 2005). 이와 같이 앞으로도 프랭클의 심리치료 모델에 대한 이론적 기초를 탐구하고 이를 임상적으로 응용하여 타당성을 입증하는 연구들이 많이 진행될 것이다 (Vesely & Fizzotti, 2005).

프랭클은 로고테라피와 실존분석에 관한 저술작업 이외에도 신경학과 약물심리학에 관한 책들도 출판했다. 1945년 이후 프랭클의 신경심리학 분야 연구는 정신질환에 대한 신체적 특징이라는 주제를 다시 다루기 시작했다. 신경심리학에 대한 연구를 통해 프랭클은 불안과 비인격화와 같은 질환이 내분비적 요인에 의해 공통적으로 야기된다는 것을 증명했고(Frankl, 1993:84ff), 따라서 이러한 질병들에 대해서는 진단과 치료를 다르게 해야 한다고 제시함으로써 이러한 질환에 대한 진단과 치료에 의미 있는 공헌을 할 수 있었다.

의사이자 연구자로서의 경력 초기부터 프랭클은 다양한 방법들을 사용하지는 않았지만, 그러한 다양한 방법들을 사용할 것을 독려했다. 그의 모델은 인간 안의 몸과 마음, 영을 하나의 통일체로 정의하고 있으며 인간을 하나의 총체적 존재로 기술하고 치료하기 위해서는 이러한 각각의 구성요소들을 각각의 특성에 따라 정성적으로(질적으로) 그 차이를 구분해야 할 필요가 있었다. 따라서 프랭클은 이와 같이 인간을 구성하는 몸, 마음, 영 각각의 구성요소들을 질적으로 구분하고 이를 증명하는 데 있어 실증적인 과학적 연구가 필요하다고 느꼈다. 그리고 프랭클은 또한 10년 후 혹은 그의 사후 언젠가는 처음으로 과학 분야로 진출할 무언가를 여기에서 예상했다.

오늘날 방법론이 다양해지고 있고 이러한 추세는 실증적인 행동과학 분야에서 학제 간 상호의존성이 점차 증가하고 있음을 반영해 준다. 또한 심리학의 다양한 분과에서 심리학의 여러 가지 주제를 과학적이고 체계적인 방법으로 연구할 것을 요구하고 있다. 이러한 요청에 부응할 것인지 그리고 이러한 요청들이 실제 어떤 모습을 갖추게 될 것인지는 앞으로 지켜보아야 한다. 어쨌든 그러나 우리는 인간에 대한 여러 가지 과학적 접근방법들이 있으며 이들은 인간에 대한 프랭클의 근원적인 개념을 바탕으로 하고 있다는 생각이 받아들여지고 있는 것을 볼 수 있다.

프랭클의 심리적 질병에 대한 차별적인 병인 모델은 지난 수십 년 동안 과학적 연구를 통해 실증적으로 확인되었다. 현대의 인지심리학은 불안이나 강박과 같은 수많은 심리적 질병에 인지적 메커니즘의 통찰을 제공하고 있다. 이러한 맥락에서 로고테라피의 두 가지 핵심 기법－탈숙고와 역설적 의도(De-reflection and Paradoxical Intention)－은 더 이상 그저 임상적 환경에만 국한되지 않는다는 것을 확신하게 된다. 환자가 자신의 경험을 의식적으로 감지하지 못하거나(예를 들어 공황장애) 혹은 자신의 생각이나 충동(예를 들어 강박장애(Wenzlaff et al., 1988; Wegner, 1989; Anderson & Green, 2001))에 대한 인지적 통제력을 잃을 때마다 인지 수준에서 일어나는 일을 설명할 수 있는 현대적 이론 모델이 처음으로 생겨나고 있다. 이러한 모델들 중 다수는 심리학의 '인지 혁명' 훨씬 전에 프랭클이 경험과 행동이 불안한 긴급 상황에서 공동 병인이 될 것이며 그의 치료 모델 개발을 통해 성공적으로 치료할 수 있을 것으로 간주했던 것을 단지 몇 가지 다른 단어로 표현하고 있다.

프랭클의 모델이 일련의 총체적 정신질환에 대한 병인학−프랭클의 생애 동안 우선적으로 인본주의 심리치료와 정신의학의 움직임 안에서 특별히 갈등이 있었던 주제였음−에 공헌한 바는 지난 십 년 동안 실증적으로 그 타당성이 입증되었다. 여기서 다시 로고테라피에 대한 프랭클의 개척자로서의 역할이 드러난다. 진단방법을 새롭게 정비하고 영상기법들이 개발되면서 오늘날 신경학적으로 연결되어 있지 않은 정신질환은 없다는 것이 점점 명확해지고 있다. 오늘날 신경과 정신이 공변한다(co-variance: 함께 움직이고 변화한다)는 인식은 실증적 행동과학의 기준이다. 프랭클은 최전방에 있는 심리치료가 정신질환을 초기 어린 시절과 정신역동적인 측면에서 그 원인을 입증하려고 노력하면서 철저하게 정신질환에서의 신체적인 측면을 무시하고 평가절하하려는 때에 신경과 정신 간의 상관관계를 심리적−신체적 평형주의(psychophysical parallelism: 몸과 마음이 상호 인과관계 없이 함께 협력한다, 즉 마음과 몸의 사건들이 그들 사이의 인과관계 없이 완벽하게 조정된다는 이론이다. 이처럼 심리적 사건과 육체적 사건의 상관관계를 확인(심리적 사건이 발생할 때 상응하는 신체적 영향도 발생한다는 것을 받아들이기 때문에)하지만, 심신 간의 직접적인 원인과 영향 관계를 부정한다–옮긴이)로 설명했다. 반대로 프랭클은 총체적 인간존재에 대한 영적, 심리적, 신체적 현상들의 핵심을 존중하고 이들이 함께 협력하고 이들 각각이 인간을 하나의 일치된 통일체로 형성하는 데 미치는 영향을 인식하는 데 자신의 생애를 바쳤다.

총체적 인간존재를 이루는 구성요소로서의 영적, 심리적, 신체적 차원을 인정하고 존중한다는 것은 어떤 하나의 차원도 다른 차원에 비해 열등하게 취급하는 것이 아니라 각 차원들을 모두 동등하게 중요한 것으로 온전히 인식한다는 의미다. 총체적 인간존재와 통일성의 관점에서 각각의 차원들을 인식한다는 것은 각각의 개인을 구성하고 있는 존재의 총체성(Totality of Being)의 상호작용 안에서 각 차원들을 이해한다는 의미다.

프랭클은 이러한 자신의 존재론과 방법론적 관점을 "과학의 다원주의와 인간의 통일성"(Frankl, 1965)이라는 말로 요약했다. 프랭클은 과학으로서의 심리치료가 여전히 전통적 의학 분야 안에 포함되어 있을 때 이 모델을 개발했다. 그러나 동시에 이 모델은 상당히 모험적인 것이었다(Robinson 1985:3ff). 프랭클 자신은 진정으로 스스로 영적 차원–영적 차원의 독립성을 바탕으로 해서–이 그 자체로 존재하며 모든 실증주의의 범주를 넘어서 존재하는 인간의 한 측면이라고 주장했다. 그러나 자신의 초기 멘토였던 프로이트나 아들러보다 앞서

394
무의미의 의미

프랭클이 실증적으로 그 타당성을 검증해야 할 연구의 한 분야로서 로고테라피와 실존분석에 관심을 가졌다는 것은 무엇보다 더 주목할 만하다. 사실 로고테라피는 로고테라피의 근본 원칙들이 처음 만들어진 이후 이웃하는 다른 학문들과 대화를 하면서 점점 더 발전을 거듭해왔다.

로고테라피의 미래

1997년까지 앞서 살펴본 바와 같이 로고테라피의 발전 과정은 우선적으로 프랭클이라는 한 사람과 로고테라피를 잘 알고 있는 프랭클의 1세대 제자들이 연계되어 있었다. 그러나 프랭클은 아래와 같이 미래의 로고테라피 치료자들이 과학과 연계하여 로고테라피를 연구하고 로고테라피와 과학 간에 소통하려는 모습을 지지했다.

"만약 여러분이 이 시대의 서구사상, 즉 객관적으로 증명을 하려고 하는 과학적 방법을 지향하는, 보다 구체적으로 말한다면, 실험을 통해 증명하고 통계적 연구를 지향하는 서구사상의 접근방법과 함께하지 못한다면 여러분은 현시대의 심리치료의 방향을 바꿀 수 없고 말할 기회도 얻지 못할 것입니다. […] 그것이 바로 제가 로고테라피에 있어 진지하게 진행되고 있는 모든 실증적 연구를 환영하는 이유입니다.

이 시대에 로고테라피가 얼마나 필요한가를 이야기하고 이해시키는 데 있어서 전체 학계 공동체를 배제시키면서 이들을 잃어버려야 합니까? 그것은 불필요한 일이며 바람직하지도 않습니다. 또한 왜 우리가 처음부터 실험과 통계보다 우리 자신이 우위에 있다고 여기면서 현시대의 연구자에게 들을 기회를 포기해야 합니까? 우리가 발견한 것들을 철저한 실증적 연구를 통해 뒷받침해야 할 필요가 있다는 것을 우리는 인정해야 합니다."

이런 점에서 로고테라피를 실증적으로 연구하는 데 개척자적 노력을 기울였던 이미 고인이 된 젊은 연구자 크럼보(James Crumbaugh)에게 감사와 존경의 마음을 보낸다. 최초로 로고테라피를 실증적으로 검증할 수 있는 도구를 개발한 그와 그의 동료인 마홀리크(Maholick)에게 감사를 전한다. 크럼보와 마홀리크는 삶의 목적(Purpose-in-Life, PIL)이라는 측정도구를 개발하여, 처음으로 의미실현이라는 로고테라피의 개념을 심리학적으로 측정했다. 이들의 논문은 1964년 〈임상 심리학 학술지(Journal of Clinical Psychology)〉에 '실존주의에 대한 실험적 연구(An Experimental Investigation of Existentialism)'(Crumbaugh & Maholick, 1964)라는 제목으로 발표되었다. 이 논문 제목은 오늘날과 마찬가지로 누구도 실존주의를 실증적 접근방법으로 직접적으로 연관하여 연구하지 않았기 때문에 그 당시에도 평범한 제목은 아니었다. 그러나 평범하지 않은 이 논문의 제목은 근본적인 철학 연구와 철학이라는 보호막의 영역 밖에서 실존적인 개념을 실증적으로 검증하고자 하는 시도 사이의 긴장을 정확히 표현한 것이며, 이는 정신의학과 심리치료에서 로고테라피의 고유한 위치를 말해주고 있다. 나아가 로고테라피가 실증적인 과학의 연구 영역에서 하나의 인류학적 연구 분야로 인정받고자 얼마나 노력했는지 대변해준다.

크럼보와 마홀리크의 연구는 로고테라피 안에서 과학적이고 실증적인 연구의 시작이었다. 그들이 개발한 삶의 목적이라는 측정도구는 로고테라피 안에서 개발된 15개의 측정도구 중 최초의 것이었다(Guttman, 1996). 1975년과 2005년 사이에 정신의학과 심리학 학회지에 로고테라피와 실존분석의 임상적 효과는 물론 로고테라피에서 말하는 심리적 동기의 타당성과 주요 원칙들(Batthyany & Guttmann, 2005 참고 문헌 참고)을 입증하는 600편 이상의 실증적 연구와 임상사례가 발표되었다. 로고테라피는 미국심리학회를 통해 미국에서뿐 아니라 오스트리아와 스위스에서 하나의 독립적인 심리치료 학파로 인정받고 있다. 독일에서는 아직 인식에 시간이 필요한 것 같다. 로고테라피에 대한 실증적 기반을 심화시킴으로써 인식을 바꿀 수 있다는 희망이 있기는 하지만 말이다. 현재 세계적으로 80개의 연구소와 교육기관이 있다(기관 목록은 www.viktorfrankl.org 참조).

더욱이 로고테라피는 이미 가장 중요한 현실 세계인 실제 삶의 현장에서 시험을 통과한 것 같다. 로고테라피는 임상적, 이론적, 실증적, 행동적, 사회적 인문과학에서 비환원주의적 전통의 핵심으로 성장한 독립적인 치료와 연구학파다. 따라서 더 이상 로고테라피를 가볍게 여길 수 없다.

참고문헌(Bibliography)

제1부 Foundations of Logotherapy and Existential Analysis

1장 The Feeling of Meaninglessness: A Challenge to Psychotherapy

Crumbaugh, J. C.(1968) Cross Validation of Purpose-in-Life Test Based on Frankl's Concepts. J. med. Psycho, xvii, 74-81.

———& Maholick, L. T.(1963) The Case for Frankl's Will to Meaning, *Journal of Existential Psychiatry*, iv, 43-48.

———& Maholick, L. T.(1964) An Experimental Study in Existentailism: The Psychometric Approach to Frankl's Concept of Noogenic Neurosis, *Journal of Clinical Psychology*, xx, 200-2007.

Frankl, V. E.(1960) Beyond Self-Actualization and Self-Expression, *Journal of Existential Psychiatry*, i, 5-20.

———.(1968) *Psychotherapy and Existentalism*. New York: Simon & Schuster.

———.(1969) *The Doctor and the Soul*. New York: Bantam Books.

———.(1970) *The Will to Meaning*. New York: New American Library.

———.(1971) *Man's Search for Meaning*. New York: Pocket Books.

Gray, R. N.(1955) An Analysis of Physicians' Attitudes of Cynicism and Humanitarianism before and after Entering Medical Practice. *Journal of Medical Education*, XL, 760.

Klitzke, L. L.(1969) Students in Emerging Africa: Humanistic Psychology and Logotherapy in Tanzania, *American Journal of Humanistic Psychology*, IX, 105-126.

Kotchen, T. A.(1960) Existential Mental Health, *Journal of Individual Psychology*, xvi, 174.

Kratochvil, S. and Planova, I.: Unpublished paper.

Lukas, E.(1971) Dissertation, University of Vienna.

Maslow, A. H.(1964) *Religions, Values, and Peak Experience*, Columbus: Ohio State Univ. Press.

———.(1965) *Eupsychian Management*. Homewood: Irwin.

———.(1969) Comments on Dr. Frankl's Paper, in *Readings in Humanistic Psychology*, A. J. Suitch and M. A. Vich, Eds, New York: The Free Press.

May, R.(1969) *Existential Psychology*, New York: Random House, 2nd ed.

Von Forstmeyer, A.(1979) Dissertation, United States International University.

Vymetal, O.(1966) *Acta Universitatis Palackianae Olomucensis* XLIII, 265-288.

Weisskopf-Joelson, E.(1969) Relative Emphasis on Nime Valuse by a Group of College Students. *Psychological Report*, xxiv, 299.

Wilder, J.(1969) Balues and Psychotherapy, *American Journal of Psychotherapy*, xxiii, 405.

2장 Psychiatry & Man's Quest for Meaning

Binswanger, L.(1957) *Sigmund Freud, Reminiscences of A Friendship*, New York: Grune & Stratton.

Dreikurs, R.(1960) The Current Dilemma in Psychotherapy, *Journal of Existential Psychiatry* 1, 187-206.

Frankl, V. E.(1959) *From Death-Camp to Existentialism: A Psychiatrist's Path to a New Therapy*. Preface by Gordon W. Allport. Boston: Beacon Press.

———(1960) Paradoxical Intention: A Logotherapeutic Technique, *American Journal of Psychotherapy*, 14, 520-535.

———(1955) *The Doctor and the Soul: An Introduction to Logotherapy*, New York: Alfred A. Knopf.

Kotchen, T. A.(1960) Existential Mental Health: An Empirical Approach, *Journal of Individual Psychology*, 16, 174-181.

Rogers, C. R.(1961a) Two Divergent Trends, in *Existential Psychology*, edited by May, R. New York: Random House.

———(1961b) The Process Equation of Psychotherapy, *American Journal of Psychotherapy*, 15, 27-45.

Weisskopf-Joelson, E.(1958) Logotherapy and Existential Analysis, *Acta Psychotherapeutica*, 6, 193-204.

Wolpe, J.(1961) The Prognosis in Psychoanalysis Recovery from Neurosis, *American Journal of Psychiatry*, 228.

3장 Basic Concepts of Logotherapy

Arnold, M. B. and John, A. G.(1954) The human person. In *Logotherapy and existential analysis*, New York: Ronald Press.

Birnbaum, F.(1961) Frankl's Existential Psychology from the Viewpoint of Individual Psychology, *Journal of individual Psychology* 15: 162-166.

Frankl, V. E.(1951) Paper read before the Second International Congress of Psychotherapy, Leiden, the Netherlands.

———(1954) Group therapeutic experiences in a concentration camp, *Group Psychotherapy* 7: 81-90.

———(1955/1967) *The doctor and the soul. An introduction to Logotherapy*. New York: Knopf.

———(1958) On Logotherapy and existential analysis. *American Journal of Psychoanalysis*. 10: 28-37.

———(1958) Paper read before the Fourth International Congress of Psychotherapy, Barcelona.

———(1959) *From death camp to existentialism. A psychiatrist's path to a new therapy*. Preface by G. W. Allport. Boston: Beacon Press.

———(1959) The spiritual dimesion in existential analysis and Logotherapy. *Journal of individual Psychology*. 15: 157-165.

———(1959) Paper read before the Conference on Existential Psychotherapy, Chicago.

———(1960) Beyond self actualization and self expression. *Journal of existential Psychiatry*. 1: 5-20.

———(1960) Paradoxical intention: A logotherapeutic technique. *American Journal of Psychotherapy*. 14: 520-535.

———(1960) Paper read before the American Association for the Advancement of Psychotherapy, New

York.

———(1960) Paper read before the Conference on Existential Psychotherapy, New York.

———(1961) Logotherapy and the challenge of suffering. *Review of existential Psychology and Psychiatry.* 1: 3-7.

———(1962) Psychiatry and Man's Quest for Meaning. *Journal of Religion and Health.* 1: 93-103.

Johnson, Paul E.(1961) Logotherapy: A Corrective for Determinism. *Christian Advocate.* 5: 12-13.

Polok, P.(1949) Frankl's Existential analysis. *American Journal of Psychotherapy.* 3: 617-622.

Tweedie, D. E.(1961) *Logotherapy and the Christian faith. An evaluation of Frankl's Existential Approach to psychotherapy.* Grand Rapids, Michigan: Baker Book House.

Ungersma, A. J.(1961) *The search for meaning.* Philadelphia: The Wetminster Press.

Weisskopf-Joelson, E.(1958) Logotherapy and existential analysis. *Acta Psychotherapeutica.* 6: 193-204.

4장 The Concept of Man in Logotherapy

Allport, G. W.(1960) *Personality and Social Encounter,* Boston: Beacon Press.

Ansbacher, R. R.(1959) The Third Viennese School of Psychotherapy, *Journal of Individual Psychology.* 15, 236.

Crumbaugh, J. C. & Maholick, L. T.(1964) An Experimental Study in Existentialism: The Psychometric Approach to Exstentialism: The Psychometric Approach to Frankl's Concept of Noogenic Neurosis, *Journal of Clinical Psychology,* 20, 200.

Eddy, E.D, Parkhurst, M. L., Yakovakis, J. S.(1959) *The College Influence on Student Character: An Exploratory Study in Selected Colleges and Universities Made for the Committee for the Study of Character Development in Education,* Washington D. C.: American Council on Education.

Frankl, V. E.(1962) *Man's Searching for Meaning,* Preface by Gordon W. Allport, Boston: Beacon Press.

———(1955) *The Doctor and the Soul: An Introduction to Logotherapy,* New York: Knopf.

———(1956) *Theorie und Therapie der Neurosen,* Wien: Urban & Schwarzenberg.

———(1961) *Die Psychotherapie in der Praxis,* 2 Auflage, Wien: Deuticke.

———(1954) The Concept of Man in Psychotherapy, *Proceedings of the Royal Society of Medicine* 47, 975.

———(1960) Paradoxical Intention: A Logotherapeutic Technique, *American Journal of Psychotherapy.* 14, 520.

Cerz, H.(1962) The Treatment of the Phobic and the Obsessive-Compulsive Patient Using Paradoxical Intention, *Journal of Neuropsychiatry* 3, 375.

Kaczanowski, G.(1960) Frankl's Logotherapy, The American Journal of Psychiatry 117, 563.

5장 Existential Analysis & Logotherapy

Allport, G. W.(1955) *Becoming, Basic Considerations for a Psychology of Personality,* New Haven: Yale University Press.

Arnold, M. B. and Gasson, J. A.(1954) *The Human Person,* New York: Ronald Press(See esp. Chapter 16,

Logotherapy and Existential Analysis).

Baeriziger H.(1947) Persönliches und Archetypisches im Individuationsprozess, *Schweizerische Zeitschrift für Psychologie*, 6, 272-283.

Bertalanffy, L. von.(1952) *Problems of Life*, New York: J. W. Wiley & Sons.

Bühler, C.(1956) Zur Psychologie des menschlichen Lebenlaufes, *Psychologische Rundschau* 8, 1-15.

Frankl, V. E.(1953) Logos and Existence in Psychotherapy, *American Journal of Psychotherapy* 7, 8-15.

———.(1954) Group Therapeutic Experiences in a Concentration Camp, *Group Psychotherapy* 7, 81.

———.(1955) The Concept of Man in Psychotherapy, *Pastoral Psychology* 6, 16-26.

———.(1955) *The Doctor and the Soul, An Introduction to Logotherapy*, New York: Alfred A. Knopf.

———.(1958) On Logotherapy and Existential Analysis, *The American Journal of Psychoanalysis* 18, 28-37.

———.(1958) The Will to Meaning, *The Journal of Pastoral Care* 12, 82-88.

———.(1959) *From Death Camp to Existentialism, A Psychiatrist's Path to a New Therapy*, Preface by Gordon W. Allport, Boston: Beacon Press.

Lersch, P.(1943) *Seele und Welt: Zur Frage der Eigenart des Seelischen*, 2. Auflage, Leipzig.

Polak, P.(1949) Frankl's Existential Analysis, *American Journal of Psychotherapy* 3, 617-622.

———.(1953) Exitenz und Liebe, Ein kritischer Beitrag zur ontologischen Grundlegung der medizinischen Anthropologie durch die "Daseinsanalyse" Binswangers und die "Existenzanalyse" Frankls. *Jahrbuch für Psychologie and Psychotherapie* 1, 355-364.

Weisskopf-Joelson, E.(1955) Some Comments on a Viennese School of Psychiatry, *Journal of Abormal and Social Psychology* 51, 701-703.

———.(1958) Logotherapy and Existential Analysis, *Acta Psychotherapeutica* 6, 193-204.

6장 Beyond Self-Actualization and Self-Expression

Allport, G. W.(1955) *Becoming, Basic Considerations for a Psychology of Personality*, New Haven: Yale University Press.

Arnold, M. B. and Gasson, J. A.(1954) *The Human Person*, New York: Ronald Press(See esp. Chapter 16, Logotherapy and Existential Analysis).

Brady, J. V.(1958) In: Reticular formation of the brain. Edit. H. H. Jasper, 689.

Bühler, C.(1960) Basic Tendencies of Human Life. Theoretical and Clinical Considerations. In R. Wisser(Ed.): *Sein und Sinn. Anniversary Volume for Prof. von Rintelen*. Tübingen.

———.(1959) Theoretical Obsevations About Life's Basic Tendencies. *American Journal of Psychotherapy* 13, 561-581.

Elkin, H.(1958-9) "On the Origin of the Self", *Psycholanalysis and the Psychoanalytic Review* 45, 57-74.

Frankl, V. E.(1939) Philosophie und Psychotherapie, *Zur Grundlegung einer Existenzanalse. Schweiz. med. W schr*: 69, 707.

———.(1949) *Der unbedingte Mensch, Metaklinische Vorlesungen*, Wien: Franz Deuticke(English edition, New York: Harper and Brothers).

———.(1954) Group Therapeutic Experiences in an Concentration Camp, *Group Psychotherapy* 7, 81(Paper read before the Second International Congress of Psychotherapy in Leiden, the Netherlands, on September 8, 1951).

———.(1955) *The Doctor and the Soul*, an introduction to Logotherapy, Knopf: New York.

———.(1955) The Concept of Man in Psychotherapy, *Pastoral Psychology* 6, 16-26, 1955.

———.(1956) *Theorie und therapie der Neurosen, Einfuhring in Logotherapie und Existenzalayse*, Wien and München: Urban & Schwarzenberg.

———.(1958a) On Logotherapy and Existential Analysis, *The American Journal of Psychoanalysis* 18, 23-37(Paper read before the Association for the Advancement of Psychoanalysis on April 17, 1957).

———.(1958b) The Will to Meaning, *The Journal of Pastoral Care* 12: 82-88.

———.(1959a) In: *Critical Incidents in Psychotherapy*, Standal, S.W. and Corsini, R. J. eds, Englewood Cliffs: Prentice Hall.

———.(1959b) *Das Menschenbild der Seelenheikunde, Drei Vorlesungem zur Kritik des dynamischen Psychologismus*, Sruttgart: Hippokrates Verlag.

———.(1959c) *From Death Camp to Existentialism, A Psychiatrist's Path on a New Therapy*, Preface by Gordon W. Allport, Boston: Beacon Press.

———.(1959d) Logotherapy and the Collective Neuroses, in: *Progress in Psychotherapy*, Vol. IV, Masserman J. H. and Moreno J. L. eds, New York: Grune & Stratton.

———.(1959e) The Spiritual Dimension in Existential Analysis and Logotherapy, *Journal of Individual Psychology* 15, 157-165.

Jung, R.(1958) *Deutsche Medizinische Wochenschrift*, 83, 1716.

Knickerbocker, L.(1948) Leadership: A Conception and some Implications, *Journal of Social Issues* 4, 23-40.

Kncourek, K., Niebauer, E. and Polak, P.(1959) Ergebnisse der klinischem Anwendung der Logotherapie, in: *Handbuch der Neurosenlehre un Psychotherapie*, edited by V. E. Frankl, V. E. v. Gebsattel and J. H. Schulz, Band III, Munich and Berlin: Urban & Schwarzenberg.

Maslow, A. H.(1954) *Motivation and Personality*, New York: Haper & Brothers.

Mcgregor, D.(1948) The staff function in human relations, *Journal of Social Issues* 4, 5-22.

Murelius, O.(1958) Ethics and Psychology, *American Journal of Psychotherapy* 12, 641-649.

Olds, J. and Mimer, P.(1954) *Journal of comparative and physiological Psychology* 47, 419.

Piotrowski, Z. A.(1959) Basic Human Motives According to Kurt Goldstein, *American Journal of Psychotherapy* 13, 553-560.

Polak, P.(1949) Frankl's Existential Analysis, *American Journal of Psychotoerapy* 3, 617-622.

Straus, E. W.(1958) *In Existence*, edited by May, R. Angel, E. and Ellenherger, H. E, New York: New York.

Weisskopf-Joelson, E.(1955) Some Comments on a Viennese School of Psychiatry, *Journal of Abnormal and Social Psychology* 51, 701-703.

무의미의 의미

————(1958) Logotherapy and Existential Analysis, *Acta Psychoterapeutica* 6, 193-204.

Werner, G.(1958) *Klinische Wochenschrift* 36, 404.

제2부 Philosophical Aspects of Logotherapy & Existential Analysis

1장 Logotherapy & Existentailism

Binswanger, L.(1957) *Reminiscences of a Friendship*, New York: Grune and Stratton, p. 96.

Birnbaum, F.(1961) Frankl's Existential Psychology from the Viewpoint of Individual Psychology, *J. med. Psychol.* 17, 162.

————& Maholick, L. T.(1963) The Case for Frankle's 'Will to Meaning', *Journal of Existential Psychology* 4, 43.

————& Maholick, L. T.(1964) An Experimental Study in Existentialism: The Psychometric Approach to Frankl's Comcept of Noogenic Neurosis, *Journal of Clinical Psychology* 20, 200.

————(1965) The Application of Logotherapy, *Journal of Existentialism* 5, 403.

Drikurs, R.(1960) The Current Dilimma in Psychotherapy. *J. Existent. Psychiatry* 1, 187-206.

Frankl, V. E.(1960) Paradoxical Intention: A Logotherapeutic Technique. *American Journal of Psychotherapy* 14, 520.

————(1962) *Man's Search for Meaning: An Introduction to Logotherapy.* Pref. by Gordon W. Allport, Boston: Beacon Press.

————(1965a) *The Doctor and the Soul: From Psychotherapy to Logotherapy.* Second edition. New York: Knopf.

————(1965b) The Concept of Man in Logotherapy. *J. Existent.* 6, 53.

————(1966) Logotherapy and Existential Analysis: A Review. *American Journal of Psychotherapy* 20, 252.

————(1967) *Psychotherapy and Existentialism: Selected Papers on Logotherapy*, New York: Washington Square Press.

Freud, S.(1889) Über Forel: Der Hypnotismus, seine Bedeutung und seine Handhabung, *Wiener Medizinische Wochenschrift* 34, 1098.

Gerz, H. O.(1962) The Treatment of the Phobic and the Obsessive-Compulsive Patient Using Paradoxical Intention. *J. Neuropsych.* 3, 375.

————(1966) Experience with the Logotherapeutic Technique of Paradoxical Intention in the Treatment of Phobic and Obsessive-Compulsive Patients, *Journal of Psychiatry* 123, 548.

Leslie, R. C.(1963) Book Review, *Journal of Religion & Health* 2, 169.

————(1965) *Jesus and Logotherapy: The Ministry of Jesus and Interpreted Through the Psychotherapy of Viktor Frankl*, New York: Abingdon Press.

Pervin, L. A.(1960) Existentialism, Psychology and Psychotherapy. *Amer. Psychol.* 15, 305-9.

Polak, P.(1949) Frankl's Existential Analysis, *American Journal of Psychotherapy* 3, 517.

Tweedie, D. F.(1961) *Logotherapy and the Christian Faith: An Evaluation of Frankl's Existential Approach to*

Psychotherapy. Grand Rapids: Baker Book House.

———.(1963) *The Christian and the Couch: An Introduction to Christian Logotherapy.* Grand Rapids: Baker Book House.

Unersma, A. J.(1961) *The Search for Meaning: A New Approach to Psychotherapy and Pastoral Psychology.* Philadelphia: The Westminster Press.

Weisskopf-Joelson, E.(1958) Logotherapy and Existential Ananlysis. *Acta Psychotherapeutica* 6, 193.

2장 Philosophical Basic of Psychotherapy

Bühler, C.(1960) Die Wertproblematik der Psychotherapie in *Handbuch der Neurosenlehre and Psychotherapie,* hrsg. von Frankl, V. E., von Gebsattel, V. E., und Schultz, J. H. vol. V, Muenchen & Berlin: Urban & Schwarzenberg.

Davis, J. M., McCourt, W. F. and Solomon, P.(1960) The effect of visual stimulation on hallucinations and other mental experiences during sensory deprivation in *American Journal of Psychiatry* 116, p. 889.

Frankl, V. E.(1945) *Aerztliche Seelsorge,* Wien: Franz Deuticke.

———.(1949) *Der unbedingte Mensch, Metaklinische Vorlesungen,* Wien: Franz Deuticke.

———.(1950) *Homo Patiens. Versuch einer Pathodizee,* Wien: Franz Deuticke.

———.(1956) *Theorie und Therapie der Nuerosen. Einführung in Logotherapie un Existenzanalyse,* München & Basel: Ernst Reinhardt.

———.(1959) *Das Menschenbild der Leelenheikunde. Drei Borlesungen zur Kritik des dynamischen Psychologismus,* Stuttgart: Hippokrates Verlag.

Freud, S. *Schriften, Londoner Ausgabe,* vol. XVII, p. 29.

Hartmann, H.(1960) Ich Psychologie and Anpassungsproblem. *Psyche,* 14, p. 81.

Rogers, C. R.(1960) Discussion. *Existential Inquiries* 1, no. 2, p. 9.

6장 What is Meant by Meaning?

Allers, R.(1961) Ontoanalysis: A New Trend in Psychiatry. *Proceedings of the American Catholic Philosophical Association,* 78.

Allport, G. W.(1962) Psychological Models for Guidance, *Harvard Educational Review* 32, 373.

Grumbaugh, J. C.(1965) The Application of Logotherapy, *Journal of Existentialism* 5, 403.

Crumbaugh, J. C. and Maholick, L. T.(1963) The Case for Frankl's 'Will to Meaning.' *Journal of Existential Psychiatry* 4, 43.

Frankl, V. E.(1963) *Man's Search for Meaning: An Introduction to Logotherapy,* New York: Washington Square Press.

———.(1965a) *The Doctor and the Soul: From Psychotherapy to Logotherapy,* 2nd expanded edition, New York: Knopf.

———.(1965b) The Concept of Man in Logotherapy, *Journal of Existentialism* 6, 53.

———.(1965c) Fragments From the Logotherapeutic Treatment of Four Cases. In *Modern Psychotherapeutic*

Practice: Innovations In Technique, edited by Arthur Burton, Palo Alto: Science and Behavior Books.

———(1966) Self-transcendence as a Human Phenomenon, *Journal of Humanistic Psychology* 6, 97-106.

———(1967) *Psychotherapy and Existentialism: Foundations and Applications of Logotherapy*, New York: Washington Square Press.

Grollman, E. A.(1964) Viktor E. Frankl: A Bridge between Psychiatry and Relision, *Conservative Judaism* 19, 19.

Haworth D. S.(1965) Viktor Frankl *Judaism* 14, 351.

Scheler, M.(1960) *On the Eternal in Man*, New York: Haper & Brothers.

Strunk, O.(1965) Religious Maturity and Viktor E. Frankl, In *Mature Relision*, New York and Nashville: Abongdon Press.

Thompson, W. I.(1962) Anthropology and the Study of Values, *Main Currents in Modern Thought* 19, 37.

Wertheimer, M.(1961) Some Problems in the Theory of Ethics, In *Documents of Gestalt Psychology*, edited by M. Henle. Berkeley & Los Angeles: University of California Press.

제3부 Special Aspects of Logotherapy and Existential Analysis

2장 Religion & Existential Psychotherapy

Arnold, M. B. and Gasson, J. A.(1954) *The Human Person*, New York: Ronald Press. See Chapter 16: Logotherapy and Existential Analysis.

Frankl, V. E.(1954) Group Therapeutic Experiences in a Concentration Camp, *Group Psychotherapy* 7, 81(Paper read before the Second International Congress of Psychotherapy in Leiden, Netherlands, on September 8, 1951).

———(1955) *The Doctor and the Soul, An Introduction to Logotherapy*, New York: Alfred A. Knopf.

———(1955) The Concept of Man In Psychotherapy, *Pastoral Psychology* 6, 16-26(Paper read before the Royal Society of Medicine, Section of Psychiatry, on June 15, 1954).

———(1958a) On Logotherapy and Existential Analysis, In *American Journal of Psychoanalysis* 18, 28-37(Paper read before Association for the Advancement of Psychoanalysis on April 11, 1951).

———(1958b) The Will to Meaning, *The Journal of Pastoral Care* 12, 82-88.

———(1959a) In: *Critical Incidents in Psychotherapy*, edited by S. W. Standal and R. J. Corsini, Englewood Cliffs: Prentice Hall.

———(1959b) *From Death Camp to Existentialism, A Psychiatrist's Path to a New Therapy*, Preface by Gordon W. Allport, Boston: Beacon Press.

———(1959c) Logotherapy and the Collective Neuroses in: *Progress in Psychotherapy*, Vol. IV, editied by J. H. Masserman and J. L. Moreno, Grune & Stratton, New York.

———(1959d) The Spiritual Dimention in Existential Analysis and Logotherapy, *Journal of Individual Psychology*, Vol 15, Nr. 2, November 1959.

Gebsattel, V. E. von(1947) *Christenturn und Humanismus*, Stuttgart: Ernst Klett.

Polak, P.(1949) Frankl's Existential Analysis, *American Journal of Psychotherapy* 3, 611-622.

Weisskopf Joelson, E.(1955) Some Comments on a Viennese School of Psychiatry, *Journal of Abnormal and Social Psychology* 51, 101-103.

———(1958) Logotherapy and Existential Analysis, *Acta Psychotherapeutica* 6, 193-204.

3장 On the Shoulders of Giants

Lowry, R. J.(1982) *The Journal of Abraham Maslow Lexington*, Kentucky: Lewis, P. 39.

Maslow, A. J.(1965) *Eupsychian Management: A journal*, Homewood, Illinois: R. Irwin, p. 136.

부록

Allers, Rudolf.(1924) Die Gemeinschaft als Idee und Erlebnis. *Internationale Zeitschrift für individualpsychologie* 2, 7-10.

———(1936/2006) *Abnorme Welten. Ein Phänomenologischer Versuch zur Psychiatrie. Herausgegeben und kommentiert von Alexander Batthyany*. Weinheim: Beltz.

Anderson, M. C. & Green, C.(2001) Suppressing unwanted memories by executive control. *Nature* 410, 366-369.

Batthyaby, Alexander(2006) Mythos Frankl? Entgegnung auf Timothy Pytell. *Sonderbeilage noos* 12.

———& Guttmann, David(2006) *Empirical Research in Logotherapy and meaning-Oriented Psychotherapy*. Phoenix, AZ: Zeig, Tucker & Theisen.

———& Hallowell, David(Eds.)(2006) *Towards a Psychology of Meaning. Selected Papers on Logotherapy and Existential Analysis*. London: Fencroft.

———& Levinson, Jay(Eds.)(2006) *Logotherapy and Existential Analysis-Interdisciplinary Perspectives*. Phoenix, AZ: Zeig, Tucker & Theisen.

Berkley, G.(1993) *Hitler's Gift: The Story of Theresienstadt*. Boston: Branden Books.

Crumbaugh, J. C., & Maholick, L. T.(1964) An experimental study in existentialosm: The psychometric approach to Frakl's concept of noogenic neurosis. *Journal of Clinical Psychology* 20, 200-2007.

———(1977) The Seeking of Noetic Goals Test(SONG): A complementary scale to the Purpose-in-Life Test(PIL). *Journal of Clinical Psychology* 33, 900-907.

———& Henrion, R.(1988) PIL Test: Administration, interpretation, uses, theory and critique. *The International Forum for Logotherapy/ Journal of Search for Meaning* 11, 76-88.

Dienelt, Karl(1959) *Jugend-und Existenzberatung*. In: Frakl, V. C.; Gebstattel U. h; Schultz. J. K.(Hrsg.)(1959) Handbuch der Neurosenlehre und Psychotherapie. München: 584-594.

Fabry, J. B(1978-1979) Aspects and prospects of logothreapy: A Dialogue with Viktor Frankl. *The International forum for Logotherapy Journal of Search for Meaning*, 2, 8-11.

Fizzotti, Eugenio(1995) Prolegomena zu einer Psychotherapie mit menschlichem Antlitz. *Journal des Viktor-Frankl-Instituts* 1. 29-40.

Frankl, Elonore; Batthyany, Alexander; Czernin, Marie; Pezold, Juliane; Besely, Alexander.(2005) *ViktorE.*

Frankl, Wien IX. Erlebnisse und Begegnungen in der Mariannengasse. Innsbruck: Tyrolia.

Frakl, Viktor E.(1923) Gristversportlichung, *Der Tag*, 4.5.1923.

———.(1924) Zur mmischen Bejahung und Verneinung, *Internationale Zeitschrift für Psychoanalyse* 10, 437-438.

———.(1925) Psychotherapie und Weltanschauung. Zur grundsätzlichen Kritik ihere Beziehungen. *Internationale Zeitschrift für Individualpsychologie* III, 250-252.

———.(1926a) Zur Psychologie des Intellektualismus. *Internationale Zeitschrift für Individualpsychologie* IX-XII

———.(1926b) Schafft Jugendberatungsstellen! *Die Mutter*, 31.8.1926.

———.(1926c) Gründet Jugendberatungsstellen! *Der Abend*, 31.8.1926.

———.(1927) Vom Sinn des Alltags. *Der Mensch im Alltag* Vol. I, Bd. 3, S. 3.

———.(1930) Jugendberatung. In: *Enzyklopädisches Handbuch der Jugendfürsorge*. o. O.

———.(1931) Die Schulschlußaktion der Jugendberatung, *Arbeiterzeitung*, 5.7.1931.

———.(1933) Wirtschaftskrise und Seelenleben vom Standpunkt des Jugendberaters. *Sozialärztliche Rundschau*. 4:43-46.

———.(1935a) Aus der Praxis der Jugendberatung. *Psychotherapeutische Praxis*, VII.

———.(1935b) Ein häufiges Phänomen bei Schizophrenie. *Zeitschrift für Neurologie und Psychiatrie*, 152, 161-162.

———.(1935c) Kol nidre auf dem Steinhof. *Mitteilungsblatt der Vereinigung jüdischer Ärzte* II (1935), Nr.22, 6-7.

———.(1938) Zur geistigen Problematik der Psychotherapie. *Zentralblatt für Psychotherapie* 10, 33-75.

———.(1939a) Zur medikamentösen Unterstützung der Psychotherapie bei Neurosen. *Schweizer Archiv für Neurologie und Psychiatrie*, 43, 26-31.

———.(1939b) Philosophie und Psycotherapie. Zur Crundlegung einer Existenzanalyse. *Schwizerische Medizinische Wochenschrift*, LXIX, 707-709.

———.(ca. 1940/42) *Ärztliche Seelsorge*. Urfassung. Wien: Viktor Frankl Instutut(unveröffentlicht).

———.(1942) Pervitin intrazisternal. *Ars Medici* (Schweiz), 32, 1, 58-60.

———.(1946a) *Ärztliche Seelsorge. Grundlagen der Logotherapie und Existenzanalyse*. Wien: Deuticke.

———.(1946b) *Ein Psycholog erlebt das Konzentrationslager*. Wien: Verlag für Jugend und Volk.

———.(1947) *Die Psychotherapie in der Praxis*. Wien: Deuticke.

———.(1949) Aus der Krankengeschichte des Zeitgeistes. *Wiener Universitäts-Zeitung*. I/7.

———.(1965) Der Pluralismus der Wiseenschaften und die Einheit des Menschen. In: *Die Sechshundertjahrfeier der Universität* Wien.

———.(1993) *Theorie und Therapie der Neurosen*. München: Reinhardt bei UTB.

———.(2002) *Was nicht in meinen Büchern steht. Lebenserimerungen*. Weinheim: Beltz.

———.& Lapide, Pinchas(2005a) *Gottsuche und Sinnfrage*. Ein Gespräch. Gütersloher Verlagshaus.

———.(2005b) *Frühe Schriften. Herausgegeben und kommentiert von Gabriele Vesely-Frankl*. Wien: Maudrich.

Guttmann, D.(1996) *Logotherapy for the Helping Professional. Meaningful Social Work.* New York: Springer Publishing Company.

Lukas, Elizabeth.(1985) Psychologische Seelsorge. *Logotherapie-die Wende zu einer menschenwürdigen Psychologie.* Freiburg: Herder.

———.(1993) *Von der Trotzmacht des Geistes. Menschenbild und Methoden der Logotherapie.* Freiburg: Herder.

———.(1994) *Psychotherapie in Würde: Sinnorientierte Lebenshilfe nach Viktor E. Frankl.* München: Quintessenz.

McHoskey et al.(1999) Relativism, nihilism, and quest. *Journal of Social Behavior & Personality.* Vol 14(3) 445-462.

Moomal, Zubair.(1999) The relationship between meaning in life and mental well-being. *South African Journal of Psychology.* Vol 29(1) 36-41.

Neugebauer, Wolfgang.(1997) Wiener Psychiatrie und NS-Verbrechen. In: *Die Wiener Psychiatrie im 20. Jahrhundert.* Wien: Tagungsbericht, Institut für Wissenschaft und Kunst, 20.21. Juni 1997.

Robinson, Daniel N.(1985) *Philosophy of Psychology.* New York: Columbia University Press.

———.(1995) *An Intellectual History of Psychology.* Madison: Wisconsin University Press.

Soucek, Wolfgang.(1948) Die Existenzanalyse Frakls, die dritte richtung der Wiener Psychotherapeutischen Schule. *Deutsche Medizinische Wochenschrift*, 73, 594-595.

Stewart, Jonathan W. et al.(1993) Demoralization predicts nonresponse to cognitive therapy in depressed outpatients. *Journal of Cognitive Psychotherapy.* Vol 7(2) 105-116.

Testoni, I. and Zamperini, A.(1998) Nihilism, drug addiction and representation of death. *Giornale Italiano di Suicidologia.* Vol 8(1) 13-21.

Wegner, D. *White Bears and Other Unwanted Thoughts: Suppression, Obsession and the Psychology of Mental Control.* New York: Viking, 1989.

Wenzlaff, R. M., Wegner, D. M., & Roper, D. W.(1988) Depression and mental control: The resurgence of unwanted negative thoughts. *Journal of Personality and Social Psychology*, 55(6), 882-892.

Vesely, Frankl & Rizzotti, Eugenio(2005) *Internationale Bibliographie der Logotherapie und Existenzanalyse.* Wien: Internationales Dokumentationszentrum für Logotherapie und Existenzanalyse(www.viktorfrankl.org).

Wolf, Koppel S, Mass R, Naber D(2004) Identification of mimic disintegration in schizophrenia using facial electromyography. *Nervenarzt.* 2004 sep 15.

무의미의 의미